兩性關係與
性別教育

理論與實務

白秀玲、柯淑敏◎著

白秀玲

學　　歷：美國紐奧良州立大學諮商教育哲學博士

　　　　　國立彰化師範大學輔導研究所碩士

　　　　　國立彰化師範大學特殊教育學系學士

經　　歷：美國加州大學柏克萊分校快樂正念科學證照

　　　　　臺北市性別平等教育輔導團指導教授

　　　　　獲臺北市推展家庭教育績效優良個人獎

　　　　　臺北市立教育大學性別平等教育委員會委員

　　　　　臺北市立教育大學國教所博士班、特殊教育系大學部、碩士

　　　　　班任教

　　　　　國立彰化師範大學輔導學系副教授

　　　　　美國 Chartres Pontchartrain 醫院心理衛生中心諮商心理師

　　　　　美國天主教協和醫院諮商心理師

現　　職：臺北市立大學師資培育中心教授

　　　　　臺北市立大學師培中心、心理與諮商系大學部及碩士班任教

　　　　　臺北市立大學學生輔導中心諮商心理師

柯淑敏

學　　歷：輔仁大學應用心理學系

　　　　輔仁大學應用心理研究所

經　　歷：救國團專任張老師；高職專任輔導教師；國立交通大學專任

　　　　諮商老師；國立清華大學、國立中央大學、私立中原大學、

　　　　私立元智大學、私立長庚大學兼任諮商心理師；家庭暴力暨

　　　　性侵害防治中心兼任諮商心理師；教育局特殊教育專業團隊

　　　　諮商心理師

現　　任：國立清華大學通識教育暨師資培育中心兼任講師

　　　　新晴心理諮商所主持諮商心理師

　　　　工業技術研究院特約心理諮商顧問

　　　　兒童暨家庭扶助基金會特約諮商心理師

　　　　桃園縣政府青少年輔導委員會委員

　　　　桃園縣政府性別平等輔導委員會委員

教學及諮商年資：二十五年

執　　照：諮商心理師，首屆諮商心理師高考及格

專　　長：兩性關係、生涯規劃、婚姻與家庭、兒童與青少年、諮商督導

　　　　個別心理諮商、團體心理諮商、教學、演講、教育訓練

其他著作：兩性關係學（2000 年，揚智）

　　　　生涯規劃（2004 年，高職版，揚智）

序|

　　近年，有關性別教育的法令，如 2004 年 6 月公布的性別平等教育法、2003 年 2 月公布的家庭教育法、2002 年 2 月公布的兩性工作平等法，相繼公布與實施；甚至 1997 年 1 月公布的性侵害犯罪防治法，也於 2005 年 2 月進一步作修訂，還有 1998 年 6 月公布的家庭暴力防治法。法令，通常又走在社會需求之後，可見台灣社會對於性別地位的實質平等，消除性別歧視，促進兩性的了解與體諒，厚植性別關係與保障權益的重視。

　　知識領航已經成為過去，在一個強調創意的時代，社會需要突破更多既有的限制與框架，性別平等教育就是一個突破限制與框架的積極行動。性別平等教育，是要積極地經由教育的過程，打破兩性角色的嚴密區隔，無論在幼兒教育、學齡教育、中學教育、高等教育及社會教育都是實施的場境。小從幼兒玩具的選擇、家事的分工、科系的選填、職業的能力興趣取向而非性別區隔等等，都是性別教育的相關主題，目的在從真實生活與思考討論釐清，破除兩性刻板印象及迷思，促進性別平權，適性發展，培養尊重多元價值。性別教育希望藉由教育管道，創造一個尊重多元、性別平權的社會氣氛，孕育更多創意人才。

　　本書秉持上述的理念，以大學及研究所學生為對象，兼顧兩性關係與性別教育的理論與實務，共分十一章。第一章，為兩性關係與性別教育作相關觀念的界定與討論。第二章，為性別之間最重要的關係之一——愛情，做心理學上的學理說明。第三章，藉著愛情關係做自我性別的覺察，做剛柔並濟的時代兩性。第四章，藉著愛情中的兩性相處過程與相關議題，體悟更多自我的性別特質與相處中隱藏的性別議題。第五章，以兩性溝通與衝突管理情況，學習更多性別間的相互尊重與溝通。第六章，對於兩性關係的分手，做心理學上的分析與解說，期待更多的理性解除分手的不適與危機。第七章，談兩性關係中的危機，培養更多對於危機的知識與應變能力。第八章，因應性別教育平等法中對於校園性別危機的性侵害與性騷擾，作深入的探討與建議。第九章，談網路交

友，對於網路交友的陷阱與注意要領深入分析與提醒。第十章，談婚姻關係的經營、衝突與解離，為多變的兩性關係做好預防教育。第十一章，談同性戀，呼應資訊時代的性別關係與同志權益應受尊重。每章還有一個特色，就是分別設計性別教育帶領活動，提供性別教育教學者的參考。另外，很重要的是，本書附錄 1：「九年一貫性別平等教育之目標與內涵」與「性別教育教案設計範例（18堂課）」，提供小學、中學、高中職及大學之性別教育工作者設計性別教育課程的參考。附錄 2：「與兩性關係、性別教育相關法律一覽表」，除了表列兩性關係與性別教育相關法律之外，亦將重要的法令附錄於後，作為課堂討論的參考依據。

　　藉著本書的出版，期待能對台灣的兩性關係與性別教育工作提供一些參考，並對新世代在性別教育上有知、情、意的正面良性促發作用。雖著作過程中用心盡力，但漏誤或欠妥之處在所難免，尚祈學界先進、教育與輔導人士、讀者不吝賜教。

白秀玲、柯淑敏 謹識
hlp@tmue.edu.tw　chu999@ms12.hinet.net

目錄 |

Contents

緒　論

　　兩性關係是男女雙方在生活世界中，經由彼此的互動和交互作用產生的價值觀念和行為型態。兩性關係建構的要素包括：(1)男女雙方。(2)生活世界。(3)交互作用。(4)價值觀念。簡單的說，男性和女性之間的互動關係稱之為「兩性關係」。從巨觀面而言，兩性關係是由性別角色分工和社會建構而來，從微觀面而言，兩性關係是由男女互動和個體選擇而來。

　　性別教育是自知道小孩性別之後，開始有意無意地按照個人對性別差異的觀念，或依循社會文化習俗的兩性觀點，對你的小孩所施予的教育方式。而由教育部九年一貫課程綱要所擬定的性別教育核心能力來看，此一綱要包含「兩性的自我了解」、「兩性的人我關係」、「兩性的自我突破」；而在課程的核心內涵上，則包括多元社會中兩性平等的意涵、性別角色的學習與突破、兩性的成長與發展、兩性的關係與互動，以及兩性權益等相關議題。

　　本章將介紹心理學家對兩性關係及性別教育的看法，兼顧理論與實務，以引導建立健康的兩性關係，朝向平衡兩性角色的目標學習與成長。

第一節　從失落的一角看兩性關係與性別教育

　　所謂的意義和真實並非經由個人摸索發現，它是集眾人之力創造出來的概念，其中溝通協調的旨趣，即在於調整人我關係並建構新的意義（Bruner, 1986）。這樣的話語也適用於兩性關係與性別教育。

　　我們先從改編《失落的一角》（*The Missing Piece Meets The Big O*）（Silverstein, 1981）一書中「失落的一角遇上大圓滿」介紹起：

　　一位單身的女子孤單地獨自坐著……，等待著某人來作伴，帶給她快樂，陪伴她到任何快樂的地方去。她父母幫她介紹一個看似老實忠厚的男人，但他卻又肥又禿頭，有一天，她遇到了一位好像與她登對的男人，但他太忙而無法和她一起去任何的地方。一些男人可以帶她到任何的地方到處去玩，但是他們愛說髒話，她和他們卻不適合。有一個男人非常喜歡她，但是自顧不暇不知道如何帶領著她走向旅途。另一個男人則是非常幼稚有戀母情結。後來有一個登對的男人帶著她到處遊山玩水，參加逍遙遊派對，並且把她娶回家中……，可是過了不久就把她留在家中、男人自己跑出去玩了。此時，一些到處拈花惹草的偷情高手，對她打情罵俏，希望能與她一起享受快感和冒險的刺激！後來，她離婚了。

　　後來，有些男人看起來似乎與她的心靈相通，不但文曲往返，還處處付出關心與了解……但是卻把她拿來炫耀，來證明自己的魅力。另外也有一些男人瞎混在一起，根本看不見她的存在。於是她開始打扮自己也去整型，使自己看起來更性感更有吸引力！然而，這麼做只會吸引更多的蒼蠅，卻嚇走那些看起來像正人君子的男人。

　　直到有一天，有一個男人完全地走進了她的生命之中，而且在許多方面正好與她速配！於是兩人互訴衷曲：「I LOVE YOU！」女人漸漸長大，彼此間的衝突漸漸增多。　男人說：「我不知道妳還會長大！」女人說：「我也不知

道！」於是兩人就分手了……最後她獨自坐在那兒，希望能再遇上一位足夠成熟的男子。

　　直到有一天，一個男人經過了她身旁。女人問：「你需要我嗎？」男人說：「不要！」女人又問：「有什麼事是我可以與你一起去作的嗎？」男人說：「沒有。」……女人寂寞地問：「有沒有什麼地方是我可以滿足你的？」男人說：「可能吧！也許我是你生命中所欠缺的另一半，可是，我自己並不欠缺任何人啊！而且妳也不必要為我作些什麼。」女人說：「太糟糕了！我真的希望有適合的人能帶我到天涯海角，一起去旅行。」男人說：「雖然我不能和妳一起去，但是妳可以自己一個人去呀！」女人大叫：「大家不都是一起走的嗎？我一個人是不可能感到快樂的！只有寂寞、孤單、沒有自信、空虛、無助。我什麼都不懂，我不知道失去了男人，我還可以作什麼？」男人說：「那就把妳的心磨練一下吧！也許有一天妳會改變，而離開妳現在的環境，假如妳想要真正的快樂，總有一天妳會如此的。不管怎樣，我得走了，也許有機會的話，我們會見面的。」於是這個人離開了，她只是坐在那兒。

　　漸漸地，她想，也許可以嘗試自己一個人過日子，嘗試一些以前從沒做過的事。然而她的心依舊相當脆弱，心中對愛的渴望，她開始向前移動了，開始有了變化。她不斷的嘗試、失敗、再嘗試、又失敗。不過她這次並不放棄認真關心自己的身體與靈魂，而且也不再等待男人的疼愛與慰藉，她要好好愛自己！她正以失誤代替嚴重的失敗、以成功代替失誤，並且面對人生中的各種挑戰與困難。如今的她，正快樂地做著她想做的事，而不再只是期待著男人的寵愛，或許正如《唐吉軻德》的作者塞凡提斯所言：「人最難的是了解自己」。她了解自己「是一個有價值的女人」。有一天她在一場音樂會後，遇上了多年前萍水相逢的那個人。

　　最後，她與他結婚了，並且一起實現了兩個人心中的許多願望，也生了兩個小寶寶，兩個在溫暖與磨練中成長的小寶寶，而且長的圓滾滾的！

　　成熟的愛，有時需歷經許多學習和挫折的。

這一段故事，有起有浮，有悲傷難過，有失意落魄，有努力與勇氣，有自醒為與覺悟。留給我們的是一連串的問題：

◎「失落的一角」是怎樣看待自己的？

◎為什麼「失落的一角」找到合適的另一半時，才知道自己會長大？

◎最後「失落的一角」為什麼從一開始的等待著某人來作伴到會嘗試站起來行
　走？

◎「失落的一角」失落的那一半叫什麼名字？他們都到哪裡去了？該怎麼去找？

◎最後那男人「並不欠缺任何人」，為何仍會與「失落的一角」結婚？「失落
　的一角」最後結婚並一起實現兩個人心中的許多願望，和她以前想和男人共
　處的願望，有何差異？

◎「失落的一角」一定要這種結局才算圓滿嗎？

◎為什麼只有一個大圓滿？而不是很多個？

◎如果「失落的一角」最後又離婚了，兩位仍可能是好朋友嗎？

◎失落的一角在遇到大圓滿之前的過程中學習到什麼？

　　從這失落的一角，還有很多主題可去探討兩性關係。而兩性關係可以是深奧的也可以是值得學習成長的。在人們的世界裡，「失落的一角」和「缺角的圓」的關係，就像熟悉的故事，不斷地浮現。失落的一角從等待、尋覓、衝突、努力嘗試、問題解決、改變自我、與他人謀合等過程，就猶如兩性關係的過程。希望對失落一角的人們，都能藉由此書中對兩性關係與性別教育的介紹，學習在人生過程中遇到大圓滿，並不斷成長。

第二節 兩性關係的重要性與範圍

一、兩性關係與人生發展

兩性關係在人生發展上是很重要的課題，在現實的生活中，昏昏欲睡的課堂上來一段戀愛史分享或兩性間的話題，馬上提振精神；演藝人員有八卦緋聞，馬上提高曝光率；英國某王妃的戀情讓狗仔隊窮追猛打，造成香消玉殞的悲劇；處於成年早期的青年學子也常因不知如何應對隨著成長而逐漸要面對的兩性關係而瞎混亂碰，處理得一團糟，甚至用結束生命作為處理的方式，在在都顯示兩性關係牽動著生命的脈動；華人傳統文化對感情問題較為壓抑克制與保守，兩性關係及性別教育的相關知識需求更為殷切，從國內「張老師」、「生命線」、「家庭協談中心」的求助問題統計表上，感情問題一直在前三名，居高不下，顯示情感問題困擾的普遍性。最後，從學習的角度來看，在兩性接觸頻繁的現代社會中，結交異性朋友是一種學習，學習和異性相處，學習對性別角色的覺察，學習扮演適當的性別角色，學習經營和諧圓滿的兩性關係。兩性關係是一輩子的課題，有學習就有成長，有成長就看得見希望。

二、兩性關係的範圍

兩性關係的範圍主要包括兩性的交往與相處、婚姻關係與性別平權。主要內容分別敘述如下：

兩性的交往與相處：包括交友、約會、戀愛、擇偶、性別角色、性發展、性態度、性行為、性侵犯等課題。

婚姻關係：包括家庭角色、夫妻關係、親職準備、家庭計畫等課題。

性別平權：家務分工、資源分配與擁有、工作生涯發展等課題。

　　本書是以十四歲到二十五歲左右的國、高中職、專科、二技、大學生及研究生為主要對象，故在兩性交往與相處會有占絕大篇幅的理論和解說，尤其是愛情的部分會有較多篇幅的說明與介紹，至於婚姻關係本書只做概略的導引，性別教育也會穿插於各章中配合討論。

第三節　心理學與兩性關係

　　兩性關係從人一生發展的角度而言，占著相當重要的地位和相當長的一段時間。發展心理學家在探討人生發展時，對兩性期相當地關注。茲介紹有關兩性關係的相關理論如下：

一、性心理分析觀

　　Freud（1963）以性心理為主軸，認為「性」是一種生存及延續生命的本能，也是生命的原動力，他也用這樣的觀點來看人的發展過程。兩性期是性慾成熟期，相對於前一階段的潛伏期，這一階段是性衝動的再甦醒，不過對象已轉向家人以外的異性關係上，也是社會所贊同的兩性關係對象上。同時由於性生理的成熟，性衝動會更強。此時期也開始擺脫對父母或主要照顧者的依賴，慢慢與異性建立成熟的關係。Freud視成人發展為早期潛意識衝突的再處理，成年後的兩性關係為早期親子關係的再處理。Freud將人生發展分成五個階段，如表1-1，其中兩性期相當長，自青春期之後皆為兩性期，大約占人生三分之二以上的時間。

二、心理社會發展觀

　　Erikson是另一位重要的成人發展研究人物，他認為成年前期的主要人生發展便是面對親密與孤獨的課題。親密是對一種可能要求犧牲或妥協的關係做允

表 1-1　Freud 性心理發展五階段

階　　　段	年　　　齡	性力需求部位	性力的滿足方式
口腔期 （oral stage）	一歲左右	口部	・刺激口腔及周邊位置
肛門期 （anal stage）	二至三歲	肛門	・控制肛門的肌肉，收縮、排放排泄物的刺激感
戀母戀父期 （oedipal stage）	四至六歲	生殖期	・撫弄、摩擦生殖器
潛伏期 （iatency stage）	七至青春期	潛意識	・性力在潛伏中，不再對自己身體或父母親感到興趣，而擴展至關切周遭事物上
兩性期／性器期 （genitial stage）	青春期以後	年齡相似的異性	・性交

資料來源：Freud(1963).

諾的能力（黃慧真譯，1989），在個人達到親密關係之前必須先擁有認定感（identity），認定感是人生發展的第五階段要完成的。兩性互動產生親密關係的過程中會不斷衝擊到個人的自我認定。換句話說，各發展任務之間會相互作用和彼此影響。所以有人說：「當我們在愛別人的同時也不斷地認識真正的自己。」

　　Erikson（1968）以「心理社會發展觀」將人生發展分成八個階段，認為生命的每個階段都有特殊的危機和任務需要解決和完成，如圖 1-1 及表 1-2，其中第六階段成年期前期的社會心理危機或重要發展任務是建立親密關係。換句話說，兩性關係是成年期前期重要的人生發展任務。

三、人生發展四季觀

　　Levinson（1978）是和他的同事共五個人做橫斷式研究，以發展的觀點來看男性的成人發展，他用測驗和深度晤談法訪談了四十位三十五歲至四十五歲的男性，有關個人的過去和現在，然後指出關鍵性的經驗，並將人生分為春夏秋冬四季。其中成年前期的夏季有四個人生關鍵性的經驗就是建立一個夢並將它

	1	2	3	4	5	6	7	8
VIII 成年期後期								統整對失望
VII 成年期中期							生產對停滯	
VI 成年期前期						親密對孤立		
V 性慾和青少年期					認同對角色混亂			
IV 潛伏期				勤勉對自卑感				
III 運動—性蕾期			主動對罪惡感					
II 肌肉—肛門期		自主對羞恥懷疑						
I 口腔—感覺期	基本信任對不信任							

資料來源：Erikson(1963).

圖 1-1　Erikson 心理社會發展八階段

放在生命的適當位置、加入公眾或社會團體、找到一位與未來憧憬相關的年長導師和他形成良師益友的關係、建立終身的職業或事業、建立愛的親密關係。同時他認為成人發展是一個自我與社會世界相互滲透的過程，一個人的生命結構是自我和社會所形成，自我和社會不是分開的實體，人生命的重要特質是自我和世界的相互滲透，愛的親密關係是自我與外在重要他人的相互滲透。

Levinson（1978）以測驗和深度訪談的方式指出人生可分為春夏秋冬四季，其中成年早期有四個重要的關鍵經驗，包括選擇一種職業、建立親密關係、加入公眾或社會團體及找到一位與未來憧憬相關的年長導師。

吳靜吉（1984）則將此四個關鍵性經驗稱之為「人生的四個大夢」：尋求終身的職業或事業、愛的尋求、尋求人生價值，和尋求一位良師益友。

Levy 和 Davis（1988）研究依附類型、愛情類型和關係品質之間的關係，

表 1-2　Erikson 心理社會發展八階段說明

階段	大約年齡	社會心理危機	重要的人際關係焦點	社會心理形式	有利的發展結果
I	1.出生～1 歲	信任或不信賴	母親或母親的替代者	獲得、回報	驅力和希望
II	2.2 歲	自動自發或害羞和懷疑	父母	放手、抓握	自制和意志力
III	3.3 歲～5 歲	積極性或罪惡感	家庭	認真、敷衍	方向和目的
IV	4.6 歲～12 歲	勤勉或自卑	鄰居、學校	競爭、合作	方法和能力
V	5.13～15 歲	自我認同與自我否認，認同的擴大	同儕團體和圈外人；領導的模仿對象	肯定或否定自我、享受自我	奉獻和忠貞
VI	6.20～40 歲	親密、團結或孤立	友誼、性、競爭、合作等的良伴	失去自我和從別人中發現自我	親和與愛
VII	7.41 歲～60 歲	有創作能力或自憐	分工和享受家的溫暖	創建、照顧	生產和照顧
VIII	8.61 歲以上	統合或失望者	「人類」；氣味相投者	享受成功；面對失敗	自制和智慧

資料來源：Erikson(1963).

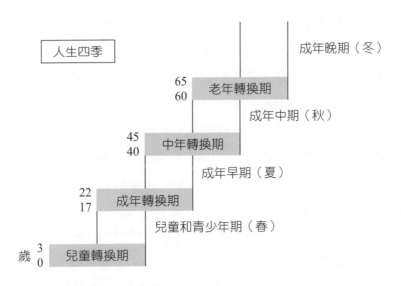

資料來源：Levinson(1978), *The Seasons of A Man's Life,* p.20.

圖 1-2　Levinson 人生發展四季階段

發現安全依附型有正向關係,逃避依附型較少在親密關係中獲得滿足,焦慮依附型與正向關係呈現負相關,同時友誼之愛為安全依附的特性則只獲得很少的支持。

Cowan 和 Kinder（1985）研究則提出愛情上癮症的人,強迫式追求愛情,以自我犧牲和過度自我投入的方式來維持關係。國內的研究,黃于娟（1994）則發現大學生的依附類型所占的比例分別為安全型占 36.5%,逃避型占 20.2%,焦慮型占 43.3%。王慶福（1995）對大學生的研究則發現安全型占 23.4%,逃避型占 4.5%,焦慮型占 31.2%,排除型占 18%。比較國內外研究結果的數據,在各類型的比例上相當不同,值得由文化脈絡層面做進一步思考、研究與澄清。

四、依附關係理論

依附理論（Attachment Theory）重視依附者和被依附者之間的互動,研究對象從嬰兒到情侶、到成人已經累積不少研究成果。

Bowlby（1969, 1973, 1982）首先提出依附理論,指出嬰兒甚至其他生物,基於一種生存的本能行為（如哭泣、發出聲音）和需要,會依附主要的照顧者（通常是母親）,受其照顧,受其保護,這種嬰兒對母親的情感連結發展的很早,大約在六個月大到一歲之間,嬰兒就會表現出喜歡親近母親,當母親不在時會感到焦慮,同時也會表現出害怕陌生人的行為等依附的表現。在依附關係中除了依附行為的表現也會形成一個對主要照顧者、對自我及對環境的內在運作模式（Internal Working Model）,嬰兒在與照顧者接觸中,對依附者所產生的感受、情緒、知覺會內化形成內在客體表徵,也會形成對自我、對他人、對環境的概念以及適應行為（引自陳秉華,1996,頁 6）。內在運作模式的特質,主要決取於依附對象,如果依附對象是可靠的、穩定的、可得的、有反應的,嬰兒將在此情感連結中獲得安全感,而向外探索、忍受分離、並發展到對自己的信任與自我價值;相對地,如果依附對象是不可靠、不可得、不一致的反應,個體在情感連結中沒有安全感,個體會覺得自己是不值得被愛、不值得注意、

沒有價值，別人是不可信任、不反應的，這種不安全的內在運作模式將導致不良的適應或發展（Collins & Reads, 1990）。

兒時依附關係和內在運作模式會內化成個人與人形成關係的一種模式，當成長到兩性期，尤其是親密的兩性關係，這種兒時的依附模式就會複製到親密關係的互動中，兒時有安全依附關係的人，在兩性關係中也比較有安全感，兒時是不安全的依附關係，那麼在成人時的兩性關係中也比較沒有安全感，因為內在還覺得自己是不值得被愛、不值得注意、沒有價值，別人是不可信任。

嬰兒根據主要照顧者（通常是母親）的反應，建立一些規則和行動，逐漸形成嬰兒對依附對象、自我和環境的心理表徵或內在運作模式（Bowlby, 1982）。小孩早期的運作模式包括不同的基模，隨著互動經驗和時間的流逝，這些經驗所形成的對自己的價值與信念，對他人的期待與回應將會具有穩定性與持續性，但也會因為一些重要事件（如，生重病、子女死亡）或環境的改變（有不幸的童年但有快樂的婚姻）等個體開始修正自己的模式而透露出依附模式改變的訊息（Collins & Read, 1990; Feeney & Noller, 1990）。

以上論述表示依附關係不是就永遠固定不能改變，後來的安全依附經驗還是有矯正性的效果。也就是說如果後來的經驗中有經驗到安全的依附關係，那麼後來的安全感就會增加，反之，如果後來經驗不值得被愛、不值得注意、沒有價值，別人是不可信任的事件，那麼人際安全感也會下降，透露出依附模式改變的行為。

Scroufe 和 Waters（1977）研究依附行為與嬰兒及兒童適應的關係，發現早期依附關係在嬰兒成長後依然存在，其依附行為或有不同，但意義與功能不變，主要皆在提供支持與安全據點，以促進個人對環境的調適與適應。依附不是一種只存在於嬰兒時期的靜態特質，而是一種發展性的結構，是日後社會關係的基礎，並可預測往後不同情境的調適功能。從 Scroufe 和 Waters（1977）的研究開始，後續的研究也不斷的支持依附是一個發展性的結構，依附有其延續性的觀點。

換言之，兒時的依附關係為以後的兩性關係打下基礎，後續的各種親密經驗

繼續為此依附關係添加安全的經驗或不安全的經驗，當安全經驗累積愈多，發展
出安全依附的人際親密模式，不安全的經驗累積愈多，就形成不安全的兩性依附
關係。嬰兒至日後長大與父母的依附關係，影響到日後與兩性的關係與相處。

五、成人依附與愛情關係

成人依附不同於嬰兒依附的特性有三，即成人依附有其相互性、性關係和
可忍受較長時間的分離而不感到悲傷痛苦（Hazan, Zeiman, & Middleton, 1994）。

Ainsworth（1978）依據Bowlby的理論做實徵研究而提出安全型、焦慮型、
逃避型與解組型四種依附類型。後來（Hazan, Zeifman, & Middleton, 1994）發展
出成人依附晤談法（Adult Attachment Interview, AAI），依其結果並將成人依附
分為自主型（autonomous）、過分投入型（preoccupied）、漠然型（dismissing）
和未解決型（unreloved）。前三者相對應於Ainsworth的安全型、焦慮型和逃避
型，而未解決型則相對應於解組型。如表 1-3：

表 1-3　嬰兒依附與成人依附的相對應

研究者	對象	依附類型			
Ainsworth	嬰兒	安全型	焦慮型	逃避型	解組型
Hazan, Zeifman, & Middleton (AAI)	成人（父母）	自主型	過分投入型	漠然型	未解決型

Hazan 和 Shaver（1987）首先將依附理論應用到成人的愛情關係，調查依
附類型與成人愛情關係的關聯，他們認為愛情的過程就是依附的過程，戀人們
經由此過程來形成彼此間的關係連結，研究結果發現與嬰兒的依附類型相似，
即安全型、逃避型和焦慮型，其中安全依附型所占的比例為 56%，逃避依附型
占 25%，而焦慮依附型占 19%。再則，發現不同依附類型的人在過去的依附歷
史、心理運作模式和愛情的經驗方面都有些不同，此研究結果列表如表 1-4：

表 1-4　不同依附類型在過去依附歷史、心理運作模式和愛情經驗的比較

	安全型	逃避型	焦慮型
過去依附歷史	1. 雙親間的關係良好。 2. 與父母的關係也是溫暖的。	1. 認為母親是冷淡的與拒絕的。	1. 感覺父親是不公平的。
心理運作模式	1. 易於了解。 2. 很少自我懷疑。 3. 愛情是可以持續下去的。 4. 對其他人關心。	1. 愛情很難持續下去。 2. 愛情不強烈。	1. 自我懷疑。 2. 被別人誤解。 3. 容易陷入愛河，但很少是真愛。 4. 似乎別人都不願意承諾。
愛情的經驗	1. 快樂。 2. 友誼。 3. 信任。	1. 害怕親密。 2. 接受別人成為自己的伴侶有困難。	1. 強迫性且忌妒。 2. 渴求與對方在一起。 3. 強烈的性吸引力。 4. 感情極端。

資料來源：引自 Feeney & Noller (1990).

第四節　從兩性關係到性別教育

　　探討兩性關係，必須認識兩性關係的相關名詞和表面上看起來有些相似的名詞，了解這些名詞間的關係與異同，更有助於兩性關係與性別教育的討論。

一、性別的相關概念

　　在論述兩性關係時，看似相似的名詞實際上各有不同意義與內涵，茲將論述兩性性別關係時，常提到的相關概念，簡要說明如下，以便在閱讀時能有所區辨，並了解其真正意義。

　　㈠「性」（sex）是指男女兩性生理學上的差異。由第二十三對染色體 XX 與 XY 不同，造成生理發展上的不同，包括第一性徵和第二性徵。生理上的性別在授精的那一剎那已經決定。

㈡「性別」（gender）是指心理學上的差異。過去誇大了男女在心理上的差異。現在則認為男女在心理上的共同性遠大於男女間的差異性（鄭玄藏，1994）。目前客觀研究指出，可以清晰地顯示男女確實存在的心理差異只有四項（鄭玄藏，1994；MaCoby & Jacklin, 1974）：

1. 女孩的語言表達能力較好。

2. 男孩的視覺、平衡感較強。

3. 男孩的數學能力較高。

4. 男性攻擊性較強。

㈢「性別角色」（sex role）是指社會學上的差異。指男女兩性在社會結構中具有特別的權利與義務的特定位置，例如在家庭的結構中有「先生」、「太太」、「父親」、「母親」、「兒子」、「女兒」、「公公」、「婆婆」、「媳婦」等由於性別差異而出現的社會角色方面的差異，每個進入某種角色的人就擁有並承擔社會文化所賦予的權利和義務。

㈣「性別認同」（gender identity）是指個人在心理上認同自己是男性或女性。性別認同是會隨著幼兒認知能力的發展而漸漸達成，透過認知發展及社會化的過程，了解到自己的生理性別，也體會與性別有關的行為，而在心理上認同自己是男性或女性。

㈤「性別角色認同」（gender role identity）是指個體的行為表現與社會上對男性化和女性化界定的相關程度。如果一個社會文化中認為女性應化妝並打扮得體才能出門，而某位女性上班前必定花半小時化妝並穿上有跟的鞋子才敢出門，則說她對性別角色的認同度是很高的（劉秀娟，1997）。傳統的婦女包辦所有家事任勞任怨，亦是對傳統女人角色高度認同。不過性別角色既是社會所賦予，當然也會因社會趨勢及價值觀的改變而讓性別角色所承擔的權利和義務改變。

二、兩性關係的相關概念

平時在生活中常看到「性教育」、「兩性教育」、「性別教育」及「性別

平等教育」這些名詞，究竟這些概念之間有何差別呢？分別說明如下（張玨，
1999；謝小芩，1999）：

㈠「性教育」：是由男女生殖器官出發，是探討由生理性別或生物性別衍
生的性生理、性心理及婚姻家庭與生育等的相關議題。其學術基礎是在性醫學。
不過自 1960 年代開始，性醫學在社會科學和性別研究的衝擊下，已經不再是純
粹的生物科學，因此，目前「性教育」的生物決定論色彩也大為降低。有學者
（游美惠，1999）認為不談性別權力關係的性教育恐淪為再製父權的幫兇。因
此，在性教育的內容上應涵蓋性別權力的議題。

㈡「兩性教育」：則強調男女兩性如何扮演好各自的角色，著眼於兩性如
何交往等問題。

㈢「性別教育」：則強調性別角色乃由於社會建構，因此解讀性別角色的
適切性，分析其形成歷程與機制，便是性別教育的主要內涵。其學術基礎是在
性別研究。有學者（劉仲冬，1999）認為此「性別教育」概念比「兩性教育」
更能反應多元價值觀。

㈣「性別平等教育」：其精神即在由最根本性別歧視進行剖析，提出「社
會建構」才是造成男女表現與發展最大差異的主因。要積極地經由教育的過程，
打破兩性角色的嚴密區隔，破除兩性刻板印象及迷思，修改制度及法令，培養
尊重多元價值，促進兩性平等，適性發展。

㈤「性別平權教育」：其目的不僅僅是追求男女兩性之間的平等，也開始
重視社會上「性少數者」的平等權益。

隨著時代的進步，現在的「性教育」已經不單純只談生理性別，而是經由
充分了解和覺察，經由社會文化所塑造出對男女在「性」方面正負影響，了解
性心理與性社會，從而發展出尊重自己也尊重別人的互動關係，並且對象是包
含主流的異性戀者及性少數的同性戀者；「性別平等教育」除了對性別歧視進
行剖析，也包含去了解社會如何建構男女兩性間的性行為，破除兩性刻板印象
及迷思，釐清男女間的情誼與吸引力、婚姻滿意度等；除重視男性與女性之間

的平等也開始重視性少數者的平等權益。本土的性別教育已日漸獲得政府、學術界、法律界、學校機構等更多的重視，性平等權的良性理念更激發人類反思平日兩性互相對待的方式，相信國內性別教育與性別平權將可提升到更高的水準。

 本章重點

Freud 性心理發展五階段	性別認同（gender identity）
Erikson 心理社會發展八階段	性別角色認同（gender role identity）
Levinson 人生發展四季階段	性教育
依附關係理論	兩性教育
成人依附與愛情關係	性別教育
兩性關係的範圍	性別平等教育
性別（gender）	性別平權教育
性別角色（sex role）	

 討論與分享

1. 討論與分享「失落的一角」的問題。

2. 想想自己生活的周遭，兩性關係讓多少的笑容燦爛，讓多少的人心碎？他們各是什麼樣的問題？

3. 你覺得兩性關係和性別教育為什麼重要？

4. 「性」、「性別」與「性別角色」彼此之間是有關聯的嗎？說說你的想法或生活上的經驗。

5. 你覺得自己比較傾向於怎樣的依附關係和愛情關係經驗？為什麼？

2 愛情心理學

本章要從心理的角度談論愛情。主要內容包括分辨愛和喜歡，了解異性交友的階段，愛情的發展階段和過程，覺察與掌握愛情的危機與轉機。

第一節　愛情的定義

一、愛是什麼？

　　愛在所有的人際關係中是很重要的，著名英國首相Disraeli說：「『愛』不單只是男女間的情愛，愛的範圍很廣，包括了親子之愛、手足之愛、朋友之愛、神（佛）的愛」。（沈慧聲譯，1998）

　　Schutz（1966）指出人類三種基本人際需求：「愛、歸屬和控制。其中愛居第一位，『愛』是人類第一個最基本的人際需求」。

　　Fromm（1963）在《愛的藝術》（*The Art of Love*）一書中認為「愛」有四項特質：

　　㈠了解（understanding）：一個人嘗試推己及人，設身處地為對方著想。

　　㈡尊敬（respect）：一個人要抑制自己利用他人的衝動，避免害人利己。

　　㈢責任（responsibility）：一個人不斷的考慮他的行為可能對對方產生怎樣的後果，當他所愛的人有了困難時，願意立即去幫助他們。

　　㈣奉獻（labor）：一個人願意為其所愛的人工作並付出所有。

　　「愛」在生活中被需求、被渴望，也可能被誤用，例如有人在性行為前告訴對方：「愛我就要給我」，著實違背了愛的意義，愛需同時具備以上四項特質，如有父母在子女夜歸後，一進門就大聲責罵，雖然充分傳達了焦慮和擔心，卻忽略了先去了解原因及子女的內心世界，責罵反而把子女從身邊推的更遠，無法讓對方感受到父母的愛和「被愛」的感覺。只要求對方奉獻，卻不尊重對方的意願，沒為對方設身處地著想，不尊重對方，不了解對方，也沒有考慮性行為所需負的責任，真是誤解了愛的真意。愛雖然只是簡單一字，是需要人一生努力體會、學習和經營的。

第二節　心理學家對愛情的研究

　　儘管人間有愛情的歷史很長，但你如果問關於愛情的研究有多久，可能會很訝異，因為在心理學學術領域裡談愛情是近一百年的事情，Rubin 是研究愛情的祖師爺，他從 1970 年開始累積有關愛和親密關係的研究，如探討愛的本質、愛和喜歡的差別及測量等等。在 Rubin 之前有一位心理學家 Heider（1958）簡單的說：「愛是強烈的喜歡」，意味著愛和喜歡兩者之間只有量而無質的差別，但許多心理學家並不認為如此。後續有 John Lee（1988）調查及訪問大學生之後，用顏色來比喻愛情，即所謂的三原愛（primary love）。最後有 Sternberg（1986）提出愛的三角型理論，愛情理論發展至此已較為完備。以下分別介紹 Rubin、John Lee、Berscheid 和 Walster，及 Sternberg 四種對愛情所做的研究和結果。

一、愛情成份

　　Rubin（1973）曾指出愛情的三個成份是：(1)關懷（caring）；(2)依附（attachment）；(3)親密（intimacy）。喜歡的三個成份是：(1)對對方有力的評價（admiration）；(2)尊敬（respect）；(3)覺得與對方相似（similarity）。Rubin 發現，兩人若是在愛情量表上得分高，則兩人相互注視的時間較長，次數較多，也表示他們正在戀愛和將來會結婚，六個月後他們仍然在一起。國內李美枝（1991）也曾以這兩套量表進行多項研究，發現國內大學生也有類似 Rubin 的研究結果（丁興祥等，1988）。白秀玲（2006）自編愛情與喜歡量表，提供一些題目做參考，希望藉著一些問題來探索自己是處於愛情或喜歡的階段（請參看本章後面之性別教育帶領活動）。

二、愛情顏色理論

John Lee（1988）調查訪問自認已經進入愛情穩定狀態的大學生，經分析後，認為愛情有三原愛（primary love），即情慾愛、遊戲愛和友誼愛，此三原愛有如顏色中的三原色（primary color），可以調成不同類型的愛，其中較常見的六種愛情類型如表 2-1。

表 2-1　John Lee 常見的愛情類型

常見的愛情類型	特性
情慾之愛	是一種建立在美麗的外表，重視羅曼蒂克與激情的愛情。
遊戲之愛	是一種以獲得異性青睞為目的的愛情，視愛情是一種挑戰與遊戲，通常當事人會刻意的避免情感投入。
友誼之愛	是一種細水長流、慢慢發展的愛情，有時當事人是在不知不覺中發展愛情關係。
神經之愛	是一種以占有、滿足個人需求的愛情，通常會造成雙方的壓力與束縛。
現實之愛	是一種有條件的愛情，以現實利益為發展愛情的第一考慮。
利他之愛	是一種犧牲、奉獻、不求回報的愛情。

三、愛情二類理論

Berscheid 和 Walster（1978）指出愛情包括激情的愛（passionate love）和友誼的愛（companionate love）。激情的愛是非常羅曼蒂克和強烈，激情中的人有高度的歡樂和悲傷，情緒變化大。激情的愛是耗神的，有頻繁的性接觸，對方是生活的重心，所有的心思和經歷都放在那個人身上，激情的愛是令人興奮的，但是激情的愛很少持續著。反之，友誼的愛可能較持久，那份愛通常以不同的方式顯示出來，比較不強烈，比較平靜和緩，他們的性接觸雖沒有激情愛的多與強烈，但他們十分滿足於他們的性接觸。信任通常是這類友誼愛的基礎，友誼愛的愛侶也比較忠誠於他們的承諾（曾瑞真、曾玲民譯，1996）。

四、愛的三角形理論

　　Sternberg（1986）愛情三角形理論區分愛情的向度和各元素的特性，對愛情的分析兼具量與質，較之以前只做愛情的分類或只偏重親密因素的愛情研究來的完整。Sternberg 是耶魯大學的心理學教授，從高中起他冷眼旁觀同學的生活以後，體悟出了他一生研究生涯的方向：「腦和性是人生中真正重要的兩件大事。」他前半生研究腦，提出了智力三元論，認為智力包含經驗智力、內容智力和前後關聯性智力。他說後半生要研究性，提出了愛情三角形理論。他所發展的「愛的三角形」理論，認為「愛」有三個基本元素各屬於三個不同的向度：(1)親密（intimacy）：一種親近、連結的、心與心交流的感情經驗，屬於情感向度。(2)激情（passion）：混著浪漫、外表吸引力和性驅力的動力，屬於動機向度。(3)承諾（commitment/decision）：包括短期的決定去愛一個人和長期的承諾去維持愛的關係，屬於認知向度。此三個基本元素有不同的特性，承諾的穩定性高，激情的穩定性低；但激情的短期效果強，而承諾和親密則較具長期的效果。因此可以想像戀情剛開始時有浪漫的氣氛、經過特別修飾的外表和青春期的賀爾蒙分泌的作用，讓在其中的人如癡如醉，而維持一份細水長流、歷久彌新的愛情，卻需在情感向度的親密和認知向度的承諾或決定上，多花時間培養和相互分享討論。

　　Sternberg同時可以闡明愛的種種面貌，如圖 2-1。凡是改變三角形的任一邊將造成形狀互異的三角形或不同類型的愛。

　　在各種愛的關係中，親密是核心元素，其他兩元素則視特定關係而定，例如在男女之間的愛情，激情的程度就高，而在親子之間的親情，激情的成份就低。另外，此三向度的相對強弱，可組合成八種不同類型的愛情，如表 2-2 及圖 2-2。

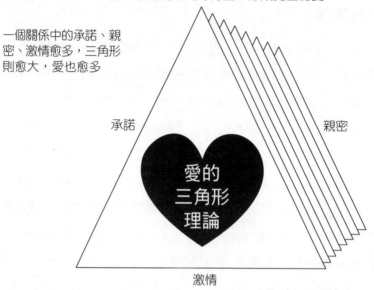

愛的三個元素均等分配，形成完全的愛

一個關係中的承諾、親
密、激情愈多，三角形
則愈大，愛也愈多

承諾　　　　　　　　　　　親密

愛的
三角形
理論

激情

圖 2-1　Robert J. Sternberg（1986）愛的三角形理論

表 2-2　Robert J. Sternberg 愛情的八種面貌說明

向度 愛情類型　　元素	情感向度 親密元素	動機向度 激情元素	認知向度 承諾元素
完整之愛	高	高	高
空愛	低	低	高
喜歡	高	低	低
迷戀	低	高	低
友誼之愛	高	低	高
浪漫之愛	高	高	低
荒唐之愛	低	高	高
無愛	低	低	低

資料來源：R. J. Sternberg(1986).

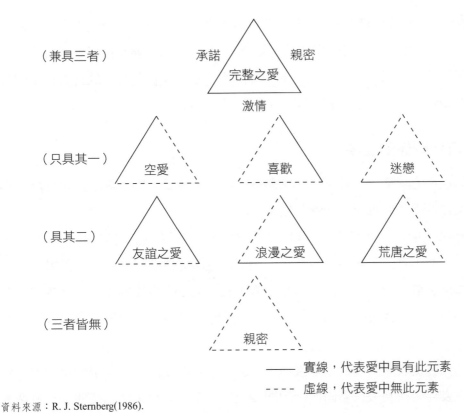

（兼具三者）　承諾　　　親密
　　　　　　　　完整之愛
　　　　　　　激情

（只具其一）　空愛　　　喜歡　　　迷戀

（具其二）　友誼之愛　　浪漫之愛　　荒唐之愛

（三者皆無）　親密

——　實線，代表愛中具有此元素
---- 　虛線，代表愛中無此元素

資料來源：R. J. Sternberg(1986).

圖 2-2　Robert J. Sternberg 八種愛情類型

第三節　情感發展階段

　　友情與愛情乃一生中非常重要的人際關係，尤其在十幾和二十幾歲左右，逐漸脫離家庭關係的範圍，建立屬於自己的人際關係網絡，也逐漸不喜歡和父母親出門，覺得和父母親出門像是小孩子，沒長大；而和朋友出去玩比較有趣和新鮮；也覺得自己逐漸可以獨當一面，有自主權，有屬於自己的生活圈，有長大了的感覺。

此外，由於這是第一次以自己的角色去交朋友，以自己的眼光和人際能力與人交往，因此如果對友情關係的發展和愛情關係的發展歷程能學習與了解，有助於反思自己所處的友誼或愛情發展階段，及檢視彼此行為的合宜性及關係是否有進展。以下分別就友情關係和愛情關係的發展做描述。

一、友伴關係的發展

以發展心理學的角度來看，個體隨著年齡的成長，在不同階段會發展出不同的友伴關係（黃惠惠，1998，頁 101）：

㈠無性期：大約是四、五歲以前。他們雖口裡能說「我是女生，他是男生」，但並不真切了解男女的意義，玩耍的時候對性別並無特殊的選擇。

㈡同性群友期：大約六歲到十一歲左右，約是小學生的年齡。對性別已有清楚的意識，喜歡男生一國，女生一國，分壘對抗或玩各自屬於自己性別的遊戲。

㈢同性密友期：大約十二歲到十七歲左右，約是國中到高中的年齡。喜歡在同性友伴中找到幾位志同道合的朋友成為至交或死黨，他們彼此了解較深，常常相互傾訴，分享與支持，也常一起行動，情感也較深厚。

㈣異性群友期：大約十七歲到二十二歲，約是高中到大學生的年齡。常有聯誼、郊遊、烤肉等活動。

㈤異性密友期：大約二十歲左右以後。異性朋友中特別處得來或特別相互吸引的就形成異性密友，進入戀愛階段。

二、異性交友四部曲

也有人將異性群友期到異性密友期作更詳細的分階段，並用不同的舞來比喻（吳秀碧，1993）：

㈠**土風舞期——大團體約會期**：男生和女生之間的來往是團體與團體的互動，例如甲校的甲班和乙校的乙班一起去烤肉。這個時期要學習的是男、女交

往的禮儀，相互了解男、女的想法和看法。

㈡**方塊舞期──小團體約會期**：一小群男生和一小群女生一起出去玩，我的死黨和你的死黨一起去郊遊、烤肉、跳舞。這個時期要學習更進一步的男女社交和友誼關係的溝通與相處技巧。

㈢**宮廷舞期──不固定約會期**：像宮廷舞一樣，乍看之下好像一對一，不過是要交換舞伴的，並沒有和特定的某一異性穩定交往；也有人稱此時期為「逛櫥窗期」，還在逛一逛，看一看哪些是中意的，但還沒有決定要買哪一個。這個時期也是較渾沌或模糊的階段，可給彼此更多的機會互相了解，坦誠相處。

㈣**華爾茲舞期──固定約會期**：已進入穩定的一對一固定交往時期，可以先別急著進入這階段，前面的舞曲跳熟了，學會了，有準備了才進入這時期，因為它是雙人舞，相互的體貼了解和尊重是需要學習的，也才可以避免不必要的痛苦與困擾。

三、感情三部曲

黃素菲（1992）則將兩性間的感情分為三部曲，此三部曲比較類同於上述的宮廷舞期到華茲舞期的階段：

㈠**追逐**：在傳統的中國社會，女人是最沒有權力的，連在兩性相處的追求上也都鼓勵男人主動，抑制女性有所表態；連要不要嫁給某人，即便心裡同意，也要說：「人家不來了！」或「一切由爹爹做主！」不過東西文化的衝擊，讓現在的兩性關係有更多的自主，選擇一個雙方可以接受的方式，做清楚的表達，並接納對方的回應，是蠻實際的做法。

㈡**抉擇**：不是選一個最好的人，而是選擇一個適合的人。兩人是否在生活目標、價值觀、興趣、態度、背景上相似？交往過程中是否經常吵架且結果是不了了之？彼此在性別角色的期望上是否協調？在彼此面前是否覺得自在舒坦沒有壓力感？另外，旁觀者清，親人朋友的看法也值得參考。

㈢**交往**：愛情過程中，常常很能反映出個人的全面狀況，平時自己覺得理

所當然的事情或許在對方的習慣裡是那麼的奇怪。多聽他真正的意思，多尊重彼此差異的優缺點，開放心胸接納不同，協助彼此為共同的目標努力。萬一要分手，能看到彼此的不適合，也是情感過程中很好的學習。

四、兩性情感發展的階段

當兩人要發展一段戀情或走戀愛的這條路，真實的過程不像「白雪公主與白馬王子」一見傾心，然後從此過著幸福快樂的日子，真實的戀情可能會有爭執、痛苦、沮喪、灰心等等因人因對象因時間而不同的故事。一般而言，戀情大約會經過下列五個階段：

㈠**萌芽期**：愛苗會不會遇到合適的土壤而發芽？大約有幾個讓愛苗類似於陽光、空氣、水之於植物發芽的因素，那就是創造見面或接觸的機會、外顯特質如外貌及內蘊特質如個性的相互吸引。這階段常因不知如何跨出第一步或不知對方是否喜歡自己而困擾，不過請告訴自己：「誠心邀請是我的權利，體認對方也有拒絕的權利。自然是最高原則，邀約不成情義在。」

㈡**發展期**：這顆愛苗發芽之後會不會長大？當過了「情人眼裡出西施或情人面前裝西施」的印象整飾時期之後，加深彼此的了解，投入感情的同時，也保持理智認清對方，在甜言蜜語之外，也多觀察多注意對方的行為品行。

㈢**質疑期**：當雙方都相當熟悉，知道對方的長處與優點，也發現對方的短處與缺點，再想想自己的優缺點長短處，可能會問「他或她是不是最適合我的人？以後會不會遇到比他更適合我的人？」如果能緩一緩，給彼此更多時間思考及誠懇面對可能存在的問題，說出來溝通，烏雲可能會散去，如果疑惑一直無法釋除或各自放在心裡，可能阻礙感情的繼續健康發展。

㈣**適應期**：當接受了優缺點，釋除了疑惑，為求感情繼續健康發展，雙方需誠心調整與學習，這對彼此都是挑戰，也是在感情中學習成熟與成長的機會，這階段真誠的溝通更不可少。

㈤**承諾期**：當雙方適應良好，也逐漸建立起良好的溝通模式和習慣，雖然

仍會有摩擦出現，但已進入較穩實的階段，雙方對自己和彼此更具信心也更能接納，而願彼此承諾，各種人生計畫中也將對方考慮進來，共組家庭的可能性增高。（修改自黃惠惠，1998）

五、兩性交往的步驟

　　晏涵文（1992）則對兩性交往過程做一個較巨觀的總結，認為健康的兩性交往是要循序漸進的，其步驟最好是：

　　㈠**自我認識**：你對自己有多少了解？又是否接納自己的真面目呢？通常自我認識的程度影響關係品質極大。學習做一個成熟的人，懂得負責與尊重他人。

　　㈡**人際交往**：人際交往包括與父母、兄弟姊妹、同性和異性的交往。學習如何在人群中表現自己、不忌妒別人、肯與他人共同分享。

　　㈢**認識異性**：包括生理、心理、社交三方面的認識與學習，避免因不了解或誤解引發的困擾。

　　㈣**團體活動**：多參加各種團體活動，在團體活動中自然與坦然的彼此認識，發展友誼。

　　㈤**團體約會**：益於更進一步認識，對進入一對一的戀情有緩衝的時間與空間。

　　㈥**單獨約會**：有更多彼此間的心靈互動，學習認識「愛」與「慾」的不同。

　　㈦**固定對象**：這時期要避免離群老是兩人獨處，不妨有些共同朋友及私人時間。

　　㈧**訂婚**：是較正式的向親戚朋友宣布與承諾將共組家庭，學習心理上和生活上的逐漸調整。

　　㈨**結婚**：是另一個階段的開始，學習共同經營家庭生活，互相扶持與分擔。

　　時代在變遷，或許兩性交往的節奏較快，或許跳略過某個階段，或許順序上不那麼一致或不太相同；不必那麼拘泥於步驟，但卻必須了解兩個各自有十幾二十年生活歷史與生長背景的人要在一起快樂的生活，是需要彼此長時間持續的了解、尊重、協調和用心經營的。

第四節　愛情發展路徑

一、成功的愛情發展路徑

　　Sternberg（1986）對愛情成功發展的路徑有一個清楚的圖形描繪，如圖 2-3
愛情成功的發展路徑，他認為以時間向度來看，在愛情初期激情因素發揮很大
的作用，這激情包括剛開始見面的臉紅心跳、牽手、擁抱、接吻和性的需求等
等。但隨著時間加長，親密感必須不斷的加強，心與心的交流不斷在進展和深
入，到後期承諾的出現，讓關係進入穩定的狀況。在不同的時期每個因素的強
度及所占的比例有所差別，但親密是核心元素，它影養著愛情的品質。Sternberg
（1986）同時也分析隨著時間的進展，這三個基本元素在關係中的變化與危機
或是失敗，如圖 2-4 三元素在愛情關係中的變化與危機所示。

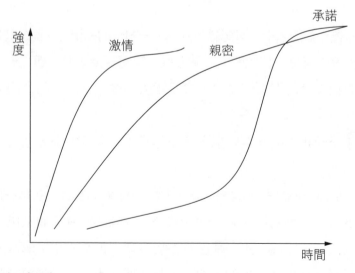

資料來源：Sternberg(1986).

圖 2-3　愛情成功的發展路徑

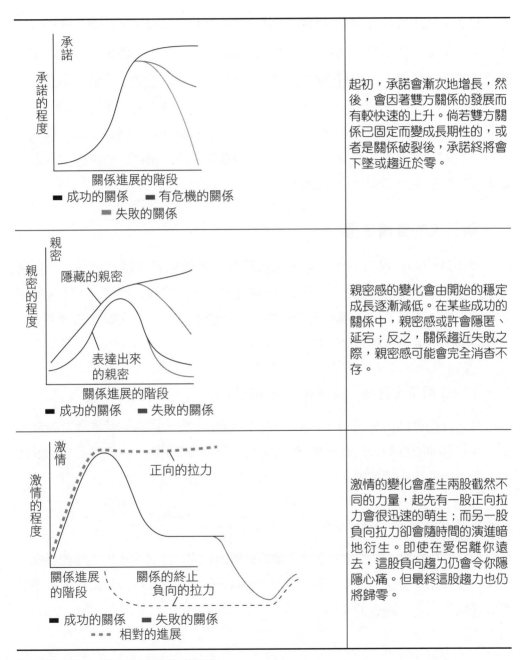

承諾

承諾的程度

關係進展的階段
■ 成功的關係　■ 有危機的關係
■ 失敗的關係

起初，承諾會漸次地增長，然後，會因著雙方關係的發展而有較快速的上升。倘若雙方關係已固定而變成長期性的，或者是關係破裂後，承諾終將會下墜或趨近於零。

親密

親密的程度

隱藏的親密

表達出來的親密

關係進展的階段
■ 成功的關係　■ 失敗的關係

親密感的變化會由開始的穩定成長逐漸減低。在某些成功的關係中，親密感或許會隱匿、延宕；反之，關係趨近失敗之際，親密感可能會完全消杳不存。

激情

激情的程度

正向的拉力

關係進展的階段　關係的終止
負向的拉力

■ 成功的關係　■ 失敗的關係
■■■ 相對的進展

激情的變化會產生兩股截然不同的力量，起先有一股正向拉力會很迅速的萌生；而另一股負向拉力卻會隨時間的演進暗地衍生。即使在愛侶離你遠去，這股負向趨力仍會令你隱隱心痛。但最終這股趨力也仍將歸零。

資料來源：Sternberg(1986)；柯淑敏（2000）。

圖 2-4　三元素在愛情關係中的變化與危機

　　從以上的「愛情成功發展路徑」和「三元素在愛情關係中的變化與危機」觀念中，意識到要擁有一個甜蜜的愛情不是那麼容易，不但要要素齊全，愛情的路上還充滿危機；在現實生活中，情侶間的衝突或分手並不罕見，有些情侶「愈吵愈好」，有的「一直吵架，後來就分手了」，有些情侶「看他們滿好的，可是後來聽說父母反對，就分手了」。「危機」會不會是「轉機」呢？端視這「危」可不可「轉」。接受「戀中藏變」的事實，並以積極的態度面對問題和發展或許是邁向成功愛情可以做的事。

二、現代人的愛情危機

　　愛情既夢幻又現實，既甜蜜又充滿危機。報紙社會版常常出現「為情跳樓」、「雙雙飲藥殉情」、「在情人住處自殺」、「潑情人硫酸」、「又見情殺」等標題，不禁要問「現代人的愛情發生什麼問題？」「在觀念和行為上出了什麼錯？」愛情危機現象，描述如下：

（一）問世間情是何物，豈叫人生死相逼

　　有人「問世間情是何物，直叫人生死相許」，愛一個人的時候願意相守一生；卻也有非理性的人用命來威脅逼迫對方、自己和愛情，威脅逼迫來的愛情會是原本所期待的愛情嗎？

（二）速配、速食、狼吞虎嚥

　　很快地在一起，很快地把愛情初期的激情消化完，然後覺得對方味如嚼蠟，很快地又分開。愛情的品質主要決定於 Sternberg 所稱的「親密」元素，親密是需要長期用「心」經營的。

（三）跟著感覺走

　　在愛情裡，有感覺是很重要的，不可否認沒有感覺是談不了戀愛的，但是

更重要的是，愛情除了感覺還需要理性，就像人有感性和理性一樣，千萬別用半個人去談戀愛。用感性去感受愛情，也用理性去判斷愛情。

（四）進退失序的愛情觀

何時該進，何時該退？愛情機會來了能夠把握，愛情走了也不強留，需要智慧和理性。

（五）愛情寶寶學

同時有多個情人，把每個情人都叫「寶寶」，不會因為情人太多一時把暱稱叫錯。把每個情人當成「寶寶」，也要情人當一個「寶寶」，當她什麼都不懂，要她如寶寶般「單純」、「不會邏輯思考，不會問」、「當你擁抱她的時候，她全然依賴在你懷裡」。醒醒吧！別以為自己是神通廣大，別以為別人都退化。

（六）搶情人（面子）

當你陷在你爭我奪的情況下時，問問自己你現在是搶情人還是搶面子？把她／他搶回來是為了面子，還是因為你愛她／他？如果是為了面子，那麼是不是違背了你愛他／她的初衷？如果是因為你愛她／他，那麼是否該聽聽她／他的想法和感受，尊重她／他的決定？

（七）考場的資優，情場的低能

這是典型的高 IQ 低 EQ 的情況之一。在學業或工作上表現優秀，對感情的概念理解和解題技巧卻所知不多，加上又不會尋求專業協助，曚著頭處理，傷了自己傷了別人，不幸的還造成永不可收拾的悲劇。功課不懂，會找比較懂的同學問、找教那一科的老師問、找補習班、找家教，工作上有困境會找資深的同事討論、找好朋友說、跟主管適度的反映溝通；感情的事找心理諮商專業人

員也是一樣的道理。另外，台灣的學校教育、家庭教育和社會教育亦應調整對 IQ 和 EQ 的重視程度與態度。

（八）不知如何面對結束

一段感情的結束會讓人失落、難過、傷心、痛苦、甚至生氣，你可以讓自己有一段時間去難過、生氣、傷心和回憶，不斷的告訴自己並且記得一段感情的「結束」只是一次失敗的經驗，並不代表你整個人的「失敗」，同時，由失敗的經驗裡有正向的學習和成長，會讓你這次的失敗經驗變得更有意義，而不再只是失敗的經驗而已，而是有更成熟的感情觀和感情處理態度。

（九）愛慾解離

「愛」與「慾」互為表裡自成一體，愛慾結合成為人生美妙的經驗，然而「網路一夜情」的現象似乎透露「愛」與「慾」的解離危機隨著網路文化漫燒出去了，和一個人有肉體上的結合可以隔天各拍拍屁股各走各的互不相識。現代人把時間都花在工作上，人際間情感的交流太少，內心太寂寞，想用短暫肉體的生理性結合來替代需長期經營的表達性情感是不可能的。

整個社會由傳統農業社會進入到工業社會再進入到後現代社會，相較於以前，現代的年輕人或當事人對愛情和選擇戀愛對象有更多的自主權和決定權，但相對地也需要較以前更多的智慧和處理技巧。

三、現代人的愛情功課

面對以上現代人的愛情危機，有幾項功課是現代人談感情必須修習的：

㈠在信念上建立：至情真愛不是熊熊烈火，愛是需要學習的情感。

㈡學習的方法是：勤修 EQ，不當愛情後段班的學生，了解愛情沒有標準答案，看得透，想得開，拿得起，放得下，才是「畢業生」。

㈢在面對和處理情感危機時：千萬提醒自己要學習理性面對，愈是危機愈

不能草草處理或怕人知道，仔細沙盤推演和尋求身邊值得信任的長輩或專業心理諮商人員和社會資源的協助是有必要的。

㈣真愛是需要了解、溝通和經營的：決定要完全投入感情之前多一些彼此的相互了解，包括愛情觀、金錢觀、家庭觀、人格特質、品德、人際關係、家庭環境、工作資歷、習慣、嗜好、興趣、健康等等。其次，交往的過程中多溝通，學習溝通的技巧和態度，把握溝通的機會。最後花心思去經營，像經營你的職業生涯一樣，長期去經營一份值得你投入的感情生涯。

両性關係與性別教育
理論與實務

性別教育帶領活動 2-1：愛情是什麼？（白秀玲，2006）

　　愛情風貌千萬種，愛情到底是什麼？請以圖或形容的話句，描述你對愛情的看法或感受。最後請分組分享：

愛情是＿＿＿＿＿＿＿＿＿＿＿，因為＿＿＿＿＿＿＿＿＿＿＿

愛情是＿＿＿＿＿＿＿＿＿＿＿，因為＿＿＿＿＿＿＿＿＿＿＿

愛情是＿＿＿＿＿＿＿＿＿＿＿，因為＿＿＿＿＿＿＿＿＿＿＿

愛情像＿＿＿＿＿＿＿＿＿＿＿，因為＿＿＿＿＿＿＿＿＿＿＿

愛情像＿＿＿＿＿＿＿＿＿＿＿，因為＿＿＿＿＿＿＿＿＿＿＿

愛情像＿＿＿＿＿＿＿＿＿＿＿，因為＿＿＿＿＿＿＿＿＿＿＿

性別教育帶領活動 2-2：愛情與喜歡量表（白秀玲，2006）

　　「喜歡」與「愛情」你分辨得出來嗎？不管你是否戀愛，試著心中想一個重要的朋友，對自己的情況或想法勾選下列的項目，「1」代表極少，「2」代表有時，「3」代表時常，「4」代表總是。

	1 極 少	2 有 時	3 時 常	4 總 是
1. 我常想對方現在在做什麼	☐	☐	☐	☐
2. 我想和他（她）見面	☐	☐	☐	☐
3. 我喜歡看著他（她）	☐	☐	☐	☐
4. 想和他（她）一起做事情	☐	☐	☐	☐
5. 在團體中，很喜歡他（她）的作風	☐	☐	☐	☐
6. 我願望幫他（她）做很多事	☐	☐	☐	☐
7. 他（她）受人歡迎	☐	☐	☐	☐
8. 我對他（她）做事很有信心	☐	☐	☐	☐
9. 我很想學他（她）的做事風格	☐	☐	☐	☐
10. 我很尊敬他（她）	☐	☐	☐	☐
11. 沒有他（她）在身旁，我有失落感	☐	☐	☐	☐
12. 我願意關心他（她）	☐	☐	☐	☐
13. 我對他（她）有占有慾	☐	☐	☐	☐
14. 我很努力使對方覺得快樂	☐	☐	☐	☐
15. 我對他（她）有好印象	☐	☐	☐	☐
16. 我們有共同的興趣	☐	☐	☐	☐

　　計分說明：其中 1、2、3、6、11、12、13、14 題的滿分是 32 分，如此 8 題加起來的分數愈高表示屬於愛情的成份愈高；另外 4、5、7、8、9、10、15、16 題的滿分是 32 分，如此 8 題加起來的分數愈高表示喜歡的成份愈高。

 本章重點

人類三種基本人際需求	愛情二類理論
Erich Fromm 認為的「愛」的四項特質	愛的三角形理論
	友伴關係的發展
Rubin研究認為愛情的三個成份與喜歡的三個成份	異性交友四部曲
	兩性情感發展的階段
愛情顏色理論	成功的愛情發展路徑

 討論與分享

1. 沒有一個字像「愛」一樣擁有如此分歧的意義，請你以你的生活經驗為基礎，你認為愛像什麼？愛是什麼？愛情像什麼？愛情是什麼？

2. 試著用愛情的理論來看看自己的愛情，是否具備專家所說的要素？屬於哪一類型？

3. 你現在是處於哪一個異性交友階段或愛情階段中？這個階段主要學習的是什麼？你覺得對你來說這階段主要的難題或疑惑是什麼？

4. 和小組同學一起討論「愛情過程中可能的變數或危機」有哪些？如何面對及處理這些變數和危機呢？

5. 你看到或聽過怎樣的現代網路延燒出的愛情危機或騙局？說出來作為相互的提醒和預防。

6. 你覺得看完本章後，你自己的愛情心理學是什麼？

3

愛情的自我探索

　　當一個人在「愛情起步走」之前，需要先了解自己。本章將一一探索及討論走入愛情或在愛情之中，要了解自己和面對自己的幾個層面：包括了解自己對愛情的想法是否有一些值得再深入思考或省思更多元的面向；了解自己是較期待有怎樣的愛情型態，在愛情中自己較在意的是什麼？也提供一些問題，當懷疑自己是不是在戀愛時，作為思考的參考。同時探索自己對怎樣的異性認為是具有吸引力的？以及在兩人愛情互動的過程中，了解自己是不是有「不知不覺地期待男生要做什麼才對，女生又一定要怎樣的特質及言行舉止才可以」的性別角色刻板印象或迷思等。

第一節　愛情迷思與認知

　　對於愛情，我們有時候會有一些存在內心且不知不覺反應在思考邏輯或行為上卻不自覺的情形發生，請先看看下面五個敘述句：

◎如果沒有觸電的感覺就不是愛情。
◎世界上有一個完全適合我的人與我共譜戀曲。
◎愛，就是什麼都不必說，對方會了解的。
◎愛的力量可以克服一切。
◎愛，就是你濃我濃，鎮日廝守。

　　對於此五個敘述句，你相信嗎？如果相信，為什麼這樣相信呢？說說個人的想法。如果不相信，又為什麼不相信呢？說說個人的理由。想想自己是不是有上述這樣的經驗或不同的經驗？和同學或同性朋友或異性朋友或男朋友、女朋友一起看這五個敘述句，分別說說彼此的看法與意見，別爭執，只是溝通與分享。

　　現在就做，相信會有相當意外與豐富的收穫。

　　透過以上的分享和討論，或許已發現其實會遇到怎樣的愛情樣貌是很難預測的，也發現愛情的多元和複雜度。經過上面的過程，相信會對愛情有更彈性宏觀的想法，不再執著認為愛情是如何如何，如果不是如何如何就不是愛情。這種執著於一定是要如何如何才是愛情的想法，稱之為「迷思」（myth）。

　　另外，在戀愛的過程中，也會有一些相處上的迷思：

1. 如果讓你知道我真正的樣子，你一定不會喜歡我。
2. 男女朋友應該所有的想法、行為都一樣。如果意見不合，那一定是你或我錯了。

3. 我必須在各方面都很有成就，你才會愛我。

4. 如果讓你親近我，你會發現我的秘密、及我有多差勁。你將不會愛我，所以我必須跟你保持距離。

5. 如果跟我要好，就不能跟別的同學或朋友要好，否則不忠。

6. 如果你愛我，會常常要我陪著你。如果你想獨處，這表示你不需要我陪你，你不夠愛我。

7. 男女朋友之間不應該有秘密沒向對方說。

8. 如果你愛我，應該知道我的想法、感受和需求。

9. 男人不應該……，女人不應該……。

10. 若是拒絕男（女）朋友的請求，那就會失去你（妳），對不起你（妳）。

11. 男女朋友應該做什麼事都一起行動。

12. 如果你在乎我，你會記得我告訴過你的話，記得特別的日子及時光。如果你忘了，那表示你不愛我。

第二節　戀愛行進踏板

一、戀愛踏板開始行進了嗎？

當對一個人有好感，常常想與他（她）見面，可是感受又不那麼明確，會問自己：「我是不是已經陷入情網？我在談戀愛了嗎？」可是有時自己也搞不清楚到底只是喜歡他（她）還是愛他（她）？

許許多多在愛情路上正要起步走的人們可能有共同的困擾與疑惑，是否自己已墜入愛河，不妨問問自己下列的問題：

1. 思念對方是否奇妙地就發生了？

2. 電話鈴響，第一個念頭就認為那一定是她（他）捎來訊息呢？

3.當別人不經意提到（他）她的名字，不自覺的就心跳加速和臉紅？

4.當你們不在一起時，是否會常常想著他（她）呢？

5.當你心情不好時，是否盼望他（她）是第一個陪伴身邊安慰的人？

6.只想和他（她）在一起，而常忘了身邊其他的人的存在？

7.如果有人與他（她）太靠近，會感到吃味？

8.與他（她）共處時，是否大部分時間都看著他（她）？

9.他（她）在我心目中是「很不錯的人」？

10.是否會急著表現最好的一面給他（她）看？

如果作答的答案大部分是「是」，那麼，可能表示真的在愛情的路上起步走了。

二、戀愛的行為訊息

一般而言，戀愛中的人在行為訊息上會出現幾個現象（沈慧聲譯，1998）：

㈠**眼部的接觸頻繁**：就如電影情節中戀人彼此凝視的雙眼，是最明顯的行為指標。

㈡**身體上的接近**：喜歡依著對方，靠著對方，縮小彼此身體的距離。

㈢**喜歡打扮自己**：特別是和戀人見面的時候，會花時間去打扮自己的外表。

㈣**聲音變好聽**：講話聲音變得比較有元氣、溫柔而有情感，尤其是和他講電話的時候。

㈤**接觸更頻繁**：會想更常見面或見面時間加長，及身體的接觸更多，如手牽手、手摟肩。

㈥**穿著相似**：穿著的風格相似或衣服的顏色挑選相近，甚至有時會相同。

第三節　個人愛情類型

　　基本上愛情的微妙之處在於對方的想法作法、價值觀和快樂程度會影響到自己的快樂程度，反之亦然，然而，愛情對不同的人有不同的意義，每個人在愛情關係中所重視的層面或特性也不相同，想要經營一段滿意的愛情關係，不單只是要求對方付出或自己不斷的付出，還需要了解彼此的愛情型態，知己知彼，才能享受愛情，在愛情的關係中成長與學習。社會心理學家 John Lee（1988）提出六種不同愛情類型，可以幫助了解自己的愛情類型及自己在愛情中所重視的層面或特性。

一、浪漫愛（情慾之愛）

　　這類型的人期待愛情中有許多浪漫的事情發生，容易被外表的吸引力所吸引，容易發生一見鍾情的戀情，碰到與心目中理想形象相符的人會狂熱的追求或陷入。他們需要擁有對方，知道對方所有的事。

二、伴侶愛（友誼之愛）

　　喜歡細水長流的愛情，感情慢慢經營，相信感情是要經過長時間的交往而產生。與這樣的人談戀愛，或許過程中較少什麼轟轟烈烈的事發生，但卻像水一般的耐人品味。

三、現實愛（理性之愛）

　　在進入愛情之前，會比較理性的考量一些現實的條件和實際的情況，例如：學歷、身高、家庭背景等。在愛情的過程中，也比較會分析彼此的愛情關係。

四、遊戲愛（遊戲之愛）

很多人會讓你心動，想盡情享受愛情，但又避免涉入太深，把愛情視作一連串的挑戰。他們經常不與某一對象做長期性的計畫或約定，藉此增加神秘感或吸引力。當情人不在身邊時，他可能會很快愛上其他人。喜歡和不同的人交往，希望擁有自在的戀愛，同時也可能希望對方有相同的想法。當新鮮感消失時，會想要尋求新的戀情。

五、神經愛（依附之愛）

比較神經質，會因為對方的一句話、一個表情而反覆思量或心神不寧，一直會想知道到底對方是什麼意思？嚴重的還會出現失眠、沒胃口或心痛等症狀。對方有一點冷淡，便會擔心是不是自己哪裡做錯了？而對方小小的溫暖或熱情，便會讓他非常的快樂。他們強烈的需要被關注和被愛，也因此常扮演悲劇性的角色。這背後的糾結常是因為神經愛者缺乏自信、不夠自我肯定，有時雖已表示不喜歡對方，但仍無法與對方成功的分手。

六、奉獻愛（利他之愛）

他們總是為對方著想，不自私，無怨無悔的為對方奉獻而不求回報，把對方的幸福快樂看得比自己的快樂幸福還重要，希望對方一切都好，如果對方遭遇什麼困難，他們一定會盡其所能來協助對方度過難關。因為他們深信愛是付出不是占有，愛是奉獻不是要求。

以下作者提供一些現象，作為正在沉浸於愛情中的男女思考自己是屬於何種愛情類型的參考：

一、浪漫愛類型

1. 用一種強烈而無法控制的情緒去愛對方。

2. 愛情是生活中最重要的一部分。

3. 與情人身體或感官上的接觸十分重要。

二、伴侶愛類型

1. 彼此足夠的了解和信賴，愛才能長久。

2. 就算和情人分手後，仍然可以維持朋友的關係。

3. 即使意見不同，也能彼此支持，並尊重對方的自我發展。

三、現實愛類型

1. 生活是很實際的，所以愛情沒有麵包是不會快樂的。

2. 會與所愛的人一起計畫未來。

3. 會分析彼此的愛情，衡量它的份量。

四、遊戲愛類型

1. 喜歡戀愛，但不喜歡被約束。

2. 當愛情新鮮感消失時，會尋求新歡。

3. 當情人不在時，會很快愛上其他對象。

五、神經愛類型

1. 會渴望天天見到對方。

2. 常需要對方表示更多的愛與肯定。

3. 無法想像沒有對方的日子怎麼過。

六、奉獻愛類型

1. 只要對方喜歡的，再多的辛苦或委屈，我也願意承受。

2. 只要對方覺得幸福快樂，要我做任何的犧牲，都可以接受。

3. 不會介意對方的所作所為，反正我就是愛他。

一個人可能同時擁有兩個以上的愛情類型，例如一個人可能同時是伴侶愛和現實愛，在進入愛情之前會先做理性的評估和考量，進入愛情之後希望愛情細水長流並用心經營愛情關係。愛情類型可能因對象的不同及互動關係而改變，也會因年齡增長而改變，了解愛情類型，可以更了解自己也更懂得對方的心，甚至在兩性溝通的時候也更能彼此體諒和包容，讓彼此更接近自己也接近對方的心靈深處。

第四節　性別刻板印象與性別歧視

「魅力」是指個人具有吸引人的內外在特質。在愛情的關係中，男女要怎樣才具有「魅力」？在中國傳統的文化下，對男女特質主張「陽剛陰柔」，男生要勇敢、主動、獨立、具競爭性；女生要溫柔、體貼、善解人意、有愛心或者「婦德、婦容、婦功」。這些傳統認為有魅力的男女特質，呈現了性別的刻板印象。

一、性別刻板印象

在傳統以男性為主的父權社會文化下，男性表現陽剛的行為獲得讚賞，女性在表現陰柔的行為上獲得讚賞，要求男性要勇敢、獨立、理性、果斷、堅毅、主動，要求女性要溫柔、整潔、文靜、被動、同情、依賴、委婉，久而久之逐漸形成男性就是要陽剛，女性就是要陰柔的性別角色刻板印象。

　　有一個有趣的實驗研究，給受試者一篇描述外科醫師開刀過程的文章，留下結尾請受試者填寫，結果當受試者拿到的文章上外科醫師的名字是寫 Virgil 時，受試者寫下的結尾都較正面的表示手術順利完成，而當受試者拿到的文章上外科醫師的名字是寫 Virgy 時，受試者的結尾則有較多經歷緊急或小差錯的描述。受試者所看的文章唯一的差別只在醫師的名字，Virgil 是男生的名字，而 Virgy 是女生的名字，實驗者所操弄的只是隱含性別意義的名字而已。性別刻板印象中認為女性比較不善於應付重要緊急的事件，可見性別刻板印象是如何如影隨形的融入在平日的判斷與生活中。

　　性別刻板印象是如此如影隨形、彰而不顯的伴隨在生活中，以下提供一些思考自己是否有性別刻板印象的文字敘述：

1. 男人是攻擊的，有優越感的，強壯的，數理好的，保護女人的，使女人覺得重要的，有理性的，被依賴的，不應哭的，有競爭力的，不應娘娘腔的。

2. 女人是照顧的，溫柔的，成就別人的，家庭導向的，不能有自我的，讓男人覺得重要的，對男人服貼的，很容易受傷的，需要保護的，情緒化的，數理不好的，不要太強的，不具攻擊性的，依賴的。

　　其實，在現實生活中，兩性特質是相輔相成、相得益彰的，在情感世界裡，最重要的感受是被愛與愛人，愛情是關係的建立、維持和經營，感情是需要人際關係取向特質來表達關愛、經營關係，感情也需要工作特質來計畫和執行未來目標。例如：先生或太太一方面均有家庭的責任及擔負，另一方面也要共同扶持與關愛才有意義，而不是男性就是責任與保護，女生就是溫柔與服貼。

二、與性別有關的迷思

　　Shaffer（1996）列出有關個體性別差異的一些信念與事實的對照表，或許在表 3-1 中可以發現一些值得你和其他人討論的空間。

表 3-1　個體性別差異的一些信念與事實的對照表

信念	事實
1. 女孩比男孩更具「社交性」	• 基本上男女兩性對社交互動都有興趣，在同樣的回應、增強與可學習的模範影響下，兩性的表現是相同的，甚至於在一定的年齡時，男孩比女孩花更多時間和玩伴在一起。
2. 女孩比男孩更容易接受他人的看法	• 許多研究指出，男女兩性在自信上並無差別，然而，有時候當個人的價值觀和同儕團體衝突時，男孩比女孩更容易接受他人的建議與看法。
3. 女孩比男孩有較低的自尊	• 由幼兒期到青春期，男女兩性在整體的自我滿意度及自信上都差不多，有部分男孩在青少年時的自尊高於女性，不過這可能是因為男孩在成為男性工具性角色中有較大的自由及勇氣容許所致。對青少年晚期的兩性來說，與自尊有關的性格特質並沒有差別。
4. 女孩對操作簡單的物品較能勝任愉快；而男孩則在要求較高層次的認知發展、物品操弄上略勝一籌	• 這是沒有任何研究支持或具證據的說法。基本上在學習、形式運思概念的發展上並沒有兩性差異（個別差異在男女兩性裡都有的）。
5. 男孩比女孩具有分析能力	• 我們知道在認知能力上或許有些微的性別差異，但在分析及邏輯推理能力上並無差別。
6. 女孩缺乏成就動機	• 這是極為荒謬的信念！男孩與女孩都有其個人成長發展及生涯的目標，只有目標會因人而異，在達成目標、實現自我的努力上，成就動機並無差異。

資料來源：Shaffer (1996), *Developmental Psychology*, p.510.

三、性別歧視

　　時下有些年輕人，對於性別仍持刻板印象，並有性別歧視的意味。例如，有些人具有「交男朋友是為了幫忙自己做事，接受奴役是他們應盡的義務……」的觀念，這樣的想法是危險的，兩性之間的交往應是在一個公平的起始點上，兩人相互包容幫助，而不是利益間的交換，每個人都有自己應盡的本分及責任，男朋友不是專門當奴役的，事情推託給他人完成不但不負責任，更使自己失去一個學習的機會。當女性提供交換的利益，不受男朋友重視後，長期的關係就不易維持。

　　有人認為「開會作決策的都是男性，而通常在外面管報到的都是女性」，

甚至有男性指出：「女性不能全怪男女不平等，很多女性不能一起擠到會場裡去，她們會搞的亂七八糟，女人自己就會互相殘殺！」雖然有些令人難以否認的，是其中的部分事實，大多的女性的確較男性來的愛計較、情緒化，所以爭吵或意見不協調較容易產生。但是，從另一角度看來，這無疑的也是一種刻板印象，同樣地需要人們的互相欣賞、扶持來撫平這裂縫。

又例如，有些男性會與別人稱道他的女朋友為他的馬子，但其實如果照「馬子」字面上的意思想想看就知道了！馬是被拿來做什麼用的？對女性而言是很不尊重的，然而此用語好像已經很普遍了，而且並沒有很多人會去細想「馬子」的意義，雖然真的很難聽！只是兩個字，但對女性刻板印象及性別歧視的心態卻是值得去反思的！女性對他男友稱呼或許也有對應的用語。

四、性別角色行為的形成

「性別角色行為」和「性別刻板印象」在概念上相互關聯，「性別刻板印象」是因所談的對象性別為男性或女性，而對對方的特質和要求有一個既定的看法。所謂「性別角色行為」是某一種性別要擔任某一種角色，而某一種角色就必須表現出某些行為、做某些事。

例如在愛戀追求的過程中，男生要擔任主動者的角色，既是主動者就要主動邀約、主動付錢、主動自願送女孩回宿舍；而女性被設定為被動者的角色，所以等著被邀約、等別人安排約會節目、等別人開口和她說話、等別人要她的電話號碼、等別人什麼時候對她主動表示好感。又如傳統父權社會「男性」要擔負養家的角色「主外」，所以他必須外出工作，必須表現出有擔當、有主控權，「女性」則照顧家人生活起居擔任「主內」的角色，所以她要做所有家務，要照顧別人。

這些性別角色行為有沒有彈性調整的必要，實在值得我們進一步深思和討論。刻板的性別角色還包括醫生是男性，護士是女性；駕駛員是男性，售票員是女性；大學教授是男性，小學老師是女性；飛行員是男性，空服員是女性。性別角色行為是如何來的？到目前為止，心理學家認為是學來的，有三種互補

的學習理論可以說明（劉惠琴，1991，頁150）：

(一)**增強理論**（reinforcement）：當小孩偶然無意間表現出成人認可的角色行為時，即給小孩鼓勵或讚美，此後小孩為贏得讚美，將會繼續表現這種行為。

(二)**模仿理論**（modeling）：也就是看到別人怎麼做，自己也跟著怎麼做，女孩通常學習媽媽或故事的女主角。

(三)**認知發展理論**（cognitive-development）：這是一種原則學習的理論，當女孩看到媽媽總是在照顧家人，而她在照顧弟妹時，也得到家人的稱讚，於是她很可能得到一個結論是乖女孩是會照顧別人的。如果這結論在日後的生活經驗中得到支持，很可能就形成了她的一種信念或價值。

嚴格來說，性別角色行為和性別刻板印象反應了文化和社會的特性，想要完全消除這些行為或印象不一定最為適合。有時善用這樣的知識反而有助於兩性關係的調和。

五、具吸引人的男女兩性

國內李美枝（1994）以台灣地區二百多位大學生為例，所得研究結果是，大學生認為適合男性和女性的人格特質如表3-2。表中男性項目的特質與傳統對男性的期待「陽剛」非常符合，而女性項目也符合傳統對女性的期待。筆者在1995年到1996年間對參加兩性工作坊和上兩性關係課程的大學生所做的課堂調查，問他們吸引人的男性和吸引人的女性所需具備的特質，有表3-3的結果，溫柔體貼的男性受歡迎，具獨立積極等陽剛特質的女性也逐漸有了天空，多項特質同時出現在吸引人的男性與女性特質裡，例如善作家事、不大男人或大女人主義，而吸引人的人，不管是男性或女性都同時具有陽剛特質和陰柔特質。另外，對照表3-2和表3-3發現這些對性別特質的描述及形容詞，反應了時代、文化、社會及個體對性別角色和性別角色行為的信念和態度，值得高興的是現在的大學生對於兩性的特質雖仍看得見性別角色刻板印象的影響，但也已經有較彈性的態度和看法。愛情注重的是陰柔特質所專長的關係向度，在愛情的關

表 3-2　台灣地區大學生認為適合於男性和女性的人格特質

男性項目	女性項目
粗獷的	溫暖的
剛強的	整潔的
個人主義的	敏感的
偏激的	順從
靠自己的	純潔的
隨便的	心細的
冒險的	伶俐的
冒失的	動人的
獨立的	富同情心的
武斷的	保守的
浮躁的	膽小的
有主見的	討人喜歡的
深沈的	文靜的
自誇的	親切的
競爭的	愛美的
膽大的	慈善的
好鬥的	甜蜜的
豪放的	溫柔的
穩健的	被動的
自立更生的	端莊的
善謀的	文雅的
有雄心的	依賴的
幹練的	純情的
頑固的	輕聲細語的
嚴肅的	拘謹的
主動的	天真的
行動像領袖的	矜持的
粗魯的	愛小孩的
有領導才能的	害羞的
好支配的	善感的

資料來源：李美枝（1994），頁 275。

表 3-3　吸引人的男性與女性所具備的特質

課堂調查結果整理	有吸引力的性別特質
有吸引力的男性特質	有個性、體貼、坦誠可靠、有責任感、果決有自信、英俊、有經濟基礎、強壯、開朗大方、幽默風趣、孝順、隨和有人緣
有吸引力的女性特質	善良體貼、文靜、清秀、端莊、活潑開朗、有內涵、不嘮叨、孝順、有智慧、健康、性感、美麗、善理家、烹飪

資料來源：白秀玲、柯淑敏（2006）。

係裡，發揮適度陰柔特性的男人時常讓女人感受到被溫柔體貼地對待和被愛，這種男人是非常具吸引力的；發揮適度陽剛特質的女人，也讓男人能在享受愛情當中放下社會傳統期許的沉重包袱，享受到共同分擔的生命共同體感受，這種女人是非常具吸引力的。但從結果看來，現代兩性對吸引人的異性的觀感，值得擔憂，因為現實社會中要找到夢幻的白馬王子與白雪公主是很難的。

六、讓自己更具吸引力

如何讓自己具吸引力？或者如何發現及培養自己具吸引力的特質呢？首先先了解自己有哪些受人喜愛和不受人喜愛的性格特質及具哪些性別特質，可參考表 3-4，了解自己有哪些受他人喜愛或不受他人喜愛的性格特質，良好的特質加以發揮，不受歡迎的特質則行改進之道；發揮並擴大自己良性的特質，學習改善不良的性別特質，因此了解自己並求進步是讓自己具吸引力的第一步；第二步是抓住合宜的機會，適當表現自己的良性特質；第三步是體認關係是長期經營的過程，例如自己的體恤特質較少，更應給自己較長的時間學習和揣摩。第四步是體認到人與人之間的適配性非常影響關係的品質，且關係不是一個人的責任而是兩人都要付出才會有滿意的成果，所謂一個銅板不會響。當做了前面所提的四步內在功課之後，相信可以學習成為一個不會造成關係上壓力又具有吸引力的人。

表 3-4　青少年受他人喜愛和不受他人喜愛的性格特質

受他人喜愛	不受他人喜愛
1.個人外表 　⑴長得好看 　⑵女性化、面貌姣好（女性） 　⑶男性化、體格良好（男性） 　⑷整潔、乾淨、修飾整齊 　⑸適當衣著	1.個人外表 　⑴俗氣、不具吸引力 　⑵小孩子、太胖或太瘦（女生） 　⑶膽小、瘦小、太胖（男生） 　⑷邋遢、骯髒、懶散 　⑸衣著過時、不合身、不適當、髒亂 　⑹化外之人（男生） 　⑺身體殘障
2.社會行為 　⑴外向、友善、能與他人相處 　⑵主動、有活力 　⑶參與活動 　⑷社會技巧：良好態度、能說善道、有禮 　　貌、穩重、自然、機智、會跳舞、玩很多 　　遊戲 　⑸有趣、運動佳 　⑹行動與年齡相稱、成熟 　⑺冷靜 　⑻順從	2.社會行為 　⑴害羞、膽怯、退縮、安靜 　⑵無活力、無精打采、被動 　⑶不參與、隱遁 　⑷喧嘩、吵鬧、態度不佳、不尊重、自誇、 　　愛現、不冷靜、傻笑、無禮、粗魯、聒 　　噪、不知如何做事與遊玩 　⑸無聊、運動差 　⑹孩子氣、不成熟 　⑺聲譽不佳
3.個人的特質 　⑴仁慈、富同情心、了解 　⑵合作、與人能相處、脾氣好、穩定 　⑶不自私、慷慨、助人、考慮別人 　⑷活潑、樂觀、快樂、歡欣 　⑸負責、可靠 　⑹誠實、有信用、公平、正直 　⑺有幽默感 　⑻有理想 　⑼自信、自我接納 　⑽聰明、有智慧	3.個人的特質 　⑴殘暴、敵意、不感興趣 　⑵好辯、蠻橫、脾氣不佳、支配、發牢騷 　⑶不考慮別人、不可靠 　⑷說謊、欺騙、不公平 　⑸不能開玩笑、沒有幽默感 　⑹心地不好 　⑺欺詐、虛榮

資料來源：F. P. Rice (1984), *The Adolescent: Development, Relationships, and Culture.* 引自劉秀娟（1997），頁240。

第五節　剛柔並濟的時代兩性

　　堅持「男女有別」觀念的人，認為一個人若具備了陽剛的男性化特質，就不可能也具備了陰柔的女性化特質。三十年前的心理學家也持相同的信念，以為陽剛和陰柔是一元兩極化，互相衝突的人格屬性。然而後來為數不少的研究顯示事實不然，陽剛和陰柔是分屬多元向度的特質，這兩種屬性是可能出現在同一個人身上（李美枝，1991）。也有學者發現理性女權運動者所主張的新女性，其人格特徵竟與心理健康者及優秀的領導風格者不謀而合，即所謂剛柔並濟的雙性化者（李美枝，1991）。心理學家 Jung（1969）認為人的潛意識性別層次有兩種原型是陽性基質（animus）和陰性基質（anima），每一個女人的人格包括了陽性基質，即是男性特質，每一個男人的人格包括了陰性基質，即是男性特質。這在與異性成功的交往中是很重要的，因為它們提供了一定程度的認同和同理心（empathy）（孫丕琳譯，1994，頁 206）。從人格研究、性別研究及人格理論都支持一個人可以同時兼具陽剛特質和陰性特質，擁有剛柔並濟特質的人不但是心理健康者也是優秀的領導者，更是有利於兩性的成功交往。

　　在人們的生活經驗裡，對傳統家庭主婦的形象似乎有任勞任怨，終其一生為家庭、兒女獻出她的青春、一生，但卻非「毫無怨言」的感受。對傳統一家之長的男人形象，也覺得他早出晚歸，不可親近，唯恐稍有不慎冒犯了他的威儀，他常沉默不語，獨自面對排山倒海的內外壓力。

　　傳統的社會化歷程讓女性揚柔抑剛，讓男人揚剛抑柔，這兩種都是有所缺憾的人格組型。從心理學的觀點解釋這揚柔抑剛及揚剛抑柔現象，是因為傳統的男性社會化過程把男人訓練得情緒壓力往心裡面放，以表現出自己的「強」，不善於表現或善用關係向度的特質，使男人過多的情緒與工作壓力無處宣洩；傳統對於女人的期待較低，讓女人容易在失敗時接受自己的「弱」，但這樣的

社會期待也讓女人「害怕成功」，害怕搶了男人的風頭。因此突破傳統性別角色的框框與限制，讓兩性可以更自然的同時培養陽剛和陰柔特質，做一個「人」，對兩性而言皆為可喜之事。

　　但是要掙脫傳統的束縛，是一件相當具挑戰的事，在傳統與現代轉型期間的婦女，一方面想努力拋棄上一代母親或祖母傳統婦女的命運，一方面也在工作、家務、育兒、自我成長之間分身乏術、筋疲力竭、有心無力。男人繼續躲在剛強的外表下獨自面對脆弱時的自己。我們看見缺乏另一半的支持、了解和配合，要掙脫傳統的框框是困難重重的事。不過兩性在社會地位、經濟能力、教育程度等客觀條件上的逐漸相同，及主體對傳統文化價值的重新思量，是使兩性逐漸改變其兩性角色和行為的主要力量，有利於讓兩性往剛柔並濟的新好男人與新好女人邁進。

　　另一方面，男女也的確存在一些先天的差異，如何認知兩人的差異而求同與互補，並重視動態社會的轉型，配合充分了解自我的價值觀，常能為兩性的相處帶來加分的效果。

性別教育帶領活動 3-1：愛情價值觀大拍賣（白秀玲，2006）

　　愛情價值觀是一種類型的價值觀，而價值觀乃指個人人生中視為最重要的，不管是與人、事、物有關的，或與物質與精神有關的，均包括在內，凡自己認為是最重要的，即為價值觀。因此，愛情價值觀，即是對愛情對象的挑選，個人認為什麼是最重要的。現在，找同學或朋友玩愛情價值觀大拍賣遊戲，人不要太多，約找六到十二位左右的朋友最合適，最好男女能平均分配。

步驟如下：

⑴發給愛情價值清單：

‧成就	‧冒險	‧競爭	‧外向	‧支持	‧獨立	‧權力
‧安全	‧內向	‧能幹	‧上進	‧興趣	‧領導	‧尊重
‧清潔	‧責任感	‧社會地位	‧關愛	‧開放	‧服務	‧寬容
‧讚許	‧孝順	‧舒適環境	‧自制	‧溫柔	‧理性	‧有創意

⑵每個人發一張紙一隻筆，每個人各自在自己的紙上寫上自己希望理想的她或他擁有哪些特質？

⑶各自將自己所寫的這些特質依自己認為的重要性由一到十排序。

⑷準備一張大海報和一隻麥克筆，大家一起陸續將自認為重要的特質説出來，由一人負責寫在海報上。

⑸每個人有一百萬存款，每樣特質底標是五萬，開始競標海報上的特質，喊三次無人競標則由最高價者得標，並在該特質旁註明得標者姓名。這個時候氣氛會相當刺激。

⑹在競標過程中，可能有一些人常與自己一起競標；注意大家爭相競標的價值觀是哪些？

⑺拍賣完畢後，分享競標後的感受，並分享如果還有拍賣機會，自己是否願意做什麼樣的更改或交換，或增加的價值觀。

⑻分享自己愛情價值觀的優先順序後，請慎重的記錄下來，作為自我愛情價值觀排列順序的備忘錄，以為自我人生愛情選擇對象時的參考。

本章重點

迷思（myth）　　　　　　　　　　　價值觀

性別刻板印象　　　　　　　　　　　剛柔並濟的人格特質

性別角色行為　　　　　　　　　　　陽性基質（animus）和陰性基質（ani-

六種愛情類型　　　　　　　　　　　ma）

討論與分享

1. 運用三個學習理論，想一想，當你為人父母時，你要在生活中怎樣培養孩子具「剛柔並濟」的人格特質，以讓他在工作和感情生活上更快樂？

2. 「真真今年十二歲，從沒做過生日，家中只有男生才作生日，只有哥哥和爸爸生日時，祖母才會準備紅蛋和生日麵線，真真開始覺得不公平，向母親抗議，母親偷偷買了一個小海綿蛋糕要真真躲在房間裡吃」，對這件事情你有什麼看法？這件事情是否也讓你回想到自己的生活經驗，哪些事情讓你明顯感受到性別的差別待遇？

3. 你想「真真的生日故事」接下來會如何發展？請你寫「真真生日故事續集」；或者你們可以小組故事接龍的方式完成「真真生日故事續集」。

4. 小孩生病了，你和你的另一半是誰要請假帶小孩去看醫生或照顧他？為什麼？

5. 你認為怎樣才是新好男人和新好女人？你如果要成為新好男人或新好女人你要做些什麼努力或改變？

4

愛情歷程

　　有些人好不容易有心動的感覺，但想要與對方接近，與他（她）說話，多了解他（她）一些時，卻又若有所思，不知如何是好。好期盼能跟他（她）多相處一段時間，或者繼續交往，成為好朋友。本章將談關係如何開始、人際吸引的因素、第一印象的重要性、人際關係的發展階段、主動還是被動、表白的方法、約會禮儀、約會安全、如何增進感情與羅曼蒂克氣氛等等兩性交往的主題，讓心動的感覺也能化為合宜的行動。

第一節　交往的基本概念

「我為他／她心動，但卻不知如何行動？」「為什麼別人男女朋友一個一個的換，愛情一回過了又一回；而我尋尋覓覓卻難找到一個愛我的，而我也愛她的人？」亦即，為什麼尋尋覓覓找不到時下所謂的 Ms. Right 或 Mr. Right？原因會因情況而各異，可能的影響原因包括是否能適當與主動的創造機會、個人內外在的特質、表達的技巧、合宜的言談舉止及雙方的相似性與互補性等等。其次，有一些人際認知的心理現象，如月暈效果和初始效應也會對關係的發展產生效果。最後，關係不會一直順利發展，在關係的每個階段都有機會往更深的階段發展或退回先前較弱的階段或停留在某階段，嘗試學著敏感於每個階段的特殊訊息，將有助於推進關係或維繫良好的關係在某一階段。

一、影響人際吸引的因素

想想看，自己和好朋友是如何開始友誼的，是怎樣彼此有好感的。根據心理學家研究，影響人相互吸引成為朋友的因素，有下列五項：

㈠**性格特質**：除了氣質外，個體有許多性格特質在社會化歷程中會成為個體的代表性，當然這也是可以改變的。許多性格特質，如愉快的、體貼的、可信賴的以及幽默感等，這些正向特質的確會使個人較具吸引力。而在兩性關係中，兩性化特質的人也比傳統的、刻板的性格特質具吸引力。

㈡**接近性**：所謂接近性是指時間和空間的接近性，妳和他在相同的時間出現在某一共同的空間裡，比如你們同一年在相同的學校或社團；你們某一個夏天剛好參同一個營隊；你去同學家剛好他妹妹也帶同學回家，然後你們一起吃飯聊天。接近性是第一個條件，創造認識的機會，古話所謂「近水樓台先得月」就是時空的接近性，創造了優勢的機會。

㈢**熟悉度**：所謂熟悉度是指曝光率，除了時空的接近性之外還要有互動，

在彼此面前曝光、留下印象，這表示互動愈頻繁的人，愈容易留下深刻印象，這也是社會心理學的曝光效應（mere exposure）（Aronson, Wilson, & Akert, 2004）。所謂「一回生，二回熟」就是熟悉度、曝光率造成的效果。接近性和熟悉度都屬於情境因素，它們創造了尋覓與被尋覓的優勢機會。

㈣**個人吸引度**：在選擇朋友時，外表仍是很有影響力的（Cate & Lloyd, 1992）。初次個人的吸引力多來自第一印象，而第一印象的形成有一個很重要的因素是外表的吸引力，Aristotle 說：「美麗比一封介紹信更具有推薦力」，因此讓自己看起來舒服順眼是人際吸引的基本功夫。其次是愉悅的人格特質，言談間的基本禮貌和尊重是最重要的。第三是有一些能力但也不是很完美，這會讓人有機會欣賞到你的優點，但也不會覺得你太完美，你也和我一樣是平常人的可親近感覺。

㈤**兩人的相似性和互補性**：兩個人態度相似，志同道合，可以一起分享興趣與快樂，心理學家 Aboud 和 Mendelson（1996）的研究報告發現態度相似的人傾向互相做朋友，而在重要事件上持相同觀點的人們，要比在微小事上有相同意見者更能互相吸引；互補性指的是兩個人個性上可滿足相互的需求，也有心理學家指出在性格特質互補的人，會增加彼此的吸引力（Pilkington & Lydon, 1997）。例如一個人較成熟穩重，另一個人較活潑開朗，兩人互相欣賞彼此的個性，覺得擁有這樣的個性是很符合自己的理想。有關相似或互補與吸引力關係的研究，目前仍處爭議中。

因此多創造時空的接近性，多增加曝光率，增加個人吸引度，保有自己的特色，為自己加分，樂於與人分享興趣與快樂，欣賞別人的特色，是擴展友誼的好方法。

二、月暈效果與初始效應

月暈效果或稱之「光環效用」（halo-effect），意思是說，當某個人有一些正面的特質，人們往往也會推斷他也擁有其他正面的特質。例如某個人長的好

看，人們往往也認為他似乎比較聰明、比較能幹、生活比較快樂。再如一個功課名列前茅的學生，人們往往也認為他聰明、品行良好、有禮貌等等。想想在兩性交往的大團體約會階段，每次聯誼後，接到最多信或邀約的人是不是都是外表具吸引力的人？因為長的漂亮或者帥的人，人們會想他其他方面應該也不錯。另外，也有所謂反光環效果，即你知道某人擁有一些負面的特質，人們會推斷他也有其他負面的特性。例如一個講話小聲的人，人們會認為他做事沒魄力，也沒能力擔當重任。然而，每個人可能都有這樣類似的經驗，一個外表不具吸引力的人，你會因逐漸發現他的優點而喜歡他；一個你本來覺得不錯的人，後來才發現他不如你原本認為的那麼好。因此，認識月暈效果在人際關係上所發生的作用有助於人們對人的真實面不那麼快做定論，並保留更多彼此深入認識的彈性空間。

初始效應（primacy effect），意思是說，人們有順著對一個人最初的印象來解釋新訊息的趨勢。典型的研究是 Asch（1946）看了一群學生列的一連串形容詞，發覺到順序的效果是很重要的，一個人被描述為「聰明的、勤奮的、任性的、吹毛求疵的、固執的和忌妒心強的」，是比被描述為「忌妒心強的、固執的、吹毛求疵的、任性的、勤奮的和聰明的」較使人有正面評價（沈慧聲譯，1998）。其實形容詞完全相同，只是次序完全顛倒，前者是正向形容詞放前面，後者是負向形容詞放前面而已。這似乎也說明為什麼「第一印象」的好壞會影響後續人際交往的意願和互動了。Asch（1946）的實驗，驚覺到初始效應的作用和對一個人有客觀評價的不容易和考驗，也意識到人際關係中初始效應，往往會曲解或忽略後來的不一致訊息。換句話說，覺察到這兩個效用的運作也是通過「知人識人」考驗的重要一步。

三、人際關係的特性

愛情是親密關係的一種，親密關係又是屬人際關係的一種，因此在兩性交往的過程中，有必要對人際關係的特性有所了解和認識。一般人際關係所具備

的特性有六（陳皎眉，1995；Devito, 2001）：

（一）變（ever changing）

　　人際關係的第一個特性就是不斷在改變，不管是變得更好或變得更壞，但是不會始終不變。難怪父母會說兒女長大了，不像以前願意和父母一起出去，現在寧可自己在家；自己以前連上廁所都要一起去的朋友會因為讀不同的學校，沒多久就失去聯絡。應該多關心怎樣可以使重視的關係變好。

（二）人際關係有其發展階段

　　人際關係有其發展的階段。關係的發展可能由深到淺，也可能由淺到深，可能到某階段就結束，也可能在某階段待很久，浮浮沉沉時好時壞（Devito, 2001）。

（三）溝通（communication）

　　人際關係是經由良性有效的溝通來建立和維持的，無論是語言或非語言的溝通都是非常重要的，然而，溝通是一件不容易的事，否則「無法溝通」不會名列分手原因的前三名排行榜。也因為溝通的不容易，所以本書於第五章專談兩性溝通。

（四）多向度（multi-dimensional）

　　包含不同類型與層面。類型是指針對不同群體或對象，例如愛，可以是父母之愛、兄弟之愛、上帝之愛、異性之愛等不同類型對象。層面是指和人的情感、身體或智能等不同層面發生比較深的關聯，例如紅顏知己是情感上的關聯，一夜春宵是身體上的關聯，學術之交是智能上的關聯。當然，一般人際關係並不會如此截然劃分清楚，而是某些層面較重要，某些層面較少。

（五）複雜

每個人都是獨特的個體，有其特殊的經驗、思想、能力、需求、害怕、慾望等，而這些都會影響他如何與他人互動。兩個獨特不同的個體，互相影響，彼此又各自不斷在改變，這種關係自然就非常複雜了。

（六）深度與廣度

深度是指人際交談時，個人涉入的深淺，廣度則指人際交談時所涉及的主題多寡。人際關係的初期廣度較窄，深度較淺，當兩人的關係逐漸發展之後，彼此談論的主題會增加，而且談的也比較深入，往往可以達到個人內在的感覺、價值觀、態度等。

四、人際關係的階段

人們無法離群索居，自出生甚至更早的胚胎時期，已經開始了人與人之間的人際關係。各種關係對不同的人有不同的功能，人們期待在人際關係中減少孤獨的感覺，獲得激勵，增進自我了解和自尊，以及增加快樂的感覺。

圖 4-1 顯示了大部分關係的主要發展階段。一般而言，關係發展有六個時期，各期都有退出關係、往更深階段或往更弱階段及回到先前階段的機會與可能；六個階段或時期說明如下（沈慧聲譯，1998；Devito, 2001）：

（一）接觸

透過感官的接觸，如看、聽、聞，獲得一個生理上的概念，如性別、年齡、身高、體重等等。然後交換基本資料是任何更深關係投入的開端。此階段有如兩性交往中的約會階段。

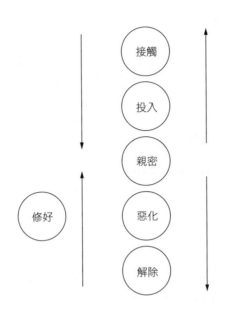

圖 4-1　關係的主要發展六階段

（二）投入

　　你會試著對別人有更多了解，嘗試問一些問題，也會開始揭露自己，一種相互連結的感覺產生。在投入的最初階段，人們可能會採取試探行為，來了解對方對這段關係的感受或重視程度，可能的策略有(1)直接：如直接問對方的感覺。(2)忍耐：讓對方遭受不好的行為，如果對方忍受，表示他對這段關係是認真的。(3)間接暗示：如開玩笑要共享未來。(4)公開表現：如帶對方出席聚會，介紹對方是男朋友或女朋友。(5)分離：如果對方打電話來，就表示他對這段關係有意思繼續。(6)第三人：問共同的朋友，打聽對方的感覺和意向。(7)假三角關係：如說某甲對他有意思，看對方反應如何。因為不確定，所以想試探是自然的，然而，適可而止也是必須的。此階段有如兩性交往中的戀愛階段。

（三）親密

進入親密階段的人可能是親密的朋友、愛人或配偶。親密階段通常可分為兩個階段，一個是人際許諾階段，此階段兩人以某種私人的方式彼此互相許諾；一個是社會約束階段，此階段許諾是由大家來認定，可能是家人認定或一大群人認定或法律認定。你和你的另一半被視為一個單位，可定義的一對。當然也不是所有的人都想要親密關係，對某些人而言，關係上的親密是極大的冒險，不會輕易進入親密關係（參性別教育帶領活動 4-1）。

（四）惡化

特徵是關係人之間的連結變弱。關係惡化的第一步通常是個人內在的不滿，開始覺得這段關係不如原先那麼重要，且對和對方的未來持否定的態度。如果不滿持續增加就進入惡化的第二步——人際間的惡化，會退卻並愈來愈想獨處，當你們在一起時會出現尷尬不語、少自我揭露、少身體接觸及缺少心理親近感的情況。衝突會變得愈來愈平常且愈來愈難解決。

（五）修好

修好可以是「預防性」的也可以是「改正性」的。預防關係變不好，保持關係；改善目前不良的或不滿意的部分。有些關係雙方在關係惡化時會停下來檢視問題並試圖修復彼此的關係，有些人想也不想就任由關係解除。修好的第一步是個人自身的修復，即你開始分析哪裡出錯並思考如何解決你們關係中的困難，如改變你的行為、調整你對另一方的期待。你也會評估現有關係的好處及關係結束後的好處。如果決定修復，會進入第二步——協商新共識和新行為，和對方討論，討論關係中的問題、你希望可以改正的事情以及你願意做的事和你希望對方做的事。方式可能是自己解決你們的問題或向家人朋友尋求建議或進行專業的諮商。

（六）解除

　　特徵是切斷人與人之間的關係。此階段通常是由人際間的分離開始，此時你可能搬進單身公寓，而且開始脫離以彼此為中心的生活。如果這種分離可以被自己接受，同時如果原本的關係沒有修好，你就進入社會或公眾分離的階段。分開的雙方開始將自己視為個體，而非和另一人是一對，而且尋求建立一個全新的且不一樣的生活，不論是獨自一人或和別人在一起。有些人在物理空間上分離，但在心理上還活在已解除的關係中，他們常流連以往約會的地方、重讀過去的情書、想像所有美好的時光，無法抽身。

第二節　愛情初期可能有的疑惑

　　一般人在愛情初期交往的時候，由於較無異性交往的經驗，或個性木訥，往往有一些疑惑，諸如：「該主動還是被動？」「男追女隔層山，女追男隔層紗？」「要不要和過去的情人重敘舊情呢？」「身高不是問題，年齡不是問題？」「可不可以同時和多人交往？」「交往不成，要不要打招呼？」「情人面前要不要裝一下？」「她／他剛分手又脆弱，很需要我，該不該跟她交往？」等，以下一一說明。

一、主動還是被動

　　在傳統的兩性交往模式中，男生主動追求，女生被追求。這種固定的模式，讓男生完全承擔「非得我主動不可」的壓力：「如果我不主動，這段戀情永遠不知道會不會成功？可是我主動，也不一定會成功」，有等著被宣判的無奈心情。相對的，女生只能等著被追，不管對對方有無好感，男生不主動來表明心跡，一切就「沒有開始就結束」。

用權力的角度來看，這是不平權的，為何只有男生可以主動追求，為何只有女生可以享受被追求；用性別角色來看，這樣的角色太固著，為何男生只能擔任追求者的角色，為何女生只能擔任被追求者的角色。在不斷強調男女平權的時代，男生是人，女生也是人，他們同時都享有追求和被追求的權利，人的權利不應該因為性別而被剝奪。個人有完全的決定他要不要追求或被追求的權利，而不是被規範只能使用其中一種權利。因此，人在感情上的主體性是很重要的，女人完全可以像男人一樣的追求、投入、維繫和離開感情，女性可以在感情的所有面向上有更高的自我、主體性（王雅各，1997）；相同的，男性也有被追求的權利，也不用單方承受主動追求所帶來的壓力。

二、男追女隔層山，女追男隔層紗

有人用「男追女隔層山，女追男隔層紗」來形容男生追女生有如移動一座山般的困難，而女生追男生有如突破一面薄紗般的容易。男生追女生真的如此困難？女生追男生是不是真的比較容易呢？社會文化鼓勵男生採取主動，鼓勵女生要多多矜持，使得男生追女生的困難度增加。反之，女生主動追求男生有時是要承擔比男生主動追求女生的情況多出一些的風險，這多出來的風險多寡或有無，第一要看這位男性被追求者有無「送上門的，不吃白不吃」的心態，第二要看當時社會對女性的主權尊重和壓抑程度，此兩點也是讓女性猶豫是否要主動之時所背負的包袱。此外，在鼓勵男追女的傳統固定交往模式中，女生追男生要有更多的勇氣和預期的勝算才會採取行動，所以比起來成功的機率就比較高。

三、與情人重敘舊情的決定

要不要追同班同學或辦公室的同事，主要的困擾來源是周遭人的關心有時會造成壓力，如果分手可能還得天天見面，添增了分手後調適的困難度。但是，因為怕有壓力或擔心以後分手又常常見面會尷尬，而放棄可能的緣份，不也是

很可惜嗎？反過來想，你們共同的努力和加上旁人的鼓勵，或許還會使你們的戀情更加穩固呢！總而言之，如果你喜歡對方，對方也對你有好感，雙方有心理準備和討論共同的應對之道，認清這種情況可能的好處和壞處之後，就勇敢地去面對和經營彼此內心真摯的情感吧！

至於要不要和過去的情人重敘舊情呢？不管你當初是主動提分手的人還是被動分手的人，這次都得更理性的三思而後行，給自己也給對方更長的時間去思考清楚，以下提供一些思考的問題：

㈠你們分手有多久了？如果還不超過半年到一年，請再冷靜一陣子，你可能只是不習慣沒有人陪的日子，你可能只是受不了別人知道你沒有男女朋友的事實，而不是你們的問題已經清楚地解決或消除了。

㈡雙方目前有沒有固定的情人，如果有，這樣情況會更複雜，捲入的人更多，受傷的人也將更多，新舊問題攪成一團，煩都來不及，如何能感受到愛情的美和珍貴？

㈢當初你們分手的原因是什麼？現在那個原因已經消除了嗎？現在你對當初的原因還在意嗎？如果原因未消除，你們還要在一起嗎？如果你還在意當初的原因，你們還要在一起嗎？

㈣回頭的目的是什麼？動機是什麼？你想和他恢復以前的關係是因為寂寞、空虛、需要「性」，還是已經思考出或已經解決當初分手的原因？

㈤真正面對過去所存在的問題，不要因為要重新開始，而假設過去那些問題不存在，因為你要面對的是相同的一個人，勇敢的正視所有過去存在的問題才是明智之舉，也才是現實。

㈥如果你現在覺得你們當初分手的原因不是問題，而回想起以前也都是甜蜜的事和感覺比較多，這時候把甜蜜的感覺打一點折扣吧！請記得心理學家的提醒：「回憶往往都比較脫離現實和美好」。

㈦如果前面六個問題你已經有了肯定的答案，當初阻礙的原因也已經獲得圓滿的解決，雙方個性也因為年歲和世事經歷而變得更圓融，雙方都有意願再

共同努力，那麼再續前緣是一件值得祝福的事情。

(八)如果前面六個問題的答案是負向的，不願意再續前緣，一定要自己對心裡的自己說清楚之所以不願意復合和重新來過的理由，讓自己心裡有穩定踏實的感覺，並且以清楚堅定的態度和語氣告訴對方自己沒有復合的意願。

四、身高與年齡的問題

「他有點矮，跟我走在一起，兩個人差不多高，我都不能穿高跟鞋」，一般女生有男生要比女生高的謬思，身高只是對方外表的其中之一而已，想一想是要和他這個人交往，還是要跟他的身高交往？不可否認的，外表是人們建立印象的第一個來源，但不是全部。對一個人的愛和喜歡除了外表的吸引力，有一個很重要的吸引力是來自對方的內蘊特質，愛情不是著重建立在身高上面的。

人們通常會注意生理年齡的大小，認為男生要比女生大一些或一樣，如果女生年紀比男生大，最好不要大太多的觀念；其實人們更要注意的是心理年齡的成熟度彼此之間是否搭配得宜，生理年齡只是提供一個考慮心理成熟度的參考而已。

五、同時與多人交往

同時和多人交往要不要緊？可不可以同時交多個男女朋友？一般而言，在不固定約會期，彼此都尚未給承諾或認定彼此是男女朋友時，同時和幾位異性朋友保持來往是自然和正常的，但是如果已經是固定約會期或給過承諾，則不宜同時有多位男女朋友，這樣對自己和對方都比較尊重和沒有心理負擔。若同時有多個給過承諾的男女朋友，得先捫心自問：「自己有沒有能耐可以安頓好每一個男女朋友，時間安排的很妥當，不會穿幫，讓他們不彼此發現，或知道以後還會相安無事，不吃醋、不吵架？」很難，對吧？許多人的醋罈子一翻，不酸死人也可以淹死人。

六、交往不成該不該打招呼

有人覺得當不成男女朋友還是可以做好朋友或普通朋友，沒有必要就避不見面或不說話，其實，如果可以做到變成普通朋友或好朋友，那是不錯，也是很難得的事情。但是如果對方不願意或很難做到，那也不用勉強，因為當初某一方就是想當男女朋友而不是想當好朋友或普通朋友，現在情況已與當初願望相違，放不下或做不來朋友間的互動是自然的事情，尊重對方會有尷尬感受和內心存在的遺憾是很重要的。或許其中一方心裡會有怪怪的感覺，尤其原本是朋友、同學或同社團等，彼此常有互相交集的生活圈時，會覺得因為當不成男女朋友就形同陌路有點奇怪時，或許你可以把你的感覺找個適當的機會讓對方知道，並清楚表達你的想法，但最後仍要尊重對方的決定或給彼此一段調適期。

七、情人面前的自我

在剛開始約會的那段時間，男生會刻意讓自己表現出許多傳統刻板印象中的男性特質，如主動邀約、追求、付錢、找話題、多說話，讓自己有男人氣概；女生也刻意稍加打扮，讓自己有女人味。交往初期，稍作自我印象整飾，讓對方留下好印象是自然不過的事情。只不過別太背離原本自己的個性，如果自己是個活潑中性的女性，就別一定得讓自己有多文靜害羞；如果自己是個斯文的男性，也沒必要得強裝粗曠。自自然然的自己加上一些普通的人際間相處的禮儀即可。畢竟愛情是長長久久經營的事情，長期偽裝或扭曲自己，那就不是自己在談戀愛了，也享受不到愛情中真我交會的親密與光亮，多麼可惜。因此在情人面前適當的整飾自己是不錯的，但是千萬別扭曲自己、太過配合對方或符合傳統性別刻板印象的要求，敢做自己，並在共識下經營兩人的情感品質才是重要的。

八、面對剛分手的異性

如果對一個人心動，但是當對方在以下三種狀況時，專家建議稍加延後，不宜快速和對方談感情（Vaughan, 1986）：

（一）對方剛結束一段感情

陪伴一位情場失意的朋友是非常重要和珍貴的情誼，但不宜快速和對方進入一對一的談感情階段，因為一段感情的結束，需要有時間整理、回顧、緬懷與沉澱。到底要距離上一段感情多久時間才適當呢？其實，沒有一定的標準，時間的長短會因這個人情緒紓解的能力、行為態度的成熟度，及對這段感情投入的程度而有不同。如果依據分手的恢復期來看，大約至少隔三個月至半年。

（二）對方正處於潦倒頹喪的狀況

人在潦倒頹喪時刻和平時是不一樣的。人在潦倒頹喪的時刻，心理是比較脆弱，容易被感動，情緒可能彼此間混淆，分辨不清是感激、感動還是愛。反之，面對潦倒頹喪時的朋友，也會有要多付出、多關心、多忍讓的心情。因此等雙方都回復到正常的生活軌道和秩序時，對對方有更多的認識，再來決定是否談感情是比較適宜的。

（三）對方帶給自己壓力

比如和他說話老是在回答他一連串的問題，沒有發表自己看法的互動機會；或自己在他面前根本無法自信自在的說話；或看到他就全身的肌肉開始緊張起來，坐姿和站姿也僵硬；或是自己覺得他很有氣勢，而這樣的氣勢讓人退縮，都較不宜快速談感情。因為兩性互動關係重要的是尊重和平等，如果他帶給自己壓力，那麼自己處於關係中的弱勢，弱勢的一方常無法有「主體性」和被壓抑。或許可以等交往觀察一段時間之後，如果和對方在一起已經比較自在和能

表達自己的意見看法，可以相互尊重時，再來談感情比較合宜一些。

第三節　暗戀與單戀

有人說「暗戀是一種很美、很刺激又很矛盾的情緒歷程」，因為它保存著人們對愛情完美的想像和與對方保持著有距離的美感；因為沒讓對方知道，所以把情愫藏心底，在面對對方時是表面平靜，心中波濤洶湧；暗戀一段時間後會掙扎矛盾，因為想讓對方知道又害怕對方知道。以下談談暗戀和單戀相關的心理與社會層面議題。

一、暗戀

有人覺得暗戀就是不要讓對方知道，才叫做暗戀。應該靜下來默默地慢慢地去咀嚼暗戀的滋味，才能在暗戀裡體會自己純粹的心情變化和喜惡。從心理學的角度來說，這是一個認識自己的機會，心理學家 Erikson（1968）說：「年輕人的戀愛，本質上是一種將自己混亂的自我形象，投射到另一個人身上，再由逐漸清晰的反射中來看見自己」。

處於暗戀中的人，最大的心理掙扎與矛盾是一方面想讓對方知道自己的愛意，一方面又害怕他不喜歡自己，而且一旦向對方告白，又要面對成功或失敗的謎底揭曉；如果不告白，怕遲了就錯失機會，自己更傷心，告白之後，如果答案是要面對失敗，有人寧可享受暗戀的滋味。什麼時候要放棄暗戀，每個人的答案和情況不同，有人是享受暗戀，有人是直到自己喜歡上另一個人，有人是直到對方愛上另一個人，有人是永遠暗戀，怎樣最好呢？想想暗戀的目的吧！

二、單戀

愛一個人，而不能被愛，愛上一個不愛我的人，這時要選擇執著或選擇放

棄？感情的事，有時「憾恨無從解」的情形也是多見，告訴自己，放棄要灑脫，執著要無怨無悔，過程中，給自己「重新做決定」的機會和彈性，也有能力為自己的決定負責和承擔。

三、理想與幻想、愛與欣賞

當我們遇見一個看來符合自己理想的對象時，距離產生的美感，容易將對方美化，容易有所幻想，這不表示真實的他符合我們的理想，不代表真實的他可以和我們相處融洽。欣賞一個人是認知上的贊同，情緒上的喜歡，但並不等於愛。

四、孤單與獨處

時常在孤單的時候，希望有個知心的人陪伴。然而，許多時候卻不得不自己面對孤單。陳金燕（1995）認為「孤單是生命中的存有，獨處是生活中的存在」，人們常在說話，卻很少說給自己聽；人們常在聽話，卻很少聽自己說；人們常努力去了解洞悉別人，卻少有機會來了解洞悉自己。不把孤單與寂寞蕭條或無所依靠等概念連結在一起，積極地學習與自己同行，願意與自己相處，獨處非在於否定人我關係，乃在於，希望透過對獨處的重視與建立得以獨處的能力，肯定積極發展不過於疏離或依賴的人我關係。如果人們能發揮獨處的正向意義，就能受益於獨處在個人人格獨立成熟上的幫助和生活適應的能力。Morgan（1986）亦提出，獨處有利於個人精神與心理的健康，亦是完成個人整體的好處所。

五、寂寞

寂寞（loneliness）是負面的孤單（aloneness），通常包含一些負面的分離經驗；獨處（solitude）是正面的孤單，撤除防衛，重新檢視自己，透視自己。獨處和與人接觸都可以豐富人生，人們應學習在兩者之間取得平衡（蘇宜芬，

1991；Arkoff, 1980）。寂寞經驗的存在，無古今之分，無中外之別，無年齡之差（許維素，1991），Aronson等人（2004）認為幼兒有人際互動的需求，乃是幼兒可能感到寂寞；Brennan和Auslander（1979）對九百名青少年的調查發現，10%到15%的青少年「重度寂寞」，45%青少年「長期慢性寂寞」，54%青少年在晤談中自陳「常感寂寞」。黃光國（1979）對台北市民的調查，因應生活壓力的症狀包括「感到寂寞」。此外，「家庭空巢期」的父母及退休後的老人也是易感到寂寞的一群人（許維素，1991）。

　　寂寞的排遣需依寂寞的類型、寂寞者的情緒、認知和行為及寂寞的成因來對症下藥，綜合各專家學者所提出的建議，概略可分為三大方向（吳靜吉，1984；許維素，1991；Sadler, 1987）：

1. **增進自我覺察，進而建立良好的自我概念**：寂寞的人常感到自己不被他人所了解與接納，如果寂寞者能更了解自己的個性、情緒、認知和行為表現，進一步接納自己並突破自己的弱點，那麼自己對自己會愈來愈了解，對自己愈來愈有正面的看法，對自己愈來愈有自信，愈來愈改善因個人因素引起的寂寞。

2. **了解寂寞的本質，並面對自己的寂寞**：讓自己快樂的方法，還是要求助於自己。做自己的好朋友，忍受暫時的寂寞，把寂寞轉化成獨處的時間，去接近真實的自己，去投入於自己最想做的事。

3. **增進社交技巧，擴展生活空間**：人際困擾是寂寞感的主要來源，創造並且把握交友的機會，在正當的娛樂場所，輕鬆自然的認識許多人，並且跟他們做朋友。在人際互動中，懂得自我坦露，在適當的場合讓人更了解你、認識你，同時你也會有機會更認識別人、了解別人，學習多注意與人溝通的口語和非口語線索與技巧，創造人際吸引力。

六、害羞

　　害羞（shyness）是避免社交場合，不能適當地參加社會交往，以及在人際

互動中感受到焦慮、苦惱和沉重的負擔之傾向（Zimpardo, 1992）。會有生理、心理和行為三方面的表現，生理上包含心跳加快、臉紅、脈搏加快、顫抖、冒汗、口乾、疲倦、反胃等；心理的感受和想法有想到別人正在評估我、想到別人對自己以前會害羞的印象、對自己有消極的想法、思緒集中在當時緊張的情境上等；行為方面的表現包括不敢接觸別人的眼睛、沉默、想逃避當時的情境、語無倫次、說話的聲音很小、避開別人等。害羞的好處是給人謙虛具有吸引力的印象、有機會在背後觀察人、能夠謹慎小心地做事、身分隱密、幫助你避開人際間的衝突、讓對方覺得沒有威脅感等；害羞的壞處有別人只注意到你的害羞行為、忽略你的優點、減少別人鼓勵你的機會、減少建立社會資源網的機會、不容易表現適當的果斷、引起社交上的問題、阻礙你的思考等（吳靜吉，1984）。

如何面對自己這個害羞的特性呢？吳靜吉（1984）建議分三方面：

1. 了解自己的害羞程度，以及自己的害羞跟別人比較是怎樣：從害羞會有的生理、心理和行為表現三方面，來評估自己的害羞程度。

2. 自己的害羞對自己來講是好還是壞：如果是好的，善用它；如果是不好的，希望自己能設法克服，而且改變它。

3. 害羞的克服有八種方法：⑴提醒自己，每一件事情都有不同的觀點，別人只是和自己觀點不同，並不是討厭自己或拒絕自己。⑵不要無緣無故把自己形容成壞人，做錯一件事就只是做錯一件事，並不代表自己整個人不好。⑶面對別人的批評，以探索求知的態度，打破沙鍋問到底，了解批評的原意。⑷懂得享受獨處的快樂，放鬆自己，傾聽自己的聲音，享受自己喜歡的活動，安排自己的時間做想做的事。⑸不要過分在意自己的言行，不用以為別人都在注意自己。⑹清楚自己的優點和缺點，把可以忽略的缺點刪去，發揮優點。⑺角色扮演，先在家裡練習一番。⑻敏感遞減法，先學習放鬆自己，然後將自己害羞的程度分成十個等級。當自己完全放鬆時，先想最不緊張的等級，一級一級來，當開始有點害羞時，重新再來放鬆自己。

第四節　邀請與拒絕

　　根據部分研究，在最初互動的開始四分鐘內，人們便決定是否繼續這段關係。在接觸階段，身體的外表格外重要，因為那是最容易被看見的。再則，語言和非語言的訊息，如友善、溫暖、開朗和活力的特質也很重要（沈慧聲譯，1998）。因此，想要建立良好的第一印象，把握最開始的幾分鐘是非常重要的。自己想整體散發出給人怎樣的感受，是親切？是權威？還是有個性？是要從衣著、髮型、鞋子等外表，到臉部表情，說話的用詞態度及肢體動作等各方面加以留意的。以一般的社交情境而言，穿著打扮整齊、乾淨、自然即可；臉部的表情親切微笑，眼神柔和的接觸對方；講話的速度不宜太快或太慢，音調不宜太高或太低，隨著講話內容有些抑揚頓挫，同時讓對方有回應的機會；另外，在肢體動作上，放輕鬆、不僵硬、不抖腳。換句話說，自然、不做作、誠懇和尊重是社交的基本原則。

一、愛的暗示

　　當異性對你說什麼或什麼動作時，你會覺得他可能喜歡你：

女生	男生
1.你看起來總是那麼漂亮	1.你目前有沒有較好的女朋友？
2.今天晚上有沒有空？	2.真希望今年的耶誕節不要一個人過
3.你有沒有男朋友？	3.有部電影很好看，要不要一起去看？
4.最近覺得好孤獨，好想找個人陪我聊天	4.有人說，我們有夫妻臉，你覺得呢？
5.過馬路時牽著我的手	5.說話時對我撒嬌
6.常常用認真的眼神凝視著我	6.時常用眼睛望著我，對我微笑
7.摸我的頭髮	7.幫我擦額頭上的汗
8.走路時幫我提包包	8.幫我整理衣領、頭髮
9.經常送我一些小禮物	9.騎乘機車時，故意摟著我的腰、靠著我
10.常常約我吃飯	10.常打電話陪我聊天

（下頁續）

（承上頁）

女生	男生
11.陪我一起上下課	11.買禮物送給我
12.放假時約我一起出去玩	12.幫我寫作業
13.常打電話陪我聊天	13.煮東西給我吃
14.網路上丟水球	14.約我出去玩
15.常常跟我借筆記	15.藉故搭我便車
16.幫我寫作業	16.網路上丟水球
17.很願意常幫我修電腦	17.常幫我買早餐
18.常幫我買早餐	

資料來源：修改自胡延薇的〈談大學校園中常見之兩性情感衝突〉一文（1998 年 7 月）。（訪談二百四十
　　　　　位同學所做之統計）（柯淑敏，2000）。

二、異性交往的初步交談

　　人際關係是一連串的歷程，建立關係的第一步就是鼓起勇氣找話說，否則，不管那個人多吸引自己，都是陌生人。至於如何開始交談，要說些什麼呢？

　　㈠放鬆自己。並在心中肯定交談的積極性和必要性。

　　㈡正式或非正式的介紹自己。

　　㈢談談物理環境。因為這類話題比較不涉及個人性或威脅性、爭議性，可作為試探對方態度的參考。

　　㈣以分享的角度，談談自己的想法、感覺、興趣。

　　㈤談談兩人共同認識的人。

　　㈥談談最近的大事。

　　㈦探詢共同的興趣。

　　㈧ Good Ending：表示對談話的欣喜與繼續交往的期待。

三、邀請的方法

　　如果初次的交談或印象還不錯，希望能和對方有進一步相互了解和交往的機會是非常自然的人際互動歷程，所以邀請也是一件自然的事情。

男女交往的邀請，首先，在心態上，先不要設定自己一定要和對方成為男女朋友，而是主動創造有更多相處和彼此了解的機會而已。其次，邀請的方式可以打電話，也可以寫卡片，也可以用電子郵件，當然更可以當面邀請，或者多管其下，多個方式搭配一起用。最後，在邀請的技巧上，有七點原則：

㈠以誠懇的語氣說明目的。

㈡提供多個約會活動內容和時間的選擇。

㈢把活動內容說得生動、吸引人一些。

㈣讓對方作決定，尊重對方的選擇。

㈤傳達自己想和對方一起去的強烈希望。

㈥重複約定的時間、地點和活動。

㈦強調對方能答應，自己很高興。

四、拒絕的方法

有許多時候人們很難說「不」，不好意思說「不」，擔心拒絕會傷害對方，但是，如果自己答應得心不甘情不願，去得很勉強，不是很投入，這樣的約會，不見得會愉快，對邀請的人而言，何嘗不是另一種傷害。因此委婉的拒絕，讓對方知道自己是拒絕他的邀請，只是自己沒有要和他出去而已，不是拒絕他整個人，不是他整個人沒有價值。如何拒絕又不傷害對方呢？以下五點，可作為參考：

㈠感謝對方的邀請。

㈡溫和而堅定地說明自己沒有意願。

㈢讚美對方邀請過程中的優點。

㈣說明自己可以接受對方當朋友的程度。

㈤說明自己可以接受的互動方式。

另外，如果自己的拒絕是所謂的「女性的矜持」，那麼，要留一些彈性空間和後路給對方，讓對方有再次邀請的機會和希望。例如：

㈠感謝對方的邀請。

㈡告訴對方自己這次不行，但什麼時候會比較有空。

㈢讚美對方的優點，表達自己對這些優點的欣賞。

㈣分享自己有興趣的活動和事物。

㈤順著對方的話題聊一下天，說一些自己的看法和感受。

㈥對拒絕對方表示抱歉，或許下次有機會。

第五節　約會

一般來說，青少年階段是約會的初探，研究指出有一半的青少年在十二歲即開始了約會的活動（黃德祥，1995），並且透過約會發展自我及學習兩性互動（劉秀娟，1997）。換句話說，約會對青少年或青年人有發展自我及學習兩性互動的正向功能，但必須對約會的禮儀與禁忌有所了解和準備的前提下方可能達成。

一、表白的時機與方法

要向一個人說「我愛你」，或向一個人說「我希望你可以當我的女／男朋友」或「我們當男女朋友好不好」，對許多人來說是很不容易說出口或在心裡揣摩好久還拿捏不準到底什麼時候說比較好。

（一）表白時機

一般來說，不宜在認識不久就提出這樣的邀請，會嚇到對方或讓對方感到唐突，「你對我了解有多少？怎麼就說這種話。」同時也會造成自己是冒失、衝動、急躁、不成熟的印象。因此，一般比較建議相處一段時間之後，對彼此有一些了解，兩人彼此互動的經驗感受也都不錯，比較有理由說服自己「你為什麼喜歡他」，不是只是外表的吸引力作祟，再提出來。

（二）表白情境及方式的選擇

可以約出來在安靜、氣氛也不錯的地方說，也可以用精挑細選的卡片來傳達，也可以放一首表達情意的歌曲創造氣氛之後告訴他，也可以在兩人都熟悉的團體中當眾表達；情境是要選擇兩人私下場合還是當眾表達，方式是要用說的還是用寫的，可評估自己和對方的個性以及自己較擅長口語還是文字的表達方式來決定。

（三）表白的心態

要有「我有權提出我的邀請，對方也有權作屬於他／她的決定」的健康心態，傾聽自己心中的聲音也尊重對方的決定。自己個人的價值不會因為被拒絕而消失，對方也不會因為拒絕自己而有罪。反之亦然。

二、克服第一次約會的不自在

第一次的約會是很讓人緊張、期待和興奮的，見面的一剎那欣喜對方的出現卻又伴隨著不自在，「不知道該先說些什麼，或做什麼表情才比較好？」其實，微笑是最好的見面禮；而且也沒有「應該」說什麼的標準對話，如果有「標準對話」，每個人的約會不就都一樣，自己的約會不就也沒什麼特別和趣味了嗎？因此放輕鬆，是最好的策略，平常心是最佳的應對之道。可以參考「異性交往的初步交談」八點建議，並加入目前自己約會情境裡看到的、聽到的事物風景，分享訊息和感受。不要擔心沉默，約會是兩個人的事情，沒有其中一個人要負責一直說話的道理，留一些說話機會給對方，也留一些時間一起看看風景，聽聽風聲，聞聞花香，感受陽光的溫度，放鬆自己。

三、約會禮儀與約會地點

約會的禮儀和一般的社交禮儀是差不多的。穿著和打扮可以有自己的特色，

並以整齊乾淨為原則；吃飯的時候除一般餐桌禮儀之外，如果對方已經表明今天他要請客出錢付帳，理由正當，則可適度表達謝意並接受對方請客，否則，因為雙方都還是學生，經濟能力有限，都還要靠父母親提供經濟來源，因此彼此分擔約會費用是有必要的，也是體貼的人際行為之一。騎車或走路的時候，特別注意交通安全，尤其在路口，以免愉快的約會變成終身的遺憾或傷痕。

約會的地點盡量避免到安靜又無旁人的地點，一方面可顧及兩人的安全，一方面也較能避免在情境的促發下發生性關係。男生避免帶女生到安靜又無旁人的地點可顯示自己的體恤和紳士風度，女生也可以圖 4-2 的分類提高自己對約會環境的敏感度和表達對約會地點的意見。

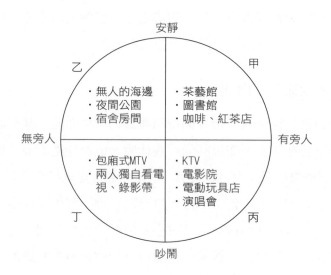

圖 4-2　約會的地點

四、約會安全

「約會」是一件浪漫的事情，可是浪漫的背後潛藏著危機，如果能注意約會安全，會讓約會更浪漫。約會安全可分約會前及約會中兩方面：

約會前：

㈠盡可能將約會對象、時間、地點及預定回家時間告訴家人或親近的朋友、室友。

㈡赴約前要對整個約會的行程充分了解，對不恰當或不妥的地點應予坦誠拒絕或提議自己熟悉的地方。

㈢注意約會的時間不要過早或過晚。

㈣注意約會的地點要正派、安全，避免隱密幽暗的地方。

㈤對第一次約會對象的基本資料要有所了解。

㈥與不熟的人約會，可找朋友陪伴赴約。

約會中：

㈠共進餐宴或慶祝的活動，盡量不要飲酒。

㈡不要喝對方單獨去買且打開好的飲料或食物。

㈢不要和對方單獨在其住宿地點或房間。

㈣若感覺不妥，應冷靜並馬上找理由離開。

㈤若臨時改變行程，應以安全為第一考量。

第六節　愛情的經營與持續

大部分的人都希望感情長長久久，但是感情伴隨著生活在發生、經營和改變，生活中會有許多事件發生，兩人的生活內容和環境也會隨著年齡和人生發展階段而改變，希望感情一直維持原樣是「非理性」的想法，但卻可以經由認識和覺察促使感情發生改變的因素，進而掌握契機而讓感情隨著生涯的進程而更親密、更穩固。

一、戀愛關係中的轉折

　　戀愛關係也和一般的人際關係一樣，會面臨更好或更壞或退出關係的機會與抉擇，Baxter 和 Bullis（1986）提出了大學生在戀愛關係中的五個最經常發生的關係轉折點，如表 4-1，這些主要的轉折點為關係如何發展提供了一個有趣的觀點（沈慧聲譯，1998）。這五個轉折點可能讓關係變好或變壞，戀愛中的情侶不妨珍惜這些轉折機會，覺察兩人關係所處的階段，兩人一起學習正向溝通，一起感受、分享與成長，以便掌握機會讓彼此關係更親密。

表 4-1　戀愛關係中的轉折點

轉折點	例子
互相認識時期	第一次相遇、一起讀書、第一次約會
讓情侶重視對方及彼此關係的時期	造訪家人或朋友聚會時一起出現或一起離開
身體上的分離	因假期或商務旅行而暫別（非決裂）
外在競爭	新的或過去的情敵出現要求一同競爭
重聚	小別後相聚

二、加深關係的策略

　　約會男女用以加深彼此關係的五個最受歡迎的策略（沈慧聲譯，1998）如下：

　　㈠增加與另一半的接觸。

　　㈡送另一半愛的象徵，例如禮物、溫馨卡片、花。

　　㈢增加自身的吸引力，讓自己更有身價。

　　㈣做能加深關係的事，如製造氣氛或讓對方高興。

　　㈤變得更性感親密。

　　不妨適時適地的靈活運用以上五個策略。

三、質疑期

在情感發展的過程中會有「質疑期」，在對方不順自己的意或兩人意見不合吵架時，會有「我怎麼會選他／她？當初我如果選擇另外一個人，現在說不定非常美滿」，「他／她可能不適合我，我是不是要離開他／她？」愈來愈了解真正的對方時，可能會覺得對方不如當初想像的那麼美好，對方可能和自己原本所期待的情人不太一樣，這時，可回想看看，兩人在一起的時光是否自在和快樂，如果是，何妨多溝通多調適，多給彼此一些正向回饋和鼓勵，珍惜有緣相處的人，總比空空等待一個完全符合自己理想的人到來要實際得多，何況「我相信世上一定有一個完全適合我的人」是愛情的迷思，即便有，也不見得會遇到，因為世界上有十億多人口呢。

四、填補思念的方法

「知道我有多想你嗎？昨夜的記憶讓我陷入狂亂般的歡愉與渴望。在你甜蜜的氣息中，我如癡如醉迷失掉自己，你的熱吻尤其使我萬般喜悅。」這是茱麗葉特在文學家雨果離去後，隔了一夜仍不能擺脫她的思念所寫下的信（蔡詩萍，《中國時報》，1996 年 10 月 1 日）。在這情書的字裡行間似乎仍感覺到茱麗葉特的心跳、嗅得到他們甜蜜的氣息。每讀一遍，情緒又被挑逗。看到屬於他的字體，感覺流露於筆畫間的情愫，及特別挑選或別具意義的信封信紙，看完小心收好，忍不住又拿起來再看。現在自己是否感覺到情書的魅力？感覺到情書的纏綿？情書沒有那麼快的時效性，後座力卻很強。

打電話是可以立即聽聽對方的聲音，馬上知道對方現在的情形，事情可以馬上討論、處理；不過，打電話通常是打電話的人有事先的心理醞釀，準備好打電話的心情，另一位接電話的人可能正在忙，思緒中皆是功課或工作，兩人的心情層次上可能有落差，打電話的人有時會覺得心情沒有被完全搭上線，有些不滿足；另一種情況是可能對方已經等電話等很久，心情是焦急混著生氣混

著思念，打電話的人可能感受到複雜的情緒，卻摸不著頭緒。這時候騰出兩人都較有空的時間並藉由語言、音調、說話速度來傾聽對方和表達自己就很重要。

寫電子信件可以快速的透過文字來傳遞心情表達思念，還可以附加卡片、圖片、笑話、檔案，很多樣化並增添許多生活趣味。電子檔案容易快速被複製和傳遞的特性是其優點也是缺點，它為情侶帶來許多便利性，也讓腳踏多條船的人省了許多寫信時間，在這便利的時代，知人識人的功夫要多學習。

交換相片，把相片帶在身邊，想念的時候可以馬上拿出來看，一方面可解暫時的相思，一方面也有伊人相伴的踏實感受。另外，有人說「睹物思人」，送禮物也有填補思念的功能，如果兩人結婚到年老的時候，還可以坐在搖椅上慢慢細數家珍，回憶當年送東西的歷史和典故，相互取笑一番，也是樂事一椿。不過，如果分手了，也得談及這些東西如何處理，尊重彼此的想法，達成共識並執行。

第七節　羅曼蒂克與浪漫

一、兩性浪漫氣氛的營造

浪漫就是出其不意地滿足對方在感情中的情緒需求。但很多人以為浪漫就是隨性，而有時隨性的結果，卻是弄巧成拙，所以浪漫是必須要學習的。但有些人又會說，我天生就不是浪漫的料子，比木頭人還木頭人，我就是不會，其實與其被動等待，主動出擊就是一種浪漫，重要的是跨出自己的第一步，浪漫是可以慢慢累積的。

二、愛的簡訊

現在很多人有手機，有些用中國文字不敢啟齒的，其實可以用英語來傳達，

舉例如下（弓木譯，1997；李惠芬，1994；鮑佳欣，2000；劉青雷編譯，2002；
Ferraro, 1995）：

㈠ Loving you makes me like a fool. 愛你讓我變成了傻子。

　　註解：愛情就是有這種魔力，再理智的人，一旦陷入其中，也會無法思
　　　　　考，不知不覺成了傻子。

　　適用：可用在為對方做了自己平時不會做的事情時，例如在大庭廣眾下
　　　　　耍寶，只為博君一笑。

㈡ Love is the best gift we give ourselves. 愛即是我們給予自己最好的禮物。

　　註解：懂愛、敢愛、能愛的人是最幸福的，因為她／他擁有世上最美的
　　　　　禮物。

　　適用：可用在感謝對方付出的一切時，讓其了解世上最珍貴的禮物即是
　　　　　擁有彼此的愛。

㈢ May I be your other half? 我可以成為你的另一半嗎？

　　註解：電影「征服情海」中男主角對女主角說:「You complete me.」，是
　　　　　個令人印象最為深刻的一句對白，完全表達了因為擁有對方，讓
　　　　　自己的生命更為完整之感動。

　　適用：可用在向對方求婚，希望和對方成為一生的伴侶時。

㈣ You are my inspiration. 你是我的靈感。

　　註解：快樂也好，痛苦也罷，戀愛中的人感情特別豐富，古今多少文學
　　　　　名作於焉產生。

　　適用：任何時候均可。

㈤ Just be with you. 只要和你在一起。

　　註解：生命中有起有落，但因有了另一半的陪伴，讓喜悅加了倍，痛苦
　　　　　減了分。

　　適用：任何時候均可，可用以表達時時刻刻只想和對方在一起。

㈥ Love is not a matter of counting the years but making the year count. 愛情不只

是度日子，而是讓日子值得細數回憶。

　　註解：愛情最令人回憶的不是時間有多長，而是過程中的點點滴滴。

　　適用：任何珍惜與對方在一起的時刻。

㈦ I want nothing but to share my life with you.

　　註解：無論什麼時候都願事事與你分享，這種感覺，多好！特別是在求
　　　　　婚時。

　　適用：任何珍惜與對方在一起的時刻。

三、愛的箴言

　　在此推薦一些愛的箴言，更可增添雙方愛情的滋潤。

㈠ Love is said to be blind, but I know lots of fellows in love who can see twice as much in their sweethearts as I can.

（Josh Billings）

人們說愛情是盲目的，但我卻知道許多戀愛中的人，在他們的情人身上所
　　看到的優點，是我看到的兩倍。

人不是十全十美的，缺點和犯錯在所難免。因此，若要維繫一份情緣，有
　　賴於雙方善用「優點放大鏡」，多想想對方的優點，包容其缺點，更何
　　況自己也並非完美的人。Billings 這一番話，道出伴侶關係中最可貴的一
　　點——數算對另一半的好，少去追究他的壞。當我們對另一半發生抱怨
　　時，應該想想 Billings 這段話，然後冷靜坐下來，將對方的優、缺點一件
　　件寫下來，看看優點是不是真的比缺點多。

㈡ Love does not dominate; it cultivates.

（Goethe）

愛不是統治，而是培養。

兩性關係要能細水長流，雙方的溝通至為重要，某一方的態度跋扈、專制

又任性，也許在一開始時頗具吸引力，但交往到後來必然使另一方難以繼續忍受，因為兩人無法在天秤的兩端展開對話，遑論進一步發展了。

婚姻專家 John Gray 曾以自己為例，強調夫妻溝通的重要性。當時 Gray 想買一台超大型電視機，但他太太不喜歡客廳有這麼個龐然大物，反而想要一個書櫃，兩人為此僵持不下，不斷地溝通。最後終於協議出一個兩全其美的辦法——買一座質地精美的木櫃，不但可擺書，還能裝下大電視。當 Gray 不看電視時，就拉出木櫃的門，把電視機「關」在裡面。這樣既可滿足 Gray 看電視的需要，也符合太太的期望，皆大歡喜。

因此，當雙方要討論一件議題時，千萬要記住 Goethe 的這句話，不要一意孤行，而要耐心與對方商量、協調，才能培養出長久的愛情。這種花時間耐心溝通的過程，最終將是皆大歡喜的結果。

四、取悅對方與製造浪漫的方法

以下提供一些專家學者所建議的取悅對方與製造浪漫的方法（Acitelli, Kenny, & Weiner, 2001; Fletcher, 2002; Sprecher, 1999; Thomas, 2004）

㈠給對方驚奇（surprise）

抓住機會，即時製造令人愉悅的氣氛。要讓他有所驚奇，在任何地方都可以，最好是探聽清楚，了解對方的需要及習性，重要的是要懂得隨機應變，如果對方真的有事在身，可等對方有空時再相約。例如：在他沒有預期的情況下去找他，或是約他去吃頓燭光晚餐。

㈡感謝對方。

㈢如果對方幫忙做了些什麼事，使你感到很高興的話，麻煩告訴他，自己真的很感謝他這樣做。發自內心的讚美他。隨手寫一些對方的優點及特質，在未來的生活中，隨時找到機會就讚美他、肯定他。

㈣邀請對方

不論是美麗的日落，滿天的星斗的月夜，還是小雨濛濛的清晨，主動邀請

對方與自己一起出外散散步。

(五)寵愛對方

只要注入感情與感覺會變得特別美好。只要是出自真誠的關心，即使自己的動作小的微不足道，但對對方而言，卻是彌足珍貴的。

(六)一起好好計畫，準備週末的度假事宜。

(七)給他關愛的眼神

讓他感受到自己「關愛的眼神」，將是兩人感情昇華的最佳處方。每當他看著自己的時候，記得隨時隨地保持微笑。

(八)重視他的想法

很多時候，人們總認為自己的意見不被對方重視，所以如果自己能夠多注意對方的意見及想法，可以讓兩人之間的關係更加融洽。

(九)將他最喜歡或最得意的一些照片護貝或是加框起來，讓他可以方便放在皮夾裡，或擺在辦公室裡。

(十)寫首愛的小詩給他，並且將它放進他的皮夾之中。

(土)給他取一個親暱好記的小名。

(圭)在他犯錯時，鼓勵他而不是批評。說出自己的感受，但如果下次能怎樣的話就更好了。

(圭)隨口對他說：「我愛你」，或者是送給他一個精美的小禮物。

(圭)隨手寫一些對方的優點及特質，在未來的生活中，隨時找到機會就讚美他、肯定他。

(圭)自己可以每週挑一、兩天出來，煮個他最喜歡吃的東西，說說自己多愛他，或者是送給他一個精美的小禮物。

(圭)培養共同的興趣

兩個人在一起固然不錯，不過彼此還是都要保有各自的嗜好，以免生活的圈子太小，對對方產生過度的依賴，要不斷的充實自己學習一些新的事物，把一些新的觀念帶回來，讓雙方能分享經驗，否則兩個人天天膩在一起，缺乏新

的刺激，久而久之自然連說話都索然無味了。

㈦浪漫就是再追一次

如果是夫妻伴侶在一起很多年了，而且早已不再約會，但還是可以再重溫舊夢一番，如果能再像從前一樣和對方約會，對方一定會感到十分興奮，彼此的關係又會再回復生機。

性別教育帶領活動 4-1：我害怕親密關係嗎？（白秀玲，2006）

問問自己：	極少	有時	時常	總是
1. 我覺得和人親密是危險的	☐	☐	☐	☐
2. 我覺得我會害怕親密是因為我曾受傷害	☐	☐	☐	☐
3. 我覺得我很難與人親密	☐	☐	☐	☐
4. 我覺得不太相信別人	☐	☐	☐	☐

性別教育帶領活動 4-2：我寂寞嗎？（白秀玲，2006）

活動一：人際關係圖畫

　　想想看自己生活中有哪些對自己有影響力的人？他們是誰？自己和他們的關係如何，請用畫圖的方式畫出自己和他們之間的關係。在自己心中浮現自己和重要他人相處的情形，最後將情形畫於紙上。

活動二：人際關係及寂寞

　　請寫下自己因為有與他人疏遠、分手或期待知心朋友等的經驗而產生的寂寞經驗，然後與自己團體中成員分享。

本章重點

影響人際吸引的因素　　　　　約會的安全

人際關係的特性　　　　　　　戀愛關係中的五個轉折點

人際關係的階段　　　　　　　填補思念的方法

好馬要不要吃回頭草　　　　　羅曼蒂克氣氛的經營

如何拒絕

 討論與分享

1. 如何應用人際吸引的五個因素開始建立同性朋友或異性朋友關係？

2. 請就本章第二節愛情初期的幾個疑惑發表自己身邊所看到的或聽到的類似
   事情，和同組同學分享，並討論可能的處理方法。

3. 請就如何邀請與拒絕的主題做實際練習，同組中分別以打電話及當面邀請
   的方式各進行一次情境演練，並輪流當主角。

4. 當第一次到男女朋友家拜訪的時候，該注意些什麼事情？當第一次邀請男
   女朋友到家裡來時，該打點些什麼事情或人？

5. 用英語環境來經營兩性關係有何困難處？是否有其必要性？例如，若是雙
   方其中一人很厭惡英文，該怎麼辦？

6. 如何引導另一半參與文學作品之閱讀？並經由分享的過程提昇兩性關係？

7. 除了本書的方法之外，自己是否還能想到其他製造浪漫氣氛的創意嗎？

8. 用英語環境來經營兩性關係的演練，是否有什麼要點或是秘訣？

5

兩性溝通與衝突管理

　　曾有人說男女來自不同的星球，意謂常常男生心裡想什麼，女生不知道，女生心裡想什麼，男生也不知道。有人更具體的說男生是來自火星，女生是來自水星，難怪溝通起來水火不容。兩性溝通真的如此困難嗎？

　　本章從各種角度切入，企圖讓兩性溝通不再那麼「雞同鴨講」和挫敗。首先，闡述在認知上了解雙方的基本差異與相對差異，及不同性別在關係中的特質與需求的不同，是建立溝通的基石；其次，在觀念和態度上尊重異性與實踐平權是為兩性溝通鋪路；第三，吸收溝通理論有助於鳥瞰和檢視溝通的層面與彼此關係；同時，戀愛或兩性關係中吵架、衝突難以避免，對於衝突的認識和如何建設性的吵架，才是必須被重視和關心的；有正確的認知、合宜的態度及開闊彈性的理念之後，實踐和練習的方法也很重要；最後，從相異到相知再到相惜是一段珍貴與值得喝采的過程，過程中的努力和成果都相當不容易，千萬別輕言中途放棄；不得已要放棄，也是努力過後的人才有資格說的話，才會了無遺憾。

<h1 style="text-align:center">第一節　性別的差異</h1>

男女兩性是否有其相似及相異性，以下從生理上與心理的觀點、後天社會文化心理因素與先天遺傳生理因素、兩性交往中的性別差異和溝通方式的性別差異四方面來探討。

一、生理與心理差異

兩性在生理上有絕對與相對的差異；而在心理上和行為上都是相對性的差異，不是絕對性的差異。表 5-1 列出男女在生理和心理上的差異，從表中得知男女在生理上的相對差異多過生理上的絕對差異，而生理上的相對差異又多過心理上的相對差異。

從數據顯示，至 2006 年 2 月止，台灣地區總人口數是 22,703,376 人，女性人數是 11,180,990 人，女性占總人口數是 49.259%，男性人數是 11,522,386 人，男性占總人口數是 50.75%。簡單說，整體而言，男生的總人口數較多。從出生嬰兒的比例上來看，台灣內政部最新統計顯示，2005 年出生嬰兒數約 20.6 萬人，出生率為 9.08%。2006 年男嬰／女嬰比例皆在 103 比 100。男性人數較高。而女性的生存機率無論在胚胎期、出生期或各年齡層存活率都是比男性高的。台灣逐漸邁入老齡化的社會，有將近一半高齡婦女的晚年是無偶的狀態，因此要如何安排一個安全且身心無虞的晚年生活是另一個全民要關心的課題，無論是從社會福利制度努力，還是從個人家庭生活調整或是由個人生涯規劃開始納入規劃重點都是有必要的。

二、後天與先天的差異

男女兩性罹患與先天因素或家庭遺傳因素較有關的疾病，如智障、自閉症、過動症、精神分裂症等，根據精神疾病流行病學資料分析，都是男性罹患率較

表 5-1　男女在生理與心理上的差異

	男	女
一、生理上的絕對差異		
基因	XY 染色體	XX 染色體
性器官	睪丸、輸精管、陰莖	卵巢、輸卵管、陰道、陰蒂
第二性徵	乳房平坦、喉結突出	乳房膨大
內分泌	男性荷爾蒙	女性荷爾蒙
二、生理上的相對差異		
身高	平均身高較高	平均身高較矮
體重	平均體重較重	平均體重較輕
肌肉力量	平均肌力較大	平均肌力較小
出生率	平均較高	平均較低
各年齡層存活率	平均較低	平均較高
壽命	平均較短	平均較長
三、心理上的相對差異		
語言能力	平均較差	平均較佳
空間能力	平均較佳	平均較差
行為	粗心、好動、攻擊	細心、文靜、柔順
價值觀	重視社會成就與地位	重視情感聯繫與家庭

女性高。智障的罹患率約總人口數的 1%，其中男女比是 3 比 1 或 3 比 2；自閉症男童和女童的比例是 4 比 1 或 5 比 1，但是和後天心理社會文化因素較有關的的憂鬱症，則女性的罹患率高於男性（白秀玲，2000；陳淑惠，1999）。

　　男性和女性的壓力比較，其實差不多，只是引發壓力事件不同，女性的壓力多來自暴力事件、人際關係，而男性的壓力多來自競爭和成就（陳淑惠，1999； Boles, Johnston, & Hair, 1997; Burke, 2002）。有一項對十歲兒童的研究（陳淑惠，1999）發現，男童多將成功歸因是自己能力好，將失敗歸因是運氣不佳，女童則多將成功歸因於運氣好，將失敗歸因於能力不夠。僅僅十歲的兒童受社會化的程度如此顯著，在提倡性別平權的今日，社會文化應鼓勵每個人能自覺的擅用天賦本能，不管生理上的男性或女性，開發自己和自我實現是天

生的權利,別讓自己的權利睡著了。

三、性別心理行為差異

兩性交往過程中,男性和女性似乎呈現三項心理行為的差異,大致的性別心理行為差異如下:

(一)性與愛的先後順序

男性:先性而後愛,即遵循從社交、體膚、情感到婚姻的歷程。

女性:先愛而後性,即遵循從社交、情感、體膚到婚姻的歷程。

男性「先性後愛」對於體膚親密與性的需求比女性快,當意識到兩人有如此的差別時,提出來溝通是有必要的,例如兩人認為當感情進行到什麼階段可以有怎樣的身體接觸;如果某一方覺得不適宜時,可以用怎樣的表達方式不會傷害對方;男性可以用怎樣的方式控制和舒緩自己的性衝動等等切身問題都需要溝通。

(二)決策歷程

多數的男性是自動自主做決定,表現自己是個有定見的男人,多數的女生則會先商量再決定,先聽聽別人的意見再說,即使自己心裡已經有答案了,還是會以疑問句問對方的意見。例如如何安排星期天的活動,男性說:「星期天我帶你去海水浴場玩。」用肯定的語氣及句型表達決策的歷程。女性可能會說:「星期天我們去海水浴場玩,好不好?」用詢問的語氣與句型表達自己的意見並和對方商量。

(三)溝通歷程

有句話說:「女人渴望的禮物是了解,而男人送給她的卻是建議。」這道出男女兩性說話溝通目的的不同。有時女性說出困擾或心理的問題,只是希望

對方能知道她目前的心情有多難過，需要情緒的支持與倚靠的臂膀而已，並不見得一定要獲得馬上的處理困擾或問題。男性認真聽女性說話的過程，已經使女性心中情緒得以發抒，然而一些男性會直覺的想到如何解決問題的方法，給了一堆建議，而無傾聽及支持失落或難過的情緒，更加使得女性生氣，女性生氣了，而男性還莫名其妙，甚至認為她不可理喻而吵起架來。

其實，每個人都是獨一無二的個體，要共同經營兩人的感情，需要多尊重彼此的獨立性和獨特性，多了解彼此的差異和多溝通是拉近彼此關係的不二法門。

四、溝通方式的性別差異

溝通具有助於減少彼此之間不了解及誤解的功能，但如果不了解彼此溝通方式的差異，則溝通可能帶來更多的誤解。因此，了解男女語言表達方式的不同及男女對非語言訊息敏感度和解讀能力的差異，有助於兩性的溝通。以下列出孫蒨如（1997）對男女溝通方式的差異，作為參考：

（一）解讀非語言訊息的差異

非語言訊息包括眼光接觸、臉部表情、肢體語言和聲音線索四種。Rosenthal（1976）發展一套非語言訊息敏感度測量的錄影帶，來探討個人在語言能力的差異。研究結果顯示女性解讀非語言訊息優於男性，換言之，女性比男性更能清楚地辨識和了解他人所送出的各種複雜的非語言訊息。因此，男女兩性可能造成類似以下的對話，如「我覺得你好像有心事。」「沒有。」「明明就有，你看你回來都不說話，又愁眉苦臉，一副心事重重的樣子。」「告訴你，沒有就沒有！」

（二）使用非語言管道表達個人情緒感受的差異

女性對有些事情的看法並未訴諸言詞，但其非語言行為早已充分表達個人

的意思了,而此時男性卻沒有回應或無法了解。甚至被女性調侃男性是「木頭人」、「呆頭鵝」。

(三)語言細微程度的差異

女性對人事物進行敘述時,通常內容較為詳盡,並且會注意到細節。此語言細微程度的差異常成為兩性溝通時衝突的來源,男性認為女性太瑣碎,枝枝節節抓不住重點,而女性認為男性太草率,粗枝大葉,思考不夠周延,甚至認為男生不開竅。

(四)形容詞多寡程度的差異

男性較少使用形容詞,通常使用較決定性、絕對性的方式表達及強調其看法,女性在表達她們的看法或陳述事情時,會加入較多的形容詞,此形容詞使用多寡的差異使男性的表達較簡單、理性,女性的表達較感性。

(五)語句型態的差異

男性的表達通常較為果斷,沒有這些試探性語句。女性多採用試探性(包含附加問句、不確定開始語、祈使句三種)語句型態。例如加上附加問句,「這樣做比較好,對不對?」「這樣不擇手段是不好的,對不對?」;加上不確定開始語詞,「或許……」,「我不知道這樣講對不對……」;加上祈使句,「如果不是太麻煩,你……」,「如果你不介意……」。此語言型態的差異,顯示了女性的細心和禮貌,及鼓勵他人發表想法,進行意見交流的意味,但相對地會使人覺得她對自己所表達的意見不確定也沒有信心,容易將它當成耳邊風,或很煩瑣而忽略話語的重要性。反之,男性果斷的溝通方式,顯得很有力量也很有主見,但是女性卻常常覺得這種說話方式不夠禮貌,忽略他人感受,因此會有不愉快的情緒反應。

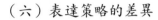

（六）表達策略的差異

男性一直被訓練著要面對競爭，要努力爭取自己想要的東西。相對的，在成長過程中，女性在社會化過程中被教導要禮讓他人，要與他人和諧相處，不應多做要求，使得女性不習慣直接爭取自己想要的東西，而多半以迂迴的方式去獲取。此生存方式也反應在兩性的語言表達策略中，舉例來說，一句「我表現的很差勁」，從男性的口中說出來時，可能只是單純地陳述一件當時他認為的事實，而從女性的口中說出來時，她則有可能是希望對方反駁她的說法，給予她安慰與讚美。

對於兩性溝通時存有的差異，從社會角色期待的觀點來解釋，女性多為照顧者或配合者，言詞委婉，能察言觀色，一方面又藉著非語言方式充分表達訊息，希望對方能了解；而男性多居主導的地位，溝通方式是較直接，較難體會女性溝通時的曲折迂迴，因此產生兩性溝通的種種問題。

第二節　友誼與愛情的性別差異

男女兩性特質不同，溝通時也不同，男性傾向於尋求實際的幫助和行動，多工作取向的話題，少個人性的話題。女性傾向於尋求心理的親密和關心，人際取向和個人性的話題較多。女性覺得兩個人在一起得要多說說話，說說彼此的生活和感受，男性覺得做事比較實際一點，以下分別說明友誼與愛情兩種關係中的性別差異。

一、肩並肩的男性友誼

男人的友誼是「肩並肩」（side by side），一起去打球，一起去打拼事業。性別角色專家Pleck（1975）認為男性的關係「可能是社交關係（sociability），

未必是親密關係」。男性之間的友誼比較沒有所謂的「高度自我表露」。Wood 和 Inman（1993）指出男人是「以實際的幫助及互相的協助和作伴來表示關心」。男人間的交談內容通常在主題性上，如政治、工作和事件，男性最常談論的、談的最深的主題是運動，其次年輕男性最常談論的主題是性（Aries & Johnson, 1983）。很少男人談論關係性和個人性的話題。由以上的文獻，了解男性的友誼有樂趣和忠誠，但少有理想的親密性。有可能是社會角色期許男性要具競爭性、討厭感情的脆弱與傾訴、同性相斥和缺乏角色典範的原因（曾瑞真、曾鈴民譯，1996；郭麗安，1998；Lewis, 1978）。

男人的隱私心裡話有時寧可找紅粉知己分享，而不與同性說。郭麗安（1998）認為有以下四個原因：

（一）競爭情結

男性從小在社會化的過程中，受社會所賦予男性的角色期待影響，諸如應該要獨立、超越、勇敢。因此，有些隱私、心裡話、脆弱不願被同為男性的朋友知道，怕因而會失去勇敢的形象及失去競爭力。而女性反而因不是競爭對手，沒有威脅感，則較容易向對方傾吐。

（二）恐同性戀情結

擔心身為一個男性若與同性走的太近，或表現的過於親密會被別人認為是同性戀者。換句話說，男人由於懼怕被標示為同性戀者，而阻礙了自己與同性間親密友誼的發展。

（三）角色刻板化印象

因為脆弱在社會中容易被視為娘娘腔，坦白容易被視為無知的天真，同時認為脆弱與天真是屬於女性的特質，要做個頂天立地的男子漢是不宜有脆弱和天真的表現和情緒。因此，男性間缺乏情緒表達的關係，也難發展出推心置腹

的親密感。

（四）缺乏角色模範

多數的男性回憶兒時與父親相處的情形，記憶並不深刻，並不記得在兒童時期，父親是否擁抱過他，或一起親密的分享心事。缺乏角色模範，使男性對同性沒有學習模仿的對象，不知如何表現或不習慣表現出親密行動和話語。

二、面對面的女性友誼

女性的友誼是「面對面」（face to face），要面對面的講講話，才算表達彼此的關心和情誼，見面不講話是不友善的訊息。女性特質讓女性高度親密的能力比男性強，女性交談的主題涵蓋主題性、關係性，如友誼本身，也涵蓋個人性，如自己的感覺想法，尤其以關係性和個人性的交談內容為主，因此女性友誼發展比男性快且深。從人際的角度看，女性是較男性富足的，但因女性太在乎別人，因此對關係並非都滿意，也會導致過度相互依賴的關係（曾瑞真、曾鈴民譯，1996；Hendrick & Hendrick, 2000; Mills & Duck, 2000）。

此外，相對於男性對女性的「紅粉知己」講心事，女性比較常對同性的「閨中密友」講心事，而且是互相講心事，成為閨中密友，如果只有其中一個人講心事，另一個人都不講自己的心事，那麼感情會逐漸變淡。

三、男性友誼與女性友誼的差異

㈠ 男人的友誼是「肩並肩」，女人的友誼是「面對面」。

㈡女性比男性更善於自我表白：男性較女性不常自我表白及較少有親密的說話內容。

㈢女性較男性更常和其朋友有情感上的行為：男性在初期及維持親密友誼會有較大的困難，女性較男性更常和她們的朋友分享較多的親密與信任，更多的非正式溝通（Hays, 1989）。

㈣女性有較親密的同性友誼：女性對自己的同性友誼在品質、親密度和樂趣上有較高的評價。男性的友誼通常是建立在共享的活動中，如球賽、玩牌，而女性的友誼是建立在情感的分享及支持（Hendrick & Hendrick, 2000; Mills & Duck, 2000）。

㈤中年男子較中年女子擁有較多朋友：但女性擁有較多親密朋友（Fischer & Oliker, 1983）。

友誼中的性別差異，在幾年後或許會改變，或許有更大的差異或許更相似，如果這些差異是社會化的結果，當社會對男女角色的要求不是那麼的刻板僵化，男人與女人都可以表現真正自己的特質，男人與女人也都可以認識真正的對方，做真正的自己，那認識友誼中的性別差異更可提升友誼。

四、對親密關係的認知與表現差異

兩性社會化過程中，對於親密的內涵有不同的認知與表現方式，男性認為親密是在一起幫忙做事或幫忙解決問題，女性認為親密是要在一起分享、溝通。兩性關係常因男女在追求親密性上的差異而受挫（曾瑞真、曾鈴民譯，1996；Hendrick & Hendrick, 2000; Mills & Duck, 2000 ）。因此，男性需要了解到對女性而言，「親密」是分享訊息、感情、秘密和想法，除了想盡辦法幫她的忙之外，也要能有自我表露的分享，因為面對面的講話、分享與溝通對女性是很重要的。女性則需要了解，對男性來而言，「親密」的定義是實際的幫助、互相協助和作伴，他幫忙洗車、安裝電腦是以行動來表示親密，因此男性陪女性一起去某個地方、為女性做某件事情或一起去參與某個活動，已經是親密的具體表現了。男女雙方應以獨特的個體來看待對方，觀察對方表達的方式，也表達自己的方式和需求，重視和尊重彼此的差異，兩性關係更容易經營。

兩性之間除了愛情，也有異性友誼的存在。尤其在男性彼此間不容易分享親密話題或不習慣分享心裡的話時，男性通常會將此類話題和感受跟親近的女性好朋友說，形成所謂的紅粉知己或青山之交。

五、男女在愛情中的差異

　　在人類文化中，男女在愛情中有一些差異，女性通常被視為是完全投入的；而男性則被認為愛情只是生活中的一部分。女性被認為愛得很強烈，男性則是愛的不完全（沈慧聲譯，1998）。Sprecher 和 Metts（1989）的研究中統整出以下四點差異：

（一）異性愛與同性愛的差異

　　男性對同性好朋友的付出會低於對異性密友的付出，即俗話「重色輕友」。女性對同性與異性密友的重視程度相同。

（二）愛情類型的差異

　　男性在注重外表和性愛的浪漫愛及注重娛樂的遊戲愛得分較高，女性在神經愛、現實愛和友誼愛得分較高，至於奉獻愛則無差異。

（三）初戀年齡的差異

　　異性交友談戀愛有男大女小的觀念，而有此結果。

（四）相信一見鍾情的差異

　　大學男生比女生更相信一見鍾情，並深信愛情是克服障礙的基礎。

　　以上四點愛情中的性別差異的現象，可能會隨著社會逐漸鼓勵男女突破性別角色刻板印象，做剛柔並濟的人、做自己，及因為人們於生活中努力實踐兩性平等而有所改變。

第三節　溝通的理論、原則與技巧

不恰當的溝通使人感到無知和孤獨。歪曲或單向的溝通會導致嚴重的關係衝突，失敗的溝通會使關係結束（孫丕琳譯，1994），因此溝通對建立和維持親密關係很重要。

一、溝通的定義

Verderber 和 Verderbe（1995）對溝通下一定義，所謂溝通（communication）指有意義的互動歷程。因此，溝通包含三個重要的概念（曾瑞真、曾玲民譯，1996）：

（一）溝通是一種歷程（process）

乃在一段時間中，有目的地進行的一系列行為。

（二）溝通的重點在於它是「有意義」（meaning）的歷程

意義是指溝通行為的內容、意圖及其被賦予的重要性。內容（context）是指所傳遞出來的訊息，即要溝通「什麼」。意圖（intention）是指說話者顯現該行為的理由，亦即「為什麼」要溝通。重要性（significance）是指溝通的價值，亦即溝通有「多麼重要」。

（三）溝通是「互動的」（interact）的歷程

互動的意思是雙方在溝通歷程中，彼此對於當時及溝通之後行程的意義均負有責任。

換句話說，溝通是雙方的事，溝通不是無目的的閒聊，必須重視溝通的重

要價值。

二、社會滲透理論

社會滲透理論（Theory of Social Penetration）的觀點（Altman and Taylor, 1973），可以看出溝通話題的深度與廣度反應了彼此關係的親密度（如圖5-1）。將一個人以一個圓來表示，並將圓分成幾個部分來代表溝通的話題或溝通的廣度，並在心裡想像此圓是由多個同心圓所組成，代表不同層次的溝通或溝通的深度。圖5-2提供一個例子。每個圓分成八個話題區（由A到H）及五個親密層次（以同心圓表示）。在第一個圓中，只有三種話題被提及，其中有一個在第一層次，如「今天天氣好熱」，兩個在第二層次，例如「你也喜歡烹飪嗎？」此種關係可能是熟人。第二個圓代表一種較深的關係，談及的話題更廣且討論的層次較深，例如「我家裡有些困難」，這種關係可能是發生在和朋友的相處上。第三個圓代表更深的關係，有相當的廣度（八個中有七個區域被談及）及深度（大部分都處及較深的層次），例如「我愛你」、「我真的很沮喪」、「你

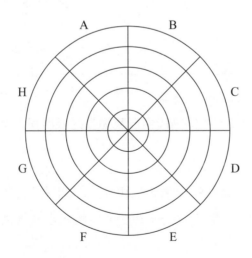

資料來源：Altman and Tayler (1973), *Theory of social penetration.*

圖 5-1　社會滲透理論（Theory of social penetration）

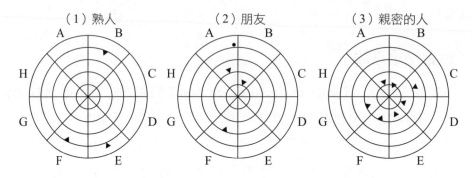

資料來源：摘自 J. A. Devito 著，沈慧聲譯（1998），頁 335。

圖 5-2　與⑴熟人、⑵朋友、⑶親密的人之社會滲透

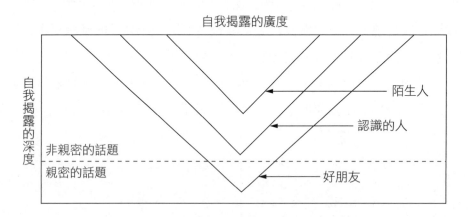

資料來源：林彥好、郭利百加譯（1991），頁 168。

圖 5-3　不同階段中自我揭露的深度與廣度

從不傾聽我的需要」，這種關係應該是和愛人的關係（沈慧聲譯，1998）。換句話說，與愈親密的人之間自我揭露的廣度愈廣，自我揭露的深度愈深，見圖5-3。

　　滲透理論除了可以用來看愛情關係，也可以用來描述所有其他的人際關係，如友情、親子關係、兄弟姊妹關係。關係剛開始的特色為狹隘的廣度及淺薄的

深度，當關係加深或親密時，廣度和深度也在舒服自然的過程中逐漸增加。

　　彼此溝通時擴展廣度和加深深度的一個關鍵過程，是自我開放或自我表露（self disclosure），即兩人彼此願意以語言的或非語言的方式開放和傳遞更多個人的相關訊息給對方，願意讓對方更了解自己，自己也願意對對方的開放和傳遞個人訊息，給予極正向的回應。例如，對方告訴自己小時候去爬山的事，自己聽得興趣盎然，也感染到對方當時的快樂；自己也告訴他跟爸媽吵架的事，和當時心中的難過、不平，對方為自己感到難過並安慰自己。在安全和自在的氣氛與相同深度的回饋，讓雙方都更願意自我揭露與對方分享許多內在的自我與經驗，可使溝通的廣度逐漸擴展，溝通的深度也逐漸加深。

　　滲透理論可了解自己的愛情關係目前處於怎樣的溝通廣度與深度，話題停留在表面的層次，無法深入，是什麼原因？到底是自己害怕自我表露害怕講太多自己的事情，還是對方老講他的觀點和理論、原則，生活的感受不常說出來，自己害怕講太多自己的事情或是自己擔心什麼，這些擔心是否有助於雙方關係的改善與進展？對方是壓抑情緒還是只是不習慣說出生活感受？用什麼方式可以引導對方多說一些心裡的話呢？

　　兩人要積極面對關係但別太心急，溝通廣度與深度的增加是要在兩人都覺得舒服、自然的過程中進行，千萬別在對方心理尚未準備好的時候，硬逼著對方說話，可以表達自己想知道的需求，但同時也要尊重並顧慮對方是否要說的意願。

三、PAC 理論

　　PAC 理論是交流分析（Transactional Analysis）的其中一個重要理論，它的創始人是 Eric Burne，實用性很廣，所以繼而有 Murial James、Dorothy Jongeward 和 Thomes Harris 等人將之發揚光大。PAC 理論認為人有三種自我狀態，即父母（parent）、成人（adult）和兒童（child），此三種自我狀態會透過聽得到的語言和看得到的行為表現出來。換句話說，可以由人表現出來的語言和行為等來

判斷此人此時的自我狀態，了解人溝通時的自我狀態，有助於了解和掌握溝通。
茲將三種不同自我狀態介紹如下（林孟平，1988；Harris, 1973）：

（一）父母（parent, P）狀態

人生中一些重要人物，尤其孩提時所依賴和依靠的人的影響更為深遠。例如：父母、兄姊、老師、褓母、電視等。在行為舉止上，有嚴厲的眼神、插腰伸指頭，輕撫頭頂、叮嚀備至的行動；在言語上，說話速度較快，語氣較嚴峻，命令式或指導式口吻。言語中呈現「必須」、「一定」、「應該」。

（二）成人（adult, A）狀態

在行為舉止上，集中注意力，堅閉嘴唇強忍痛苦等；在言語上，不急不徐，相當適當和溫和等。

（三）兒童（child, C）狀態

在行為舉止上，雀躍歡呼高叫，拍掌叫好或逃避困難等；在言語上，語調比較急促，語氣閉叫衝動，撒嬌或懇求或無助的語氣等。

PAC 理論，主張 A（成人）對 A（成人）適用於理性的溝通，而許多戀愛中男女的對話多是 C（兒童）對 C（兒童）的溝通，例如：盡說些別人聽來全是連篇的廢話，他們卻沈浸在其中，樂此不疲。其實，談戀愛以 C（兒童）對 C（兒童）的溝通會增加無名的樂趣，但是，愛情中遇到問題或困擾的時候，兩人須多學習和練習用 A（成人）對 A（成人）的溝通方式，方能解決問題，倘一直停留在一貫的 C（兒童）對 C（兒童）的溝通，一個人說：「我不管，我就是要這樣！」另一個人說：「好，那我們就這樣，不管它。」逃避問題，沒有面對問題，對解決問題也沒幫助。其實，「理性溝通習慣」的養成對戀愛中的人來說是一項修練的功課，它對關係的持久和品質是很有幫助的，日常生活多多練習，可在婚後減少許多無謂的非理性爭吵，增進婚姻品質。

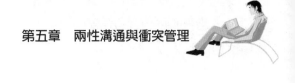

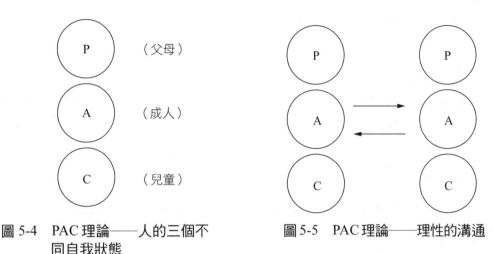

圖 5-4　PAC 理論──人的三個不同自我狀態

圖 5-5　PAC 理論──理性的溝通

　　以下提供修練和養成「理性的溝通習慣」四項建議，首先要學會分辨怎樣的話是 P 或 A 或 C。第二，多練習 A 對 A 方式的對話（如圖 5-5）。第三，邀請對方一起討論問題，討論問題時，除了討論事件和處理方法之外，要照顧到對方的情緒，和表達自己的感性面，即所謂的同理心。最後，培養自己對副語言訊息（講話音調高低、音量大小、速度快慢及抑揚頓挫等）和非語言訊息（臉部表情、眼神、手、腳、動作等肢體語言）的溝通能力。如此養成理性的溝通習慣，溝通會是一種和諧的美妙經驗。

四、理性溝通

　　要達成有效理性的溝通，則要對溝通的障礙有敏感度與覺察，並加以避免。就如同病人要先知道哪裡出毛病，才能對症下藥一樣，對於溝通，一樣要先知道自己在溝通上出了怎樣的障礙。以下介紹十二個溝通的障礙（Gordon, 2000；陳皎眉，1995），藉以依序看看自己是否有其中的一些溝通高危險反應，若有，則請在前面打勾，提醒自己改善，少說高危險反應的話。高危險反應不是完全不好，只是過度使用會導致溝通無法深入和進行，也會阻礙別人解決問題的能

力和增加人際間情感的距離（陳皎眉，1995）。

（一）批評

對他人的人格或行為做完全的負面評價。例如：「你實在是一個很懶散的人」、「這一切都是你自找的」。

（二）命名

給別人一個刻板的名稱。例如：「完美主義者」、「大男性」、「大女性」、「賤種」。

（三）診斷

分析一個人為什麼會這樣。例如：「我太了解你了，你這樣做是故意要氣我」、「其實妳並不想和妳先生吵架，妳是生氣他媽媽」。

（四）評價性的讚美

讚美的話裡面是有評價標準的。例如：「你一向都是乖女孩，你會順從你父母的意見的，是吧？」「你一向對機械都很行，修理這個音響沒問題吧？」

（五）命令

要另一個人馬上去做你邀他們做的事。例如：「去洗澡」、「去做功課」、「馬上給我」、「我等一下就要」。

（六）說教

告訴別人他應該如何做。例如：「你應該馬上跟他去」、「你應該出來工作」、「你不應該離婚」、「你下班就應該馬上回家」。

（七）威脅

經由警告可能發生的後果試圖控制別人的行為。例如：「你再哭，就關進廁所」、「你出去，就斷絕父女關係」、「如果不道歉，就分手」。

（八）過多或不當的詢問

過多對方可以用「是」、「不是」就回答完的問題。例如：「這是不是很困難？」「你真的不喜歡上課？」「你一定要出去？」

（九）忠告

對別人的問題，直接給一個答案。例如：「如果我是你，我一定會告訴他」、「這問題很簡單，你只要……就好了」、「聽我的話準沒錯，我是過來人」。

（十）安慰轉向

由轉移的方法，把問題模糊掉。例如：「不要想太多」、「不要去想就好了」、「你這是小事一樁，別人有更慘的」。

（十一）邏輯論證

企圖用邏輯說服別人，忽視對方情緒。例如：「如果你乖乖去補習，就不會像現在考不上」、「如果你當初聽我的話，不要嫁給他，現在就不會這麼慘了」、「你就不聽，現在後悔了吧」。

（十二）保證

向人做保證，一定會怎樣。例如：「放心，你離婚沒關係，有我們在」、「我跟你保證，不會有事」、「不用擔心，這是黎明前的黑暗」。

其實，有效的溝通，不只是聽他說的話來提出個人意見而已，很重要的是要聽出和接收到說話者的心情感受，是要同時接納對方感受和聽懂對方說話的目的，才可能給予正確的回應。

五、溝通原則與技巧

如何正確有效溝通，聽懂「話」和「話背後的情緒」並給予接納和回應。其實，說事情，描述事情，對一般人來說都比較容易，事情說清楚講明白較不困難；但是要表達情感，似乎較困難一些。除了中國文化比較不鼓勵情感的直接表達之外，缺乏練習也是原因之一。加上過去傳統的生活型態，人們彼此有較長的時間相處，要猜測對方的心意或讓對方猜對自己的心意都比較容易，但是，現代人與人相處的時間愈來愈短，如果都還假設對方知道自己的感受，就比較強人所難了。沒有人理所當然要知道對方心裡的感受，要別人了解自己，必須先說出來，告訴對方自己的感受及對他的期待。溝通技巧如下：

（一）情境、行為及事件的描述

客觀地描述，讓對方對事情有來龍去脈的認知。例如：「我打電話找你一整天，人不在辦公室，大哥大又沒開，答錄機留言也沒回」。

（二）情緒的表達

以我的訊息做開頭，例如：「我覺得很著急」、「我覺得很難過」、「我覺得很生氣」。不是辱罵或亂發脾氣，而是讓對方清楚了解你的感受。

（三）意見或期待的提出

讓對方明確知道你的意圖。例如：「我要你跟我道歉」、「我想知道是怎麼回事？」

（四）討論的徵詢

不是事情說完，情緒表達完就結束，還要共同討論，以免同樣情況一再發生。例如：「下次如果我們其中一個人臨時有事，趕不及約會時間，要想辦法讓對方知道，先打個電話或在辦公室留言之類的」。

六、成為好聽眾的方法

聽，是溝通中很重要的功課，做一個好聽者，才會是好溝通高手，因為一位好聽者，可以聽出說者的主要意思，也可以聽出說者的情緒和需求，並聽出事件對說者的重要性和意義。人花在「聽」的時間很長（見圖 5-6），何不讓「聽」發揮它最高的效能。「聽」的技巧如下：

（一）先聽再說

先將所有的注意力集中在聽的方面。

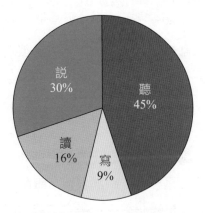
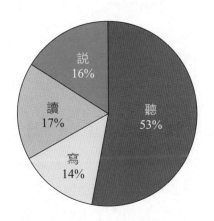

A（1929，以成人為對象）　　　B（1980，以大學生為對象）

資料來源：摘自沈慧聲譯（1998），頁 76。

圖 5-6　花在「聽、說、讀、寫」上面的時間百分比

（二）確實做到「聽到」、「聽完」、「聽懂」

當確實做到「聽到」、「聽完」、「聽懂」時，已經可讓對方感受到對他的尊重和確認對他意見的了解。無形中，建立起良性關係基礎和安撫對方情緒。

（三）積極傾聽

即做到「生理專注」和「心理專注」。所謂「生理專注」即身體面向對方和對方形成 45 度到 90 度的角度，身體的姿勢和態度是開放，臉部表情和身體是放鬆的，身體適度前傾，然後有適當的眼神接觸。「心理專注」則是用「耳」、用「心」認真的聽，聽出對方的真正意思和對這件事的情緒，適度對對方的話語給予了解性的回應。

（四）同理心

當對方表達完他的意思，先將對方的話和情緒作簡短的摘要式回應和同理，表示你的了解和接納。例如：「對不起，讓你打一整天的電話，又找不到人，害你擔心。」接下來用 PAC 理論的 A（成人）的方式表達自己的意見，例如：「你剛剛說的方法不錯，以後我們就先打電話或留言。」如果兩人是很親密的關係，還可以在 A 說話方式的後面加一點點 C 的表達方式，融合一下氣氛。

（五）注意語言、副語言及非語言的訊息

訊息除了「語言」的訊息之外，對於「副語言」訊息（講話音調高低、音量大小、速度快慢及抑揚頓挫等）和「非語言訊息」（臉部表情、眼神、手、腳、動作等肢體語言）也應多加解讀和注意。根據語言心理學家莫菲的研究，非語言表達占了 55%，副語言占了 38%，而語言只占 7%，見圖 5-7。當語言訊息和非語言訊息不一致時，可能要相信非語言訊息，例如女生嘟嘴皺眉說「沒關係」，其實透露這是「有關係的，她並不滿意或同意這樣的結果與決定。」

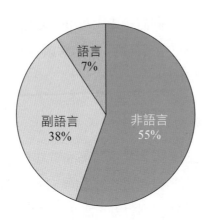

圖 5-7　語言、副語言和非語言所表達的百分比

當一個男生愁眉苦臉，但用堅定的語氣告訴你「沒事！」可能知道他心裡是有事，但現在並不想談這件讓他心煩的事情，那就尊重他，如果真的很關心他，很想幫忙，那麼就等一段時間，等他表情稍和緩了，再問問：「是不是心裡有事？需不需要幫忙？」

第四節　爭吵、衝突與面對

　　人際衝突在日常生活中難以避免，而愈親密的人在心理上或生活上彼此依賴程度也較高，衝突和吵架在所難免。既然無法完全避免衝突或吵架，學習如何面對衝突及如何吵一個具建設性的架更是重要。

一、兩性衝突可能的原因

（一）對兩性溝通方式差異的不了解

　　兩性在語言的細微程度、語句型態和表達的策略上是不相同的，這和社會

化過程中男女所扮演的角色不同有相當大程度的關聯。必須對兩性溝通方式的差異有所了解和注意，並將這些差異納入自己解讀對方溝通表達的理解架構中，以減少因不了解而引起的衝突。

（二）對親密的方式感覺不同

愛情的理論，說明親密是影響愛情關係品質的核心因素，當沒有親密的感受時，衝突也容易發生。尤其對親密的感受因人而異。

1. 有人是聽覺型，要「聽」到對方「說」，才覺得被愛。
2. 有人是視覺型，要看到對方做一些實際的行動，才覺得被愛。
3. 還有一種人是觸覺、味覺、嗅覺型，要透過身體的接觸、擁抱、靠近，才覺得被愛。

了解自己對親密方式的感覺類型，可以用來了解自己和用來與對方分享。例如：想一想「當對方說或做什麼的時候，自己最感到他愛我」，並告訴對方，使對方能聽到，或表示愛的行動，使對方覺得被愛。

（三）對親密的需求量不同

此與「不同的人，有不同的親密的質」是類似的概念，每個人對愛或親密的需求量不盡相同，有人覺得夠了，有人覺得還不足。此時可以做的事情是，了解自己、和對方分享，然後溝通達成平衡或共識。過程中要有誠意，不能一昧要對方達成自己的要求，要站在一起努力經營雙方的感情的基本信念上來溝通。

二、面對衝突的基本反應

Rusbult（1987）將面對衝突或不滿足關係的四種基本反應：(1)主動增進關係。(2)被動地等待關係變好。(3)被動地允許事情愈變愈糟。(4)離開這個關係，以圖 5-8 來表示。Rusbult（1987）認為衝突有時可以增加親密依附，但有時並

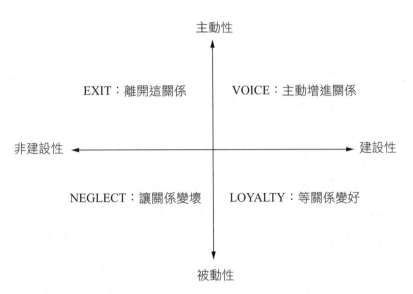

主動性

EXIT：離開這關係　　　　VOICE：主動增進關係

非建設性 ←―――――――――――――→ 建設性

NEGLECT：讓關係變壞　　LOYALTY：等關係變好

被動性

資料來源：Rusbult (1987)，引自 Brehm (1992), p.310.

圖 5-8　面對衝突的四種基本反應

沒有能力主動將衝突轉向較為建設性的方向時，會轉變為被動的等待希望關係變好，但又常常事與願違。雖然在某些情況下可以使用被動的反應，但卻也常常無助於事。有時不使用正向的反應對關係已經默默進行著傷害，尤其在對方已經採取負向惡劣的行動時，如果對方的行動持續，雙方的衝突不斷，那麼或許應該決定離開這個關係。一段親密關係的結束會帶來一些創傷性的經驗，但是並不是每一個人都會因為失去親近的伴侶而一蹶不振，甚至有人調適的很好。例如，對方有暴力或虐待行為的關係，不管是身體、精神或性，或無法改變的惡習，令人痛苦不已，無法忍受。

三、了解愛情關係中的人際需求

　　人際需求理論（Schutz, 1966）主張，關係是否開始、建立與維持全賴雙方所符合的人際需求程度。以下的需求量尺可用來幫助自己對兩人的愛情關係人際需求面的了解，以提醒自己人際需求面哪些需要給予特別的關懷和注意。

1. 愛的需求　　　　1　　　　2　　　　3　　　　4　　　　5

愛的需求愈趨向 1 的人，表示愈避免親密關係，很少對別人表示強烈情感，並且避免對他人表示情感。愛的需求愈趨向 5 的人，表示愈熱烈亦想和每個人建立親密關係，把別人全當密友，對於剛見面的人立刻信任他們，並希望每個人都把他當成親密朋友。

2. 歸屬的需求　　　1　　　　2　　　　3　　　　4　　　　5

歸屬的需求愈趨向 1 的人，表示愈希望獨處。偶爾會尋求同伴，接受邀請時也能享受和別人在一起的快樂，但他不需要許多社會互動來獲得滿足。歸屬的需求愈趨向 5 的人，表示愈需要同伴，當必須獨處時會覺得更緊張；假如有宴會，一定出席，假如沒宴會，他會辦宴會。

3. 控制的需求　　　1　　　　2　　　　3　　　　4　　　　5

控制的需求愈趨向 1 的人，表示愈不想管任何事，極端順從，不可能作決定或接受責任。控制的需求愈趨向 5 的人，表示愈喜歡且覺得我必須負責，需要時時駕馭別人，否則會焦慮不安。儘量掌控作每一個決定的機會。

四、吵建設性的架

親密的人儘管彼此在心理上依賴程度高，但畢竟是兩個不同個體，很難對每一件事情的看法都一樣，生活習慣也不盡相同，價值觀也不會完全沒差異，因而意見不合或吵架在所難免。如何吵一個建設性的架，避免衝突惡化，更是人生功課。

Rusbult（1987）、Hendrick 和 Hendrick（2000），及 Mills 和 Duck（2000）提供一些主動增進關係的建議：

㈠對彼此的溝通方式差異和對親密的質與量有了解和分享，可以減少許多不必要的爭吵。

㈡發生爭執時，不用害怕去面對，應注意彼此的聲調及語氣，當發現自己

聲調和語氣太激烈時，稍微放鬆緩和一下，才不會在戰火上添油，也不會讓親密的人太感受被威脅。也可提醒對方，請對方慢慢用「說」的。

㈢不採敵對態度，敵對不是雙方的目的，而是要接納彼此的不同和達成共識，雖然意見不同，但雙方有一個共同的目標去面對問題達成可接納的共識，才有可能解決衝突。

㈣衝突往往伴隨雙方彼此激烈的情感，應遵守一次一個人說話的原則，說話的人一旦有人聽，一邊說話已經一邊把情緒紓解出來，就不再那麼衝動。聽話的人就先聽、先穩住自己，如果聽話的人情緒也很多，可以邊注意聽，邊想一些讓自己感覺舒服的顏色、空間或由一百往回數數，等對方告一段落，再說自己的感覺想法，如果剛才因數數或想顏色而沒有完全聽進對方的想法和感受沒關係，就先講自己原本想講的，等待對方心情較平靜，可以聽進更多自己想要說的話時，逐漸再聚焦，再溝通，方能進一步有效解決衝突。

㈤對方如還沒準備好要溝通，先不要勉強，以免可能帶來更多負向的情緒，同時告訴自己不要太快放棄溝通，每個人面對衝突的時間性是不太相同的，如對方還沒準備好，並不表示他不願意，等待是必須的。

㈥中國人重視面子，吵架最好對事不對人，也許不喜歡他做某件事或不同意他的某想法，而不表示不喜歡他這個人或完全否定他整個人，要對對方有起碼的尊重。

㈦直接溝通，比間接溝通好，請人傳話，不僅使傳話的人左右為難，也可能因每個人表達方式不同，而引起誤會，既然真正的問題是在兩個當事人之間，何妨勇敢一些直接面對面的溝通。不過，如果是請個人當中間的潤滑劑較能緩和氣氛，那也是無可厚非，不過最好雙方彼此也都能在場。

㈧不要吝嗇說一句「對不起」，有時，對方要的只是一句「對不起」，如果自己錯了，勇敢真誠的先說一句「對不起」，三個字就可以化解衝突。不要只顧面子，而導致雙輸的局面。雖然有時難以啟齒，但要雙贏的話，還是鼓起勇氣說說看。然後，可以將自己當時之所以會那麼做或那麼說的情況說明一下，

讓自己有表明的機會。當然,如果不是自己錯,一味的認錯,而認為自己很委屈,也應思考親密關係如此委屈是不是自己要的。

(九)雙方如已經進入熱吵失控的狀態,此刻最好的方法就是暫時先離開吵架的現場,雙方約定何時再談,千萬別一去不回。只是先各自離開情境,冷靜一下,就像球賽中場休息二十分鐘一樣,讓情緒有一個緩和的機會,較理性客觀看待事情及彼此立場。然後,再進行溝通。

第五節　兩性溝通敏感度與溝通技巧練習

男性常認為:「我認真做事,又沒有對不起你,為什麼事情要一一向你報告?」女性卻認為:「我沒有要干涉你,只是想知道你在做什麼,這樣才覺得彼此信任、有親密感。」「當他大獻殷勤時,她卻猜疑、猶豫;當他不打電話來時,她又覺得被人遺棄。」由於對男女溝通方式差異的不了解,點燃了兩性之間的戰火和持續的拉鋸戰。因此,為增進兩性溝通的順暢,必須由四個方向努力(孫蒨如,1997)。首先是兩性溝通方式差異的了解,是兩性溝通教育的第一步。其次,是基於了解兩性差異的基礎,培養兩性耐心且善意的聆聽對方的習慣,不要因為女性說話較客氣就忽略她的意見,不要因為男性果斷的說話方式就認為他不顧及他人感受。第三,鼓勵女性較直接的表達自己的想法,減少語尾附加問句的使用頻率,也減少用「我不知道」、「我不確定」等字眼做為句子開端。第四,訓練男性解讀他人及表達自我情緒感受的能力,可藉由觀看人際互動的錄影帶加上討論訓練男性的解讀能力;另外,引導男性做肢體表情的練習傳達各種情緒感受,剛開始會覺得不自在,但反覆練習之後,會覺得心情較輕鬆,肢體語言也更活潑生動,更能傳達個人的感受。

以下針對戀愛過程中,常發生的三個溝通主題,加以闡述並舉例,以協助男女兩性在人際敏感度和意見及情緒表達的溝通技巧上有所反省與改進。

一、愛翻舊帳的戀人

　　「跟你說過很多遍，怎麼還是這樣改不了？」「你為什麼老是挑我這個小毛病？」兩個人逐漸熟悉的時候，原本的缺點和對事情的喜惡會在相處中逐漸表現出來，對於自己非常在意，而對方又老是依然故我的事情，就難免有這種生氣和不愉快的對話。其實這是兩人關係從親密期進入調適期的訊息，「情人眼裡出西施」和「情人面前裝西施」的階段過了，兩人呈現比較真實的自我，也許就是太熟悉了，吵架也許會翻舊帳。翻舊帳的內容分為三類，第一類是成癮的事情，例如酗酒、賭博、毒品。第二類是會影響到對方或兩人關係的不良習慣，例如：遲到、愛亂開口頭支票。第三類是不會影響到對方的習慣，例如早上一定要一杯咖啡，下午一定要吃點心，晚上睡前要聽音樂。第一類成癮行為要改很難，得審慎評估彼此的毅力和找尋可運用的社會資源；第二類會影響到對方和兩人關係，是值得兩人好好協調和學習改變的；第三類因不影響到對方，所以儘量尊重彼此的差異性，給予對方一些自我的保留。以下，針對第二類會影響彼此互動的不良習慣加以討論。

（一）劇情

　　阿昌對阿麗老是遲到的習慣很生氣，加上自己一直是個準時、急性子的人，那一段等她的時間非常難熬，覺得一鼓氣哽在喉頭，發不出來，很難受，臉色也就很沉。他跟阿麗提過許多次，要準時，但阿麗還是遲到，視遲到為常事，並未見改善。

（二）分析

　　1.「準時」是一種人際間基本的禮貌與尊重，人際間的基本尊重不應因為熟悉而有所忽略，或權力較高而不遵守。基本上是阿麗不對，但情侶間，重要的不是爭一個對錯，而是找出可解決的方法，並且「遲到」是一種

可以改的不良習慣，不是罪大惡極不可改變的錯。

2. 阿昌他常提此事，表示他很在意，如果不在意就不會提許多次，對於心愛的人很在意的事，何不嘗試改變看看，試試看，改變一下，或許沒有想像中那麼難。

（三）處理

1. 阿昌可告訴阿麗「自己是個急性子的人，阿麗的遲到常常讓他像熱鍋上的螞蟻，心無法定下來，而且會東想西想，擔心她是不是發生什麼事了，生氣加上擔心會讓他整個人很難受，兩個人是不是可以一起想些辦法，幫助阿麗準時」。

2. 一起想或先問問改掉遲到習慣的人所用的方法，然後認真執行一段時間，找出一種最適合阿麗的方法，並且多鼓勵自己達到「準時」的要求。

3. 討論如果萬一臨時出狀況沒辦法準時的時候，可以採取哪些處理措施。

4. 阿昌心情也可放輕鬆一些，想一想一個人的習慣要改不是一天兩天的事，因為她形成這樣的習慣也不是一天兩天的事，花了多少時間行程就可能得花多少時間修改過來，盡量對她的好表現表示高興和喜歡，可以加速改掉不好習慣的速度。

（四）秘訣

要翻舊帳的話，首先要評估有沒有必要、值不值得，對兩人的關係有無正向助益，然後告訴對方你對這件事一提再提的主要想法不是批評他這個人，而是這件事讓你覺得很困擾或心裡很不好受，說明翻舊帳的動機，並注意溝通技巧。

二、愛吃醋的戀人

戀愛中男女最常會吃醋的情況之一是覺得對方「心裡有別人」，可能是從

話語裡、行動中，或留下來的相片、信件中，而有這樣的感覺和疑慮。要處理吃醋，要了解此時對方真正要的是「我是你的唯一」、「獨占性」的地位，所以如何處理的措施是「策略」，達到「你是我的唯一」的信心和感覺是「目的」。

以下就「無意間發現對方在皮夾中留著前任男女朋友的相片」為參考範例，提供處理的策略和達到「你是我的唯一」的信心和感覺。

（一）劇情

阿娟幫阿凱從皮夾拿錢出來時，發現皮夾中仍放著他前任女友的照片，頓時，滿腔委屈和憤怒，為什麼你皮夾中仍放著前任女友的照片，而不是我的？

（二）分析

1. 阿娟在沒有預期的情況下發現，認知失調，情緒也激動，覺得自我價值受到傷害，認為兩人的關係不是自己想像的那樣，認為阿凱欺騙她，一連串的感受、想法在短短幾秒鐘湧現。傷心、難過、生氣是會有的情緒。

2. 阿凱也是沒有心理準備，可能自己已經很久沒去翻皮夾內的東西，或已經忘了有一張前任女友的相片在皮夾裡的事。此時，對他來講是有兩件意外在進行，一是皮夾內的相片，二是女朋友的情緒和質疑。他的情緒可能是覺得錯愕或阿娟小題大作。

（三）處理

1. 阿娟可適度表達自己的不高興和在意，但別讓情緒太渲染，讓阿凱了解她對這類事情很在意，和之所以不高興的想法，例如：「我好難過，你心裡是不是沒有我？」之類的想法感受。

2. 阿凱可先適度的道歉和安慰一下阿娟，然後說明自己的狀態，例如：「對不起，別這樣，你難過我也會跟著難過，我不是故意把相片一直放在皮

夾裡,而是很久沒翻皮夾內層的東西,早就忘了還有這張相片,我現在馬上把它抽出來,好不好?」

3. 平靜討論一下過去情人的信件、相片、禮物要如何處理,才比較不會對目前兩人感情產生干擾。

(四)秘訣

千萬記得,處理的方式有千百種,但是都只為達到讓對方有「你是我的唯一」的信心和感覺,這是唯一目的。所以適度的道歉、安慰是很有用的,雙方再就如何處理過去情人的信件、相片、禮物等形成共識並執行。

三、要性愛的戀人

現代社會的兩性關係態度較為開放,加上營養較佳、生理成熟期提前、受教育期拉長、結婚年齡延後等因素,讓「性」這個問題提前在婚前需要被討論和看見,上述現象所衍生的問題,讓人們正視到性行為的身體自主權和溝通更需要學習和教育。愛的元素裡有激情,包括從廣義的牽手、凝視、擁抱、接吻、觸摸、愛撫到最狹義的性行為,隨著愛情的發展階段有不同程度的激情關係,對方願意和你牽手、接吻,她就只是願意和你牽手、接吻而已,絕對不表示願意和你發生性關係,這是在互動時一定要認清和尊重的事。當對方不願和你發生「性」的進一步接觸,你可以做的兩件事就是:第一,尊重對方的身體自主權,不可以勉強;第二,用其他方法排除自己的性衝動,例如跑步運動、沖冷水澡、離開容易讓你有性衝動的情境和時間、轉移注意力等等。

再者,很重要的是在溝通上一定要語言、表情、肢體動作一致和清楚,以免被錯誤的解讀。以下藉由範例提供處理方法和性行為溝通秘訣。

(一)劇情

阿昌和阿芬交往半年多,阿昌覺得兩性交往的過程中許多事情男生要主動,

於是當初是他主動去牽阿芬的手，阿芬沒拒絕；當初是他主動去擁抱阿芬，阿芬當時雖然掙扎了一下，但是還是讓阿昌擁她入懷；後來牽手、擁抱是常事。那天晚上停電，阿芬正好在阿昌外面租的住處看電視，停電，什麼也不能做，兩人只好藉著手電筒玩影子的遊戲，又玩猜拳的遊戲，玩到沒什麼好玩，阿昌開始逗弄阿芬，搔她癢，摸她身體，阿芬直說：「不要啦！別鬧了！」可是，阿昌愈覺得好玩，沒有停下來，一直到衣服被脫去了一件，阿芬才意識到危險情境已經形成，大聲的說：「我不喜歡！我不要！請你停止！」這時，阿昌聽到阿芬的話，才發現阿芬真的不要，才停下來。氣氛有些尷尬，但幾秒鐘之後，聽到阿昌說了聲：「對不起！」阿芬說：「沒關係！我不是不喜歡你，而是我還沒有心理準備要和你有更進一步的身體接觸，何況我們的感情也還沒到那種程度。」阿昌說：「是我太衝動了！」相視一笑，電來了。

（二）分析

1. 停電的夜晚、颱風的夜晚、當兵前的夜晚、情人節的夜晚、雙方生日的夜晚、聖誕狂歡的夜晚，都是發生性關係的危險日子，對不希望發生的性關係要有所警覺和適度防範。另外，期末考後、暑假、寒假、春假，這些較空閒的日子，也是發生性關係的高峰期，真的別太相信自己的能力，警覺、防範、轉移都是有必要的。

2. 清楚的拒絕才能發揮拒絕的效用，模糊曖昧的拒絕，只是助對方的興而已。

3. 不要害怕大聲說「不！」因為沒有任何一個人可以不經對方允許就執意侵犯另一個人的身體，每個人擁有身體自主權，侵犯和不尊重別人的身體是不對的。現在妨害性自主是納入刑法範圍的。

（三）處理

1. 阿芬大聲說「不！」和阿昌說：「對不起！是我太衝動了！」是上述例

子成功的地方。

2. 既然有一次發生，表示這問題已經需要面對了。所以後續很重要的是兩人需找個時間，談一談性的尺度的問題，到什麼程度，是對方可以接受和喜歡的，尊重男女差異，多增加彼此深入的了解和溝通的機會，多安排其他運動、戶外休閒活動等。

3. 藉由醫師撰寫的兩性生理、性知識等書籍，增加對男女生理和性的正確知識。

（四）秘訣

1. 記得，拒絕時，不要說些有附加問句、矛盾訊息、語氣不確定、曖昧不明的話或肢體語言。因為這樣對方很難知道你真正的意思，加上男性性衝動較強或不願克制，很容易忽略你發出的訊息或會霸王硬上弓。例如：

   ⑴「現在不要，好嗎？」（這話有附加問句，徵詢對方的意見，對方可以不答應；另外，現在不要，是不是暗示等一下可以？或下次可以？）

   ⑵「這樣很舒服，可是我們不可以這樣做。」（這話前面表示是同意，後面表示不同意，訊息矛盾，容易讓對方不清楚你真正的意思，容易忽略他不想聽到的訊息）。

   ⑶「喔，少來！」〔語帶撒嬌，推開他的手〕（容易讓人誤會其實你是要的，只是不好意思；會勾起對方更多想要的衝動）。

   ⑷「你覺得這樣做很好嗎？」（這話是問句形式，並沒有明白表示你的意見，如果他覺得很好的話，那他是不是可以為所欲為，何況，短時間內明白表示意見才是最重要的事，而不是去問對方的意見）。

   ⑸「我還不確定要這麼做！」（你不確定，是不是對方推你一把，你就可以同意了，那麼他就態度強硬一點）。

2. 而要說這些語氣肯定的話，做明確的表示，並配合堅定的態度語調和肢體動作。做一個情慾自主、身體自主的現代人。例如：

⑴「請你別這麼做」（很清楚表達意見）。

⑵「我喜歡你吻我，可是我不喜歡你碰我那裡」（明白告訴對方，你喜歡怎樣，和不喜歡怎樣，對方知道你的喜惡）。

⑶「我喜歡你摸我胸部，可是不要碰我下面的部位」（讓對方明白知道你的尺度，可以摸胸部，並不表示可以進行性交）。

⑷「我的界線只到這裡，我不希望有更進一步的親密行為」（讓對方明白知道你的尺度，和你的明確態度）。

性別教育帶領活動 5-1：PAC 理論基本練習

下述六句話，請猜猜看說話的人，真正的自我狀態是 P（父母）或 A（成人）或 C（兒童）。

討論問題

1. 女生對男生說：「你看，叫你多穿件毛衣你就不肯，現在感冒了吧！看你以後還敢不敢逞強」。

2. 男生對女生說：「好了，好了，不要再哭了，有什麼事說出來，我幫你想辦法解決」。

3. 男生對女生說：「你看，我很厲害吧！投籃這麼準」。

4. 女生對男生說：「我們來商量一下，這個春假要怎麼安排假期活動」。

5. 女生對男生說：「每次告訴你，你都叫人家等一下，已經等很久了，你到底幫不幫人家嘛」。

6. 男生對女生說：「這件事很麻煩也很複雜，一下沒辦法說清楚，明天下午我再把事情詳細告訴你」。

　　解答：1.P。2.P。3.C。4.A。5.C。6.A。

性別教育帶領活動 5-2：愛情影片討論（白秀玲，2006）

影片討論

影片名稱：當哈利碰上莎莉

片長：110 分鐘

簡介：哈利和莎莉在紐約的時候共乘一輛車，在路途上他們討論到對兩性關係的各種意見和看法，發現彼此大相逕庭，沒有好感。後來哈利和莎莉兩人各自經歷情感的挫折和失敗，都對愛的看法和感受有一番新的詮釋和體悟，他們再度相遇了，他們花較長的時間對「愛」有多次的坦誠分享，值得深思與品味。

討論問題

1. 哈利和莎莉分別在挫敗的兩性關係經驗中學習到什麼？
2. 怎樣的性關係才不會演變成愛情的毒藥？
3. 怎樣的愛才能讓個人自在地活出自己而不受限？
4. 怎樣的堅持才算是忠於自己和對關係的承諾？
5. 你對「莎莉在餐廳表演『性』聲音，然後繼續自在地吃東西」的這一段表演和說辭，有怎樣的意見與想法？

性別教育帶領活動 5-3：問問自己是否與異性互動自在呢？
（白秀玲，2006）

與異性說話時，我會……	1. 極 少	2. 有 時	3. 時 常	4. 總 是
1. 覺得害羞	□	□	□	□
2. 害怕表達自己的見解	□	□	□	□
3. 緊張不安	□	□	□	□
4. 時常發脾氣	□	□	□	□
5. 怕對方生氣	□	□	□	□
6. 擔心自己講得不好	□	□	□	□
7. 擔心自己講話不具吸引力	□	□	□	□
8. 後悔剛剛自己講過的話	□	□	□	□
9. 想要再修飾自己剛說的話	□	□	□	□
10. 請好朋友一再幫忙演練	□	□	□	□

本章重點

男女在生理和心理上的差異	PAC 理論
男女心理行為的差異	非語言與副語言
兩性交往中的性別差異	積極傾聽
溝通方式的性別差異	同理心
「肩並肩」（side by side）	溝通的原則與技巧
「面對面」（face to face）	愛翻舊帳的戀人
溝通定義	愛吃醋的戀人
社會滲透理論	要性愛的戀人

 討論與分享

1. 「明明心中有所期盼，卻不明說」和「要求很多，一一說出來」，你覺得哪一個比較難處理？為什麼？你覺得這兩種情形可如何和對方溝通？

2. 請以你是學生的立場，談一談你在生活中要如何「落實兩性平等」？

3. 戀愛關係中，容易為哪些事情吃醋？容易翻哪些事的舊帳？你最不喜歡你的另一半吃怎樣的醋？翻哪一類的舊帳？

4. 吃醋和翻舊帳的感受如何？被吃醋和被翻舊帳的感受如何？

5. 有哪些方法可以排解婚前的性衝動，避免發生婚前的性關係？

6. 溝通時如雙方情緒激動，口角不斷，該如何是好？

6

分手哲學

　　只要男未婚女未嫁，男女就有交友成為情人的權利，但就是因為男未婚女未嫁，也有可能某些原因而分手。當聽到從所愛的人嘴裡說出來「分手」這兩個字時，對多數的人，會有如晴天霹靂；主動提分手的人要說出「分手」，也是經歷多次掙扎；分手後的一段時間內，一談起「分手」，又不免要觸動許多抑鬱、沮喪、傷心、混亂、無助、對未來的不確定和沉重的感覺。有這些情緒和現象都是自然的、可以被接受的。可是，如果很長一段時間一直耽溺在這些情緒中，而不好好省視自己的「分手」歷程，則分手後復原的路會很長或分手的舊戲會重演，或還是又在情感路上一樣跌跌撞撞。

　　此外，對於尚未有分手經驗的人，如果能對「分手」有所了解，萬一遇到了，才不至於手足無措的打一場混亂仗，受傷受的很嚴重，卻又搞不清楚到底是怎麼受傷的。所以，「分手」是每一個走在愛情路上的有情人要了解的，可以是預防性也可以是治療性。一起鼓起勇氣正視「分手」，看「分手」看個清楚，當自己或身邊的朋友遇上「分手」的問題，也不至於不知所措。因此，本章將探討分手的原因、分手的高峰期、分手的調適，和主動分手及被動分手的藝術，並對分手後的調適提供一些建議。

第一節　從心理學分析分手

藉助四種理論來解讀分手經驗，分別從愛情、溝通、關係與性別角色的角度切入，更客觀深化地了解分手的問題與癥結。

一、愛情三角形理論分析分手

目前發展較完整的愛情理論是「愛情三角形理論」（Triangular Theory of Love），如圖 6-1，這理論認為愛情有三個最基本的要素，就是親密（intimacy）、激情（passion）與承諾（commitment），缺少任何一個，都不是完整的愛情，完整的愛情需三者兼具。同時，三者的量最好相當，形成正三角形，形成比較平衡的愛情。想一想分手的這段感情是心與心的交流溝通不夠？還是相互的吸引太少？或是缺少計畫共同的未來？尤其是心與心的交流，更是要好好經營，因為這是影響愛情關係的核心要素。

圖 6-1　愛情三角形理論

二、社會滲透理論分析分手

社會滲透理論（Theory of Social Penetration），如圖 6-2，常被運用來省視人與人之間溝通的層面。這理論認為，在關係的初期，人與人之間溝通的層次

  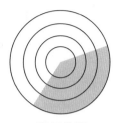

關係初期　　　　　　關係中期　　　　　　關係後期

圖 6-2　社會滲透理論

比較淺且溝通的範圍比較窄，如果關係良好，隨著時間和相處，溝通的範圍會
隨著關係的發展愈來愈廣，溝通的層次也愈來愈深；如果關係不佳，那麼從溝
通的範圍和層次可以看出並無隨著交往時間有相對應的發展。用這個理論來省
視愛情中的溝通面，可以說如果兩人的溝通範圍一直侷限於某些話題且分享彼
此感覺和想法的深度沒有增加，那麼，這樣的關係並不是一個良好的、有發展
性的關係，在溝通範圍和深度上必須有所增進。

三、溝通分析的戲劇三角理論分析分手

　　溝通分析的戲劇三角理論（Drama Triangle）包含三種角色——拯救者（res-
cuer）、迫害者（persecutor）和犧牲者（victim），這三個角色形成一個倒三角
形，如圖 6-3。這三個角色的名稱是隱喻（metaphor），例如，白雪公主的故事
中，巫婆即是迫害者的角色，白雪公主是犧牲者的角色，而白馬王子就是拯救
者的角色。隨著故事和時間的變化，人在關係中的角色也會有所變化和轉移，
例如「媳婦熬成婆」，角色由原先的犧牲者轉變為迫害者。想一想自己投入愛
情是否因為某個人的可憐引起自己的同情，深知一個犧牲者的苦，所以當一位
拯救者想把她拯救出受害者的困境？是否雙方的關係並不平等或者是缺乏彈性、
角色太固著？

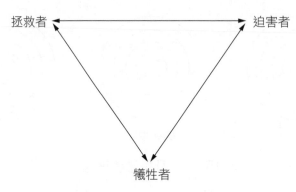

圖 6-3　戲劇三角理論

四、性別角色理論分析分手

　　性別角色理論（Sex Role Theory）認為在不同的文化中，對於不同的性別，在行為和角色上有著不同的特質要求和期待。在傳統父權文化中，期待女性要有「女性化柔性特質和行為」，例如柔情、美貌、可愛、善解人意、被動、體貼、順從等；男性則被期待要有「男性化陽剛特質和行為」，例如勇敢、堅強、獨立、上進、主動、專業技能、有主見、有雄心等。人們在和異性相處時，更容易以性別角色刻板印象作為引導自我性別行為和期望異性、評價異性的認知參考架構。想一想，自己是不是在和異性交往過程中，期待女朋友美麗漂亮、身材不錯、溫柔體貼、善解人意？是不是期待男朋友要主動、勇敢、堅強、能保護人？在感情中是不是過分誇大性別特質的重要性？是不是忽略了「人」的內在「女性化柔性特質」（anima）和「男性化陽剛特質」（animus）是同時存在的（Jung, 1969）？是不是過分僵化的性別角色期待，讓彼此的互動失去心與心相遇的機會？也讓自己不敢在對方面前不卑不亢的呈現真我？

　　許多提倡「剛柔並濟」（androgyny）的學者們（Nettles & Loevinger, 1983）認為，突破僵化的性別角色認定和期待，有助個體的成長和人際親密關係的增進。剛柔並濟的觀念用在看待分手經驗的正向意義，突破看待異性的單一角度，讓性別之間的互動有更多協調的空間，也更接近自我。

第二節　分手原因

一、分手原因與離婚原因的異同

　　兩性結成親密關係的解離，包括離婚和分手兩種，亦即對於婚姻關係解離（marital separation）只是兩性親密關係解離的一部分而已（Hill, Rubin, & Peplau, 1976）。一般的研究重點也都放在離婚的研究上，縱使許多研究者認為未婚情侶的心理連結（psychological bonds）類似於夫妻，對於婚姻離婚的研究可作為分手的借鏡（Davis, 1973）。但是另一方面，分手的社會脈絡很不同於離婚，約會關係結束是很少受對離婚而言是重要因素的影響，例如搬家、經濟安排、小孩監護權、法律贍養費、親族蒙羞等（Hill, Rubin, & Peplau,1976）。

　　其次，「離婚率」可以從戶口登記和國家統計資料上查出來，但是意味約會關係結束的「分手率」卻未登錄，無從查起。而且情感生活不會因為「分手率」未登錄而變得比較好或不同，當情侶分手時，還具體且鮮明的感受到分手問題的嚴重性。

二、分手原因排行榜

　　回顧最近十年社教機構或學生輔導中心的年度個案問題類型統計報告，約略可發現，男女感情問題的個案量大約都居所有問題類型的前三名之中，其中談分手問題的人次又占男女感情求助問題百分比的 20%左右，占了五分之一，換句話說，五件男女感情問題中，可能就有一件是「分手」，至於其他情感問題尚包括溝通、三角關係、性關係等。

　　至於分手的原因，由於研究的對象和理論觀點的不同，有稍微不同的研究結果。Hill、Rubin 和 Peplau（1976）以大學生為對象的研究結果，發現具以下

特點的婚前情感關係較易分手：

㈠親密性低：即兩人心與心的交流少，相互分享心情的程度低。

㈡雙方涉入程度不同：兩人對這份感情投入的深度不同，雙方投入程度相差愈大，愈容易分手。

㈢年齡差距：年齡相差愈多，愈可能分手，因雙方面對的大學生活課題不相同，大四準備考研究所，大一或大二正想要享受多采多姿的生活內容。

㈣受教育企圖心差異多：受教育的企圖心相差愈遠，愈容易分手。

㈤外表吸引力差異多：外表吸引力相差愈遠，愈容易分手。

㈥智商有較大差異：智商差異愈遠，愈容易分手。

從此研究結果看來，大學時期的感情要能維繫，「相似」的條件和動機，加上「同等」的付出，似乎是維繫感情的重要因素。

Burgess 和 Wallin（1953）及 Gottman（1994）以一般成年人為對象的婚前情感關係分手研究，發現親密關係分手的五個因素為：

㈠對對方較少依附（attachment）：離不開對方、需要對方的心理狀態很少，則較易分手。

㈡與對方長期分開：時間的無法搭配或較遠的空間距離，容易造成分手。

㈢父母的反對：父母對感情的祝福、樂觀其成或反對，也影響子女對感情的態度，尤其是在親子關係緊密的家庭或社會中。

㈣文化差異：文化隱含著不同的價值觀、生活規範、習慣等，差異愈大或不能協調，則容易分手。

㈤性格難合：不在於彼此性格相同或不相同，而在於彼此性格合不合得來。

不同於前面 Hill 等人的研究，這個研究對於分手原因的焦點擴展到個人之外的外在環境、人際及文化因素上。

Rusbult（1987）對於分手的研究，則反其道而行，研究怎樣的感情關係不容易分手，研究結果發現，情感關係隨著時間有以下變化者，較不易分手：

㈠回饋增加：隨著交往時間的增長，能獲得彼此愈來愈多感情互動上的回

饋。

　　㈡滿意度增加：隨著交往時間的增長，對這份感情的滿意程度增加。

　　㈢投資增加：隨著交往時間的增長，對這份感情的投資意願和投資量增加。

　　㈣承諾增加：隨著交往時間的增長，有更明確或更進一步的承諾和共同的計畫。

　　㈤其他選擇的可能性降低：沒有類似的競爭者或吸引者，也比較不會分手。

　　上述幾個因素之間，有個良性循環的關係和交互作用。對方的回饋增加，會讓投資者愈願意投資，對關係愈滿意，願容易有承諾和實踐承諾。同時，沒有其他可能的選擇或降低其他選擇，有助於關係的穩定。

　　Simpson（1987）則從哪些因素影響感情關係的穩定性的角度來研究分手，他歸納以前相關的研究和理論觀點，整理出十個影響分手的變項：

　　㈠滿意度指標：有十一項歸因，包含經濟、外表吸引力、情緒支持的能力、可信任度、態度和價值觀相似性、體諒的能力、興趣相似性、人格穩定性和愉悅性、社會地位、親近或親密的能力、性吸引。採七點量表方式計分。

　　㈡親近度量表：測量親密的頻率、親密方式的多樣性、感受或受影響的強度，分數愈高，表示兩人關係愈親近。

　　㈢兩人關係長短：約會到目前已有多長時間。

　　㈣有無性關係：和對方有無性關係。

　　㈤有無更好的其他人選：真實生活中是否有其他比目前對象更適合的人選，或目前對象是否為第一選擇。

　　㈥想像中最佳人選：和上一個指標類似，只是對象換成偶像人選。

　　㈦找到其他合意人選的容易度：要找一個可以替代目前對象的人是困難或容易。採七點量表記分。

　　㈧關係的排他性：只問一個問題，「你目前只和一個人約會或和一個以上的人約會」。

　　㈨自我監控度：覺察自己並控制自己的程度。

㈩性關係態度指標：有六個題目，約略了解過去性行為和自評未來可能性行為的情況，及對性關係的態度。

Simpson（1987）並且想了解以上十個因素和關係穩定之間的關係，研究結果發現關係的排他性、有無性關係、性關係態度指標、兩人關係長短，和滿意度，這五項變項和關係的穩定有顯著相關。「高滿意度」、「低其他選擇」和「高投資」三項特質是評估關係品質與穩定的良好指標，此三個因素也直接或間接的由上述十個因素之一或更多而表現出來。換句話說，「高滿意度」、「低其他選擇」和「高投資」是高優質且細水長流愛情的三指標。

《張老師月刊》分別於 1985 年和 1998 年在國內對青年朋友進行有關分手的調查，發現國內分手的前幾名主因，如表 6-1。

本土調查研究時間差距十三年，研究結果發現分手排行榜的第一名沒有改變，即兩人之間「個性、價值觀的差異和是否能溝通」十幾年來都是分手的第一主因；「時空距離」和「父母家人反對」在排名上雖略有調整，但仍居前五名之列。1985 年分手原因的前五名之中前兩名和個人因素有關，後三名則和外在因素有關；1998 年則有三項和個人因素有關，外在因素影響的比例降低，這

表 6-1　國內分手原因排行榜

國內分手原因排行榜	1985 年調查（主因）	所占百分比	1998 年調查（複選）	所占百分比
第一名	個性和價值觀的差異，無法溝通	22.0%	個性、生活方式和價值觀不同	48.0%
第二名	對方不符合自己的期待	12.6%	出國、當兵等時空距離	25.3%
第三名	有第三者	11.3%	失去愛的感覺	19.7%
第四名	時空距離	10.8%	對方的愛使我有壓迫感	14.1%
第五名	父母或家人親友反對	9.5%	家人親友反對	13.2%

資料來源：《張老師月刊》，1985，1998。

「個人因素」分手和「環境因素」分手比例的改變是否意味著時代思潮的改變，意味著新一代年輕人在談戀愛時，「個人主義」成為較重要的價值觀，則非常值得進一步的探討和研究。此外，「父母或家人親友反對」影響著情侶是否分手，十幾年沒改變，這和中國人親子縱向連結較強的文化背景或許有關，此現象背後深刻的意涵是和「孝」、「門第」、「八字」、「面子」等觀念糾結，父母或許會以「不孝順」或「門不當戶不對」或「八字不合」或「要顧面子、沒有面子」等話語作為反對的理由。當然，不可否認地，也有父母是因為對方「人品」等以當事人為主體所做的理性建議。

第三節　分手高峰期與方式

一、分手高峰期

Hill、Rubin 和 Peplau（1976）以大學生為對象的分手研究發現，大學生分手時間和學校行事曆高相關，隨著學期的開始與結束，戀情也有新的開始與結束。他們歸納出三個分手的高峰期分別是：

（一）5、6 月

學期要結束，要開始放暑假，有人畢業，有人去當兵，有人要出國，有人踏入社會。時空的距離或對未來規劃的不同，造成分手，也有人是藉著這樣的時空轉換，可以自然而然不來往。

（二）9 月

學期開始，準備過新生活。或者因為暑假時空的分隔，讓彼此有機會沉澱激情、理性的思考這份感情的未來性或面對自己，對於不想要繼續的戀情，會

在新生活開始的時候，做一個交代和句號。

（三）12月、1月

聖誕節前後及將放寒假、過年時。聖誕節是與親密的人分享歡樂的時刻，學生將必須決定他要和誰共赴聖誕舞會，有許多對象的人必須有所抉擇和放棄。放寒假和過年是新一年的開始，讓人有「反省過去、思考未來」的心境，自然的也會對重要生命課題「親密關係」作反省和思考，而做出要繼續經營這份情感或要分手的決定。

除了學者們研究所發現的三個分手高峰期之外，再從筆者們過去多年的諮商輔導的經驗回想，就是「情人節」前後，似乎也是另一個分手的高峰期。情人節的來臨，似乎考驗著「好像是」情人們的兩人，思考「我們算不算一對戀人」，並在情人節之前有機會反問自己「我所想要的是怎樣的愛情關係？現在這樣的感情是我想要的嗎？我要選擇繼續還是離開？」如果答案是否定的或疑惑的，則情人節也是一個容易分手或醞釀彼此是否要分手的「到期日」。另外，情人節當天，雙方的表現不如期許，也不濃情密意，如沒有深厚的愛情基礎，則情人節隔天起，變成了重新評估和質疑彼此間感情的「打分日」。

二、分手方式

關於分手的方式，綜合《張老師月刊》的調查（1998）及專業輔導工作經驗，大略可歸納為下列五種：

（一）沉默式

這是許多人最常用的一種方式，這是什麼也沒說，什麼也沒做的方式，只是自然而然疏遠，不再聯絡。

（二）解放式

　　給對方一個好理由，但不見得是真正的理由，只讓這理由能使對方死了這條心。

（三）宣洩式

　　又可分為兩種，一種是將交往這段時間來所受的委屈、不滿，說出來，然後告訴對方要分手；另一種是將自己的情緒以激烈的手段宣洩出來，如潑硫酸等，這是會上社會新聞版的無理性行為和犯罪行為。

（四）談判式

　　兩個人已經心灰意冷，只是有些事或利益糾葛在一起，需要分清楚，因此，說理說條件，不帶感情，達成分手目的。

（五）協議式

　　彼此在能理解和同理對方心情的前提下，對於分手達成共識。讓雙方能表達感受和釐清看法的機會，也有機會共同討論交往期間來往書信及餽贈禮物的處理，協議式分手的過程是帶著體諒的感情和理性的會談過程，感謝這段相處日子所帶來的成長，也祝福各自有屬於自己的未來。

　　分手方式應該怎樣最好？社會上最多人採沉默式分手，可是卻是留下被甩的印象。專家建議採「協議式分手」才是最健康的方式，因為協議式分手最具建設性，也兼顧理性和感性。要完整處理理性和感性層面，可能需要一次、二次或三次，依每對情侶交往的深淺及個性需求不同而有調整。如果交往不是很深，那麼分享心情的深度就不用太深，時間就不用太長，只要做到了解和祝福即可；反之，如果是交往很深的情侶，那麼談分手之前則要想的更清楚，做更多的心理功課和事先沙盤推演的準備，協議時分享心情的時間就不能太短，這

些調整都是希望讓分手過程處理的更平和順利，千萬別藕斷絲連，記住，說分手的態度是溫和而堅定的。

　　分手的儀式對整個分手過程有著很重要的意涵，影響著分手傷痛的多寡和分手後復建的歷程長短，因為儀式過程的本身就是在滿足參與儀式者的需求與希望，就像民間為家中亡者作七七四十九天的喪禮儀式一樣，家屬在參與喪禮儀式的過程中，宣洩情緒，滿足需求與希望。以「儀式有治療作用」的觀點來看，協議式分手最能滿足參與者的心理需求與希望，因為對彼此有交代也有祝福，同時，協議方式與內容也要能視雙方的需求和希望有所調整，才最能降低分手的心理傷痛和減短復原時間，也才是對感情尊重和負責的成熟情侶。

第四節　分手的性別差異

　　Rubin（1973）曾指出在美國中產階級的戀愛或約會關係中，男生比女生容易準備好要進入戀愛（fall in love），而女生比男生容易準備好要分手或離開戀愛關係（fall out of love）。換句話說，男生在戀愛關係中是先進後出（first in and last out, FILO），而女生是後進先出（last in and first out, LIFO）。

　　Hill 等人（1976）對大學生及其分手關係的研究中發現，女生比男生更敏感於出現在他們關係中的問題和範圍，例如男生考慮的問題範圍和層面則較單純，女生會指出比較多他們關係中重要的問題，例如指出「興趣不同」、「智力不同」、「對於婚姻的想法衝突」、「我期望更獨立」、「我喜歡別人」，而男生則指出「居住距離太遠」的問題而已；此外，女生也比男生更容易去比較他們之間的關係和其他的關係的差異，不管是潛在的或真實的。因此，女生也就比男生更容易去覺察到關係中的問題，某種程度女生就成為比較容易主動提出分手的人。

　　Burgess 和 Wallin（1953）的研究發現，女生對男生的愛比男生對女生的愛

更容易預測戀愛關係的狀態，及分手與否。也就是說女生對對方的感受比男生的更具有預測力來預測將來關係的好壞，或者是說女生的感受對戀愛關係提供一個更敏感的動向指標。

《張老師月刊》在 1985 年和 1998 年對國內青年朋友的調查中也發現在戀愛關係中，事實上由女生主動提出分手的比較多。但至於是誰想分手，則不管男生和女生都有較高比例的人說是自己。以心理學的角度來看，說是自己主動分手，是可接受的自然心理現象，因為，如此的說法，比較能保留一些自尊，也比較容易調適分手後的痛苦情緒。不過，也是有男生想分手，做的讓女生受不了，最後讓女生提分手的情況。

第五節　分手的準備與注意事項

一、分手的危險與解危

如果兩人或三人之間能平和的結束一段感情，那也算是為感情劃一個美好完整的句點，即便要分離，也能好好的說再見，這段不能持續的「緣」也是一段「好緣」。令人傷痛難過的是，在分離時把自己或對方，甚至是雙方或牽扯到這份感情的人，弄得精神緊張、暗無天日、恐懼害怕、見血見刀、甚至失去生命。何以原先有情有愛的情人要分手，卻變成悲殘的結局？以心理學的角度來解釋是，對「分手」事件的負向情緒與負向思考引發負向的行為。當一個人情緒智力太低，社會支持網路太薄弱，自己無法正向紓解分手帶來的負向情緒，旁邊又沒有適當的人適時伸出援手給予友善引導和陪伴，分手的情緒紓解無門，掩蓋理性，負向的行為就出現。社會新聞中的用刀、用槍、用瓦斯、用硫酸、用王水的負向行為令人擔心恐懼。大家都不希望在擔心恐懼下過日子，人有免於恐懼的權利，人們可以好好的說再見。

首先,對分手可以有正向思考,不把分手看成是自己的世界末日,分手也不代表自己是一個失敗的人,分手只表示雙方不適合並不代表自己沒有價值,自己可以讓不能持續的「緣」最後成為也是短暫的一段「好緣」,留給以後有機會能在白髮蒼蒼時回憶。

其次,對分手的雙方可以彼此有體諒,畢竟愛過對方,愛對方的當時無不希望對方幸福,若對方留在自己身邊不幸福,何必強留委屈對方,又讓自己的愛變質,他(她)的哭,他(她)的痛如何捨得。

第三,培養和提升雙方的情緒智力及挫折容忍力,分手只是長長久久的人生眾多事物中的重要事件之一,不是全部,讓自己正視情緒和了解情緒,抒解情緒,是一個很好的修行和學習,讓自己提升,更有機會擁有一個更適合自己的感情生活。

二、分手的階段

Duck(1992)針對分手的五階段,簡述如下:

㈠分手階段(the breakdown period):關係仍存在,但是付出減少,因為不安或騷動。

㈡精神階段(the intra-psychic phase):情侶之一或兩人,思考這段關係,指責對方及這段關係。

㈢對立階段(the dyadic phase):其中之一或兩者,將不滿意公開化,而變成對立局面。

㈣社交階段(the social phase):此時,伴侶開始向親朋好友諮詢有關關係變質的事,並將他們牽涉其中。

㈤穿喪服階段(the grave-dressing phase):伴侶向其親朋好友公開關係已經結束的事實,過去已成歷史。

三、好好說再見的方法

（一）給主動提分手的人的建議

當有分手的想法時，別急著就去做。先讓自己停下來，做一些心理準備和實際分手行動上的推演，讓自己的情緒比較穩定了，對如何理性平和的處理分手有掌控感了，再開始行動。以下對給主動提分手的人「如何說分手」提供一些建議：

1. 找個地方靜靜想清楚自己為什麼要分手？有哪些理由可以支持自己堅定地提出分手？分手有什麼好處，有什麼壞處？如果心情和思緒都很混亂，可找自己覺得信任的人及好朋友說一說，也可以找專業諮商人員協助自己整理與澄清紛亂的情緒和想法。

2. 在要約對方談分手之前，先做好沙盤推演，考慮對方的個性、兩人交往的深度、對方可能的反應等，準備好自己說的方式、態度和理由。

3. 調整好情緒再出發，注重溝通技巧，以說「我……」的角度切入，態度溫和而堅定，避免「你……」的指責或怪罪，千萬別數落別人的不是。

4. 慎選談分手的時間和地點，時間最好是白天，因晚上人的情緒較容易失控；地點最好是選在公開、安靜、有旁人，但不會干擾雙方談話的地方。

5. 告訴親近的人，要去談分手的「人、時、地、事、物」，及何時回來；或者請親近的人在離地點不遠的地方等，以預防危險事件發生，保護雙方安全。

6. 分手後保留一段情感的「真空期」，一方面讓彼此有更清楚的情感界線，另一方面也沈澱自己的情感，並整理在這段感情中的自己是怎樣的一個自己，自己對感情的看法，思考這段感情帶來的成長與學習。

（二）給被動分手的人的建議

　　被動分手的人，可能原本對這份感情會分手已有一些心理準備，也可能毫無心理準備。不過，不管有沒有心理準備，被動分手的心情抑鬱、混亂、想挽回、無價值感，卻很相似；如何紓解這些強烈的低落情緒和在分手事件中有正向學習，是被動分手者要積極面對和覺察的課題。以下對被動分手的人「如何面對分手」提供一些建議：

1. 在對方提出分手後，要先保持冷靜，衝動會搞砸許多事。先穩住，讓自己聽完對方怎麼說，別從「我被甩」的角度聽事情，而從「了解對方是怎樣不快樂，在感情中的他是怎樣的心情」的角度，來體會和了解事情；及「留一個心不在我身上的人，兩人會不會幸福？」來看自己感情的未來。

2. 一般來說，被動分手的人會比主動提分手的人需要更長的心理調適和恢復期，因為主動提分手的人提分手之前已有較長的心理準備期，而被動分手的人是從聽到對方說要分手，才開始有心理上的反應歷程，如果自己悲傷的時間較長，是自然的，千萬別怪自己。

3. 痛苦別往自己肚子裡吞，找親近、信任的人分擔悲傷和壓力；找專業心理諮商老師協助紓解情緒，整理情感經驗，抒發內心感受、想法和找到情感的定位。

4. 讓自己有一段情感的真空時期，避免在混沌、雜亂的情緒中，有新情人無形中成為替代品，避免自己分不清楚自己喜歡的是前任情人的影子還是現在的情人，同時這樣對新情人也是不公平的。千萬要避免一筆情感糊塗帳，老是前後糾葛搞不清楚，永遠找不到自己真正要的情感歸宿，故事老是重演。情感的真空期，有助於讓分手經驗有正面的意義和產出新的力量。

四、朋友想分手，如何伸出援手

　　根據調查，青年朋友最常詢問請教情感問題的對象是同儕，包括同學、朋友或年齡層接近的兄弟姊妹。「身邊有人想分手，該怎麼辦比較好？」就成了青年朋友極想知道的答案。身為同儕，該如何面對朋友想分手的問題？

　　如要幫忙，要先清楚朋友想分手是怎樣的情況，一般可分三種情況來說：

　　㈠如果雙方只是吵架或遇到情感風波，嚷著想要分手來發洩情緒，那麼，就不用去討論要怎樣分手，只要陪著他，時而陪著他罵，時而安慰他，讓他把心裡頭的不愉快暢快的說出來，就已經做到朋友該有的支持與情分了。

　　㈡如果情況是兩人之間的不合已經累積好多事件和好長一段時間，他正在猶豫是不是要提出分手，一方面認為兩人這樣下去不是辦法，但說要分開，又覺得捨不得，理性和感性正在拉扯，那能有兩種情況：第一種，如果他願意聊一聊他的掙扎和猶豫，就陪著他說話，說話的主體是他，讓他說他想到的、想說的，陪著他，認真聽，適時分享自己的感覺和想法，他在說話的過程中，可以一邊紓解紛亂的情緒，一邊整理自己的想法，真誠分享和陪伴，會給他信心和安定。值得提醒的是，要不要分手的決定權還是在他，我們作為朋友，不能要求他做我們認為的決定。第二種，如果他不願意或還沒準備好要找人說一說他的想法和困擾，作為朋友，就拍拍他或告訴他，知道他的心情，如果需要朋友，會願意陪他，或陪他做一些排解情緒的活動。

　　㈢他已經有分手的決定了，只是不知道要怎麼告訴對方，那麼可以陪著他把分手的理由整理的更清楚，陪著他討論，依據他對對方的了解和兩人關係做沙盤推演，協助他有穩定的心情去做分手的適當處理。分手之後，尊重朋友調適心情的方式，關心他生活空檔的重新安排。

　　總而言之，首先，先了解朋友想分手的情況是處於哪一種狀態，然後站在朋友的立場，陪伴他，分享自己的意見和心情，但尊重他的決定權。最後，如果覺得情況棘手，在徵詢他的同意之後，可一起請信任的長輩或相關專業人員

提供必要協助。

第六節　分手後的調適

一、主動和被動分手後的情緒

　　Simpson（1987）研究發現(1)親密程度；(2)交往時間長短；(3)再找其他伴侶的容易度，三項變數可以穩定的預測分手後情緒痛苦的強度和持續時間。換句話說，愈親密、交往時間愈長、愈不容易找到其他合適伴侶的情況下，當事人分手後的痛苦情緒愈強，痛苦持續的時間也愈長；反之，則痛苦愈少，持續時間也愈短。

　　分手後的情緒和兩人實際交往的互動情況各有不同，無法一概而論。一般而言，主動分手的人，主要的情緒有歉疚、輕鬆、解放、擔心對方。主動提分手的人認為在分手後最難處理的是歉疚的情緒。

　　被動分手的人情緒則較複雜，有否認分手已發生、想挽回、憤恨難平、震驚、不捨、反擊、覺得被否定、抑鬱、沮喪、不知不覺流淚、生活步調變混亂、觸景生情、傷心、無奈、逃避、追憶等情緒，這些負向情緒有時會伴隨一些生理上的反應，如注意力不集中、失眠、頭痛、胃痛等壓力身心症候群反應。這些負向情緒連帶會引發對自我、他人、愛情的負向思考，例如：「我不夠好，所以被對方拋棄」，「我沒有愛人的能力」，「我不相信有什麼真愛」，「對方存心欺騙我的感情」，「男（女）人不是什麼好東西」。被動分手的人，在分手後認為最難處理的是自我存在的價值和與自我相處的能力。

　　分手後有一段時期心情低潮，對自己和感情有負面思考是自然、難以避免的事，但是如果持續超過半年且情況未見改善，可能需要有所警覺，請專業的精神、心理、諮商人員協助。

二、分手後的調適

根據國內外調查（Hill, Rubin, & Peplau, 1976;《張老師月刊》，1985，1998）結果發現，交往一年到二年間分手的最多，其次是二年到五年，第三是半年左右。失戀恢復期則會依交往時間長短、兩人情感深度、個人在情感中的投入程度、個人對情感的回顧及省悟程度、個人自我資源及身邊人際支持資源的多寡程度而有所不同，平均失戀恢復期是三到六個月。另外，主動或被動分手也影響分手後的調適，一般而言，提議分手的人，能夠說出多個分手的理由，分手後的情緒餘波較少，分手後的調適較好（Hill, Peplau, & Rubin, 1983），而被動分手的人，因事先心理準備期都較主動提分手者少，分手後的調適相對地就需較長的時間。Johnson（1997）在個體療傷期長短和分手行為的相關研究中發現，分手後療傷期的長短決定在個體對這段感情的承諾；而分手事件對個體認知系統的影響力決定於感情的獨特性、感情深度及影響的廣度。也就是說，如果個體對感情對象的依戀愈深、投資愈多，分手事件對個體的影響力愈深，所需要平復的時間愈長（楊茜如，2000）。

整體評估角度來說，有分手心理準備的人較無心理準備的人恢復期要快一些；情感投入少的人要較情感投入深的人恢復期要快一些；對情感有較多回顧及較高醒悟程度者，恢復期會縮短；較多自我資源面對壓力者，恢復較快；身邊的人際支持較充足者，恢復較好。

分手後的調適方法各有不同，包括埋首工作或奮發圖強埋首功課，轉移情緒，上網找人聊天，找親密的家人朋友談，看感情有關的書籍，看有紓解情緒作用的藝術作品，寫日記或寫信，找尋宗教慰藉，找諮詢機構，改變造型，唱歌，運動，離開傷心地等等。方法的有效性會因人而異，也可以用以前自己排解情緒的有效方法及也可以試試新的方式，然後一一試著去做，找出分手後不同階段的適合自己的調適方法。若分手後採取負向的調適方式，如酗酒或尋找新戀情、故意狂歡和大吃大喝等，則對方也不會因此感謝自己，反而是自己傷

痕累累，跟自己過不去。

三、朋友逢分手之痛，如何陪伴

首先，了解一般人分手的情緒和想法，讓了解作為陪伴的基礎。

其次，分手的人有時會有想死掉的念頭或行動，旁敲側擊知道他的想死只是念頭，還是已經有計畫和準備的行動，如果已經有計畫和準備行動，應預防他有自殺的行為。

第三，了解朋友此時的需要，此時主要的需求有兩大類，一是需要有人陪伴填補生活空缺，尤其原本和情人固定的約會、吃飯、看電影、打電話的時間，如今都空下來了，突然覺得生活空缺很多，會需要陪伴；第二是需要有人專心聽他說，聽他恣意傾訴，聽他的苦、他的痛、他的不捨及他的不平，來紓解失戀情緒。有的失戀的人只想有人陪，但並不想說太多有關失戀的心情，有的人需要被認真的傾聽他現在的苦和痛，但其餘的時間想自己靜一靜。在朋友沒有輕生危險的情況下，可尊重他調適心情和調整生活的方式。他需要人陪，但不想多說失戀的事，就陪他一起去做一些事，關心他但不過問他目前不想多說的事。他想說，就傾聽，聽他傾訴，聽他的苦，聽他的痛，了解他，安慰他，但不說無關痛癢的訓示，切記不能再當「狗頭軍師」。

第四，朋友的陪伴及傾聽，對失戀者最大的意義在於，他會覺得自己還是可愛的，還是有人關心的，還是有價值的，還是重要的。即使傾聽他的時候沒有說多少話，陪他的時間不過幾小時，對他來說都是珍貴和有重要意義的。

第五，朋友失戀的情緒和難關，主要還是他自己要去過，作為朋友無法去幫他背負起所有的情緒和事情，別對自己要求太多，回到朋友的角色，陪他和傾聽他，他逐漸會有自己的力氣站起來。

第六，失戀者對於朋友的關心也可清楚的表達自己的需要和拒絕，需要時，就大大方方接受朋友的關心，想自己靜一靜時，就清楚讓朋友知道自己現在需要安靜或獨處，做一個容易對待的失戀者。同時，別濫用朋友的關心，別把全

部的情緒和生活都丟給朋友來承擔，失戀如果以正向的角度來想，未嘗不是一個重新認識自己，對異性的了解，對愛情及親密關係的了解，給自己認識未來的好伴侶的好機會，要不斷鼓勵自己不要因為失戀就因而頹喪失志，反而因為失戀而在反省過程中，也自己成長的智慧與力量，更是人生的一個新契機。

四、愛情達人的特色

愛情贏家一樣碰過愛情挫敗與分離，卻懂得選擇成熟的愛，預測失敗的感情以及放棄不成熟的情人，幡然無悔（余德慧，1993）。愛情贏家是怎樣的人？愛情贏家不是在愛情中百戰百勝的人，而是知道怎樣是健康的愛情，懂得放棄不適合的對象，能從感情的挫敗中更了解自己對感情的選擇是什麼，並在往後的人生創造和經營更成熟、更有品質的感情生活的人。

愛情贏家有著這樣的特性（余德慧，1993）：(1)絕非「情奴」：他們擁有愛人與被愛的能力，但也有敏銳覺察「不對勁」的觸鬚。(2)自主性：當某些因素難以避免且會傷害未來的幸福時，他們會毅然放棄，同時承擔分手造成的損失或傷害。(3)對未來幸福感的掌握：戀愛是一生的選擇，其重要性不亞於事業，幸福不是甜美的外表，金碧輝煌的飯碗，或是安定的感覺；其中最重要的是分享共同的夢，感到契合、搭配與共識，也有獨立自主的事業或成就，擺脫過度相互依賴的約束並能相互欣賞。

第七節　分手經驗的學習與成長

一、從分手經驗中學習

如果能對分手的原因不過分簡化，能更深入的去看感情中的自己、異性和感情互動過程與面貌，分手經驗就不單單只是「失去」和「負面」，也可以在

分手經驗中得到寶貴的經驗與成長。以下提供五個可以思考和深入的方向：

（一）從感情互動的角度看當時的自己和對方

問自己「這段感情中的自己是一個怎樣的自己？」是不斷奉獻和討好？還是很自我？是委屈的自己？還是扭曲的自己？是依賴的自己？還是不卑不亢呈現真實的自己？對方呢？問自己「這段感情中感受到的對方是一個怎樣的他（她）？」再問，這樣的兩個人互動出怎樣的感情？喜歡這樣的自己嗎？希望感情中的自己是什麼樣子？

（二）思考性別刻板化印象對感情的影響

「女（男）人要怎樣才是女（男）人」的刻板化印象，是否阻礙了我對真實一個「人」的了解與接納？是否因刻板化印象忽略了對方的其他優點或淡化了他（她）的缺點？是不是有哪些性別刻板化的印象影響我對異性的了解與選擇？是不是更有彈性的接納個人所擁有的陽剛與柔性特質？

（三）彼此對情人的不同定義與角色期待

自己認為怎樣叫做情人？他對男女朋友的期待是否和自己不同？雙方認為男女朋友該一起做什麼和為對方做什麼是不是不一樣？

（四）彼此對感情需求與定位的不同

自己所企盼的是一份怎樣的感情？雙方對感情的定位一樣嗎？自己想要在感情中獲得什麼？他（她）在感情中想獲得什麼而未得到？那是自己可以給的嗎？雙方各自對自我獨立空間與時間的需求是不是不相同？

（五）處理衝突時的表達溝通方式

雙方最常因為什麼事情鬧彆扭、冷戰或吵架？有沒有更好的解決問題的態

度與方式？我自己最該改善的地方在哪裡？面對衝突時我害怕什麼？希望對方可以有怎樣的互動？當敏感到感情問題的存在時，是不是分享自己看到的困難，並邀請彼此共同思考和解決？

二、分手的成長與學習

對分手經驗有深化的思考與反省，自然而然帶來了許多成長與學習，一般普遍性的成長與學習有（《張老師月刊》，1985，1998）：

1. 了解獨立的重要。
2. 更懂得控制及表達情緒。
3. 認清自己對感情的真正需要。
4. 更能體諒別人。
5. 更能和別人溝通。
6. 更懂得愛。
7. 了解以前對異性要求的不實際。
8. 變聰明，懂得如何保護自己。

個人化的成長與學習就更不在話下，包括對自己的了解變深刻、對異性的看法更多元、對感情不偏執等等，這些都將化成未來優質親密關係與感情的滋養成份。當用健康的心來看待分手，分手似乎就不再那麼令人害怕和不敢面對，也在靠近一點看的時候看見分手的正向成長意義。

性別教育帶領活動 6-1：分手是一種成長（白秀玲，2006）

　　小琪與阿華分別是兩所著名大學的高材生，兩人因為在樂隊社團而認識，但是小琪在兩人交往過程中付出極多，包括與阿華常相聚，小琪平日住學校宿舍，有些時候晚上還偶爾到阿華所住公寓睡覺，兩人感情濃厚，小琪甚至幫阿華管其財務，阿華也把父母給的錢及打工賺的錢交給小琪管，但漸漸的小琪管阿華愈來愈多，包括阿華較忙沒陪她、阿華偶爾與其他異性一起出遊一兩次等，小琪均非常在意，於是阿華漸漸受不了，而提出了分手的要求，小琪也無法接受被甩，天天哭鬧要阿華負責，因為自己曾為阿華墮胎過，阿華不應如此對待她，但阿華已無法忍受兩人的相處，小琪卻苦苦哀求。

討論問題

1. 你是阿華，你該如何提出分手較合適？
2. 你是小琪，你能接受如此的結果嗎？你又如何去面對？你該如何表達自己？
   又該如何自處？
3. 你是阿華、小琪的好朋友，你會如何給予幫助？

本章重點

分手和離婚的異同	分手後的調適
分手原因排行榜	分手的成長與學習
分手的高峰期	愛情三角理論
分手的方式	滲透理論
分手的性別差異	溝通分析的戲劇三角理論
分手的準備與法則	性別角色理論

 討論與分享

1. 如果鐵達尼號中的女主角要向男主角主動提出分手，她該做哪些事前的思考和準備，該選怎樣的地點和時間，要如何說？

2. 如果是鐵達尼號中的男主角主動提分手，他又該如何處理才能平和順利？

3. 自己或身邊你看到的、聽到的分手是怎樣的情況，分享你的觀察或經驗，並說說你個人對該分手事件的看法？如果你是其中的男女主角，要怎麼辦比較好？

4. 試著用愛情與分手相關理論，分析某個你看到的、聽到的或自己的感情分手事件。

7

兩性危機與轉機

　　年輕人對戀愛總是抱有一份幻想與憧憬，覺得愛情是手牽手、心連心、互訴衷情，是我泥中有你、你泥中有我，你儂我儂，是只羨鴛鴦不羨仙；描述愛情的小說，讓人愛不釋手，歌頌愛情的詩歌，讓人如癡如醉。對愛情的憧憬在心靈深處塑造了一個美好的故事（陳皎眉，1995）。事實上，人們把愛情美化了。有句話說：「人生仇恨何能免，愛情途中風雨多。」平實來說，愛情是有浪漫、激情，但也有風險和危機。若在追求美好愛情的同時，能對愛情風險有所認識，並做好風險管理，是很必須也是很成熟的態度，這會讓自己更有機會擁有高品質的愛情。

第一節　性生理、性心理與婚前性行為

從專業的輔導工作經驗中得知，許多青少年的第一次性行為是臨時起意或情境使然，根本未使用任何避孕措施，因此懷孕和性傳染病的機會增加，另外，許多青少年的性知識來自同伴間的口耳相傳及色情資訊的錯誤示範，使得青少年對性的正確知識及正確保護自己的方法錯誤或誤解，造成更多遺憾及心理、社會問題。因此正確的性知識、對性心理的了解及避孕方法和機率的認識是很重要的。

一、兩性生理

現今，少女初經年齡提早，青春期也就提早了，加上求學年數延長，結婚年齡延後，相對的，青春期似乎拉長了。除了生理的提早成熟，及社會變遷帶來的求學年數延長、結婚年齡延後等因素之外，社會價值觀的改變和媒體資訊流動的迅速，也讓兩性關係起了變化，呈現不同的樣貌和多樣化。

二、兩性「性心理」

從異性交往之輔導經驗中，不難發現，男女對「性」情境是有誤解的，女孩態度很親切，男孩誤認這女孩有意與他發生性行為；當女孩說「不」時，男孩可能誤認為「可以」；當女孩抗拒時，男孩可能忽略，並認為這代表願意；男孩可能不認為他在強暴，而認為是說服；因為男孩從一開始追求時就很主動，而女孩常搞不清楚自己要什麼，不要什麼，如果女生在過程中改變心意不想要有性行為，男孩可能會責怪她不是好情人，或認為他只要鬧情緒而不加理會，甚至自己已經蓄勢待發，只好霸王硬上弓。

此外，男生可能不了解女生對於接吻、撫摸表示愉悅，並不表示她喜歡或同意和自己發生性行為，答應親吻和答應性行為完全是兩回事。其實，女生的

性曲線或性行為歷程是緩慢上升的，而男生的性曲線或性行為歷程一旦啟動，性衝動就很快達到高峰，並想一路直線完成；換句話說，男性的性行為歷程是直線性、短時間，而女性的性行為歷程是緩慢的、長時間的，每次性關係都是新的關係，答應一次就是一次，答應一次並不表示每次都願意，不應該強迫對方做她不想做的事。

三、身體自主與性自主

性行為的發生可以很美好、很安全、令人印象深刻，但也可能是「很糟」、「沒感覺」、甚至是「約會強暴」等印象，如果自己不想在回憶性關係時有負面的感受，就必須體認自己是獨立的個體，不是男朋友或丈夫的附屬品，學會愛自己（《中國時報》，1996 年 9 月 2 日）。此時女人愛自己最好的方式就是「發揮身體自主權」，是自己身體的主人，沒有人可以強迫做自己不想做的事，堅決的阻止對方越雷池一步，這不代表自己有錯或不是一個真正的女人。發揮身體自主權的具體做法是：

（一）充實性知識，了解性心理

受制於傳統保守父權思想對女性的限制，無論男性的性知識來源如何，男生的性知識多於女性。當人們對於某項事物了解的愈清楚，愈能平和有效地做適當處理，性方面也是如此，從醫學類書籍或醫師寫的推廣書籍獲得正確的性知識，從兩性心理學的著作了解性心理的男女差異，才有能力做性的主人，這是主掌自己身體自主權的第一步，因為「知識就是力量」。值得提醒的是，「盡信書不如無書」，除了書上的專業性知識之外，也要了解和尊重個別差異的存在。

（二）思考「性」問題

隨著自己身體的成熟，及人際關係發展，性的問題自然而然會在生活中出

現並不斷挑戰自己的想法，例如，在青春期之後身體已經逐漸發育成熟，身邊的同學、朋友會有和男女朋友接吻、擁抱、發生性關係、同居的事情發生，那麼如果是自己，自己會允許和男女朋友的身體接觸到什麼程度？身體接觸程度和感情的發展有沒有相對應的關係？自己的最後底限在哪裡？要不要同居？同居和各住各的兩人談戀愛，不同在哪裡？同居後果可能有幾種？如何可以讓自己溫和而堅定地清楚表達自己對性的態度？

（三）和另一半確實溝通

「愛就是什麼都不必說」是對愛的迷思，愛是非常需要溝通的，愛情中的「性」當然也需要溝通，談關於性的問題，有時會覺得好難為情，不知如何開口是好，要告訴自己，既是感情中會遇到的問題就有必要好好溝通，就像要討論如何安排一段假期一樣，確實討論性的問題是自然的事情。溝通的向度包括事件、想法和感受，討論的內容包括對身體接觸的看法，會不會太快，太快的身體接觸有沒有讓自己產生罪疚感，雙方對身體接觸允許的程度和期待？雙方如何看待性在感情中的地位，先性後愛，或先愛後性，或依感情進展程度性接觸程度可以調整？如果兩人已經有性關係，要如何避孕，有哪些避孕方法，如果不小心懷孕，要怎麼辦？等等問題作兼具事實與情感的溝通。記得要「溫和而堅定」地清楚表達自己對性的態度，如果對方的要求違反自己的意願，可以大聲說「不」。

（四）鼓起勇氣跨出第一步

最後一個步驟就是鼓起勇氣，真誠的面對和享有「當自己身體主人」的權利，每個人都擁有自己身體的自主權，任何違反個人意願的要求都是無禮、無理和不應該的。法律的條文也很清楚是站在維護身體自主權的立場。當自己這樣做，就會發現和異性相處起來更自在，更能表達自己，雙方更能互相了解和尊重，更無壓力。

四、婚前性行為原因

婚前性行為的發生有其社會層面因素和個人層面因素，首先，在社會因素方面：

㈠青年人口流向都市就學或就業，出門在外的青年男女脫離傳統社會道德及家庭的約束，加上都市中人際的疏離和寂寞，容易發生婚前性行為或同居但家人並不知情的情況。

㈡許多大學的後門附近有所謂的「同居巷」，在那兒多的是穿著拖鞋、身著輕便衣物、相互摟著腰的年輕男女一起出來吃飯，「許多人都這樣」的情境下，也讓婚前性行為和同居的社會壓力減輕。

㈢時代開放，年輕同儕間對婚前性行為多採尊重的態度，普遍認為「只要他們自己知道他們在做什麼，也願意負起可能發生的責任，沒什麼不可以」，其實，這樣的態度還算是較成熟負責的想法，只是不知道這些年輕朋友是不是輕估了責任和後遺症。

㈣「性」商業對象的年齡層往下降，色情業者進行「有學生證的」招攬手段；同時，青少年間流傳「有性行為表示自己長大」的錯誤認知，也讓青少年性行為比例增加。

在青少年個人心理因素方面：

㈠想藉發生性行為，以套住對方或表示愛對方：錯誤的認為「發生性行為，表示對方是我的人或我是對方的人」，但是，性行為和愛情是兩回事，因為發生性行為並不能保證就一定不會分手，也不能保證兩人愛情不會變質；有時反倒因為輕易得到而不珍惜甚至嫌棄。

㈡滿足對愛情的幻想和缺乏性知識：錯誤的想像愛情裡就是要有一些轟轟烈烈不為世俗所認同的事情，相信對方的甜言蜜語加上缺乏性知識「不知道這樣會懷孕」，糊里糊塗發生性行為。

發生性行為之後，男性和女性的歸因也不相同，男性通常歸因於當時情境

「太誘人」，而女性通常歸因於是「我不好」，男性把責任推給外在情境，女性則拿道德標準評價自己，其實這正反映社會對男女的不同道德要求，讓男女有不同的歸因和心理反應。

五、婚前性行為的出路

青少年婚前性行為衍生的問題相當複雜和嚴重，涉及個人、家庭與社會層面，甚至影響下一代的福利與權利，例如未婚懷孕、感染性病、墮胎、早婚、輟學、單親、非婚生子女、經濟、心理健康。因此教育與輔導專業工作者，須從三方面同時著手：(1)加強青少年擁有正確的性知識與性態度開始；(2)協助青少年了解兩性看待性的不同心理歷程和培養尊重的態度；(3)以青少年目前生活型態與內容為核心，擴展和加深青少年對性不同層面的了解，包括：

1. 避孕的方法及失敗率。
2. 國內目前「優生保健法」對未婚未成年人墮胎的法律規定，是需要監護人同意並簽名，方能墮胎。
3. 婚前性行為的危險性和後遺症。
4. 性衝動的排解方法；如約會場所和性行為的關聯。
5. 非婚生子女所面臨的社會、心理壓力。
6. 年輕又無經濟能力小夫妻的生活品質。

六、避孕的方法及其失敗率

有太多的人依賴希望來避孕，例如，有些人相信女性經期的某段時間是「不孕」的，也有人相信只要女性不達到高潮便不會懷孕，或如果女性在性交後馬上灌洗便可避孕，這些觀念均是不正確的。有些人也因他們對性行為的罪惡感，或覺得會因此破壞了當時的「自然發展」而拒絕避孕。這不是個好理由，任何從事性交的人都必須考慮懷孕的可能性。忽略或不肯正視性行為與生殖之間的生物關係的人都非負責任的人，尤其是採取避孕便可以免除這些煩憂。

表 7-1 列出了各種避孕的技巧及失敗率，提供避孕的參考。請注意正確地使用一種或多種方法以減少失敗。

表 7-1　避孕的方法及其失敗率

常用的避孕方法及失敗率*		頭一年累積懷孕率	
女性用		確切使用 （perfect use）	一般使用 （typical use）
荷爾蒙類	口服避孕藥	一般型 0.1% 純黃體素型 0.5%	一般型 5%
	注射避孕藥	0.3%	0.3%
	皮下植入避孕藥	0.05%	0.05%
	含黃體素子宮內避孕器	1.5%	2.0%
非荷爾蒙類	含銅子宮內避孕器	0.6%	0.8%
	子宮盾（diaphram）	6%	20%
	子宮套（cap）	未生育者 9% 生育過者 26%	未生育者 20% 生育過者 40%
	女性保險套 哺乳	5%	21%
	算排卵期	算日期 9% 基礎體溫 2%	25%
男性用			
非荷爾蒙	男性保險套	3%	14%
	體外射精	4%	19%

資料來源：吳彥慧（2006）。

第二節　第三者

以下的新聞，似乎耳熟能詳：

【感情糾紛，女學生慘遭潑硫酸毀容】當兵男友不滿女友分手及另結新歡，唆使親弟二度潑硫酸毀容報復（《中國時報》，1997 年 5 月 6 日）。

除了報紙上類似這樣占版面不多的因三角關係而釀成悲劇的新聞之外，印

象深刻的還有台中某知名女中學生，因愛上有婦之夫，和該男子的太太談判破裂後，自殺身亡。某國立大學輻射生物研究所兩位學妹同時愛上一位學長，兩個女人談判破裂，半夜凌晨在學校講堂以「王水」滅屍。

從社會版的小新聞到震驚全國的頭條新聞，從送硫酸幫她洗臉到澆王水讓她消失，從殺人到自殺，怵目驚心，心疼不已，美好年華就斷送在情感的三角習題裡。歷史故事裡也有許多三角關係的題材，耳熟能詳的有「潘金蓮、西門慶、武大郎」，「梁山伯、祝英台、馬文才」，結局或血腥或悲戚，都不是人們所樂見的，萬一處在三角關係的習題裡，謹慎小心處理是必要的態度。

一、三角關係

成年期建立親密關係的階段中，有一些人吸引自己或自己為某些人心動，都是很自然的事情，如果雙方是在非固定約會期或異性群友期的階段，多交一些朋友是很好的事情，多認識異性，多在和異性交往的過程中了解自己，無可厚非。但一旦主角之一是在固定約會期，有固定的男女朋友或已經和另一個人進入異性密友期的時候，第三者的介入就會引起很大的緊張和敵意，因為這時他的男女朋友已經是被他歸類為「生命中重要他人」之列，有人想要搶走他生命中的重要他人，當然會引起對方相當大的情意和愛情保衛戰。若情緒紓解能力不佳或失控，「人我界線」不清，傷人或自傷的事件就很難避免發生，所以三角關係的危險是在於當其中兩人已經形成固定穩定雙人連結時，第三者的進入，會威脅到其中一個人的存在感，當一個人的存在感受到威脅，反擊的力量是不可忽視的。

二、三角關係處理

不同類型的三角關係，需要有不同的處理方式，很難有放諸四海皆準的處理方法。不同的當事人特性和感情特性都是處理三角關係時要考慮的重點，處理的時候一定要掌握「尊重、謹慎」的大原則，以下提供處理個別三角問題時

需特別注意的的原則：

（一）三角關係的中心主角

　　所謂的「中心主角」是指同時被兩個人愛的人，例如異性戀中，同時被兩個男生愛的女生，及同時被兩個女生愛的男生。如圖 7-1 中的二男一女圖中的女生，二女一男圖中被塗黑的男生。

1. 從三角關係圖澄清目前三人之間的感情狀態。問問自己，如果以一分到五分來表示，自己愛他們有幾分，強迫自己一定給個分數。以自己的感受，他們愛自己各有幾分。如果分數有差異，可以進行第三步驟。如果分數都相同，請進行第二步驟。

2. 真誠地跟他們兩個人道歉，自己目前陷在三角關係中，很痛苦，但這不是自己願意持續發生的事情。可試圖邀請他們談談其看法、感受，以便讓自己更了解他們的立場和討論出傷害降到最低的處理方式。

3. 事先沙盤推演，要怎樣告訴第三者自己的決定。千萬別一再拖延，也別打迷糊仗，該道歉就要誠心道歉，該處理的事就要真心處理，儘量以「我訊息」來溝通說明，並慎選溝通的安全時間與地點。

4. 處理三角關係的過程中，可找專業心理諮商人員幫助澄清自己的狀態，討論可能的處理方式、溝通表達的技巧、情緒的調適、責任的釐清等。

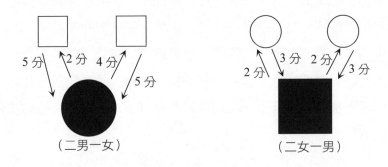

圖 7-1　三角關係

（二）三角關係的第二主角

所謂的「第二主角」乃指二女一男中的第一個女生，二男一女中的第一個男生，中心主角決定和他在一起的人。

1. 問問自己，到底有多愛他，覺得他有多愛你，一分到五分的標準評估的話，分享個人愛情觀及更深的了解彼此，愛情是相互的事，看彼此的分數是否相當。

2. 詢問中心主角，自己可以做哪些事幫忙他度過這段情感的高壓力期。

（三）三角關係的第三主角

「第三主角」乃指與第二主角「『英雄（英雌）』所見略同」的「英雄（英雌）」，即二女一男中的第二個女生，二男一女中的第二個男生。

1. 二個人喜歡上同一個人，至少表示雙方的眼光是差不多的，欣賞的對象是一樣的，從這個角度看，雙方有相似點，似乎可理性的告訴自己沒必要一開始即對對方不友善或產生敵意。強留一個不愛自己的人在身邊是不會幸福的，即便自己心中有無限惆悵和失落，但仍請尊重中心主角的決定。

2. 中心主角雖不須完全負擔自己所有情緒和未來的責任，然而他誠心的道歉是必要的，他（她）道歉之後，問問自己，是否要讓這段三角戀情平和落幕，理性地為自己曾經付出的愛劃一個美麗的句點。

3. 當中心主角離開之後，不用刻意壓抑自己的情緒，這並不表示自己不好或自己沒有價值，只是表示感情的抉擇和獨占性，自己還是自己，自己的價值不會因此而低落，反倒會因為自己進退有度的接納和處理，而更有價值和成熟。

（四）三角關係中主角們的重要他人

　　三角關係中三位主角身邊的好朋友或家人，稱之為主角們的重要他人。其最重要的角色是情緒支持者，傾聽，一起罵某某人的不是，雖可以分享自己對這件事的感受和想法，但是，千萬別做狗頭軍師堅持主角們一定得照自己的意見去做，會給主角太大壓力，而不敢再跟自己說他的心事，決定權乃在主角身上，畢竟那是他自己的感情生活，朋友、家人並不是當事者，而是情緒支持者，一路陪伴，才是當事者需要的。

三、避免進入三角關係

　　三角關係錯縱複雜，盡量避免讓自己陷入三角關係的情況裡，正常發展的兩人愛情關係中要面對的問題和經營的層面已經不少，若讓自己進入更複雜危險的三角關係中，是情非得已的更嚴重挑戰。

　　避免進入三角關係是需要一些人際、愛情的敏感度與技巧，首先必須清楚目前彼此所處的情感狀況，可能涉入這件事的所有當事人對於目前情感狀況的認知定位，是處於固定約會期、不固定約會期或異性群友期，了解彼此之間的認知差異並予以澄清，請遵守以下原則：

（一）已經有固定伴侶、情侶的人

1. 適度向對自己表現好感的異性透露目前情感的穩定，及不希望被打擾的心情。
2. 不要對自己太放心，公開場合可適當先說明自己已經結婚或死會。
3. 對別人超過一般友誼的親密付出，要明白拒絕。
4. 如果第三者真的讓自己心動，自己一定得先處理好原本的這一段感情。並在兩段情感中間有一段空白期，沉澱一下波動的情緒和紛亂思緒，這才是對感情負責任的態度。

5. 自己的另一半在這事件中是無辜的，所以要取得對方的諒解。不能替他作決定，他要有一段調適接受事實的時間，也千萬別想幫他找一個替代自己的人，尊重他的調適方式和自主權。

（二）尚未有固定伴侶的人

1. 先正面及側面了解所喜歡的人，目前有無固定約會的男女朋友。

2. 如無固定男女朋友，只是兩個人同時喜歡上某個人，那麼自可大大方方的追求和表達，尊重男主角或女主角的決定。這期間可能會有一段曖昧期，仍須謹慎理性評估彼此適配程度。

3. 三個人有相同的決定權和自主權，需尊重彼此和結果，別把感情的事看做是競爭，唯有彼此適配的愛情才是幸福的。

第三節　愛情危機與愛情功課

現代人的愛情功課

面對以上現代人的愛情危機，有幾項功課是現代人談感情必須修習的：

㈠在信念上建立：至情真愛不是熊熊烈火，愛是需要學習的情感。

㈡學習的方法是：勤修EQ，不當愛情後段班的學生，了解愛情沒有標準答案，看得透，想得開，拿得起，放得下，才是「畢業生」。

㈢在面對和處理情感危機時：千萬提醒自己要學習理性面對，愈是危機愈不能草草處理或怕人知道，仔細沙盤推演和尋求身邊值得信任的長輩或專業心理諮商人員和社會資源的協助是有必要的。

㈣真愛是需要了解、溝通和經營的：決定要完全投入感情之前多一些彼此的相互了解，包括愛情觀、金錢觀、家庭觀、人格特質、品德、人際關係、家

庭環境、工作資歷、習慣、嗜好、興趣、健康等等。其次，交往的過程中多溝通，學習溝通的技巧和態度，把握溝通的機會。最後花心思去經營，像經營自己的職業生涯一樣，長期去經營一份值得自己投入的感情生涯。

第四節　性別平權

兩性不平等是由於兩性差異造成的嗎？到目前為止，研究的研果都一致的認為在兩性的生命發展過程中，除了生理上的差異，其他的差異大部分來自於建立自己身分認同過程中的社會學習。兩性不平等的社會現象也是社會化過程中累積學習的，既是學來的即有再學習與改變的可能，更可以經由學習，在生活中來實踐兩性平等。

一、性別平權的誤解與願景

很多人物以為兩性平權是要拆解家庭結構、鼓勵大女人主義、主張仇視男性、反對結婚生育……，如此誤解，甚至女性本身也未必支持。其實兩性平權的願景是要建立兩性平等互相尊重的家庭與和諧快樂的社會，人人可以自由充分的發展並成長。為了實現這樣的願景，所以兩性平權的目標包括：(1)消除社會上各層面不平等的現象；(2)使社會大眾了解兩性差異的本質；(3)使社會大眾了解兩性不平等的現象與現況；(4)建立兩性平等互動正面積極的模式；(5)教育兩性共同建立美滿家庭的方法（魏慧娟，1998）。

二、性別的職業隔離

男女除了在決策層中的比例相差懸殊之外，較常從事的職業類型也呈現「性別的職業隔離」現象（sexsegregation inoccupation），及男女性各集中於不同職業，而有典型的男性工作（例如工程師、建築師、外科醫師等），和典型的女

性工作（例如小學老師、秘書、護士等）（徐富珍，1999）。

一般而言，典型的女性工作相較於典型的男性工作，有幾項特點，即薪資水準較低，行使權力的機會較少，在職訓練較少，較難有升遷機會（Treiman & Hartmann, 1981）。即使男女從事相同的職業，女性多擔任助手、佐理或行政工作，男性多擔任專門性、主導或管理工作（Kay & Hagan, 1995; Wickwire & Kruper, 1996; Reskin & Roos, 1990）。

根據行政院主計處的統計，近年來女性工作的比例約45%到47%之間，而歷年台灣地區人力運用統計報告顯示，女性薪資約是男性薪資的三分之二（行政院主計處，2002）。以這種薪水少又沒有決策權的女性職業生態來看，可推想多數投入職場的職業婦女一方面接受職業的性別歧視待遇，另一方面又處於比男性較少發言以爭取福利的機會，這環環相扣，惡性循環，讓女性在職場的合理待遇和表現機會大打折扣，期待「兩性平等工作法」的通過與實施，讓男女獲得平等的就業機會，去除性別歧視與不平等待遇，有一個更健康的職場環境。

三、校園的性別平權

在各界的長期努力下，兩性平權教育近年在學校生活中有明顯的進步。在學校課程與教學方面，先是教科書的編輯工作納入較多的女性平權意識的學者專家，並將兩性平等理念納入教科書審定規準。其次是國中的「家政」與「工藝」課合併為「家政與生活科技」，且為男女必修課。第三是行政院教育改革委員會於1996年所提的教育改革總諮議報告書，揭櫫了「落實兩性平等教育」的主張，使得兩性平等教育首度被確立為官方教育政策的議題（黃政傑、張嘉育，1998）。

至於如何「落實性別平等教育」，則包括課程設計、教材發展、師資培訓、行政配合、理念溝通、教學實施、評鑑回饋等整體的研究、發展與實踐。同時教育環境、硬體、制度及空間設計所形成的境教，及教育人員的身教，所形成

的潛在課程也是不可忽略的落實面向。落實的方式是無所不在的，例如在生師互動上應給予男女學生相同的關注、相同的發言機會與等待時間；有教室情境觀察研究（Sadler et al.,1980）發現男學生往往獲得教師較多關注，在教室擁有教多發言機會，同時老師等待男生發表意見的時間較女生長，對男生得獎賞誇讚多是有見地、有想法、勇敢、有成就等，獎賞女生的多是守秩序、乾淨、聽話等。例如課程設計方面，應修正以男性角度建構知識的霸權，重組學校教學科目的知識主體、學科語言、教材內容與教學方法，提供男女學生批判與思考的空間和機會，容許學生詰問知識的真假與有效性（Askew et al.,1988），其中對於有明顯性別界域的科系與學科，應避免完全以性別作為分化的標準（黃政傑、張嘉育，1998）。同時，性別平等教育需往下擴展到幼兒，因為依據認知發展理論，五、六歲的小孩已有性別恆常（genderconstency）的概念，此時的幼兒已能知曉不管自己的裝扮如何改變，生理的性別都是不變的，他們會對相同性別的角色特別注意，並加以認同和模仿，童書讀物是兒童性別角色仿效的來源之一，兒童讀物影響兒童社會化及性別化甚鉅，兒童讀物或教材中的女性角色應加速現代化，除了加重其在讀物中的比重之外，女性角色的呈現也應跳脫傳統賢妻良母的窠臼而給予多樣化的面貌（張湘君，1998）。

另外，在潛在課程方面，鼓勵男女合校、男女合班、男女同組、座位混合；而幹部選拔、工作分配、活動指派、教學期待、場所使用規則或遊戲規則、評分標準等要去除性別刻板印象的干擾，避免落入性別角色刻板印象的窠臼中（黃政傑，1994；魏慧娟，1998；Measor & Sikes,1992）。黑板高度不利身材嬌小女性老師書寫，而黑板高度和講台的存在最大的傷害是製造了一個老師和學生區隔的空間；校園女性廁所間數、空間和設備沒有考慮到男女生理基礎和社會文化的不同，是另一種對女性的歧視，而公共空間廁所歧視女性最大的地方在於安全的層面上，女學生的結伴上廁所，反應了對安全的真實恐懼（王雅各，1998）。

四、家庭中的性別平權

家庭作為每個人最早及最長久的棲身所在，其對自我認知及人際互動的影響最為深遠（蘇芊玲，1998）。家庭中的性別平權包括父母親本身的性別觀念、父母親兩人之間的互動方式及分工程度、父母對子女的教育期待與態度。

首先，在家務的分工上，國內陳皎眉（1992）的研究，詢問婦女他們覺得每天應該要或希望能做的事情有哪些，各需多少時間，以及她們實際從事各項工作的時間為何。結果發現不管是職業婦女還是非職業婦女，她們都是家務的主要負擔者，家人（包括先生、子女、同住的親友）給予的實際支援不到十分之一。林翠湄（1989）的研究發現，女性負責絕大部分的例行性家務（例如：買菜、煮飯、洗衣、接送小孩），而男性即使參與家務也是非例行性的工作（例如：修理器具、整理陽台），這種特性，使女性家務時間遠超過男性，且使女性的家務工作顯得瑣碎、不重要、甚至不被看見。現在女性就業人口增加，使得男女一起主外，但仍然女主內，使性別不平等的現象更形嚴重（陳皎眉，1999）。最近美國的一項調查問受訪者，他們家中是誰做大部分家事，結果發現在先生的回答中，有14%的先生說是他們自己，86%說是太太做大部分家事，而在太太的回答中卻只有7%說是先生做大部分家事，93%認為是她們自己。可見對於「誰要做家事／誰做哪一些家事／怎樣叫做有做家事」可能所有家庭成員要互相體貼並「共知、共行、共守」才行。

其次，在孩子的養育與教育上，最近的研究仍發現（藍茜如，1994），無論母親是否工作，母親所盡的親職責任均多於父親。舉凡餵養孩子、生病照顧、買衣服、接送上下學、傾聽孩子、陪做功課、參加學校親職教育、家長座談會、義工等活動，都是媽媽做得多。父親較常參與的只是給零用錢、獎賞孩子或和孩子玩等玩票性質的工作，例行性的工作仍由母親負擔（陳皎眉，1999）。然而，許多有關性別差異的研究都肯定，男女一樣都具有關懷和照顧別人的陰性或柔性特質，因此母親多讓出機會，父親自己多製造機會，讓父親能有更多參

與照顧子女和傾聽子女的生活和心事，那麼孩子會感受到更真實的愛，他們會用他們的成長來敘說父母在他們身上留下的愛。

第三，在子女人格、性向的期待與塑造上，要能突破「男性是有力量的性別，女性是美麗的性別」這種過時、截然劃分又侷限的性別框架，能從小就提供孩子多元的玩具開始，拓展和開發孩子各方面的興趣和潛能，不再只是「女生玩娃娃，男生玩車子」的單一思考和無選擇。能鼓勵孩子多元智能發展，提供充分的刺激和選擇之後，尊重孩子是一個獨特個體的獨特性，他有他的路要走，父母不能代替他走，父母只是協助者，不是控制者。

五、推動性別平權的力量

台灣近年在推動兩性平權方面有長足的進步，不管在民間、在學術單位、在實務工作上都有一些具體的努力成果。民間單位中，較著名的有婦女新知基金會、現代婦女基金會。「婦女新知基金會」的前身是「婦女新知雜誌社」，是在台灣解嚴的 1987 年改組，並得以名正言順推動婦女運動，關心婦女議題，包括社會、政治、法律、教育及人身安全等，為追求兩性平等的社會而努力。在學術單位，有 1985 年成立的台大人口研究中心婦女研究室，1989 年成立的清華大學社會人類研究所兩性與社會研究室，在高雄醫學院成立跨校性質的兩性研究中心，後續又有中央大學性別研究室，台灣大學性別與空間研究室，世新大學性別與大眾傳播研究室，成功大學的兩性與文化研究室。在法律上，2004 年 6 月公布「性別平等教育法」，2003 年 2 月公布「家庭教育法」，2002 年 2 月公布「兩性平等工作法」，甚至 1997 年 1 月公布的「性侵害犯罪防制法」，也於 2005 年 2 月進一步修訂。此外，在教育部有跨領域的「兩性平等教育委員會」，在行政院有「婦女權益促進委員會」，台北市教育局有「兩性教育與性教育委員會」，各縣市政府有「兩性平等教育委員會」，各高中、國中、國小設有「性別平等教育教學資源中心學校」，由以上的訊息可看出兩性平權教育是目前教育改革的重點之一，也是社會趨勢，乃為可喜現象，期待如此實際投

身努力能為兩性或每個人帶來更平權的生活品質。

六、平權的好處

實踐兩性平等對男性和女性都能爭取更彈性的生活型態和方式，因為兩性平等是希望男性不再侷限於競爭、比力量（power）的窠臼中，其中包括有形與無形的競爭與權力力量，而能發揮男性原本就有的、卻被潛藏的照顧、關懷的陰性特質；同時也要讓女性有勇氣與能力從「三從四德」、「無才便是德」、「為家庭、為男人付出一切，沒有自我」的框框走出來，讓每一個「人」活出具有自己獨特性的「人」生，發展潛能以及學習尊重他人。

性別教育帶領活動 7-1：測一測你的性知識

下面是題目中常出現的幾個名詞之定義：

1. 深深的接吻：是指兩人舌頭和舌頭接觸或嘴和舌頭接觸。

2. 淺淺的接吻：是指兩人只是接觸到嘴唇。

3. 愛撫：是指兩人在一起，撫摸對方胸部、生殖器官等行為。

4. 自慰（手淫）：是指為了性的愉快、刺激而撫弄自己的生殖器官的行為。

5. 口交：是指一人的口和另一個人的性器官做性的接觸。

6. 性交：是指男性的陰莖進入女性的陰道內的行為。

7. 處女：是指從來沒有過性交經驗的女性。

8. 人工流產（墮胎）：是指一個母親在胎兒能夠分娩出來以前，拿掉他，以
   結束懷孕。

9. 同性戀：是指相同性別的人從事性的活動。

10. 亂倫：是指同家族的人性交。

第一部分

請就你認為最正確的一個答案數字後面打「✓」，請真實回答，填答時
請勿與他人討論，謝謝！

一、女性到了青春期的第二性徵出現有：

　　1. □長出陰毛　2. □乳房隆凸　3. □發音尖銳　4. □皮膚細膩

　　5. □以上皆是

二、男性到了青春期的第二性徵出現有：

　　1. □長出陰毛　2. □喉頭隆起　3. □發音低沉　4. □長鬚　5. □以上皆是

三、夢遺（男性在夜間遺精）是：

　　1. □在夜間一種不正常的排出精液的方式

2. □是精液正常排出的一種方式

3. □夢到有關性方面事情的一種不正常排出精液的方式

4. □在睡覺前想到性方面的事情才會排出精液的方式

5. □一種如同女性月經一樣的週期性排出精液的方式

四、女性在月經來潮期間應該：

1. □不要作劇烈運動及游泳　2. □不要洗頭髮　　3. □不要洗澡

4. □留在家中休息　5. □減少所有活動　6. □以上皆非

五、雖然每個女性的月經週期長短不同，但經證明有一般的規則，平均女性的排卵：

1. □在每個月同一時候　2. □從上次月經第一天來潮後約十四天

3. □在她月經期一半的時候　4. □大約在下次月經來的前十四天

5. □大約在上次月經剛結束時

六、月經來潮的時間通常是：

1. □約一小時　2. □約二至十二小時　3. □約一天　4. □約三至五天

5. □約六至十天

七、月經來潮是表示：

1. □身體很骯髒　2. □卵子成熟了　3. □子宮發炎

4. □卵子未受精，子宮內膜剝落　5. □卵子已受精了

八、自慰行為（手淫）：

1. □導致男性不孕　2. □導致女性心理疾病　3. □導致男性無能

4. □導致性病　5. □不會導致身體上的疾病

九、婚前身體檢查的目的是：

1. □檢查有無性病　2. □供給有關 RH 血型的紀錄

3. □發現足以妨礙婚後性關係的身體缺點　4. □檢查有無遺傳性疾病

5. □以上皆是

十、女性懷孕發生的途徑是因：

    1. □手淫　2. □與男性睡在一起　3. □與男性拉手、搭肩、摟腰

    4. □女性生殖器官接觸到男性的精液　5. □與男性接吻

十一、有處女膜的女性表示：

    1. □沒有性交經驗　2. □沒有自慰行為　3. □通常月經來潮時會痛

    4. □不能懷孕　　　5. □所有上述都不是絕對正確的

十二、女性與異性發生性交，若事後發現月經沒有來，首先應該警覺到的是：

    1. □子宮發炎　2. □懷孕　3. □卵巢有腫瘤　4. □閉經　5. □以上皆非

十三、下列避孕方法中，較有效的是：

    1. □子宮避孕器，如銅 T、樂普、母體樂

    2. □安全期法（基礎體溫法、月經週期法）

    3. □陰道外射精法　4. □口服避孕藥　5. □使用保險套

十四、男性結紮是一種簡單的外科手術，即切斷並結紮：

    1. □附睪　2. □睪丸　3. □輸精管　4. □精囊　5. □以上全錯

十五、女性結紮手術的地方是：

    1. □子宮　2. □陰道　3. □輸卵管　4. □卵巢　5. □子宮頸

十六、精子排出男性體外的路徑是：

    1. □睪丸、輸精管、附睪、尿道　2. □睪丸、輸精管、尿道、附睪

    3. □睪丸、附睪、輸精管、尿道　4. □睪丸、附睪、尿道、輸精管

    5. □睪丸、尿道、輸精管、附睪

十七、在最佳的情況下，女性排卵後，這卵子僅能在最初的什麼時間內受孕？

    1. □約五分鐘　2. □約二十四小時　3. □約三天　4. □約一星期

    5. □約一個月

十八、男性精子在女性體內能生存的時間是：

    1. □約五分鐘　2. □約二至三小時　3. □約二至三天

4. □約一個星期　5. □約一個月

十九、受孕形成，女嬰細胞核內的性染色體組成是：

1. □XY　2. □XX　3. □YX　4. □YY　5. □XYX

二十、受孕（男性精子和女性卵子結合）的部位通常在女性的：

1. □輸卵管　2. □陰道　3. □子宮頸　4. □子宮　5. □卵巢

二一、胎兒吸收養分，排出廢物的場所是在團體內的：

1. □子宮　2. □胃　3. □胎盤　4. □小腸　5. □子宮頸

二二、決定胎兒的男女性別是由：

1. □父親的精子　2. □母親的卵子　3. □父母親的身體狀況

4. □父母親吃的食物　5. □天生註定的

二三、正常胎兒在母體內發育的時間必須有：

1. □四個星期　2. □十個星期　3. □二十個星期　4. □四十個星期

5. □八十個星期

二四、胎兒出生的途徑是由：

1. □肚臍　2. □尿道　3. □肛門　4. □陰道　5. □嘴巴

二五、懷孕足月出生的嬰兒平均體重是：

1. □1 公斤　2. □2 公斤　3. □3 公斤　4. □4 公斤　5. □7 公斤

二六、實施人工流產（墮胎）最好不要超過懷孕之後：

1. □三個月　2. □六個月　3. □九個月　4. □十個月　5. □一年

二七、性病的主要傳染途徑是：

1. □毛巾　2. □牙刷　3. □洗臉盆　4. □生殖器官接觸　5. □打針

二八、性病感染的主要原因是：

1. □口交　2. □不正當、不潔的性交　3. □婚前就性交　4. □愛撫

5. □與帶有病原體的人性交

二九、愛滋病（AIDS）的傳染途徑是：

1. □與同性戀者交往　　2. □與同性戀者有性行為

3. □與異性戀者有性行為

4. □與帶原者（HIV 病毒）有血液交換的行為發生

三十、以下對於性變態的敘述正確的是：

1. □性變態之中，穿異性衣服或舉止如異性者，經常與同性戀行為有
關聯

2. □犯強姦罪的人，一般來說，他的性慾非常強

3. □有暴露狂的人通常會發生進一步的犯罪行為

4. □暴露狂、強姦是性變態

5. □以上敘述均正確

資料來源：秦玉梅（1986），引自鄭玄藏（1994），頁 425-436。
註：答案請看第 185 頁

性別教育帶領活動 7-2：劇情分析與問題討論

　　小潔溫柔美麗，大一時同時認識四個男生（A、B、C、D），而這四個男生竟都在追求著小潔，所謂「窈窕淑女，君子好逑」。但經過一段時間，小潔覺得這樣的關係維持得好累，四個男生條件都很好，但總不能一隻腳踏數條船，於是她決定從中挑選一個為自己的終身伴侶。考慮的結果，她選了A，A雖然不是十分有錢，但卻是一個很懂得上進的年輕人，對自己的未來有一套完整的計畫，小潔好像也看到了自己充滿希望的未來，她只好向B、C、D說抱歉。過了多年，A先生果然十分爭氣在國內拿到了碩士，且準備到美留學，但金錢問題此刻困擾了A先生，A想先工作再繼續深造，小潔於是要A不要擔心錢的事，她來想辦法即可。她找到了B和D先生，這兩位她放棄但現在在商場上小有成就的朋友。B先生毅然決然的拒絕了，他不甘心去成就自己的情敵。D先生的反應是一口答應，但是有一條件，就是「小潔得陪他一天。」小潔竟也答應了。當然A先生就順利出國，二年後，小潔到美國找A，要求先訂婚，A面有難色，因為學業未完成，且毫無事業基礎，總不能一直依靠小潔，但小潔一點也不介意，於是他們決定結婚，有情人終成眷屬。當A把要結婚的消息告訴了C（C當時也在美國）時，C的心好酸，但又能如何呢？C打電話回台灣告訴B、D這件事，B不予置評，D卻曖昧的、甜甜的說：「不在乎了，我也曾擁有過小潔。」C一聽「不得了了」，在一偶然、「不小心」的情形下，C告訴A這件事，A竟然和小潔取消了婚約，小潔落寞回台，禁不住別人的詢問與譏笑數度須看精神科門診。

活動進行：

一、請依厭惡程度來為這五人排序。

　　1.＿＿＿ 2.＿＿＿ 3.＿＿＿ 4.＿＿＿ 5.＿＿＿（個人意見）

1.＿＿＿2.＿＿＿3.＿＿＿4.＿＿＿5.＿＿＿（小組協商後意見）

二、請說說看對這五個人的看法：

A：

B：

C：

D：

小潔：

三、請上台報告各組排序的結果和原因。

四、請統計一下全班女生及男生對小潔評價的排序，分別請幾位女生和男生
分享自己的看法。

人數		女生	男生
對小潔的討厭程度	1.		
	2.		
	3.		
	4.		
	5.		

 本章重點

現代人的愛情功課	男性與女性的性行為歷程
兩性生理	避孕方法及失敗率
兩性性心理	校園性別平權
身體自主與性自主	家庭性別平權
婚前性行為	

 討論與分享

1. 「小齊和女朋友琳達吵架，跑去打保齡球發洩情緒，安琪適時的給小齊一個甜美的微笑和打氣，後來小齊送安琪一個小禮物表示感謝，安琪表示陪她打保齡球之後她會收，兩人約定之後不久，琳達打電話來找小齊」，請你自行或小組一起創作編導「琳達與安琪故事」後續發展與結局。

2. 對於男女兩性在性行為的歷程，你有何感想或看法？

3. 如男生跟你約會，你覺得是男生要隨身攜帶保險套，還是女生應該隨身攜帶保險套，還是都不需準備？

4. 如果你是第三者，你會如何面對事實？

5. 如果你是被第三者侵入的女方或男方，你知道有了第三者，你會怎麼辦？

6. 你覺得應該如何達到家庭與校園的性別平權？

7. 兩性相處中，你覺得如何達到兩性的平權？

案例討論

案例一：老闆對秘書說：「你男友不是在當兵嗎？以後就由我來滿足妳吧！」
之後的日子更開始對秘書毛手毛腳。

案例二：老闆自從發現某員工是男同志後，竟然在辦公室宣揚他的性傾向，說
他是同性戀、會性侵害男生，警告其他員工勿與他接近。

討論問題

1. 針對以上案例，你覺得有何性別不平權或歧視？
2. 如果你是當事人，你該怎麼辦？
3. 如果你是老闆，你又該怎麼辦？
4. 旁邊的同事，同在一家公司做事領老闆薪水，應該如何應對？

註：第 177～181 頁答案為 55254　44554　52531　32321　31443　14544

8

校園性別危機

　　時代在改變，人們對性觀念的開放，及對性的迷思與誤解，使人們有意或無意中，在校園潛藏校園性別危機，諸如你情我願的不安全性行為、約會強暴、性騷擾，甚至性侵害，如何防範、遏止或處理，均是本章所探討的內容。

第一節　校園性危機

　　推廣性教育多年的晏涵文，在 1981 年提出當時國人是「性知識缺乏，性態度保守，性行為開放」，而積極提出由生長發育、人際關係及作決定三方面從事性教育。將近二十年後的今天，社會風氣隨解嚴與媒體網路的發展，談「性」已普遍，但是我們仍要問我們的「性知識，性態度，性行為」是如何？是「性知識充分，性態度成熟，性行為合宜，性別平等（尊重），性教育普及」？還是「性知識缺乏，性態度開放，性行為氾濫，性別歧視，性教育不普及（不當）」？如果無法進一步由深層社會結構及文化意涵著手，教育努力可能枉然（張玨，1999）。在校園中推行多年的性教育真的枉然嗎？幾項民調或許可以某程度回答這個問題。

一、桃園縣青少年性行為調查

　　國大代表陳勳委託密西根民調公司作「桃園縣 XY 世代行為調查」，以亂數法擇取桃園縣十五所高中職扣除不願受調查的五所學校後，每校再抽樣五十名到一百八十名學生，總樣本數是 1,048 人，於 1998 年 4 月到 5 月間以不記名問卷方式進行，收回有效樣本九百二十三份，其中高一占 40.17%，高二占 30.45%，高三占 20.38%。男生占 40.74%，女生占 50.26%（《中國時報》，1998 年 6 月 12 日）。其中關於青少年性行為內容調查結果如表 8-1。尤其對學校性教育的不滿意，值得學校在性教育的內容和方式上進行檢討，在內容上可加入表 8-1 的各項，對色情、性行為、性騷擾及強暴等主題有切乎生活的教導與說明，在教學方式上藉由視聽媒體、社會新聞事件、討論、演劇等方式，讓學生了解這是生活中切身的事件並學習面對和有效處理。

表 8-1 「桃園縣 XY 世代行為調查」之一──性行為調查

項目	百分比
看色情影片	72.7%
看過現場色情表演	12.1%
有和異性發生自願性性行為	4.2%
曾被強暴過一次	0.7%
曾被強暴二次以上	0.9%
不同程度性騷擾	8.1%
遭性騷擾會向老師求助	1%
認為學校的性教育沒有幫助	21.3%

二、家庭計畫研究所縱貫性調查

台灣省家庭計畫研究所以高中職學生為對象的調查，發現十二年的時間，高中職男生有性經驗者多了一倍，女生有性經驗者多了七倍（《中國時報》，1998 年 8 月 26 日），如表 8-2。

表 8-2 青少年性行為年代比較表

年代	項目	男生（百分比）	女生（百分比）
1983 年	有擁抱、接吻經驗	18.2%	9.7%
1995 年	有擁抱、接吻經驗	26.9%	27%
1983 年	有性經驗	5.9%	1%
1995 年	有性經驗	11.7%	7.3%
1995 年	有性交易經驗者	2.4%	0.2%

三、台灣與各國青少年性行為比較

一項涵蓋全球十四個國家青少年性態度調查顯示（見表 8-3），台灣新新人類初嚐禁果的平均年齡為十七歲，較一般國家稍晚，但半數青少年第一次性行

表 8-3　台灣與各國青少年性行為比較表

	台灣	加拿大	捷克	法國	德國	希臘	義大利	墨西哥	波蘭	新加坡	西班牙	泰國	英國	美國	全球
大部分性教育的來源（父母、兄弟姐妹、朋友、學校、醫生護士衛生所、書籍手冊雜誌、電視、其他）	朋友	學校	朋友	性伴侶	朋友	朋友	朋友	學校	書籍雜誌	朋友	朋友	朋友	學校	朋友	朋友
接受第一次性教育的平均年齡（歲）	13	11.5	12.5	12	11.3	12.9	11.5	11.9	12.7	13.5	11.7	13.5	11.4	12	12.2
發生第一次性行為的平均年齡（歲）	17	15	16.3	15.8	15.6	16.3	16.4	-	16.3	-	16.5	16.5	15.3	15	15.9
對第一次性經驗的感覺沒有預期中的好（%）	33	37	27	40	31	26	30	23	22	19	28	22	33	35	29
第一次性行為中沒有採取避孕措施（%）	49	26	35	15	15	18	39	49	27	49	15	41	16	34	28
第一次性行為中沒採取避孕措施是因為缺乏避孕工具（%）	62	47	20	47	50	22	47	38	21	25	52	50	25	49	38
每年的平均性行為頻率（次／年）	84	113	97	99	116	100	78	69	75	63	66	92	133	128	98
曾發生過性行為的性伴侶人數（人）	4	5.5	4.1	6	4.9	4	4	3.3	3.8	5.6	3.5	3.9	6.4	7.5	4.9
預期在婚後才發生性行為者（%）	13	9	2	4	1	2	5	40	9	4.2	1	4.2	4	1.7	16
認識有同年齡的朋友因不小心而懷孕者（%）	45	76	74	46	58	55	49	66	74	46	56	57	71	79	61
認識有同年齡的朋友墮胎（%）	39	62	54	45	39	49	32	35	30	47	43	38	55	61	45
對不慎懷孕感到恐懼（%）	22	21	26	17	14	54	33	18	37	28	31	32	25	22	25
對傳染到性病／HIV 感到恐懼（%）	44	44	47	41	57	41	19	36	63	36	36	49	45	47	45
一點也沒有因為擔心感染 HIV／AIDS 而改變行為（%）	19	35	25	28	37	28	29	33	66	29	44	12	28	32	32
隨身攜帶保險套（%）	10	31	20	41	48	38	23	21	24	7	26	9	34	34	26
男性中認為自己滿足較重要的百分比（%）	41	35	31	14	33	37	38	22	33	44	33	29	25	35	32
女性中認為自己滿足較重要的百分比（%）	58	36	25	45	43	66	44	41	41	49	51	26	34	50	44
身邊同儕感染性病／HIV（%）	4	44	31	22	26	16	25	20	12	13	19	18	39	58	25

註：1.淺灰色塊■代表該調查項目居冠的國家。2.淺灰色為調查中「台灣排名第一」者。
資料來源：中國時報（2002.3.27）。

為時未採任何避孕措施，可能是台灣青少年受到的道德壓力較大，卻未獲得正確適當的性教育。另外依據勵馨基金會的相關報告顯示，青少年不使用保險套的原因統計，第一名是「來不及」，第二名是「嫌麻煩」，第三名是「影響性趣」（《中國時報》，1999 年 10 月 20 日），換句話說，許多性行為是在沒有預期的情況下發生，許多青少年約會前並沒有想要發生性行為，但情境促發下往往情不自禁或被強迫。這告訴我們，台灣性教育的年齡恐怕應該提早，性教育的品質更應該提升。

第二節 約會強暴

當聽到「約會強暴」（date rape）時，會想到什麼？會有什麼反應？怎麼可能？好可怕！其實，「約會強暴」早就存在我們的社會中，但由於雙方熟識且處於約會關係的狀態，容易模糊約會強暴也是違法的本質，雙方較易以私下和解的方式處理，而不會經由法律途徑解決，不容易為媒體所報導，社會大眾因而較少聽到此類案件的發生（財團法人現代婦女基金會，1995）。

【夏日約會強暴肆虐】台北市少年隊最近連續接獲多起強暴案件，受害對象從國小至高中的女學生都有。多起案件都是少女被朋友或筆友引誘，進而以FM2 和俗稱「強姦藥片」等鎮靜劑或安眠藥作為犯罪工具。多名少女不僅被約會強暴，甚至被拍下裸照與以威脅勒索（《自由時報》，1997 年 6 月 1 日，10版）。

一、約會強暴

「約會強暴」是「熟識者強暴」的一種，發生在約會雙方當事人間的強暴事件。「約會強暴」是對被害者身體及信任關係的一種暴力犯行，它可能發生

在校園、宿舍、家裡或任何地方。若自己能對約會強暴有更多認識，就能知道如何去預防及處理。國外對大專院校的受訪者所做的研究，發現有 21.2%的人曾經在約會關係中經歷約會強暴（Levy, 1998）。另一個對美國二十五所大學所訪問的七千名學生中發現，有四分之一表示曾有受暴經驗，其中的 47%是屬於約會強暴，而九成以上是沒報案的（鄔佩麗，1999）。國內雖尚無具體研究數據，但不少專家認為約會暴力可能是婚姻暴力的前奏，依國內婚姻暴力由 11.7%到 35%的數據來看，約會暴力或約會強暴是我們在兩性關係教育和輔導上需加強認知及預防處遇的重要課題。

約會強暴事件有四大特點（財團法人現代婦女基金會，1995）：

㈠因與加害人熟識的關係，會讓被害人有自己「識人不深」或自己有錯的自責傾向，對加害者難堅持採取法律訴訟。

㈡由於雙方的熟識關係，使得事件外的第三者和當事人容易模糊了強暴案件就是違法的本質。

㈢受害人老是陷入被質疑與誤解的二度傷害。

㈣一般人錯誤的觀念認為既是約會中發生的事，多是誤解而已，不應過度反應。

二、強暴迷思

誤解一

兩相情願，何來強暴或騷擾，對多數女性而言，當她們說「不」的時候，其實就是願意，甚至還樂在其中呢！

正確觀念

「兩相情願」，這種謬誤建立在三個基礎上：

1. 彼此認識，甚至有親密關係。

2. 在強暴發生前，已經有身體接觸的動作。

3. 被害人的職業（如妓女、舞女、娛樂業服務人……）。

事實上任何人均是獨立的個體，都有「性」自主權，不應因為彼此之間是朋友、親戚、配偶、家人等的親密關係，就漠視被害人對自己身體的控制權或拒絕與別人性交的權利；其次，之前親密關係的表示並不代表之後強暴行為可以被合理化，有某些男女朋友，之前可能會允許對方親臉、吻頰，但這並不表示之後，對方可以違反女友意志而霸王硬上弓，而對於某些以娛樂業或性服務為職業的個人，也不因為她（他）的職業，就表示她（他）已喪失做為獨立個體的尊嚴，而藐視她（他）也享有拒絕與人發生性行為的權利。

誤解二

為了報復或是為了獲取利益。

正確觀念

對於報復或獲取利益而言，個案通常會評估自己付出的代價與獲利的程度是否為正比，在目前的社會體制下，被害人如果要捏造強姦行為，她往往要賠上個人一生名節，她以一生的幸福做賭注，划得來嗎？因此，我們不敢說，這種事完全沒有，但畢竟是少之又少。

誤解三

一個不願意被強暴的女人，男人無論如何都是不會得逞的，再說，假如在過程中，沒有留下反抗的痕跡——紅腫、淤傷、青紫，多半也是自願的吧！

正確觀念

在強暴過程中，被害人有兩種情況：一種是無意識（如被下藥、灌醉等昏迷狀況）；一是有意識，也是被害人神智清醒，但被害人往往受制於名譽威脅，

如不從，就告訴你的親友、父母親、工作伙伴……，生命威脅（如不從，就殺死你）、職權威脅（如不從，就將你解僱），而任憑擺佈；其次，被害人也可能因驚嚇過度及危機處理能力薄弱，而腦筋一片空白不知如何應變，終至成為被害者，在上述狀況中，被害人均可能沒有反抗或激烈的反抗行動。

誤解四

酗酒或是小時候有過性侵害不幸經驗的男人，才會把這種報復轉嫁給無辜的女性。

正確觀念

運用暴力手段並違反對方意願所進行的性侵害行為，是沒有任何理由可以做為逃脫侵害他人性自主權的藉口。

誤解五

婦女藉著暴露的衣著及不雅的舉止引誘男性，導致強暴或性騷擾，這能怪誰？怪她自己！再說，誰叫她們這麼晚不好好待在家裡，還出去鬼混，甚至跑到女生不能去的舞廳、酒吧……等，如果這種女生遭遇了強暴事件，大概也是罪有應得吧！

正確觀念

在傳統的刻板印象，女性的穿著、出入場所與時間均有極嚴格的限制，人們期待女性在穿著上不可將身體暴露於外，或者是暴露的部分要愈少愈好，出門在外時不可逗留過久，尤其不可晚歸，對於聲色娛樂場所更是女子的禁地，但是隨著社會轉型，男女性別角色也應隨時代的調整而有所改變，女性不再只受限於家庭角色，她往往還有工作、社會角色，甚至還擁有個人角色，因此身為現代女性，她應該擁有穿衣服、出入時間、場所的自由選擇權，任何人不能

因為她不幸遇害就責難或質疑她身而為人的基本自由選擇權。

誤解六

這種女性多半具有強烈的性慾，或是在不正經的家庭中長大，否則好好的女生怎會遇到這種事。

正確觀念

在強暴人口年齡層的分布中高達 20%的被害人口是十二歲以下的女童，這些女童多半不具備性成熟的條件，更遑論有強烈的性慾，此外，任何人、任何家庭出生的子女均有拒絕與別人發生性行為的權利。（內政部性侵害防治委員會網頁，http://www.moi.gov.tw/w3/antisex/sex79r.htm）

三、預防約會強暴原則

預防強暴的安全原則，是有優先順序的，必須先求第一順位的策略，如果第一策略無法達成才退而求其次，然後依此類推，採取各層次的防暴策略。易言之，防暴的安全原則能夠「尋求安全」就不必「躲避危險」，能夠「躲避危險」就不必「逃離災難」，能夠「逃離災難」，就不必「緩兵欺敵」（財團法人現代婦女基金會，1995）。

㈠ S（security）**尋求安全**：約會需將安全條件放在第一順位考量，不單單是女性的安全，而是雙方的安全。曾經發生深夜在山區看夜景的情侶，被盜匪綑綁，女生被輪姦，男生被殺重傷的不幸慘劇。「深夜」是危險時間，「山區」是危險地點，求救無門，遠水救不了近火。

㈡ A（avoid）**躲避危險**：如果覺得約會的對象可疑，或約會的地點詭異，約會的時間不恰當，當事人就要拒絕，不要覺得拒絕人家好像不太好，請自己想想自己的人命安全，拒絕就沒什麼不好意思的了。

㈢F（flee）**逃離災難**：約會當時，發現對方有不良企圖或約會地點偏僻，人煙稀少，應盡訴速離開。雖然較晚發現，但即時行動，總比發現了還讓情況惡化或不行動來的好太多了。

㈣E（engage）**緩兵欺敵**：發現對方有不良企圖，但無法立即逃離時，要鎮靜，以緩兵之計欺瞞對方，等待有利機會採取行動及措施。例如，告訴對方自己是生理期，或染有性病等。曾有一案例，是倖存者告訴對方，自己很願意配合，但希望能有一個較舒適的地方，倖存者就在轉移陣地的過程中，趁人多時逃離並報案。

四、預防約會強暴口訣

除了約會 SAFE 安全原則之外，也有一個 STOP 口訣，目的在提醒約會前應先「停下來」想想，這次約會在人、事、時、地方面是否安全（財團法人現代婦女基金會，1995）：

㈠ S（security）**安全**：浪漫的約會是奠基在安全的環境之上的，失去了安全，約會的浪漫期待，可能成了難以抹滅的悲慘經驗。例如，可以相約晚上去山上看夜景，但別待太晚，如果附近看夜景的人群已經漸漸稀少，即可打道回府。

㈡T（time）**時間**：是指約會時間要「正常」。例如，只見過一次面，卻邀晚上一點鐘單獨出遊，這就不是「正常」的時間。遇到這樣的邀約，應毫不猶豫的拒絕。如果已經是男女朋友，而對方單純想要有浪漫時光，而沒有考慮到安全問題，也應明白提醒，以保護雙方安全。

㈢O（occasion）**場所**：是指約會場所要「正當」。戀愛的約會地點宜選擇公開、明亮的場所，讓雙方可以多一些共同參與活動，易於聊天，多了解彼此的場所，比如人多安靜的咖啡廳、喝茶店、風景區的湖邊或草地；或人多熱鬧的體育館看球賽、打球，演唱會會場欣賞歌手的歌藝並同歡。

㈣P（person）**人**：是指約會的對象要「正派」。正派並不是從外表的穿著可以看出來的，而是從言行、舉止和態度上來觀察，如果對方喜歡用污蔑性言

語評論女性，常忽視女性意見、權益與感受，以在女性的面前說黃色笑話為樂，常侵犯女性空間，則需加強防範約會強暴的發生及拒絕他。

五、降低會強暴的可能性

約會強暴會發生，但是也是可以預防的，從平時思考性的問題和注意防暴的策略，到隨時觀察身邊可能的危險，增加對約會對象深入的認識等等，是可以有效預防約會強暴的，以下綜合六點提供參考（《中國時報》，1999 年 9 月 2 日；洪素珍，1996；財團法人現代婦女基金會，1995）：

㈠**清楚自己的身體界線**：要知道自己願意和此人發展到何種肢體的親密程度，而非由氣氛或情境來決定。

㈡**清楚、直接及明確的溝通自己的想法及感受**：別對性裝糊塗或不置可否，別說「別這樣好不好」此類間接拒絕又徵詢對方意見的話，而改說「我不要，請你尊重我」。

㈢**別擔心因為說「不」而破壞關係**：自己只是清楚拒絕自己不喜歡做的事，並不是拒絕某個人的全部，自己有自己身體的自主權，別人不能替自己決定。不必怕傷了對方的心，真正愛自己的人應該尊重自己的感受與意願。

㈣**判別對方是否有約會強暴傾向，小心披了羊皮的狼**：例如此人常拿女性身體開玩笑；常任意改變兩人的決定事項或常乾脆自己做決定，根本不管自己要不要；他常忽略自己的意見，自己說「不」時，他仍固執的做他要做的事；他被自己拒絕時，會說一些令人有罪惡感的話；他喜歡掌控所有的事物，很難尊重別人的意見想法，會想盡辦法說服別人去配合他；喜歡毛手毛腳，侵犯個人的安全空間。

㈤**安全約會時間、地點與活動的選擇**：約會時間避免太早或太晚，也避免拖到午夜或凌晨；約會地點避免自己不熟悉的場所或地區，自己、對方或旅館房間、偏僻的樹下、少人經過的情人椅、無人角落、車子裡等等地方；約會內容若有要喝酒或飲料助興的活動也要盡量避免，並注意飲料封口是否已經開過，

目前各藥房也有販售普遍被使用來迷幻的FM2試紙，三秒到十秒即可驗出飲料中是否含有迷幻藥。

㈥約會之前盡量將約會的對象、地點、時間、預定返回的時間告訴可信任的人：對不太熟悉對象的初次約會最好對其品行有了解之後再考慮，別貿然赴會；同時第一次的約會最好改為有其他朋友陪同的見面方式。

第三節　性騷擾及其防治

一、性騷擾

舉凡不受歡迎且有性意涵、性歧視或性要求的口語和肢體行為，如黃色笑話或猥褻電話、偷窺、猥褻等，都是性騷擾。Bravo 和 Ellen（1992）定義性騷擾為「用性的方式來騷擾別人；施暴者加諸性於別人，而此人並未要求或表示歡迎此行為」。這個不受歡迎的行為可能包括觸摸、言語、繪成圖畫、雕刻或注視。國內黃正鵠、楊瑞珠（1998）則認為性騷擾乃指「不受歡迎的性侵害、性要求，和其他有性意味使人產生不悅的言詞或行為」。Petrocelli 和 Repa（1992）認為性騷擾組成的行為有四點：

㈠以性為本質的：如性行為、圍繞性話題的笑話、色瞇瞇的注視眼光。

㈡不合理的：如一般人會拒絕的行為。

㈢劇烈或滲透的：如身體上的調戲或製造脅迫的環境。

㈣不受歡迎或具有攻擊性的：如引起對方不舒服、不愉快的感受，對方要求停止的行為。

日常生活中常發生的性騷擾行為依情節輕重，約略可以分為下列五類（國立清大性別歧視與性侵害防治與處理小組，2002）：

㈠羞辱、貶抑或敵意言詞、態度：例如「你們女生將來還不都是要嫁人伺

候老公,書念那麼好幹嘛!」

㈡歧視或騷擾的肢體行為:如毛手毛腳、碰觸胸部或私處、偷窺、偷拍他人隱私、偷竊內衣褲。

㈢用性服務作為利益交換的手段:如上司以性服務作為升遷或加薪的條件,老師以占性便宜作為加分或高成績的條件。這並不是你情我願的情況,而是受害者受制於騷擾者的權力地位,不得不順從。

㈣以威脅手段或霸王硬上弓方式的性侵害:如約會強暴等。

㈤使用暴力的性攻擊:如強姦和性虐待等。

二、性騷擾認定的因素

由性騷擾的定義可知性騷擾的範圍是廣泛的,同時性騷擾的認定尚有許多主觀因素在左右,例如吹口哨,對某些人來說是性騷擾,對某些人來說是讚美。以下有四個影響性騷擾認定的因素:

(一)性別

性別會影響對性騷擾的認定,某些行為在男生的界定裡不是性騷擾,但卻被女生界定是性騷擾。主要是因為男性在界定性騷擾時較根據行為者的動機和本意作判斷;而女性則較以承受者的感覺及反應來作判斷。

(二)性別特質

男性特質高的人較不容易將性的談論及行為看成是性騷擾,但具高度女性特質的人則會很明顯的將之看成是性騷擾(Fitzgerald, 1990)。

(三)權力

當騷擾者和被騷擾者權力不相等時,比較容易被認為是性騷擾。有研究以情境設計騷擾者是教師,男女學生較會認為是性騷擾;情境改為是同儕時,較

無如此的感覺（Lester, Banta, Barton, Elian, Mackiewicz, & Winkelreid, 1986）。

（四）年齡

當以一篇短文，描述性騷擾者，一般認為性騷擾行為者是年長的結婚男性多於年輕或單身的男性（Reilly, Carpenter, Dull, & Bartlett, 1982）。

三、性騷擾的一些迷思

㈠迷思：一些人歡迎性騷擾。

　　事實：這不可能會是真的，它不只是不受歡迎的，人們也不願受別人支配。

㈡迷思：在技術上，只有女性會被性騷擾。

　　事實：雖大部分性騷擾的案例是針對女性，但其實也可能是男性被性騷擾。

㈢迷思：性騷擾是無害的玩笑。

　　事實：如果用同理心來看，將你自己擺到性騷擾的情境中，相信這個迷思很快就會止息。

㈣迷思：最好處理性騷擾的方式就是忽視它的存在。

　　事實：這似乎不是個好方法；性騷擾似乎不會因為你的忽視而停止。在許多的案例中，忽視性騷擾可能會使其他的人也被性騷擾。

㈤迷思：性騷擾必須是有意圖的。

　　事實：以人際上的觀點來看，這不是真實的。一個行為構成性騷擾，必須判斷在行為的基本面上，而非其意圖性。例如，某 A 可能認為他的性笑話是非常有趣的，且每個同事都很喜歡，所以他繼續說黃色笑話。但某 B 可能就認為這些笑話是具有攻擊性的，則他就構成了性騷擾。

㈥迷思：性騷擾並不是犯法的。

　　事實：事實上，美國 1964 年的公民權利法案中，已闡明性騷擾是犯法的。我國已有公司男同事說黃色笑話，被公司女同事提訴「性騷

擾」，而法院判決男同事需賠償 70 萬罰金之案例。（修改自沈慧聲譯（1998），《人際傳播》，頁 450）

四、被害者與加害者分析

對「被性騷擾者」的分析發現，除了生理性別多數為女性之外，受害者幾乎沒有太多的相似之處。她們跨越各種年齡、職業；擁有不同的外貌、身材；有的已婚、有的未婚、有的離婚；收入與教育程度也不盡相同。同樣的，對「性騷擾加害者」的分析也發現，性騷擾的加害者也跨越各種不同的社會階級、年齡或職業，父親、朋友、先生、老師、上司、同事、下屬、陌生人，都可能是性騷擾的加害者。這樣的社會現象隱含的意義是性騷擾幾乎等於女人集體命運，破解這集體宿命的方法是釐清社會潛藏的性別差異對待，並清楚找到所要爭取的權益（楊長苓，1998）。

五、性騷擾的嚴重度

根據研究調查，在美國有四分之一的女性曾有被性騷擾的經驗，其中 84% 認識騷擾者，被騷擾者 90% 在三十歲以下，十六歲到十九歲是高峰，大約高中職到大學的年齡 （Neville & Heppner, 1999）。國內現代婦女基金會工作場所性騷擾研究，發現約有三分之一以上的工作婦女曾受到工作場所的性騷擾。陳若璋（1993）的研究指出，我國大學生中每兩位女性、每六位男性，就有一位曾經遭受不同程度的性騷擾。

如果以年齡較小的國高中生為調查對象，發現遭性騷擾比例大大增高。讓我們來看看台灣、日本和美國三個地方的數據。台北市現代婦女基金會 1992 年對台北市高中職學生計 1,253 人所做的調查發現，13.4% 的女生曾遭嚴重性騷擾，如摸胸部、性器官、發生性關係等；63.5% 的女生曾有男生在面前講讓自己不舒服的黃色笑話的經驗；33.1% 的女生曾被人盯著身體敏感部位猛看。日本東京公立學校教師聯盟在 1999 年 3 月，以東京地區五百名中學生和五百名小學生

所做的調查發現，東京國中女生中，七個就有一個，即 14%左右抱怨被男老師性騷擾。男老師不但色咪咪的盯著她們的身體，還要求她們奉茶並為他們按摩肩膀。而 4%的小學女生也有類似的經驗（《聯合報》，2000 年 1 月 24 日）。這個調查只把騷擾者設定為男老師，若擴及所有曾被性騷擾的經驗，比例可想而知會更高。美國的數據是 56%的國高中男生及 75%的國中女生表示他們成為含性的言論、笑話或手勢的目標。42%的男生和 66%的女生表示他們是受到包括性撫摸、身體撫摸和捏掐的受害者。學生表示性騷擾的影響是會讓他們不想到學校，不願和同學交往，注意力無法集中，學業學習困難，考試考不好和考慮要換學校。表 8-4 是這項調查的性騷擾受害類型與比例（沈慧聲譯，1998）。

表 8-4　性騷擾受害類型與比例

行為	男生	女生
含有性的言論或注視	56%	75%
觸摸、撫摸或捏掐	42%	66%
有意圖性的性侵害	36%	57%
散播有關性的流傳	34%	42%
用力拉扯衣服	28%	38%
展示或強迫接受性器官	34%	31%
在公眾中散播有關他們的性的訊息	16%	20%

資料來源：沈慧聲譯（1998），頁 448。

六、避免成為性騷擾者的方法

㈠尊重他人，特別是地位與權利低於自己的人。

㈡檢視自己對男女角色的成見與歧視。

㈢避免具有性意涵的言行舉止。

㈣當有人告訴自己，自己的言行舉止令他（她）覺得被騷擾，請以尊重及審慎的態度問清楚狀況，並立即停止騷擾的言行，尊重他的感受及意見。

㈤老師（長官）與學生（部屬）單獨見面，以正式預約的方式於辦公時間

在辦公室見面，（開著門），如非公事的會面，也盡量在公開場合進行。

　　㈥學習良好紓解自己的情緒與感受的方法，增加挫折容忍力與壓力管理能力。（改自國立清大性別歧視與性侵害防治與處理小組，2002；財團法人現代婦女基金會，1997）

七、被性騷擾後的處理

（一）基本原則

1. 肯定自己的感受：當自己覺得被性騷擾，不管它多輕微，只要感到一絲不舒服，都應該盡快制止。記得，性騷擾是對方的錯，不要退縮，勇敢地保護自己的權益。

2. 說出來，與可信任的人討論：反性騷擾是需要學習的，找適當可信的人說出自己的遭遇和感受，可以紓解情緒，釐清問題癥結，獲得相關訊息，發展應對的策略，幫助自己更有力的反擊性騷擾。

（二）具體行動

1. 如果騷擾者是陌生人，若在人多的安全環境，則大聲喝止，引人注意；若自己身處自覺不安全的地點，則先保障自身安全，然後再想辦法通知女警隊或教官或校警，告知騷擾的時間地點和騷擾者的特徵，以便追蹤或公告週知。

2. 如果自己認識騷擾者，應儘快明確當面或書面或請第三人告知其不當行為，請其停止。堅決地告訴騷擾者，自己不歡迎這樣的行為或言語。

3. 在學校或組織中，可向各學校性騷擾與性侵害防治委員會或組織中的適當管道，提出申訴和調解。蒐集證據，包括人證、物證，也許從別人那裡也能證實一些相同的騷擾經驗。如果組織中沒有類似的編制委員會和管道，可先向騷擾者的直屬長官報告，要求處理；再則，可委請民間組

織協助。

4. 若打算採正式法律途徑，可請有關處理性騷擾的民間組織（如現代婦女基金會、婦女新知基金會、勵馨基金會等）或政府的單位（如教育部兩性平等委員會、行政院性侵害防治委員會）幫忙，或經由司法途徑提出告訴。

5. 接受專業心理諮商：對被騷擾者而言，性騷擾是一種可怕的夢魘，可能會有不斷哭泣、抑鬱、沮喪、睡眠和飲食模式改變、不明原因的頭痛或其他病痛、喪失自信心、無助感、無力感、對人際產生莫名的不滿或疏離、無法集中注意力等「被騷擾症候群」，應接受專業心理諮商人員的協助。（改寫自國立清大性別歧視與性侵害防治與處理小組，2002；沈慧聲譯，1998；清大小紅帽工作群，1993；財團法人現代婦女基金會，1997）

八、防範與遏阻性騷擾

國內黃正鵠、楊瑞珠（1998）對青少年的調查發現，女學生對於行動上、言語上和視覺上性騷擾的因應策略是趕緊逃跑的 50%，手腳抵抗的 34%，回以白眼的 30%；男學生用手腳抵抗的有 32.8%，視若無睹的 27.6%。這些策略皆屬於是被動反擊。本章之前所提的預防強暴 SAFE 原則和 STOP 口訣，在我們的行為上有叮嚀和監控的作用，是重要的，但是卻也限制了女性的行動自由，是屬於消極的做法，並無積極的遏阻作用。對於性騷擾和性侵害，我們除了做消極的防範更應做積極的遏阻。無數研究指出性騷擾並不肇因於女性的「穿著」或「行為」，性騷擾有其文化和社會結構上的根源，更有加害者本身的心理和行為問題（謝小芩，1993）。行為上的提醒雖有需要，但若我們只是一昧的強調女性在衣著和行為上的注意事項或戒律，則非但於事無補，且扭曲了問題的癥結。此外，如此的強調女性在衣著和行為上的戒律，會讓受害的女性產生更多的自責，無法面對性騷擾事情發生的責任歸屬，也無法在認知上建立「沒有任何一個人有權利未經對方同意而侵犯他人」的信念，在心理復原上更加困難

和漫長。因此，遏阻性騷擾和性侵害才是積極的做法，讓我們每個人不分性別，健康而堅強的面對性騷擾及性侵害事件。

第四節　性侵害及其防治

依法務部的統計資料，2004 年 1 月至 8 月間，性侵害案件的定罪人數為 873 人（http://www.moj.gov.tw/tpms/newtxttable1.aspx）；換句話說，平均一個月約有 109 人的性侵害案件遭定罪。再依《自由時報》2004 年 10 月 10 日的報導，有兩則新聞與性騷擾、性侵害有關。一則是：一個十三歲女生遭母親推入火坑，供理髮店老闆性侵達兩年之久；另一則是：私大機械系學生有怪癖，看到年輕女性即伸出狼爪襲胸；十五次的性騷擾，捷運之狼被補。由上述資料可知，遭受性騷擾及性侵害的人數比率甚高。

在美國及台灣，曾輔導過一些遭受性侵害的個案，並體驗到個案不易撫平的創傷。從事心理諮商工作至今已二十年，對於社會日漸增多的性侵害犯罪事件，除了感到心痛之外，更了解到諮商專業工作者該如何協助受害者，而社會該如何給予保護與防範措施，以協助躲在黑夜中哭泣的受害人，及減少性侵害的發生。如何使這些專業與措施落實，實乃當務之急。

一、性侵害

舉凡基於性別或性而生之侵犯事件統稱為「性侵害」。性侵害不僅是傷風敗俗、妨害性自主的道德瑕疵問題，更是違法的行為。性侵害造成嚴重的身心傷害。性侵害的行為包括如強拍裸照、意圖強暴、強暴未遂、（約會）強暴、亂倫、雞姦、強迫口交、以異物攻擊性器官等。

性侵害的內涵會因加害者、傷害、次數和加害特徵而不同：

㈠對象：加害者可分為熟識者和陌生人。熟識者又可分為家庭內和家庭外，

家庭內包括血親、姻親和其他家人，例如父親、爺爺、哥哥、叔叔、伯父、姐夫、繼父、媽媽的同居人等。家庭外的熟識者包括鄰居、師長、朋友等。

（二）傷害：傷害可分為身體上的和非身體上的、精神上的。

（三）次數：可分為一次和多次，一次以上即算是性侵害。

（四）特徵：可分為暴力、未經同意、權力上不平等。

二、性侵害、性騷擾的定義

曾有些找我諮商的個案說：「他（她）拿 A 片給我看，但我不想看。」「他（她）強迫我聽黃色笑話。」「他（她）摸我的大腿、胸部，我感到非常不舒服。」「他（她）沒經過我同意，就和我發生性行為」等等。他們會問：「這些算是性侵害？亦或是性騷擾嗎？」「性侵害、性騷擾到底是什麼呢？」

其實性侵害、性騷擾的定義非常相似，其間的界線很模糊，但差別主要是在於程度上。唯一可確定的是，只要他（她）的行為令自己感到不舒服或不是經過自己所同意的，就算是性侵害或性騷擾。

Fitzgerald（1990）提出最具功能性的實證定義，而許多性侵害的研究都採此定義。Fitzgerald 以連續性的觀點來看性侵害的行為，認為性侵害是總括性的名詞，包括程度輕微的性別騷擾，至最嚴重的性攻擊，其中依情節輕重，區分為五個等級：

（一）性別騷擾（gender harassment）：傳達侮辱、詆毀或性別歧視觀念的一般性別歧視的語言或行為。例如在輔導的經驗中曾經聽過：「小姐，你長的很波霸！」「小姐，你的臉長的很愛國！」「小女生最好用了！」「女人數學不會沒關係，女人本來語文就比較好！」「女人本來就是給人抱的！太太本來就是給人打的！」等等。

（二）性挑逗（seductive behavior）：包含一切不受歡迎、不合宜或帶有攻擊性的口頭或肢體上的行為。例如：講黃色笑話、展示黃色圖片、撫摸胸部或其他私處。

㈢**性賄賂**（sexual bribery）：以利益承諾（如:僱用、升遷、加分、及格）的方式，要求從事與性有關的行為或與性相關的活動。例如以約會或占便宜，作為加分或及格的條件。

㈣**性要脅**（sexual coercion）：以威脅懲罰的方式，要求性行為或與性相關的活動。例如約會強暴。

㈤**性攻擊**（sexual assault）：包括強暴及任何具有傷害性或虐待性的性暴力及性行為。包括強制性交（強姦），乃是以暴力、威脅、藥物違反當事人的意願，對當事人的性器官進行侵害，例如陽具進入陰道、口交或肛交；及猥褻（強姦未遂），乃是為滿足加害人的慾望，對當事人進行的肢體接觸。

三、法律上所稱的性侵害犯罪

㈠**性侵害犯罪防治法**（2005 年 2 月 5 日修正）

第 2 條　本法所稱性侵害犯罪，係指觸犯刑法第二百二十一條至第二百二十七條、第二百二十八條、第二百二十九條、第三百三十二條第二項第二款、第三百三十四條第二款、第三百四十八條第二項第一款及其特別法之罪。

　　　　本法所稱加害人，係指觸犯前項各罪經判決有罪確定之人。

㈡**中華民國刑法**（2006 年 5 月 17 日修正）

第十六章妨害性自主罪

第 221 條　對於男女以強暴、脅迫、恐嚇、催眠術或其他違反其意願之方法而為性交者，處三年以上十年以下有期徒刑。

　　　　　前項之未遂犯罰之。

第 222 條　犯前條之罪而有下列情形之一者，處七年以上有期徒刑：

　　　　　一、二人以上共同犯之者。

二、對未滿十四歲之男女犯之者。

三、對精神、身體障礙或其他心智缺陷之人犯之者。

四、以藥劑犯之者。

五、對被害人施以凌虐者。

六、利用駕駛供公眾或不特定人運輸之交通工具之機會犯之者。

七、侵入住宅或有人居住之建築物、船艦或隱匿其內犯之者。

八、攜帶兇器犯之者。

前項之未遂犯罰之。

第 223 條　（刪除）

第 224 條　對於男女以強暴、脅迫、恐嚇、催眠術或其他違反其意願之方法，而為猥褻之行為者，處六個月以上五年以下有期徒刑。

第 224 之 1 條　犯前條之罪而有第二百二十二條第一項各款情形之一者，處三年以上十年以下有期徒刑。

第 225 條　對於男女利用其精神、身體障礙、心智缺陷或其他相類之情形，不能或不知抗拒而為性交者，處三年以上十年以下有期徒刑。

對於男女利用其精神、身體障礙、心智缺陷或其他相類之情形，不能或不知抗拒而為猥褻之行為者，處六個月以上五年以下有期徒刑。

第一項之未遂犯罰之。

第 226 條　犯第二百二十一條、第二百二十二條、第二百二十四條、第二百二十四條之一或第二百二十五條之罪，因而致被害人於死者，處無期徒刑或十年以上有期徒刑；致重傷者，處十年以上有期徒刑。

因而致被害人羞忿自殺或意圖自殺而致重傷者，處十年以上有期徒刑。

第 226 之 1 條　犯第二百二十一條、第二百二十二條、第二百二十四條、第二百二十四條之一或第二百二十五條之罪，而故意殺害被害人者，處死刑或無期徒刑；使被害人受重傷者，處無期徒刑或十年以

上有期徒刑。

第 227 條　對於未滿十四歲之男女為性交者，處三年以上十年以下有期徒刑。

對於未滿十四歲之男女為猥褻之行為者，處六個月以上五年以下有期徒刑。

對於十四歲以上未滿十六歲之男女為性交者，處七年以下有期徒刑。

對於十四歲以上未滿十六歲之男女為猥褻之行為者，處三年以下有期徒刑。

第一項、第三項之未遂犯罰之。

第 227 之 1 條　十八歲以下之人犯前條之罪者，減輕或免除其刑。

第 228 條　對於因親屬、監護、教養、教育、訓練、救濟、醫療、公務、業務或其他相類關係受自己監督、扶助、照護之人，利用權勢或機會為性交者，處六個月以上五年以下有期徒刑。

因前項情形而為猥褻之行為者，處三年以下有期徒刑。

第一項之未遂犯罰之。

第 229 條　以詐術使男女誤信為自己配偶，而聽從其為性交者，處三年以上十年以下有期徒刑。

前項之未遂犯罰之。

第 229 之 1 條　對配偶犯第二百二十一條、第二百二十四條之罪者，或未滿十八歲之人犯第二百二十七條之罪者，須告訴乃論。

第 332 條　犯強盜罪而故意殺人者，處死刑或無期徒刑。

犯強盜罪而有下列行為之一者，處死刑、無期徒刑或十年以上有期徒刑：

一、放火者。　　　　二、強制性交者。

三、擄人勒贖者。　　四、使人受重傷者。

第 334 條　犯海盜罪而故意殺人者，處死刑或無期徒刑。

犯海盜罪而有下列行為之一，處死刑、無期徒刑或十二年以上有期

徒刑：

一、放火者。　　　　　二、強制性交者。

三、擄人勒贖者。　　　四、使人受重傷者。

第 348 條　犯前條第一項之罪而故意殺人者，處死刑或無期徒刑。

犯前條第一項之罪而有下列行為之一者，處死刑、無期徒刑或十二年以上有期徒刑：

一、強制性交者。　　　　二、使人受重傷者。

四、性侵害的迷思與真相

不要以為性侵害的受害者都是女生，雖然受害者女性所占比例較多，但也有一定比例的受害者是男性。一般我們對性侵害有一個典型的故事想像就是：在夜晚的巷子裡，有人拿刀子抵住女性被害人的脖子，強壓到暗處，強暴之，然後受害人竭力的反抗，可是卻遭受更多的暴力摧殘，最後強暴得逞，被害人嚴重受傷，現場留下凌亂的打鬥痕跡。王燦槐（2000）曾列舉對性侵害真相不了解的人，對所謂「真正的」性侵害的迷思是：⑴陌生人。⑵有武器。⑶戶外。⑷很多暴力。⑸受害者竭力反抗。⑹有受傷。⑺有打鬥痕跡。同時，一般人還誤認為強暴是不熟識者間的一個單一事件。其實，大部分的性侵害事件中，加害人與被害人彼此認識，校園、家中、工作場所等各種地點都有可能發生性侵害，且次數不只一次而可能持續數月或數年的經常事件。此外，加害者也不一定使用武器或迷藥。

一般誤以為加害者是出於生理衝動且多是來自較低社會階層，被害者多是穿著暴露、言行輕挑隨便。其實，加害人來自各種社會階層，其中不乏家世良好與受過高等教育的人，強暴的發生也與生理衝動無關，而是心理因素與反社會人格。根據學者的研究調查指出，在監獄中的強姦犯在選擇做案對象時，有較高達比例是選擇落單的單獨一個人，其次是選擇易得手的乖乖牌，第三才是穿著較暴露的人。

五、性侵害的迷思

　　有些人對性侵害的認識很粗淺，且對性侵害存在許多不正確的觀念。這些錯誤的觀念，使得人們對性侵害的犯罪及受害者之間有很多的誤解，是有待再教育的。諸如以下幾點迷思（陳若璋，2000；羅燦煐，1996；家庭暴力暨性侵害防治委員會網站，2004）：

（一）被強暴的女性大多是因為她們穿著暴露或行為不檢

　　新聞上曾報導被性侵害的人是嬰幼兒、國小孩童、老太太、弱智或精神病患，他們有的穿著制服，穿著並不暴露也沒有行為不檢，所以被強暴的人和其衣著及性行為傾向並沒有絕對的關係。而且受性侵害的人男女都有，不限於女性。

（二）加害者通常是躲在暗巷的陌生人，並不是家人、朋友及親友

　　有新聞報導指出，性侵害的加害人大部分為親友、家人或朋友。因為這些人熟悉我們的生活作息，以及我們信任他，這些都為他們達成目的的手段之一。而且，通常加害者是尾隨被害者到住處或較隱密的地方加以傷害的。性侵害可能發生在任何地點，包括家裡、學校、工地、甚至是電梯間等，並不限於暗巷等特定地方。受害時間也可能發生於任何時間。有的發生在早上、有的在晚上，也有發生在黃昏或放學後，不限於深夜。

（三）加害者通常是臨時起意的

　　性侵害者臨時起意是少部分，因為通常是經過計畫及預謀的。加害者未必是使用暴力使被害者屈服，可能是藉由問路、請求幫忙、跟蹤，甚至是不擇手段的使用藥物等等，或其他手法使被害人屈服。

（四）受害時只要受害人奮力抵抗，一定能避免悲劇發生

很多性侵害者可能愈是得不到的愈想要。所以，除非被害者能夠有十成的把握能夠逃脫危險，否則奮力抵抗，通常會引起加害者的征服慾望或殺機。

（五）大部分的女性對強暴是具有幻想的

對女性而言，被強暴是一件不愉快且痛苦的事，所以沒有女性會幻想在真實的生活中被強暴。此外，受害者沒反抗並不是表示願意，受害者通常因為驚嚇過度，或面子問題而不敢反抗。

（六）好男人不可能對他人性騷擾

所謂知人知面不知心，判斷一個人不能只看表面，或他突顯出來的紳士行徑，因為所看到的可能只是他表現出來的一面，並不是他最真實的一面。

（七）只有強暴才算性侵害或性騷擾

只要他人的動作或語言令自己感到不舒服，或他對自己進行的性行為未經自己的同意，即使他是自己的男朋友，都可稱為性侵害或性騷擾。

（八）遭受到性侵害或性騷擾的人都為女性

不是只有女性才會遭受到，男性也會，所以加害人不是只有男性而已，也有女性。

（九）加害者都為貧窮人士或未受教育的人

加害者與社經地位的高低無關。加害者的職業從白領階級到勞工階級都有。新聞曾報導過竹科的工程師或大學學生強暴女性的案例，所以加害者並不完全是低知識份子或貧困者。

六、性侵倖存者的心理、生理、社會影響

　　性侵害對倖存者的情緒影響很大，破壞了對自己的評價和對人的信任感，覺得自己孤立無援，對生活失去控制感，一直質疑為什麼事情會發生在我身上，覺得失去生活目標，生命也沒意義，想麻木自己，讓自己什麼都不去想、不去感覺；如果還得不到家人或重要他人的支持，情緒問題會更嚴重，復原的路變得更漫長。典型的情緒有：害怕、罪惡、生氣、自責、羞恥、憂鬱、焦慮、沮喪、恐懼。在生理上，可能會有頭痛、背痛、胃部不適及睡眠、飲食失調的現象。在社會人際層面，對人際失去信任，看到和性侵害加害者相同性別或差不多年紀的人會感到緊張、防衛，有的人會退回自己的孤獨世界，辭去工作、不去學校、不參加聚會、不和朋友聯絡、不接電話、不出門等等。以上這些遭受性侵害者在生理、心理、情緒和社會人際四方面的反應統稱為「創傷後壓力症候群」（Post-Traumatic Stress Disorder, PTSD）。此時及之後很長一段時間身邊重要他人對倖存者的完全接納、陪伴、信任是很重要的，並應鼓勵倖存者接受生理、精神和心理治療。

　　同時研究上發現強暴未遂者，並不因受害程度不同而有不同的心理程度反應，但生氣的情緒較多，覺得「力量」還在，覺得自己還有反抗的力量。如果是多年後才發現當年是性侵害，所謂「未知覺的性侵害事件」，有可能自行發展出其他心理防衛機制（Neville, & Heppner, 1999）。

七、遠離性侵害／性騷擾的預防之道

　　在教育、輔導、醫學的專業領域上，「預防勝於治療」的觀念是十分重要的；因為多一分預防，多一分安全。面對潛在的危險，小心謹慎，是有必要的。性侵害的預防及保護自己的安全，重點不外乎提高自我警覺心、避免造成對方的錯覺、注意穿著及避免單獨置身於幽靜、陰暗、偏僻的地方。

　　以下將預防的重點，說明如下（家庭暴力暨性侵害防治委員會，2004；陳若璋，2000；黃富源，1995a；黃富源，1995b；勵馨基金會，1997；Fleming,

Mullen, & Bammer, 1997）：

㈠**學校安全的維護**：大部分的學生在一天當中，約有三分之一的時間是在學校生活的；如果是住宿生，一年待在學校的時間更不可數。所以校內安全更顯得重要。

因此，要預防在學校性侵害或性騷擾事件的發生，首先，要讓家人知道自己在學校生活作息。晚回家時，或有其他改變作息時間的事情，必須先告知父母，以不令父母擔心。畢竟獨立、隱私固然重要，但自身的安全更是重要。學校是學生讀書養成教育的地方，除了老師外，大多數的人均為學生，所以如果在校園見到陌生人或可疑的人，應立即向師長或警衛報告，寧可提高警覺、寧可誤報，也要避免悲劇的發生。如校區幅員遼闊，則到校園死角或到人數稀少的區域時，更須邀同學相伴，以減低遭受性侵害的機會。

㈡**居家安全的維護**：防人之心不可無，所以對外人少談自己的生活作息，因為他人如果對自己的生活作息瞭若指掌，則要對自己下手，便如「桌上取柑」，輕而易舉。不只如此，養成隨手關門的習慣也是必要的。因為家是避風港，但是如果不隨手把門關好，便會成為歹徒有機可乘的好場所。再加上如果是可人的小姐，便會讓歹徒覺得這是在「邀請」他進入一坐的意思。所以，請勿讓居家變成令人遺憾的地方。

而且，如果接聽到猥褻、不明的電話時，應立即掛斷，無須多說，以減少讓自己陷入危機的機會。大多數性侵害及性騷擾的加害人，其實是身邊的人。所以如果友人夜訪時，只在客廳接待訪客，同時室內照明燈光不宜過於昏暗，因為燈光美，氣氛佳，易造成紳士變成大野狼，或使他們不由自主地想要卿卿我我。

㈢**上下電梯安全的維護**：電梯是一個密閉空間，而且隔音又好，因此是最會發生危險的地方之一。所以為了保護自身安全，進入電梯時，盡量站在控制鈕旁，以便發生危險的時候，可以緊急按警報器求救；或按下一個樓層，緊急逃離電梯。深夜人煙稀少的時候，搭乘電梯以前，若發現遇有陌生人與自己單獨搭乘電梯，也最好警覺一些，應該快出電梯，或改乘下一班電梯，以免發生危險。

㈣**步行安全的維護**：走路，可以健身又環保。但如果在深夜或凌晨獨自外出活動，行經人煙稀少的街道；也或者為了抄近路節省時間，而選擇走黑暗、荒僻的小巷或荒涼的街道，則會提高自己受害的機會，而把自己置於危險的處境，則一切將後悔莫及。

此外，行走時，就算是走在大馬路上，也有可能發生交通事故以外的危險。例如，假車禍真強暴的事件，所以行走時，眼觀四面耳聽八方，隨時提高警覺，注意街道來往車輛是否回頭，或駛向自己，如果自己能隨身攜帶哨子或警報器，則較能及時提醒其他路人的注意，同時也能趨避危險的車子及路人。

㈤**被跟蹤時安全的維護**：如果懷疑自己被跟蹤時，試著穿越馬路，變換走路的方向，走向燈光較亮、人潮較多之處，並且用自己的行動電話，或去找電話，趕緊打給家人或朋友，請其前來陪伴同行。如果聯絡不到親友，不要急著走回家，先走到附近居家按鈴求救，或走到警局或商店，或打電話給警局，請求救援；亦或是使停在路邊車輛的警報器大響，以引起其他路人及車主的注意，並嚇跑加害人。

㈥**租屋安全的維護**：常言道:「在家靠父母，出外靠朋友」，也因此，一個人出外要租房子時最好請人陪同。倘若朋友、家人剛好沒空，而又必須單獨去看屋時，也應先告知家人或朋友預定看屋的時間，互相打電話確認安全。看屋時，要注意出入口位置是否保持開放。在談成後，要搬入時，須記得換新鎖。如果有室友同住，請與室友保持良好的友誼關係，以便在發生危險時互相有個照應。同時也必須與室友約法三章，要求室友不可將房子的鑰匙交給第三者。

㈦**搭公共交通工具安全的維護**：如果沒有私人代步工具，大部分的人還是會選擇搭乘大眾運輸系統。而當搭乘大眾運輸系統時，又可能成為另一種發生性騷擾及性侵害的危險因素之一。例如，彭婉如命案，或最近的公車之狼事件等等，都是發生在搭乘大眾運輸系統時的真實案例。因此，搭公車時，應該盡量在同性別的人旁邊站立，以減少被性騷擾的機會；而搭計程車時，也儘可能結伴搭車，不要搭乘裝璜怪異的車，或者是搭乘喝酒或衣衫襤褸的司機的車。

當搭上計程車後，應試著搖下車窗、看門是否可以打開及默記車行、車號及司機姓名，並藉機透露給司機，有關自己已記下相關資料的訊息，行車路線，留心沿途路徑及景物，一旦發現有異狀，即隨時靈機應變。例如，可藉機說：「對不起，因為急著要上廁所，所以我暫時不要坐了，謝謝！」趕緊下車逃離。

(八)**駕車安全的維護**：自己駕車時，應該注意安全，避免發生危險。駕車時，應儘量避開偏僻危險的路段、不隨意搭載陌生人。除此之外，車輛盡可能停在管理良好、燈光設備充足的停車場。

駕車途中，車子不幸在荒涼的地方拋錨故障，又無法自行修復，則應該通知當地的交通警察來協助，並留在車內等待交警來救援。當警察到達現場時，必須請警方出示其證件，千萬不可下車步行。但如果估計走路可以很快到達安全的地方，便可先將車子放置在現場，並請車行儘快趕來拖吊車輛。

(九)**約會安全的維護**：在愛情的滋養下，情人渴望兩人獨處的浪漫世界，這一切原本是件美意。在約會的同時，如果對於彼此相愛的程度並不太了解，則防人之心不可無。因此，對彼此並不是很了解的男女雙方，在赴約會之前，有必要告訴家長或朋友約會的地點、時間及預定回家的時間。雖然有些約束，且透漏隱私，降低了神秘感，但卻是保護自己的最佳良方。

雖然愛情是建築在彼此的信任上，可是其實這樣的觀念、作法，不僅是在保護自己，同時也是保護他。約會是一件非常快樂的事情，但如果發生了約會強暴，則反成為夢魘。所以為了避免悲劇的發生，初期約會的地點，請盡量選擇約在人多的公共場所，以避免約會強暴的風險。

此外，俗稱強姦藥丸的 FM2，它無色無味且容易融在液體中，此小小一粒藥丸常是許多約會強暴的幫兇。所以，為了使自己快樂平安的約會，而不是昏沉無意識的約會，不要飲用離開自己視線範圍的飲料，以確保自身的安全。

(十)**校外工讀求職面談安全的維護**：學生常利用課餘時間或寒暑假期間尋找工讀的機會，在一般應徵工讀工作的過程，有些公司會要求看應徵者的資料，以及面談。因此，在選擇應徵的公司時，必須謹慎評估，過濾不實的求職廣告。

當選擇了心目中躍躍欲試的目標後，在去應徵的工作前，必須先打電話求證該家公司是否存在。在確定該公司或機構的存在後，赴約參加面談時，最好有家人或朋友在面談地點附近陪伴。如果是單獨一人去參加面試的話，必須告訴家人或朋友面試地點及時間。

面試時，盡量避免飲用點心及飲料。最好在面試前，能對面試周圍的環境做一了解，注意場地的對外通道，當察覺到面試者有不當或可疑的言行舉止時，應藉機盡速離開，並逃離到較安全的場所。

㈡**工讀環境安全的維護**：在工讀的環境中，也可能發生性侵害及性騷擾。此類的性侵害通常是性威脅或性賄賂。

因此，為防止工讀環境的性危害產生，首先，上班時，儀容端莊，不穿著暴露，否則會讓男性以此為藉口，而認為不是他們的錯。固然穿著暴露，並不是男性可以當作輕蔑冒犯的絕對藉口，但是對於自己的衣著及言行還是應持謹慎的態度，否則不當的言行舉止仍會讓他人有不好的聯想，尤其是思想不純正的人，可能會以為有人在邀約他。

相對的，在工讀環境中，如果受到不當言行舉止的侵擾而感覺非常不舒服時，則應以立即且堅定的態度表達自己的「不願意與不高興」，既使是面對上司，也不用忍氣吞聲的害怕會丟掉工作。可以先保留證據，事後訴諸法律，如此才會有一個較健全、快樂的上班環境。

㈢**周遭安全的維護**：其實很多時候，性侵害事件是發生在自己所熟識，而讓自己失去戒心的親朋鄰居。好友有可能就是大惡狼，所以為了避免「百密一疏」的狀況發生，在日常生活中若覺察到類似性犯罪情況，及感覺到不舒服時（例如有意的肢體碰觸或言語騷擾等），應先告知長輩或好友，並避開與此人再有任何接觸的機會。千萬不能自以為認識或熟識對方，而失去了防備之心。

綜上所述，要預防性騷擾或性侵害，需要先學會保護、珍惜自己的身體，了解自己的身體是應受尊重的，要有護衛自己身體以及「身體自主權」的概念。

倘若，有不當的觸摸，甚至是言語上的輕薄、性騷擾都是不應該、不合理

的，要勇敢的拒絕、提出抗議。在學校裡，可以選擇告訴師長、輔導中心老師或親友協助處理。當被對方恐嚇要保守秘密時，要堅持原則，不可以妥協，向親近的人或自己最信任的人或輔導老師勇敢地說出來。這樣才不會再被對方繼續性騷擾，專業人士也會為受害者保密。

八、遇到性侵害之應變

雖然預防性侵害勝於治療，但不幸的遇到了性侵害的危險時，應該如何應變及保護自己，很多人可能都未曾想過這件非常重要的事。

以下簡述遇到性侵害危險時，一些應變的措施（王玥好，2003；許春金、陳玉書，2003；邱獻輝，2002；黃富源、伊慶春、張錦麗、李化愚、周幼娥、紀惠容、王燦槐等人，1998；廖翊君，2002；家庭暴力暨性侵害防治委員會，2004）。但如果自己沒有勇氣做到的時候，請記住：「生命是美好的，留住生命，就有挽回的機會」。

（一）保持冷靜

大部分的人遇到危險時第一個動作就是大叫，不然就是腦袋陷於一片空白，無法思考。但這些是無濟於事的。只有先讓自己冷靜下來，才有可能斬獲的一線生機。所以要求自己，甚至是強迫自己保持冷靜是必要的。也唯有冷靜下來，才能仔細評估如何打擊歹徒及製造逃脫的機會，並且為日後留下證據。

（二）採取低姿態，降低對方警覺心

若無法立即逃脫時，則採取低姿態以降低對方的警戒心。因為如果碰到愈不易得到的愈想得到的性侵害者，受害者一副不屈不撓的樣子，那只會惹怒他或引起他更大的征服慾，是得不償失的。所以遇到危險的時候，如果判斷後，確認自己的力量敵不過敵人，則不妨先放低姿態。另一方面也可嘗試冷靜適度的表示誠意，可先做朋友，話慢慢說，不宜一次說太多的話，伺機而動。或表

示希望換個地點說自己的感想，藉機將歹徒引至對自己有利的地方，並在過程中伺機從環境中脫困，與尋求救援。

（三）尋找脫身的方法

當自己已經降低歹徒的警覺心後，接下來是最重要的任務，就是想出脫身的方法。可以和歹徒談話，以不要太誇張的做作方式，告訴對方自己的生理期到了，或自己染有性病之類的話，讓對方想對自己實行性危害的信念動搖。如果自己勇氣十足，平常也有演練一些防身術的話，可以很有把握還擊，則可以選擇攻擊歹徒。但請記住，自己只有一次的攻擊機會，所以這一擊一定要使盡吃奶的力量，朝他的脆弱部位攻擊。如決定攻擊歹徒，必須在最短的時間內全力一擊，不可猶豫，並趕緊逃離現場。可伺機利用身旁的木棍、石塊、雨傘、皮包或高跟鞋跟等尖銳物品，在最短時間內攻擊對方要害，也可以手指（抓、戳、扭）、手掌（推）、手刀（攻擊）、手肘（撞擊）、拳頭（搥）、膝蓋（撞擊）、腳刀（踢、踹）來選擇攻擊對方的十大要害 （高雄市政府警察局女警隊，2004）：

1. 太陽穴：以手肘攻擊。
2. 印堂或眉心：以手掌推擊。
3. 眼睛：當遇及相當危害時，可以手指戳擊。
4. 顴骨：側身手肘攻擊。
5. 人中：以手掌推擊。
6. 下巴：以手掌推擊。
7. 男性喉結：側身手刀攻擊。
8. 胸口：側身手肘攻擊或背對撞擊。
9. 男性下襠：以膝關節撞擊或腳部踢擊。
10. 膝關節：以腳部踢擊。

換言之，在對自己有信心與勇氣的前提下，在對方脆弱的部位，奮力一擊

後，必須毫不猶豫的迅速逃離現場，往人多的地方跑。逃脫時，求救以喊「失火、救命」等辭語來代替「非禮」，較容易引起注意，但也請注意，一切行為以保留生命為先決條件。

九、當已被「狼」逮到並已被性侵害的自處之道

不幸的，當自己的脫逃計畫失敗，被歹徒達成他性侵害的目的時，保命仍是最重要，有下列幾項要注意的：

㈠別哭、保持冷靜，也別覺得自己髒，千萬不要放棄自己，因為這不是自己的錯，如果放棄自己或覺得自己髒的話，那才是自己的錯。

㈡「己所不欲，勿施於人」，為了不讓他人遭受同樣的遭遇也為了幫自己找回公道，所以我們必須勇敢的站出來，揪出那一個社會敗類。為了這樣的目的，受害者必須先忍受他在受害者身上的污穢，保持現場完整，以利警方蒐證（家庭暴力暨性侵害防治委員會，2004）。因為這是警方破案的線索，現在科技日異發達，只要一根小毛髮或一滴精液，便可以找出犯人是誰，所以遭遇到性侵害，請不要立刻沐浴或沖浴，取而代之的是報警及到醫院接受檢查。亦即，前往最近之警局報案，會有女警協助處理。並切記一定要保留證據，如精液、衣物、對方特徵，立即前往醫院做驗傷，切勿立即淋浴或丟棄相關證據（王玥好，2003）。到醫院接受檢查不僅是為了捉住犯人，更重要的是為了檢查自己是否因此而感染到性病或可能的懷孕，也為可能發生的事情作預備。

㈢有許多被性侵害者害怕報警，一方面是害怕歹徒會回頭殺人滅口、害怕自己再度陷入危險之中或不想再想起這件不愉快的事，另一方面，就是不想讓他人發現自己曾遭受性侵害的的事。但受害者需要釐清被性侵害並不是自己的問題，因為自己並未犯錯，不需害怕，保持冷靜。

當向警方報案時，警方有義務保密，不讓受害者的資料外洩或消息走漏，會以被害人的身心為第一考量避免二次傷害。性侵害案件受理後，受害人的隱私是受到保護的。所以為了自己及別人，不要讓兇手逍遙法外，繼續危害他人。

向警局 110 或各縣市性侵害防治中心報案電話 113，保護自己免於再度受歹徒傷害，也可以使其他人不致成為下一位受害者，此類案件一般由女警處理，後續可得到醫療、心理諮商、法律服務及補助。

㈣受害者更重要的是要為自己尋求適當的心理輔導，雖然性侵害並不是自己的錯，但許多人卻久久無法釋懷，並且一直覺得自己很骯髒，歸罪於自己，而不能原諒自己，如果再加上家人的不諒解，很可能會想要做傻事。所以當自己覺得痛苦難受而且走不出來時，主動尋求心理諮商輔導是有必要的，一方面避免自己做傻事，另一方面也要為自己面對創傷，及面對未來的生活鼓起勇氣，找專業的協助。

㈤根據性侵害防治法施行細則第四條，性侵害犯罪案件乃為告訴乃論的刑事案件，使被害人得以伸張正義，同時，對於被害人的保護上也有特別的要求與規定。其條文為：直轄市及省（市）政府性侵害防治中心經徵得被害人同意驗傷及取得證據後，應保全證物於證物袋內，並立即送內政部警政署刑事警察局鑑驗。案件經告訴或自訴者，內政部警政署刑事警察局應將前項證物連同鑑驗結果檢送該管司法警察、檢察機關或法院。案件尚未提起告訴或自訴者，應將證物移送犯罪發生地之直轄市或縣（市）政府性侵害防治中心保管，除未能知悉犯人及非告訴乃論之罪者外，證物保管六個月後得經被害人同意銷毀。尚未提出告訴或自訴者，內政部警政署應將證物移送犯罪發生地之直轄市或縣（市）主管機關性侵害防治中心保管，除未能知悉犯罪嫌疑人外，證物保管六個月後得經被害人同意銷燬，以保護性侵害受害人。

十、幫助遭受性侵害的朋友或家人走出性侵害的陰影

有一些遭受性侵害的人可能心理上通常會感受到強烈的傷害，包括憤怒、羞恥、罪惡感、恐懼、混亂、自責……等等，這些心理傷害若無適當的舒緩與治療，將會影響受害者的長期人格、人際關係、異性關係及親子關係的發展，甚至演變成憂鬱症、焦慮症、創傷後壓力疾患等（白秀玲，2000），而有很長

一段時間，難以平復。所以當身邊的人不幸遭受性侵害：(1)第一件事是相信他，並報警處理。(2)接下來是給予支持來代替責備。(3)最重要的是幫助她（他）走出心理陰霾，使其能漸漸重新走入社會，雖然這過程是最艱辛的，但周遭好友的支持及帶領卻能發揮極大的功用。(4)更要提醒自己注意的是遵守保密的原則，尊重倖存者的意願和隱私權。

因此，幫助受害者走出陰影的工作不僅是精神科醫生或諮商師的工作，也是周遭親友該做的工作。但由於周遭親友並非專業人士，無法像專業人士提供適切的輔導與諮商，所以能做的是接納他（她）、傾聽及支持他、包容他，而不是給他太多的建議，諸如，「當時你怎麼不會咬他一口呢?」「當時你實在應該要大叫」等等的話，因為這樣只會讓當事人受到二次傷害（Karp, Butler, & Berstrom,1998; Ratican, 1997）。

也只有在周遭朋友的支持與給予溫暖中，能夠讓受害者覺得自己並不孤單，並非是被上帝遺棄的天使。在支持接納的同時，也必須提供受害者安全的環境，讓他（她）有安全感，及幫助他（她）蒐集證物及掌握醫療資訊並配合警方的調查（邱獻輝，2002；廖翊君，2002；Mennen, & Meadow, 1992），如此在專業諮商與周遭親友的協助下，他（她）才有可能漸漸走出陰影，回覆往日的風采，找回往日的他（她）。

換言之，當朋友遇上性侵害後，除多陪伴他（她）之外，並應鼓勵或帶他（她）去接受心理治療或心理諮商，心理諮商師通常會從先和受害者建立互信的關係開始（Bass, & David, 1988; Blizard, & Bluhm, 1994），因為唯有在支持、關懷、同理了解及信任的關係基礎下，受害者才有可能會透露出他（她）的遭遇，諮商師通常會要受害者口述，但如果受害者無法口述，諮商師會要他們用畫或玩偶來表示（黃淑珍，2004；莊雅婷，2003；Courtois, 1991; Winder, 1996），當受害者本身可能有很多的自責時，諮商師須使其明瞭遭受性侵害並非他（她）個人的錯（Peters, & Range, 1996），以及使受害者了解他（她）遭受性侵害後可能會有生理及情緒反應，且這些生理與情緒反應是正常的，幫助

受害者克服壓抑的情緒並表達出來，面對及處理這些情緒，諮商中也幫助受害者了解受侵害並不等於低自尊，重新釐清對自我的看法並肯定自己的價值，停止受害者自我傷害的行為，發展正向的自我觀念與自我評價。此外，諮商師也須注意在諮商過程中，盡量避免使受害者受到二度傷害為原則（郭修庭，2004；Mordock, 1996）。

十一、幫助遭受性侵害的兒童走出性侵害的陰影

如果性侵害倖存者是兒童，除了上述要點之外，還需特別注意以下三個重點：

㈠讓他／她了解後續大人處理的情形，並允許他／她的意見參與其中。

㈡協助他／她了解目前擁有的資源、選擇權與處境。

㈢幫助他／她表達自己的感受和想法。把感受和想法說出來，是幫助他排解情緒和壓力的重要方法之一，但是絕對不能勉強，以免造成二度傷害。

十二、如何預防兒童遭受性侵害

	概念	你可以這麼說
保護自己	・讓兒童認識自己的身體各部位，強調只有自己是自己身體的主人。	・你的身體是你自己的，任何人要觸碰你的身體時，都要經過你的同意。 ・我們也不會隨便觸碰別人的身體。
	・教導兒童分辨好的觸摸與壞的觸摸。	・好的觸摸是── 當別人觸碰你的身體時，一定會先得到你的同意，並且讓你覺得是快樂的、溫暖的。 ・壞的觸摸是── 當別人觸碰你的身體時，並沒有先得到你的同意，而且讓你覺得害怕的、生氣的、不舒服的、難過的。
	・增強兒童拒絕他人惡意觸摸的能力。	・只要有人對你做壞的觸摸時，你要大聲說「我不要」、「我不喜歡」，告訴傷害你的人這樣是不對的、是錯誤的。
	・提高兒童應變能力。	・透過模擬情境或討論的方式，讓學生找出自己在面對危險情境時，可以運用的策略。

	概念	你可以這麼說
面對性侵害	・教導兒童辨別責任歸屬,減少自責。	・事情的發生,是傷害你的人做錯了,不是你的錯。
	・提供兒童求救、尋求協助的方法。	・當你遇到這樣的事情,一定要找人幫忙。 ・不管傷害你的人要你保守秘密,你一定要把這件事告訴你可以相信的人,或者是我。

資料來源:內政部性侵害防治委員會(1999),頁8。

十三、對性侵害防治之建議

(一)學校教育方面

　　大學生應該修習性別教育有關課程,課程的內容可教導學生培養正確看待異性的觀念,破除男主外女主內的迷思,改正女子無才便是德的傳統觀念。

　　男性不都只有堅強的一面,也有柔弱溫馨的一面。端正媒體所傳達錯誤的兩性觀念,並且學習去尊重別人的身體、保有自尊和自由意志。學習保護自己的技能和方法,以及兩性間應該如何互相尊重、溝通與相處,了解相關的法律,危機的處理等等。此外,在大學課程中,有關「服務學習」部分,可加入兩性服務學習時相處經驗的學習。

　　目前性別等委員會的召集人已提高到校長層級,因此,可在一、二級主管會議時,也可考慮偶爾穿插有關兩性互相尊重的研習。也可鼓勵學校同仁多參加縣、市政府舉辦之有關性侵害、性騷擾及性別平等的研習;師長們也可多與學生對談,了解現在的大學生平日生活所玩的遊戲內容,指導學生在玩冒險遊戲時,何時該說不,以免玩的過火。

(二)社會方面

　　社會中兩性有關的社團組織應發揮其功能並多加設立,兩性平等的宣導教育應多加強,並且改正社會對性侵害受害者歧視的觀念。

　　其實教育輔導界對於性侵害、性騷擾的防治已逐漸重視,然而如今為了收視率,網路媒體色情及暴力充斥,對於性侵害的發生,媒體其實也應負很大的

責任，政府卻對有線、無線節目，苦無良好管制的對策，實是一大隱憂，除教育輔導界需努力之外，應與管理媒體有關單位多做意見的交換與溝通，整頓媒體有關色情與暴力的種種亂象。

十四、相關輔導機構

　　針對遭受性侵害、性暴力的受害者可尋求協助的輔導機構很多，如「一一三」全國婦幼保護專線通報、內政部性侵害防治委員會、各縣市性家庭暴力暨侵害防治中心、基隆市婦女保護愛心協會、永樂婦女服務中心、台北市婦女中心、台北市晚晴婦女協會、財團法人婦女新知基金會、台灣婦女成長資源協會、中國人權協會、國際生命線協會中華民國總會、救國團總團部諮商輔導處、財團法人馬偕醫院性侵害危機處理中心、財團法人現代婦女基金會、財團法人勵馨社會福利事業基金會、龍山婦女服務中心、台北市女警隊、財團法人天主教善牧社會福利基金會、台北縣木棉花專線、台北縣婦女會台北縣立板橋醫院心理衛生中心、台北縣立三重醫院心理衛生中心、宜蘭縣婦女會、財團法人宜蘭縣蘭馨婦女福利服務中心、台中市晚晴婦女協會、台中社區心理衛生中心、台中縣婦女保護協會、彰化縣婦女會、嘉義市婦女聯盟、台南市婦女兒童安全保護協會、台南市社區婦幼協會、高雄市晚晴婦女協會、高雄縣鳳山市婦女新知發展協會、屏東縣婦女發展會、澎湖縣婦女會等。而各縣市的家庭暴力及性侵害防治中心，提供以下的服務：諸如陪同受性侵害者至醫療院所診療、驗傷及採證，對於掛號費、診療驗傷等全民健保不給付費用，將由醫療診所向性侵害防治中心申請補助；在警訊、偵訊及審判程序中，除了受害者的法定代理人、配偶、直系或三親等內旁系血親、家長、家屬陪同外，也可以向警察或司法人員申請，讓家庭暴力及性侵害防治中心的專業人員陪同出庭應訊，並陳述意見。此外，防治中心會竭盡所能提供法律資訊或推薦律師寫訴狀、法律諮詢或辯護。在訴狀審判過程中，如果需要辯護律師，也可以協助聘請專業律師，擔任辯護律師，並且補助訴訟及律師費用。如果需要專業心理輔導或治療，防治中心亦

提供心理輔導諮商團體，並且補助必要之費用，來協助受害者盡早走出陰影。

十五、相關法律

性侵害相關的法律資料，包括性侵害犯罪防治法、刑法——妨害風化章妨害風化罪、性侵害犯罪防治法施行細則，及警察機關及性侵害防治中心辦理性侵害事件處理準則，師長們應該鼓勵學生對這些相關法律有些認識與了解。

「性」的本質是完美的，因為那是人類世界間最美的愛情的化學作用。因為愛而結合，再加上那有「另一種甜蜜」的副作用——懷孕，因為愛情而讓世界繼起一個生命，讓一顆無邪的種子落地生根、成長。想想，那是多麼令人快樂喜悅的一件事，然而世風日下，性的本質似乎漸漸變了，有些人將「性」當成是一種「發洩」或「利益」，於是漸漸的產生了諸多的問題——性侵害、性騷擾或性交易的案例等等，多麼令人傷心。原本具有聖潔使命的行為，讓人感到恐懼，使人被它變質後的結果所傷，因而徹夜難眠。凡此種種，實乃社會大眾所不樂見的現象。

因此，在生活中要珍惜彼此相愛的幸福，懂得愛一個人就要讓他（她）幸福，要尊重對方。也因為每一個人都有身體自主權，所以希望能做到取得對方的允諾後才能刺探彼此身體最深的秘密，透過這樣的親密接觸，達到彼此的了解及契合。

總之，只要是他人不經自己的同意而恣意說黃色笑話、看色情圖片及發生性行為等等，使自己感到不舒服的行為或語言都可以稱之為性騷擾或性侵害。人人應該都要能維護身體自主權，遇到讓自己不舒服的情況，應該要堅決勇敢的說不。當有些情況是無法說不的時候，就應該先保持冷靜後再想辦法逃脫或離開。而如果暫時無法脫逃的話，請記住，生命是美好的，請留住生命，不要為一個犯錯的人背負他（她）的罪過而輕易捨棄自己的生命。以上有關性侵害的探討與建議，希望能喚起大家危機意識及做好相關的預防工作，同時也提供專業工作者多一份省思，使學生與在校同仁更懂得保護自己，以及尋求適當的保護與協助。

性別教育帶領活動 8-1：性騷擾遠離我（白秀玲，2006）

　　小芬在公車上坐著，突然自己眼角餘光看到左邊坐著的人正在以他的手抓住下面前後搖動，此時她已大概知道是什麼情境，她不敢再看下去，心裡一陣驚恐……

討論問題

1. 請問你如果是小芬，這時你會如何是好？
2. 你如果剛好是小芬的同學，也在車上，你會如何幫助小芬？

 本章重點

校園性危機	性侵害犯罪防治法
約會強暴	性侵害迷思
SAFE 原則	創傷後壓力症候群
STOP 口訣	暴力和侵害的省思
性騷擾	性侵害的防治
性騷擾迷思	協助性侵害倖存者方法
性侵害	協助性侵害兒童倖存者

 討論與分享

1. 校園性危機包括哪些？你或你的朋友有沒有遭遇過相關的經驗？

2. 你對性騷擾和性侵害的看法是否有改變？如果現在有朋友邀請支持反性騷擾和反性侵害，你願不願意盡一己之力？為什麼？

3. 你知道性侵害相關法律有哪些？你對這些法律有何感想？你覺得這些法條的制定有何功用？

4. 對於性侵害的倖存者，你可以提供怎樣的協助？

5. 請敘述所學到怎樣去預防或防治的方法。

6. 在你的生活中，關於反性騷擾和反性侵害，你可以做些什麼事？

9

網路交友與危機

　　隨著網路的發達，資訊的流暢，人們選擇網路作為溝通的工具日益普遍。台灣目前更是電腦王國，網際網路普及率更是亞洲前三名。

　　然而隨之而來的網路交友，卻處處隱藏危機。本章針對網路交友與網路戀情、網路情人、網路性愛、網路一夜情、色情網站、網路性騷擾與網路性侵害、網路陷阱等一一介紹，並提供網友一些注意要領。

第一節　網路交友與網路戀情

台灣目前網際網路的普及率是亞洲第三名，僅次於新加坡及澳洲（《聯合報》，2000 年 1 月 10 日）。教育部推廣網路教育，期待未來的主人翁們站在世界趨勢的尖端，成為文明的網路人，網路目前在國內學術單位最為普及，學校裡學長學姊給新生學弟學妹的見面禮，就是教他們如何上網及熟悉學校的網路資源，享受網路無疆界的快速資訊提供，還可以在網路上找笑話、聽音樂、看圖片，為單一忙碌的生活帶來趣味與休閒。

隨著工商業的發達，生活的忙碌，反應在人類那無可奈何的神情上；工作、事業的不順遂，人際關係的不圓滿，象徵了人類那寂寞難耐的心境。他們很無助、也很無奈、甚感無趣，因此他們選擇網路遊戲來滿足自己的成就感；利用網路交友來使心靈得到慰藉，乍看之下，似乎是解除壓力的好方法。在網際網路的空間裡，讓一定規模的人們可相互聚集，而在網路互動的特性下，人們可共同參與公開的討論，在聊天室、BBS 或其他網路社區與其他人溝通、交換資訊和互動，分享相當程度的共同興趣，也因此形成了網路空間的人際關係（黃少華、陳文江，2002）。Meyer（1987）研究發現，網路使用者會在 BBS 上建立新的人際關係（Meyers, 1987; 劉家儀，2002）。Smolowe（1994）研究也發現，有 80%的人在網路上尋找具共同性的友誼及社群（Mary, 2001）。而 Parks 和 Floyd（1996）對於網路新聞群組使用者研究結果指出，已超過 60%的人在新聞群組上有網路友誼的經驗（Parks & Floyd, 1996; Mary, 2001），可見網際網路互動在時下的流行性。

但是，必須正視網路沒有疆界，使人類情慾的使用者很容易可以隱藏自己的真實身分與實際形貌（黃厚銘，1999），故網路匿名的特性被視為網路人際互動不確定的最大因子。有人認為匿名使網路人際關係變得不可信任、非個人化的；有人則認為網路匿名能解放並建立關係，為社會關係提供了更多的機會，

與減少面對面時受評估的憂慮（Beninger, 1987; Sproull & Kiesler, 1991）。而且隨時隨地可上網更為方便的事實，有人說：「歷史有多古老，性愛主題就有多古老；當男人與女人最初在網路上相遇，廣義性愛就自然而然發生了。」

一、網路交友

網路交友為男女交往多提供一種管道，提供許多可以相互認識的機會，有時談的投機，即使尚未見過面，但在網路上就已經非常熟悉，因為與真實生活並沒有交集與利害衝突，還可以將對方視為傾吐的對象，傾吐生活的不如意和怒氣。可是如果繼續演變，就會有各式各樣的結果，最好的情況可以兩人變成知交、甚至成為合適的男女朋友；其中糟糕情況的可能有對方偽善，說自己如何的優點和真誠，但約出來見面之後，放自己鴿子，或交往不成還死纏爛打，

甚至設計強暴的事情，時有所聞。談得來的人，會有想要見面的衝動，是一件自然的事情，不過，這樣的衝動，卻必須理性處理，和網友見面的時間、地點和活動也必須多加以考慮和注意安全，可參考本書約會一節的說明和所提醒的注意事項。不管男生或女生，面對不熟悉的環境，難免反應和隨機應變的能力都會降低，不要以為自己是男生或很強壯，「應該」沒關係，「危險」是不會分辨性別的，該小心的還是要小心。基本的安全，例如約在兩人都熟悉的地方及開封過的飲料不要喝等等，一定要做到，當然也別太過分，而讓對方覺得自己被當壞人看待。

二、網路戀情

有沒有因網路上認識而發展戀情最後又成功在一起的？答案是「有」，但是機率有多高呢？目前並沒有具體的數據。經由網路發展戀情是一種新的管道，也在蓬勃發展，因此有必要對經由網路而發展戀情的特性有先前一步的了解。首先，網路給予使用者無窮的想像與裝扮的可能性，而感情的基礎是建立在彼此的了解、信任和坦誠上。其次，許多人在網路上是採所謂「拆牆築牆哲學」，看對方透露多少，自己再考慮要不要透露多少，如果對方透露的是自己相信或欣賞的，就給予回應也透露一些自己的想法或訊息，但是也有人瞎編。因此，可以利用方便的網路來傳遞情意和有初步的了解，但想要發展一個健康的戀情，還是要回到陽光下，回到真實生活互動中，增加彼此一起面對面說話聊天的機會，討論事情，討論人生，觀察對方處理事情的方式與態度，了解對方生活習慣與對人、事、物、金錢的價值觀，看到對方在團體中的行為與人際互動，兩人分享彼此興趣喜好並共同從事休閒活動等等，讓網路戀情不是懸在半空中的氣球，美麗但卻有著踏不到地的漂浮感。

三、網路情人

電影情節中，網路情人的美麗相遇，是多麼讓人期待。當兩個人 E-Mail 或

MSN 聯絡一段時間後，相約見面，有個「有情人終成眷屬」的結局，固然很美，但也可能，中間有爭執、波折，如果網路情人之間，發生了令人不愉快、厭惡的事情，則悲劇收場，恐怕不是大家所樂見。以下是一則發生在國內的真實新聞：〔蕭承訓／台北報導〕男子 XXX 因追求 Y 女子遭拒，竟在網路留言板上張貼該女子可從事援交、一夜情等訊息，並留下該女的聯絡電話，使 Y 女不勝其擾，甚至在校園內引起風波，北市刑大電腦專責小組循線逮捕XXX，依妨害名譽罪嫌移送法辦（《中國時報》，1999 年 12 月 22 日）。

此外，也發生科學園區的男工程師，在網路上認識某性情溫和、刻苦耐勞又美麗的女子，女方常趁中午時間男方不在家時，到男方住處為他打掃和煮飯，男方感動之下，拿錢資助女方紓困。結果是被騙錢了，而相片上美麗的女子，竟是一位歐巴桑。類似的事件，一再重複的出現在各大報社會新聞版。

另一例「高職女生利用美女照片網路詐財」，刑事局偵破一起相當罕見的網路詐騙案，嫌犯竟然只是一名高職胖女學生，她利用在電腦上網路交友的機會，寄發漂亮女模特兒的照片，聲稱自己是該模特兒，向許多男性網友騙財又騙感情，而受害人都是高學歷、甚至還有台大醫學系的高材生。

隔著一台電腦，原本遙遙的距離變成像是只隔著一個心跳的距離，而相互談心之後期待著美麗的相遇，但是，千萬別忽視了網路匿名與錯覺的強大作用力，會不知不覺失去一般實際人際的循序漸進與基本防衛和理性。當網路戀情在發燒時，請停下來，用一般人際交往的歷程和理性檢視一下雙方的感情狀態和發展階段，找信任的人談一談，沉澱一下，絕對是有好處的，將來要繼續走或做其他處理都會更周到和清楚。

四、網路性愛

狹義的網路性愛是指在網路上經由打字進行性愛交流，無身體實質接觸，是虛擬性愛的一種；廣義的網路性愛則包括整個男女交往的過程，地點多在BBS（電子布告欄系統）的雙人或多人聊天室中進行（林政宏、葉正賢，1999）。

網路性愛對成年人來說是另一種情慾的管道，但對「性」沒有健康完整認知的青少年朋友則有深遠的負面影響，建議還是遵守以下三原則：「保護自己」、「尊重別人」、「十八歲以下不宜」。

五、網路一夜情

網路一夜情是指經由網路認識，邀約見面，而進行一夜情式的真實性愛活動。有些是自願的，有些是擦槍走火、意外的，不管是自願或不預期，這事後引起的問題一籮筐，千萬別嘗試。報紙上曾有一案例，男女在網路上認識，一天晚上男生考完試，閒著沒事，買宵夜去給女生吃，女生穿著睡衣出來開門，晚上外面冷，請男生進房間一起吃宵夜聊天，吃完宵夜聊完天，男生看著女生一直穿著睡衣，有了性衝動，男生賴著不走，女生請他回去，男生說時間太晚了，已經沒車，是否能借宿一晚，兩人說好：男生睡地板，女生睡床上；晚上太冷加上男生有性衝動不控制，當晚就「霸王硬上弓」的發生性關係。事後女生控訴，男生狡辯說是女生穿睡衣，又讓他睡她房間，是她引誘他，暗示他可以這樣做。因兩人皆已經滿十八歲，算是成年，所以最後依據刑法及性侵害犯罪防治法移送法辦及後續心理輔導諮商。如果兩人尚未滿十八歲，則依少年事件處理法及性侵害犯罪防治法處理（參見附錄 2：與兩性關係、性別教育相關法律一覽表）。這是擦槍走火，意外發生的網路一夜情。

另外，自願性質的網路一夜情，發生於雙方網路上認識，擺明約出來發生性關係之後要各走各的，互不相干。但是，許多案例發現，有人事後後悔，不甘心，繼續糾葛對方，讓對方不勝其擾；也有人食髓知味，要脅對方繼續和他發生性關係，這類情事，讓網路一夜情的不良後果逐漸擴大。

六、色情網站

色情網站提供色情圖片、文字、影像、遊戲，每個進入的人都會看到，屬於遊走法律邊緣的活動，若涉及交易，則明顯觸法。刑法第二百三十五條「散

布或販賣猥褻之文字、圖畫或其他物品，或公然陳列，或以他法供人觀覽者，處一年以下有期徒刑、拘役或科或並科三千元以下罰金。」色情網站最大的危險在於它挑逗不正常的性慾，及容易讓人模仿一些足以侵犯他人自由的行為。目前各縣市教育局對防治色情網站進入校園設有標誌及防治措施，希望這些努力可以還給青少年學生一個健康有益的網路學習環境；同時，提供正確的性教育知識、觀念和態度，解答青少年對性的好奇和想像，亦是必要的配套措施。

七、網路性騷擾與網路性侵害

　　網路性騷擾是在網路上進行令對方感到不舒服、厭惡的文字、開黃色笑話的行為，或進而使用電話或其他管道進行騷擾。

　　網路性侵害是指，在網路上認識，約出來見面，在對方不願意的情況下，加以性侵害，妨害性自主權。

　　別以為性騷擾與性侵害只發生在男女之間，同性之間也有發生性騷擾與性侵害的可能。曾經發生男性在網路上認識男性朋友，相談甚歡，約出來見面，覺得「我是男生和陌生人見面應該沒關係」，單獨赴約，沒想到飲料中被放了迷幻藥，醒來已人財兩失，這對他來說傷害何其大，第一，傷害他男性的自信和自尊；第二，加倍對自己懷疑和貶抑；第三，對人際的不信任和懷疑；第四，需要好長一段時間來撫平受創心靈和重建對自己和對人際的信任和善意。因此，網路交友的危險性是必須被慎重考慮的。

第二節　網路交友的陷阱與提醒

　　一、由於網路交友的特性之一是匿名性，所以在網路上所結交的朋友可能是虛擬出來的人物，其中有些是人際關係不良者、性渴望者、婚姻不滿者，透過網路隱匿自己的真實情況，不小心可能成為受害者，甚至不小心還成為破壞

已婚家庭的第三者。

二、在網路上交往的朋友，有可能得到的是對方虛擬的個人檔案，是否真實，有待商榷與查核，且無法百分之百求證，如同一個風險炸彈就在身旁，不知是好人還是壞人，容易被欺騙。

三、不可任意在網路上留下自己或家人、朋友的真實姓名、電話、住所住址、單位住址、身分、服務單位、照片及信用卡號等資料。因為對方可能加以散播，或輾轉加以利用資料，做不實的資料輸入，如謊報信用卡號碼，假借名字填寫不實履歷表，以身分證從事不法勾當或網路下單等。

四、網友常以虛擬的合成照片謊稱是自己來騙財騙色，除了避免和陌生網友有金錢上的往來外，建議可以利用視訊聊天，以看清對方的長相及說話的態度。不過有人因為怕破壞美感，堅持不用，則上網者自己得三思而行。

五、網路結交的朋友約會，很難知道對方在想什麼，也許先取得你的信任，在沒有防備的情況下，遭受傷害。

六、網友約會時，利用機會，企圖在飲料下藥，設計網友，以達到他（她）的目的。例如男性性侵女性，女性來個仙人跳。所以初次出遊，不能喝對方提供的飲料，離座回來後亦不再吃（喝）之前未吃（喝）完的食物（飲料），而且地點最好是自己來決定。適合和網友見面的時間以尖峰時段為佳，車多人多也較有保障。

七、與網友見面時，最好能告知鄰近的朋友約會的時間、地點及約幾點回家的事實。最好，和網友相約見面時應另外找一至多個朋友作陪，避免單獨與網友見面。若網友藉故要更改見面地點，例如改至對方家中或偏遠僻靜之地，則不可答應。也不要讓網友送回家。

八、可以在赴約的同時，隨身帶一些防身的東西，例如：防狼噴霧器、哨子等，平常也可以學習一些防身術。

九、當網友有碰觸自己身體，應立即表明拒絕態度。

十、由於時下青少年的性觀念快速「進步」，大幅縮短發展親密關係所需

的時間，使得近年來婚前性行為的比例急速增加，造成未婚懷孕的情形日漸嚴重。而青少年開放的性行為。為避免複雜的交友情況使學生暴露在愛滋或性病感染的風險中，少上網交虛擬的朋友，其實是自我保護的好措施。

十一、發現犯罪或可疑行為，立即向刑事警察局電腦犯罪小組「網路檢舉信箱」（www.net110.gov.tw）或電話報案（02-27697403）。

性別教育帶領活動 9-1：MSN——愛你又怕你（白秀玲，2006）

　　小傑自從知道MSN後，似乎天天使用它，上面的名單多達兩百名，與認識的、不認識的天天總有聊不完的話，寫報告時，桌前電腦有 MSN 訊息出現，又分心去回應一下，每晚似乎沈浸在桌前MSN，每天沒有碰它，就是無法忍受，自己也會主動與MSN其他名單上的友人聊天，雖功課影響不說，自己也常熬夜，為了就是與其他MSN線上友人聊天，樂此不疲，完全沒有查覺MSN已造成了對自己的影響，……

討論問題

1. 請討論 MSN 線上之友、聊天，到底有何利弊？
2. 如果 MSN 線上友人邀你出來見面，你會如何應對？
3. 你的朋友跟你說要去與網友見面，你會如何幫助他（她）？

本章重點

網路交友　　　　　　　　　　　網路一夜情

網路戀情　　　　　　　　　　　色情網站

網路情人　　　　　　　　　　　網路性騷擾與網路性侵害

網路性愛　　　　　　　　　　　網路交友的陷阱與提醒

 討論與分享

1. 你覺得網路交友與網路戀情可能在你的生活產生嗎？

2. 在現實生活中人們常會以人的外貌、談吐舉止和品行來決定是否交往。而在網路上你會依據什麼樣的條件來作為你選擇聊天、交談對象的依據？

3. 請分享你自己或朋友的網路交友經驗。

4. 你覺得網路交友有何好處與危險？

5. 請談談你對網路一夜情的看法。

6. 曾經在報上或聽過網路上騙情又騙錢的故事嗎？這些故事提供人們怎樣的警覺和警惕？

7. 對網路充斥著色情圖片與影片，你所聽說到的在同學間產生了什麼影響？

8. 假設你是父母，你的孩子上網，常不經意的有一些網路色情圖片出現，你會如何管教？

10
婚姻與經營

有結婚七年的太太說：「我的婚姻一團糟，真不知道怎麼會變成這樣？我婆婆到現在還說我沒她的緣，先生說他誰都不幫，要我自己的事自己解決。」孩子說：「我現在才知道，我是所謂在家庭暴力中長大的小孩。」先生說：「我拼命賺錢，犧牲健康，犧牲睡眠，可是太太還是常常和我鬧脾氣，難道賺錢錯了嗎？她還看緊我的荷包，常常要我交代行蹤。」

結了婚，沒婚前的羅曼蒂克，又一天到晚吵架，愛情可以長久嗎？什麼樣的愛侶會白頭偕老？什麼原因讓愛情與婚姻長久？面對婚姻時，怎樣才叫準備好？要給對方什麼承諾？許多人在進入婚姻之前對這些問題並沒有思考或得到解答，但每一個人在戴上結婚戒指的當時，對於婚姻都有美麗的憧憬與期望，期望自己能和伴侶一同布置愛的小窩，期望自己會有一個幸福快樂的家庭，憧憬未來親子和樂融融的景象。

然而，婚姻的幸福，不只是戴上結婚戒指當時許願就可以實現。結婚的意義遠大於兩個個體的結合。夫妻雙方甚至家族對婚姻的認識與接納，雙方對所扮演新角色的認同度，夫妻相處方法是否能不斷調整和彼此適應，夫妻對教養孩子的態度及價值觀是否能配合，親子是否能建立良好關係等，在在的影響婚姻生活或家庭生活的品質。因此，如果能及早學習，在婚姻的過程中也不斷的付出與成長，相信婚姻是可以經營成功的。

第一節　婚姻樣態

　　台灣目前婚姻的樣態，是「晚婚、結婚率下降、生育率下降、離婚率上升，以及十五歲到十九歲的小媽媽增多」。延伸出許多人對婚前的恐懼。

　　許多情侶在結婚前爭吵的次數增多，甚至爭吵衝突的程度加劇，根據專家的說法，認為人們面臨三個主要的婚前不安（沈慧聲譯，1998）：

　　㈠**安全上的不安**：我的配偶會不會為了別人離開我？我的配偶會不會在性方面對我不忠？

　　㈡**滿足上的不安**：雙方能不能獲致一種親近親切的特別關係？雙方能不能擁有平等的關係？

　　㈢**刺激上的不安**：無趣和一成不變的生活會不會發生？我會不會失去自由被絆住？

一、目前婚姻樣態

　　台灣目前有選擇結婚的人，也有選擇不婚的人，目前的婚姻樣態如下：

　　㈠**結婚平均年齡延後**：根據內政部的統計資料，1999 年，國內結婚平均年齡，男生是 31.7 歲，較 1998 年延後 0.3 歲；女生是 27.0 歲，較 1998 年延後 0.1 歲（內政部人口統計資料，1999）。相較於民國四十、五十年代的結婚平均是 20 歲左右，已經延後將近十年。2003 年結婚對數計 173,065 對，較上年減少 0.16%；平均結婚年齡為新郎 33.8 歲、新娘 28.4 歲，均分別較 2002 年升高 0.4 歲及 0.5 歲（內政部統計處，2004）。

　　㈡**結婚人口比率下降**：社會價值觀的多元化，選擇單身的人口愈來愈多，結婚者所占的人口比率因而下降。

　　㈢**生育率下降**：生養孩子的數目變少，從四、五十年代的四、五個小孩，到三、四個小孩，到現在是一個或兩個小孩很普遍，甚至沒有生養小孩。根據

內政部統計處的資訊，我國 2003 年出生登記人數計 22 萬 7 千人，較上年減少 8.3%，續創歷年新低；如與 1997 年比較，六年間減少近 10 萬人，粗出生率降至千分之 10.1，已屬世界上低生育率國家之一。

㈣**離婚率上升**：從內政部統計處（內政部統計處，2006）的統計資訊顯示，2005 年全年離婚對數計 62,650 對，與 2004 年相當，較 2003 年則減少 3.6%。2005 年平均每千位有偶人口，有 12.5 位離婚，較十年前（1995）增加 5.4 位；2005 年平均每日離婚對數為 172 對，較十年前增加 81 對。2005 年離婚者之結婚年數以 1 至未滿 2 年占 8.1%最多，2 至未滿 3 年者占 7.7%次多，其後隨結婚年數之增加而遞減。惟就近十年來之增幅比較，以結婚 25 年以上離婚者增加 2.8 倍，遠高於總離婚者增加之 0.9 倍。以結婚年數而言，2005 年離婚對數之結婚年數，以未滿 5 年者占 34.03%最多（其中以 1 至未滿 2 年者占 8.07%居首，2 至未滿 3 年者占 7.70%次多），5 至 9 年者占 23.91%次多，亦即未滿 10 年者約占 6 成。各年數組之離婚對數與 2004 年比較，以未滿 5 年者減少 9.35%最多（其中以未滿 1 年者減少 35.81%最多），20 至 24 年減少 0.78%，其餘各年數組別則呈增加情況；若就所占結構比來看，未滿 5 年者減少 3.52 個百分點（其中以未滿 1 年者減少 2.77 個百分比最多），20 至 24 年者減少 0.06 個百分點，其餘各年數組別則呈增加情況，其中 25 年以上者近十年來比率呈逐年增加之現象。

㈤**婚前性行為增多**：性訊息的充斥及性觀念的逐漸開放，婚前性行為逐漸增多，以前政府衛教單位對於婚前性行為的輔導重點是教導如何避免發生婚前性行為，目前因應社會現象的衛教輔導重點是如何避孕。婚前性行為雖較普遍，但仍建議需先評估雙方有無能力承擔可能發生的情感、生理、心理和社會後果，才擁有婚前性行為。

㈥**未成年媽媽增多**：2002 年我國十五至十九歲未成年少女生育率為 13‰，約為 10,548 人，2003 年為 11‰，約為 8,755 人（內政部統計處，2003）。探討小媽媽的增多及對其形成原因之後，會發現主要原因是沒做好安全避孕措施，情況有二種，一是不知道如何避孕，二是情境驅使下臨時發生性行為，沒有來

得及準備避孕用品。青少年時期的性教育，應該加上如何使用避孕用品及對容易發生性行為的情境的警覺教育，同時婚前相關性教育需教導有婚前性行為的男女，考慮經濟、社會、心理、法律各方面的問題和影響，以免在成為小媽媽或小爸爸之後，才痛覺問題的嚴重性和對個人生涯發展、家庭品質的嚴重傷害。

二、婚姻之外的多種樣態

戀愛的下一階段並不一定是走入婚姻，許多人雖然不一定相信愛情會持久，但仍期待愛侶關係能延續，而選擇走入婚姻。雖然結婚是主流價值，但是愈來愈多元化的價值觀和思潮，讓人們嘗試其他的可能，愛情的下一階段可以是同居，可以是階段性質的再定義的婚姻（renewable marriage），可以是先行試婚，可以是獨身（single-hood），可以是同性戀婚姻。無論自己選擇走入怎樣的下一階段，如果對一下階段的情形懵懂，是必須付出龐大代價。因此在決定是否要結婚之前，能夠充分了解每一種延續愛情的選擇是否適合自己，了解社會及自己如何看待所選擇的路及選擇後可能的處境是很重要的。

由於社會價值觀逐漸多元化，對個人情感狀態的容許度也較開放，談戀愛之後的選擇不再只有結婚一途，目前社會站在戀愛終點的多種不同選擇有：

（一）異性戀婚姻

結婚，是戀愛終點中最主流的選擇，也就是說大部分的人會走入婚姻的這一條路，但走這一條路的人並不見得全都是經過思考之後所作的選擇，也有人是因為大家都結婚了，所以也就跟著結婚，或他的家人長輩要求他要結婚，所以就在眾人的期待下結婚，當然也有人是經過思考之後，認為結婚是他最好的選擇和認同才結婚的。但是，婚姻不會因為自己相信它是自己戀愛之後最好的選擇，它就自然而然會幸福。許多的人生經驗和研究顯示，對婚姻除了要有認同和相信之外，還要做許多功課，如：

1. 對婚姻對象的選擇，能用較理性的態度及有周全的考量。

2. 願意並且有能力，為長期的婚姻關係付出、維護。

3. 必須對婚姻有所認識和接納。

4. 夫妻雙方需對新角色有共同的認同和執行新角色任務。

5. 夫妻相處方法，要因家庭生命週期有不斷調整和彼此適應。

6. 夫妻對教養孩子的態度和價值觀，要能協調和一致。

（二）同性戀婚姻

　　結婚的故事不單只是「當王子遇上公主，從此兩人過著幸福快樂的日子。」同性戀者也和異性戀者般有權利追求屬於他的親密關係，雖然目前的台灣，並沒有將同性戀婚姻納入法律和社會福利制度上的保障，例如健康保險、財產權、免稅額等，但在接受婚姻和性取向上，已經呈現較多元的價值，尊重「當王子遇上王子」或「公主遇上公主」時，他們可以因為彼此相愛，認同和承諾，而有結婚的儀式和婚姻生活關係。Blumstein 和 Schwartz（1983）的研究也指出同性戀者在親密關係的本質上與異性戀者相類似，Peplau 和 Cochrane（1980）指出同性戀和異性戀最大的差別在於，異性戀者在性關係上比同性戀者要求更多的獨占性，但一如異性戀者，同性戀者也一樣渴望有平穩的關係、關愛和互相陪伴，以及在婚姻關係中有個人成長的機會。在此一提的是，台灣在 2003 年，行政院曾擬出草案，計畫將同性戀婚姻合法化，並承認他們領養孩子的權利。但這份草案至今還沒有獲得立法院的通過。

（三）同居（cohabitation）

　　這裡所指的同居是兩個人在未正式結婚的情況下，過著一種親密並有性關係存在的同居生活。據行政院主計處（行政院主計處，2003）的估計，台灣 2003年的女性同居比率 20-24 歲為 2.7%，25-29 歲為 5.8%，30-34 歲為 5.6%，而非婚生子女比率，從 1990 年的 2.1%升高到 1998 年的 3.6%。同居者沒有婚姻約束，要散就散，但是若有懷孕生下小孩，就無法斷絕關係（彭懷真，1996）。同居分

手後，要面對的除了分手的情緒和調適之外，父權社會對男性和女性不同的性行為標準和道德要求也是另一個重要的課題。至於年輕者的同居生活，有人認為同居可以節省開銷，可以就近照顧，可以作為婚前準備等等，但是同居也帶來社會壓力，未婚或無心理準備下懷孕的可能性，未來結婚對象在意有婚前性行為的心理陰影等等。年輕如大學生，可能得多問問自己「我對可能發生的事都清楚嗎？」「我們有能力自己解決所有發生的事嗎？」千萬別只想到「我們都已經成年，為什麼不可以？」如果沒有把握，就不要衝動做使自己後悔的事！

（四）再定義式婚姻（renewable marriage）

夫妻在結婚前約定財產情形、健康情況、精神穩定性、婚姻紀錄、婚後的權利義務、家務分工、孩子扶養、金錢使用、時間運用等議題。如果雙方執行良好，就再加長婚姻年限，如果一方不符合約定，則終止婚姻狀況。但是這樣容易讓優勢的一方故意違反約定，離開婚姻。這樣的婚姻強調工具性，大大降低婚姻的情感性（彭懷真，1996）。

（五）試婚（trial marriage）

雙方雖沒有法定關係但實質上卻享有婚姻之實。有人在正式結婚之前，以此作為未來雙方是否能發展合宜親密關係的經驗測試（Goodman, 1993; 陽琪、陽琬譯，1996）。雙方強調家務的分工和性的約束（彭懷真，1996），但是他們並無法享受為已婚者所設計的法定社會福利，例如離婚後的贍養費、孩子沒有法律地位、扶養親屬寬減額、無法申請國民住宅、一方遭不幸時，另一方無權繼承其保險、遺產、福利給付等等（彭懷真，1996）。

（六）單身（single-hood）

單身又可分為選擇終身單身者、晚婚而暫時單身者、離婚而單身者、假性單身者（太太或先生長期在國外，例如俗稱的「內在美」、「外在美」；或遠

洋漁船船員）等四種。但這裡所指的單身乃指基於某些理念而自主性的選擇不婚，終身單身者。一般對單身者的刻板印象有兩種，「老處女」、「老光棍」的失敗者或優遊自在的「單身貴族」。把單身者視為失敗者的人多刻意規避他們，認為他們之所以單身是因為他們沒有適當的技巧及吸引力，或性方面有缺陷以至找不到伴侶（Goodman, 1993；陽琪、陽琬譯，1996）；把單身者視為優遊自在者，認為單身者生活有趣、多采多姿、自由時間多，而忽略了單身者要獨自面對生活壓力和單身心理寂寞調適的問題。其實，單身是成年人一種可以考慮的選擇或人生安排，但是，正像有一些人會在婚姻中適應不良、表現欠佳，也有不少人會在單身生活中適應的課題主要有四，第一，建立個人較佳的人際關係支持網路；第二，學習經濟的獨立；第三，心理獨處能力的培養；第四，性的獨立（彭懷真，1996）。

第二節　選擇結婚與擇偶

一、結婚理由

選擇結婚的理由，學者歸納出五項：(1)因為愛情，(2)因為友伴、現實和免孤寂，(3)因為性，含生兒育女，(4)因為經濟、安全的考量，(5)因為是該做的事，視結婚為戀愛結婚的最終結果（Knox, 1975；陽琪、陽琬譯，1996；羅惠筠等譯，1992）。

較常見且容易造成問題婚姻的結婚動機，約有下列七種（葉高芳，1980；陽琪、陽琬譯，1996；Goodman, 1993）：

1. **出於同情**：愛情和同情混淆不清，覺得對方可憐，或讓對方覺得自己可憐，非需要他不可，誤把同情當愛情。

2. **為逃避不愉快的原生家庭**：家中父母不睦或家中缺乏愛，想藉結婚逃離不愉快的家庭。

3. **因為無聊孤單**：有人以為解決孤單無聊最好的方法就是結婚，沒想到婚姻並不能醫治寂寞。

4. **一氣之下**：可能是反抗父母親或想報復前任男女朋友的負心，一氣之下閃電結婚，證明自己是有人愛的。

5. **受外界影響**：同年齡的大家都結婚了，或同時談戀愛的人都結婚了，就跟著結婚。

6. **為了性的需求**：可以在法律的保障之下名正言順的有性關係，但是光用「性」支持的婚姻並不穩固。

7. **為解除懷孕的困擾**：因為懷孕了，只好奉兒女之命結婚。結婚時機是被迫決定，結婚動機是不得已。

二、擇偶條件

對於想結婚的人而言，Kerckhoff和Davis（1962）認為以短期的伴侶來說，驅使他們關係往前邁進的動力是彼此之間相似的價值觀；而驅使長期伴侶發展更密切關係的動力是需求的互補。他們並提出「配偶選擇過濾假說」，認為發展成長期的伴侶關係必須經過四層的過濾和篩選，第一關是空間距離的接近，即有近距離空間相處的機會；第二關是人口變項的接近，即在學經歷及社會背景條件的接近；第三關是態度與觀念的相似，即個人認知和情感價值觀的相似；最後一層的過濾是需求的互補，在對方身上和彼此相處過程中能滿足自己某部分內在的人格或心理需求，例如，喜歡被照顧的人和一位喜歡照顧人的人結合，相互滿足「被人照顧」與「照顧人」的心理需求；例如，一個溫柔體貼但缺乏自信的人和一位容易欣賞讚美別人但對親密關係較不安全依附的人結合，滿足「被肯定」和「安全依附」的心理需求。

國內《張老師月刊》曾調查一般人選擇對象的條件，張德聰（1992）將之以A到I九個英文整理之：

㈠A（age and appearance）：年齡，別差太多。外表之端正程度及對自己

的吸引力。

(二) B（belief）：信仰及理念是否可相互接納？

(三) C（character）：性格或人格特質是否可相互合得來？

(四) D（direction）：未來的方向何處去？是否彼此一致？

(五) E（education and economic）：教育程度是否相配？經濟能否獨立？一般而言相差不要超過兩級以上。

(六) F（family）：家庭彼此的相配性和對方父母婚姻和諧與否？家人支持與否？

(七) G（growth history）：成長之歷史，因為可以幫助自己了解他。

(八) H（health and habit）：身心是否健康？有無不良習慣？

(九) I（intelligence and interest）：智能是否相配？興趣是否合得來？

表 10-1　人類在配偶選擇上的喜好

下列的數據係由對 92 對夫婦的調查中得來。研究者請他們評量在一婚姻中，希望另一半具有下列特質的程度，這個表顯示他們對各特質的平均評量結果。5 代表非常希望具有該項特質（very desirable），1 代表非常不希望具有該項特質（very undersirable）。

仁慈──體貼	4.56
仁慈、善體人意、忠實、體貼、誠實	
喜歡孩子	4.41
喜愛小孩	
隨和──適應力佳的	4.23
隨和，能事前做計畫，受他人喜愛，對道德、倫理具開放的心胸，適應力佳的	
社交能力好的	3.94
受人喜愛的人格，極佳的社交技巧，迷人的、社交的、有個人風格的外表	
藝術的──聰明的	3.83
有創造性的、藝術天分的、智性上具刺激性的、勇敢的、理想化的，與之談話是有趣的、聰明的、機敏的	
專心於家庭的	3.73
好家管、好廚子、儉省的	
職業地位	3.59
大學畢業、專業學位、良好的家庭背景、良好的賺錢能力	
宗教的	2.11
上教會的、對宗教不敵對的、有宗教性的看法	
政治上保守的	1.93
政治上保守的，不是政治上自由派的	

資料來源：羅惠筠等譯（1992），C. G. Morris 原著，頁 343。

三、台灣人認為美滿婚姻的主要條件

根據行政院主計處（2002）社會發展趨勢調查（表 10-2）顯示，全國人口認為美滿婚姻的主要條件依序是：

1. 互相信任、容忍、體諒。
2. 經濟基礎穩固。
3. 觀念、興趣相同。
4. 愛情。

可見愛情固然重要，但美滿婚姻的要件除了愛情之外，互相體諒、經濟基礎穩固與觀念、興趣的相同更加重要。

表 10-2　行政院主計處社會發展趨勢調查

項目別	總計	互相信任、容忍、體諒	觀念、興趣相同	愛情	經濟基礎穩固
總計	14,572	8,288	1,115	425	3,491
按地區別分					
北部地區	6,466	3,825	528	184	1,350
中部地區	3,559	1,935	273	104	954
南部地區	4,191	2,318	295	126	1,097
東部地區	355	209	19	11	90
按性別及年齡分					
20-24 歲	1,485	699	183	119	371
25-29 歲	1,554	806	185	94	352
30-34 歲	1,638	960	138	60	360
35-39 歲	1,780	1,103	119	43	400
40-44 歲	1,763	1,087	129	30	392
45-49 歲	1,614	959	98	26	416
50-54 歲	1,275	733	80	12	343
55-59 歲	785	448	45	11	198
60-64 歲	771	443	47	6	189
65 歲及以上	1,908	1,049	91	23	471
男	7,249	4,158	569	209	1,720
20-24 歲	699	322	86	62	170

項目別	總計	互相信任、容忍、體諒	觀念、興趣相同	愛情	經濟基礎穩固
25-29 歲	786	398	99	46	189
30-34 歲	818	476	74	27	183
35-39 歲	888	552	57	24	202
40-44 歲	868	547	64	13	187
45-49 歲	800	485	50	11	199
50-54 歲	634	376	38	5	167
55-59 歲	389	226	21	6	104
60-64 歲	377	221	22	3	89
65 歲及以上	989	555	56	11	229
女	7,323	4,130	546	216	1,772
20-24 歲	786	378	96	57	200
25-29 歲	768	408	86	48	163
30-34 歲	820	484	64	33	177
35-39 歲	891	552	62	19	198
40-44 歲	894	540	65	18	204
45-49 歲	814	474	48	15	217
50-54 歲	641	358	42	7	176
55-59 歲	396	222	24	5	94
60-64 歲	394	222	24	3	101
65 歲及以上	919	494	34	12	242
按性別及婚姻狀況分					
未婚	3,138	1,447	410	223	811
有偶或同居	10,033	6,131	623	185	2,278
離婚、分居或喪偶	1,402	710	82	16	402
男	7,249	4,158	569	209	1,720
未婚	1,772	815	225	121	467
有偶或同居	5,028	3,109	315	83	1,124
離婚、分居或喪偶	448	234	29	4	128
女	7,323	4,130	546	216	1,772
未婚	1,365	632	185	102	343
有偶或同居	5,005	3,022	308	102	1,154
離婚、分居或喪偶	953	476	53	12	274
按性別及教育程度分					
國小及以下	4,211	2,248	199	47	1,225

項目別	總計	互相信任、容忍、體諒	觀念、興趣相同	愛情	經濟基礎穩固
國（初）中、初職	2,241	1,286	147	50	587
高中（職）	4,152	2,386	322	152	992
大專及以上	3,967	2,369	446	175	687
男	7,249	4,158	569	209	1,720
國小及以下	1,727	930	85	19	499
國（初）中、初職	1,238	681	93	30	339
高中（職）	2,150	1,219	162	79	537
大專及以上	2,133	1,329	228	81	346
女	7,323	4,130	546	216	1,772
國小及以下	2,484	1,318	113	28	726
國（初）中、初職	1,003	605	54	20	249
高中（職）	2,002	1,167	160	73	455
大專及以上	1,834	1,040	218	95	342

資料來源：行政院主計處（2002），社會發展趨勢調查報告。

第三節　婚姻衝突與婚姻經營

一、婚姻生命波線

　　如同一個人，婚姻也有其成長波線或曲線，每一個婚姻階段有其不同的任務、內涵與意義，從婚姻生命波線（圖10-1）看，從新婚時你儂我儂的鍾愛期，到老來相伴的鍾愛期，兩個鍾愛期之間，經歷了幻滅期、憂苦期及覺醒期，歷時約二十五年之久。一切的婚姻波折大約集中在幻滅期及憂苦期之間，尤其婚後的六到十年之間，一方面孩子出生與教養的問題，一方面男性專注於工作事業，遂使雙方心結情緒叢生，雙方對婚姻的滿意度降至谷底，是婚姻最低潮的時候（賴瑞馨等，1997）。

　　家庭問題研究學者（Duvall, 1977），以「家庭生活週期」的概念，將家庭

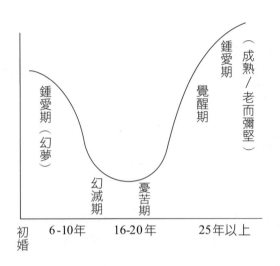

資料來源：修改自賴瑞馨等著（1997），頁 40。

圖 10-1 婚姻生命波線

生活各階段的變化分類，有意思的是，學者發現伴隨家庭生活週期的變化，婚姻滿意度也呈現一個 U 形的變化，新婚初期和兒女二十歲以後及子女離家後夫妻獨處時間增加，婚姻滿意度較高；而婚姻中期的婚姻滿意度最低，如圖 10-2。

　　圖 10-1 和圖 10-2 的曲線頗為相似，都在婚後約十年到二十年之間婚姻滿意度在最低潮時期。圖 10-2 區分出丈夫和妻子的不同，妻子的婚姻滿意度高的時候比先生高，低的時候比先生低，妻子總體滿意度波動的斜率比丈夫大來得大。

　　從以上的分析知道在家庭生命週期中，隨著週期的變化，婚姻滿意度也從剛開始的滿意，到中間的婚姻低潮，如果夫妻調適的好，方有可能再提高婚姻滿意度。因此，婚姻與愛情都是人生當中非常重要的親密關係，也都需要不斷的經營和一起成長來度過情感上的危機。

二、婚姻衝突因素排行榜

　　婚姻中，夫妻最常因為什麼事情發生衝突？學者 Knox 的研究結果發現依

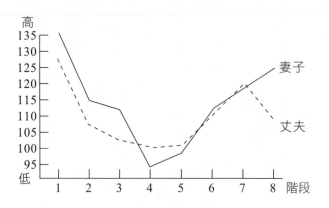

階段　1.無子女期　　　　　　　　　2.長子年齡低於 3 歲
　　　3.長子年齡為 3-6 歲　　　　　4.長子年齡為 6-13 歲
　　　5.長子年齡為 13-21 歲　　　　6.第一子女離家以迄最後一個子女離家
　　　7.子女離家至退休（中年婚姻）　8.退休至死亡

圖 10-2　家庭週期之婚姻滿意度

序是⑴金錢。⑵性。⑶姻親。⑷休閒。⑸朋友。⑹藥物濫用（煙、酒）。⑺宗
教。⑻孩子（Morris, 1990; 羅惠筠等譯，1992）。不過因為這是國外的研究，如
果運用到國內，還需考慮到文化差異的問題，可能在各項順序上會有所不同，
例如「孩子」這一項的排序可能會因中國社會文化較重視家庭內「縱向連結關
係」而在排序上提前。此外，關於性的問題，在男性主權的社會中，對男女性
道德與行為採雙重標準，導致太太被先生發現或知道有婚前性行為的事情，很
容易成為婚姻中隱形的不定時炸彈。

　　Morris（1990）整理了婚姻生活中所經驗到的問題的比例，如圖 10-3。許
多夫妻都認為婚姻中遇到的最大問題是溝通不良，而且發現對婚姻感到最不快
樂的妻子認為他們若與自己的先生談到個人深處的困擾，則不是遭到誤解就是
引起衝突（羅惠筠等譯，1992）。許多事件上的衝突，或可經由良好的溝通達
成共識，而不良的溝通卻容易在許多事件上產生不預期的衝突。夫妻間要有良
性的溝通，建議還是回到本書第五章對兩性溝通的特色做了解和心理需求的滿
足上，先潛心下一番功夫努力，加上不斷練習，來加強溝通的能力。

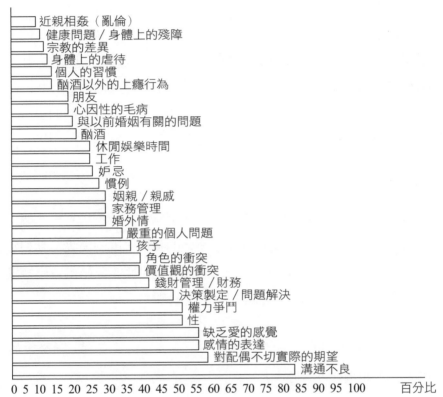

近親相姦（亂倫）
健康問題／身體上的殘障
宗教的差異
身體上的虐待
個人的習慣
酗酒以外的上癮行為
朋友
心因性的毛病
與以前婚姻有關的問題
酗酒
休閒娛樂時間
工作
妒忌
慣例
姻親／親戚
家務管理
婚外情
嚴重的個人問題
孩子
角色的衝突
價值觀的衝突
錢財管理／財務
決策製定／問題解決
權力爭鬥
性
缺乏愛的感覺
感情的表達
對配偶不切實際的期望
溝通不良

0 5 10 15 20 25 30 35 40 45 50 55 60 65 70 75 80 85 90 95 100　　百分比

圖 10-3　婚姻中所經驗到的問題的比例

　　什麼原因造成婚姻衝突？茲將 Goodman（1993）造成婚姻衝突的幾個因素，整理如下：

㈠**婚姻的親密本質**：婚姻讓兩個人緊密連結，自我的幾乎完全暴露，使得雙方都面臨必然的考驗。

㈡**對性別角色期望值的差異**：對於扮演先生或太太角色應該做的事，雙方的認知或實際行為不相同，也是衝突原因。

㈢**個人特質**：一個共同的生活空間，生活著兩個過去各有二、三十年不同生活歷史的人，在個性、生活習性上有所歧異，例如，一個從小被訓練從事社交活動，把家裡當經常性的社交場所，而另一個人較保守，卻喜

歡安靜的居家生活。

㈣成長速率不一：結婚之後，兩人還是繼續成長，不過可能成長的方面和速度不一致，而又沒有相互分享和交流自己的成長，造成婚姻衝突。

㈤社會環境的轉變：兩人對社會思潮和社會環境轉變的敏感性和因應可能不一致。例如，兩性平等的趨勢，男女兩性可能就有不同的看法，決策權的重新分配可能造成關係緊張或衝突來源。

三、婚姻的迷思

人們對婚姻有一些憧憬和理想是自然、無可厚非的，不過有一些關於婚姻的非理性想法，會像金箍咒一樣，限制了婚姻的彈性，限制夫妻互動和婚姻關係的經營。以下提供十個有關婚姻的十大迷思，提供將步入婚姻或婚姻觸礁的人們作為檢視和深思的參考。自己有以下的想法嗎？

迷思　　　　　　　　　　　　　　　　　調整後的想法

㈠我們將一起做每一件事。

㈡每一件事我們都有同感。

㈢你只對我，我只對你有興趣。

㈣我們將永遠享受在性愛與親密中互動。

㈤你會滿足我，我也會滿足你的所有需求。

㈥由於我所付出的愛的影響，配偶的惡習都改了。

㈦家中瑣事，很自然就運作自如。

㈧既然相愛，我們絕不吵架或衝突。

㈨婚姻中我們有很多完全相同的期望。

㈩我們的婚姻不像周遭人，它會是最美滿的。

〔迷思摘自：張資寧（1994），〈婚姻關係的十大迷思〉，《婚姻與家庭》，8 卷 6 期，頁 9-10〕。

四、外遇與婚外性關係

　　某以武打崛起的知名男影星，在大批媒體的追逐下，召開記者會說明自己與某名模特兒之間的誹聞，他說：「自己貪玩。」「做了全世界男人都會做錯的事。」他這樣的回答，引發男人與女人，及各種不同立場和經驗的人，各種各樣的情緒與反應，而外遇已是婚姻殺手的社會現象卻是值得關注的。

　　外遇是婚姻家庭的第一殺手（簡春安，1991），外遇也是最常發生的婚姻問題之一。它最簡單的定義是配偶中的任一方與第三者發生肉體關係（葉高芳，1980）。一般對外遇的探討並沒有將所謂「精神上外遇」列入探討範圍。小說、連續劇、電影對外遇問題都有所描述和探討，多以丈夫外遇為主要探討對象。現實生活中也以男性外遇較多，一方面是社會對男性與女性存在道德雙重標準，對男性的道德要求較低，這種情形下容易造成「男性有外遇不是什麼大不了的事」，於是有些男性因而洋洋自得且藉此炫耀（林惠雅，1992）。一方面是男性刻板印象作祟，強調男性要強、要有力、有競爭性，外遇讓某些有性別迷思的男生隱含中證明自己仍夠魅力，有辦法。時代在轉變，日本電影「失樂園」引起廣大的注意和討論，因為它反應新時代的外遇問題，外遇已經不是已婚男人的專利。

　　簡春安（1991）認為外遇的主要原因是「推與吸」的調適不當。即配偶對外遇者有推力，第三者對外遇者有吸力，當推力大吸力也夠大時，就形成外遇。至於推力和吸力是什麼？簡春安先生認為推力和吸力沒有界定的標準，重點在於雙方是否有足夠的敏感度知道自己某些行為對配偶是推還是吸？他同時將外遇的現象分為五階段：

　　㈠醞釀期：內心躍躍欲試的醞釀期。

　　㈡淺嚐期：瞞著配偶開始去做了，這是外遇唯一較刺激的階段。

　　㈢衝突期：事情曝光，浮上檯面，產生較大情緒或衝突。

　　㈣無奈期：配偶冷戰、無奈的接受另一半有外遇的事實。

㈤決斷期：一方或雙方決定結束原來婚姻，決意與第三者結合。

這五階段並非一成不變或一定從第一到第五階段，每一階段維持的時間也不一定相同，會因個案的狀況有不同特質和現象，這五階段只是作為了解的參考。

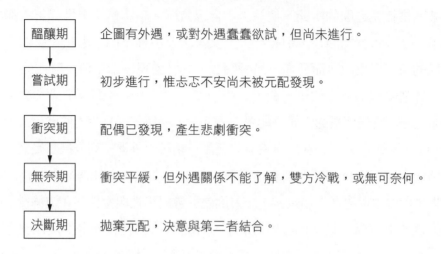

醞釀期	企圖有外遇，或對外遇蠢蠢欲試，但尚未進行。
嘗試期	初步進行，惟忐忑不安尚未被元配發現。
衝突期	配偶已發現，產生悲劇衝突。
無奈期	衝突平緩，但外遇關係不能了解，雙方冷戰，或無可奈何。
決斷期	拋棄元配，決意與第三者結合。

資料來源：簡春安（1991），頁 98-99。

圖 10-4　外遇的階段分析圖

至於未演變成外遇的婚外性關係，有些是娛樂導向的性關係，一般研究人員都同意丈夫婚外性關係的比例高於妻子，男性婚外性關係的行為隨年齡而遞減，但是女人卻是在婚姻的中期，約三十六歲到四十歲達到高峰（Kinsey, 1953）。男人的婚外性關係多基於肉體的吸引力和好奇的心理，女性通常尋求的是柔情與溫馨，少數的人是因為反叛或報復配偶所犯的錯誤（陽琪、陽琬譯，1996；Goodman, 1993）。

Gilligan（1993）認為女性是以關係做為自我感覺的核心。妻子在婚姻中特別重視與丈夫的關係，並渴望兼顧與娘家的往來。為了維繫這些關係，也使妻子倍感壓力；有些妻子單方面的付出，卻得不到相對的回饋。尤其丈夫希望雙方能有共同的目標與興趣時，自己卻顧著為家庭付出而成了丈夫的牽絆，也就是彼此有落差，使妻子以為在婚姻中不斷地為丈夫家庭付出，而卻事實上沒有

關照到自己。

又因為妻子在婚姻關係中，已付出很多愛，所以在丈夫外遇後不願投入多年的情感付之流水，都願意去諒解；因為妻子有較多的依賴，發現丈夫外遇後，會產生無助與害怕，會擔心未來如何面對生活，所以有些妻子只好順從丈夫的意願，容許婚外情的延續，甚至退居在小老婆之後。

需要省思的是妻子不要自責而承擔一切的錯誤，可以試圖去發現可以挽救的方法，努力嘗試使丈夫與太太間的差距不會太遠，給雙方起碼一次的機會，如果又有小孩，也是要努力再嘗試有無轉圜的餘地。

但當做了很多挽救的嘗試，而不能拉回丈夫的心時，妻子可能會為離婚與否而內心交戰不已，若已對這段關係絕望，此時若能搬離丈夫，對心境的調適會比較有幫助。願意相信時間有辦法令自己的傷痛痊癒，社會情緒性的支持團體對穩定妻子的心情有很大的幫助，除能讓妻子情緒調整，也幫助他們面對未來，重整人生。

五、姻親與婆媳問題

有人說：「當你看到配偶一個人時，其實他背後站了一群隱形的人。」有人更露骨地說：「當配偶上床時，其實總共有六個人在床上，妻子及他的父母，還有丈夫及其父母。」這都鮮活的點出婚姻關係無法脫離姻親關係的作用和牽繫。新婚者的婚姻滿足與姻親的支持成正面的相關性，再婚者比較少求助於父母及姻親，所以他們的壓力程度也較高（Kurdek, 1989），但姻親每週來訪多於一次時，則新婚者的婚姻滿足度降低（Holman, 1981），當配偶婚姻有問題時，姻親的介入干涉往往會促使事態更趨嚴重，相互批評的對象變多，演變成兩個家庭系統的衝突（藍采風，1996）。

在傳統中國社會裡，家庭制度發展的主軸是以父子縱向的關係為主，而輕夫妻橫向連結。過去，要求和教育女人要「在家從父，出嫁從夫，夫死從子。」現在，明顯的已經不那麼「三從」，但不可諱言，還是受傳統文化某程度的影

響。婆媳關係也是其中一個好例子。婆婆和先生是縱向關係，先生和太太是橫向關係，一個要從夫一個要從子，當「夫」與「子」是同一個人，加上婆媳「掌家的權力」分配爭奪，婆媳問題難免就產生。

根據調查，一般而言，最容易導致婆媳關係陷入緊張狀態的事件是：對第三代的管教觀點不一，及婆婆與媳婦對於「掌家」有各自的看法和方式。由於兩人各有其社會背景、生活型態、生活習慣，加上兩人之前並無共同生活的經驗，成為一家人之後，婆婆用她的「掌家」標準來期待媳婦做到，媳婦以自己原本所學到和順手的方式來達成「掌家」的功能，這一來一往之間，就有許多「看不慣」的情緒。怎樣消極避開或積極降低婆媳問題，是「婆」與「媳」關心的事，也是夾在中間左右為難的「先生」所關心的。解決姻親或婆媳衝突的方法，第一步是認明問題的所在，第二是面對面與姻親澄清雙方對問題根源的看法，第三是先按耐情緒。記得下面幾點原則（藍采風，1996）：

㈠互敬：試著了解對方的觀點，非將心思放在「拒絕」與「被拒絕」的焦點上。

㈡針對真正的議題：姻親衝突的真正議題常被埋在爭吵的面具底下。婆婆不高興媳婦外出上班，婆婆真正的擔憂是職業婦女可能太累，延誤生理時間，而造成不孕；婆婆等不及成為祖母才是真正的議題，而不是媳婦的早出晚歸。

㈢尋求同意之點：對問題本身或許有相同目標，常因衝突而被忽視。經過平心靜氣討論，這些相同觀點或目標會逐漸浮出檯面。

㈣共同尋求解決問題之道：衝突的雙方應將經歷放於如何尋求解決問題之道，而非如何攻擊對方而鑽牛角尖。

㈤對等的原則：姻親是兩個對等家庭，不應夫家比娘家重要，如此的界限是很不幸且需要調整的觀念。

㈥對於婆媳關係的最好忠言是，忍耐、真誠與有禮貌，雙方都愛同一個人，為了他，好好誠心以待吧！

大多數的姻親研究都偏於負面關係，所以人們容易誤以為姻親關係多所衝

突，其實，許多已婚者能享受他們與姻親之間的熱誠與友善的關係，他們設法公平安排雙方家長的拜訪與協助，姻親亦在金錢、孩子的照顧與家務的料理上提供協助（藍采風，1996）。

姻親關係是一個動態關係，包括人際互動的正面（互助）與負面（角色衝突），如何面對和處理姻親關係，專家建議（藍采風，1996）：「建立界線與領域」。每一對夫妻其實屬於三個家庭，即「我們」、「我的」、「他的」，不是依附於我的家庭，也不離自己的家庭太近，而以我們的家庭優先，且與雙方家庭維持等距，如此，即不失去「自我」，又能與父母／姻親們維持親情。

婚姻是人生及生活價值的選擇，美滿的婚姻是共同理想的追尋，既然選擇婚姻，應給自己機會去努力和學習經營一個美滿的婚姻，也承認不同的兩個人要一起過親密的生活是需要調適和學習的過程。婚姻需要夫妻雙方彼此相互持續的經營和調適，從婚姻中所經驗到的問題比例（圖 10-3），可知良好的溝通對優質婚姻關係的重要性，如果說溝通是良好婚姻的基礎和關鍵也不為過，夫妻雙方透過溝通可以分享彼此的喜怒哀樂、理想與恐懼、建立共同目標和維持心靈的交流。不能因為是夫妻，所以忽略了溝通的心理需求和必須性；因為是夫妻，是生命的共同體，更應該注重溝通。夫妻溝通除了注意口語溝通和非口語溝通的要領之外，肢體語言的表達是很重要。在維持一個家的共同前提之下，做自我表達和當一位好的傾聽者，對於歧異，是面對問題採取處理的措施，而非爭論輸贏。

六、權力與決策

在女權運動的發展下，有關婚姻中權力的相關研究相當多。所謂「權力」（power），最多學者所引用的定義是，個體在社會的關係中，執行自己意願的能力（黃迺毓、林如萍、唐先梅、陳芳茹，1995；McDonald, 1980），或是在他人的抗力下仍能達成其目標的一種能力（Goodman, 1993）或個人影響他人及拒絕他人影響的能力（Rice, 1990）。在婚姻關係中的這種權力，Clayton（1979）

稱之為婚姻權力（conjugal power）（Goodman, 1993）。婚姻中擁有較多文化背景資源、社會資源或個人資源的人，就擁有較多的權力，擁有較多權力的人就掌握了婚姻中作決策的主導權。文化背景資源有：父系威權傳統或母系威權傳統；社會資源有：教育程度、年齡、職業、地位等；個人資源有：外表吸引力、人際能力、個性等。

一項對一般夫妻的研究指出平權關係的夫妻有較穩定及滿意的婚姻（Walster, Walster, & Berscheid, 1978），可知夫妻之間的決策權分配不是固定不變的，每對夫妻或家庭，因其個人、家庭及社會、文化、環境的不同，其最佳的決策權分配亦將有所不同（黃迺毓等，1995）。而選擇一項最適合的權力分配方式非但能滿足家庭成員的需求，更會增加婚姻滿意度及穩定性（Rice, 1990）。國內在逐漸發展的兩性平等趨勢下，兩性在文化、社會和個人資源的擁有上，愈來愈相當，婚姻中如果能因家庭、個人等因素作考量，作決策也非由其中一個人全面全程主導，而是隨著家庭發展及個人特質作調整，相互尊重和參與過程，那麼，兩性平等就不再只是口號和呼籲，而是生活中的實踐。

七、家事分工

過去多數人對於家事仍持有傳統性別角色分工（男主外，女主內）的觀念，家事理所當然屬於女性的職責所在，也就無所謂家事分工的問題。然而，隨著女性就業人口的增加及受教育程度的提高，女性肩負外出工作及內在家事的雙重壓力下，呈現出傳統依性別角色分工的不平等，開始浮現出家事需要分工的問題（黃迺毓等，1995）。

關於家事分工的理論主要有三（黃迺毓等，1995）：

㈠時間可利用論（新家庭經濟理論觀點）：以經濟學的概念來理解，時間是有限的，當一個人外出工作所得大於家務工作產出時，則外出工作時間較長；反之，較短。這樣比較符合經濟效益。外出工作的每單位產量是決定家務工作及外出工作時間分配的主要原因。

　　㈡**理念型態論（符號互動論觀點）**：認為個人的觀念型態是影響家事分工的主要原因。傳統上「男主外，女主內」的觀念是主流，所以家務仍大部分由女性負擔。

　　㈢**資源論（交換理論觀點）**：認為具有較多資源的一方有較大的協商能力能影響他人的家事工作時間。擁有較多資源的一方往往可利用資源優勢要求另一方提供相對的資源（家事的勞動）以補足不平等的關係，維持平衡，故資源較小的一方，需花較多時間在家事工作上。

　　許多研究指出，雙生涯夫妻（dual-career couples）的家事分配是其家庭生活中面臨的最大問題（Hochschild, 1989; Rice, 1979; Yogev,1983）。對多數的雙生涯夫妻而言，如果對其家事工作的分配不滿意，那麼對婚姻也多半不是那麼滿意（Yogev & Brett, 1985）。而雙薪家庭及單薪家庭的比較研究（Yogev & Brett, 1985）也發現，不論夫或妻若感到配偶做的家事較自己多時，其婚姻滿意度亦隨之增加。故家事分擔的確會影響多數家庭的婚姻滿意度（黃迺毓等，1995）。

八、婚姻與性

　　大多數人認同「性」在婚姻中有其相當重要性，早期和近來的研究都顯示這樣的結果，年輕的夫妻比年長的夫妻性行為的頻率高；婚期短的夫妻比婚期長的夫妻性行為頻率高（陽琪、陽琬譯，1996；Kinsey,1948,1953; Blumstein & Schwartz, 1983）。Frank 和 Anderson（1980）對夫妻性行為頻率的遞減做調查研究，對這問題有一個綜合性的結論，他們發現婚姻中的性有三個明顯的階段（Goodman, 1993）：

　　㈠**早期的滿意期**：此時新婚期的性，充滿了愉悅與滿足，頻率也高。

　　㈡**中期的壓力期**：婚姻中期因生活經濟上的種種壓力，使得性行為的頻率和愉悅感減退。

　　㈢**晚期的平靜期**：性行為頻率明顯減少，滿意度也下滑，大多數老年人不再視性為重要的事，所以對這樣的減退現象也不致感到沮喪。

　　大多數的已婚者表示自己有性幻想，認為性幻想有助於引起興奮並達到高潮。不過，妻子的性幻想比丈夫的多了浪漫的色彩（陽琪、陽琬譯，1996；Goodman, 1993）。

　　有人認為婚姻可以使人自然而然了解性的奧秘，以及取悅自己與性伴侶的方法，這是不確實的，其實，性關係的相處與協調是需要學習的，用心去了解彼此身體的敏感部位及感受，性的滿足有賴雙方共同參與。在西方有性治療手冊，幫助夫妻克服性功能障礙，也就是行為治療法，並幫助夫妻安排課程，引導病人夫妻學會誘導和激發性愛的感覺。人的性活動受到環境、道德、工作、生理各方面因素的壓抑，故在性治療中，講究的是解除心理上的負擔，且作技術指導放鬆，愛是性的最佳春藥，愛是性活動的原動力（文榮光，1993），當性關係不協調時，可能應先著重改善婚姻關係品質。此外，性生活上的平權，雙方皆有相等的權力採取主動或拒絕的夫妻，在性生活較愉快，性滿意度也較高（Blumstein & Schwartz, 1983）。

九、台灣夫妻的情與義

　　根據《張老師月刊》1987 年 4 月的調查結果，發現傳統愛情與婚姻中夫妻之間的「許諾」占據相當大的位置，認為平穩安定即是幸福。許諾靠許多重要條件的支撐，才能建立。在中國人的「許諾／承諾」的安全系統中，包括四個重要條件：物質支持、精神支持、遵循對方的期望，及願為對方改變。在婚姻中，前兩者為「枝」，物質支持包含經濟能力、工作穩定、房子、擁有價值的東西、做家事等；精神支持包括信任、可靠、安全感、誠實、坦白等，它與物質支持相輔相成，奠立安全體系的基礎。後兩者為「葉」，願意為對方犧牲奉獻，跟著對方一起去某地方居住或做事，即使所去的地方或所做的事與自己的興趣並不投合，但願意改變和順著對方的期待。

十、夫妻相處之道的建議

　　中國有句諺語說：「這世上只有兩個好男人，一個已經死了，另一個還沒生出來。」西方人也有類似的笑談：「只有瞎了眼的老婆和耳聾的丈夫是最快樂的一對。」可見夫妻的相處，是多麼不容易的事情，中西皆然。記得有一個電視節目訪問結婚五十週年的金婚夫妻，問他們「夫妻相處之道為何？會不會吵架？」有人回答：「我們從未吵架，相互吞忍（台語）是最重要的。」也有人回答：「我們吵了五十年了，不吵架不叫做夫妻。」也有人回答：「先約定好不准談離婚，然後痛快吵一架。」夫妻如何相處，看來是各有心得和法寶。

　　綜合學者專家對夫妻相處之道的研究和看法，提出五項建議供參考：

　　㈠**獨立成熟，建立屬於自己的家庭**：有人夫妻吵架，會回去找父母兄長幫忙解決，當然父母兄長的智慧經驗可以給很大的幫助，但是他們的過度介入，可能擴大衝突和摩擦。他們的智慧和經驗可以討教，並藉助他們的智慧經驗揣摩出適合自己的解決問題方式，不要依賴父母，試著雙方以成熟的學習態度來共同解決問題。

　　㈡**無條件支持對方，願當對方心理上最大支柱**：傾聽和體諒，彼此接受和包容，多體貼，傳遞關懷，讓對方有被愛的感覺。

　　㈢**學習積極正向的溝通技巧**：夫妻日常生活所遇到的種種事情，都必須藉著彼此溝通來達到共識和處理，許多有關婚姻適應的研究都一致認為，「有優良的溝通，才有成功的婚姻」。現代雙生涯夫妻忙於工作，常因工作的疲憊，家事的忙碌，小孩的生活，打理瑣事，而變得沒耐心，沒有時間用心溝通，使得感情愈來愈薄。因此學習積極正向的溝通技巧，學習用心聆聽，以開放、懇切的態度，聽懂、聽完、聽出對方真正的感受，然後以情感為焦點，以事件為主軸，正面表達自己內心的意思，如此，讓雙方都感受到「談話是一件愉快的事」，那麼夫妻感情要不好也難。

　　㈣**建立個人角色目標及家庭共同目標**：夫妻共同設立家庭目標，使家庭生

涯可以發展，生活有指標，有共同理想。並了解彼此的角色目標，給予鼓勵和支持，雙方協同成長。

㈤**經營生活情趣**：常有情人的氣氛，創造單獨相處的浪漫談心時間，愛的形式會改變，讓對方知道自己的需要，傳遞愛的訊息。

另外，幾個伴侶相處細節的觀點，也提供參考：

㈠吵架時，要坐在丈夫腿上（或抱著太太），如果做不到，起碼要拉著她（他）的手，沒有吵出結果不可以站起來（放下來）。

㈡睜一隻眼找優點，閉一隻眼找缺點。

㈢常照照鏡子，看看自己是不是由一個體貼的先生（太太），變成冷漠的陌生人。

㈣計算一下自己這個月說了多少次「人家的先生（太太）都……好，你都沒有……」。其實，可以表達自己的需求和意見，「我很想、我很喜歡或我希望能……」，但別拿別人來比。

㈤最後要回答：「你的配偶有幾顆蛀牙？」「穿幾號鞋？」「身分證字號是多少？」「當今政壇他（她）最欣賞誰？」「如果有機會跳槽或生涯轉換，他（她）會去做什麼工作？」「怎樣的事情會讓他（她）想抓狂或樂得作夢也會笑？」「什麼是他（她）兒時最快樂的回憶？」這些問題的答案，自己都知道嗎？自己了解他的身體、心理、情緒和生涯的歷史與願望嗎？

第四節　婚姻的分手

一、分居

分居大略可分為兩種，一種是因夫妻工作地點不同，而分居兩地，例如，一個在台北，另一個在高雄；或一個在台灣，另一個在美國或大陸。另一種是

因為夫妻情感不佳，而分居，或將分居視為步向離婚過程中的一個步驟。實務工作上發現，因工作地點不同而分居兩地的夫妻雖有「小別勝新婚」的優點，卻在需求滿足的及時性上和心靈交流的分享上較不容易。情感不佳而分居的積極作用是讓彼此有一段實際空間和心理情緒的距離，冷靜下來，可更客觀地看清楚婚姻出了什麼問題，如何處理對雙方及小孩最好；但是不擅用積極功能者，在分居的時間裡並沒有對這段出了問題的婚姻有所省思和轉換為正向的學習。有的長期維持分居的型態，想讓孩子在名義上有一個完整的家，但實際上，孩子仍是過著分居家庭的生活型態，對孩子心理上的影響不見得如想像中小。讓孩子了解父母分居是父母之間的事，不是孩子的錯，分居不表示父母不愛孩子。

二、離婚

　　國內晚晴協會指出台灣人離婚年齡已呈現兩極化的趨勢，一是剛結婚不久就鬧離婚，其中三十歲到四十歲是第一高峰。一是老年人鬧離婚。離婚求助諮詢問題以如何離婚占第一位，子女監護權及探視占第二位，財產問題則是第三（《聯合報》，2000 年 1 月 23 日）。

　　離婚率的算法很多，各種研究提出來的數據或多或少有一些出入，但離婚率的增高卻是共同的事實（簡春安，1991）。目前的結婚和離婚對數比約是四分之一，即四對結婚者之中，就有一對離婚。婚齡一到二年及十年到二十年離婚最多，原因是結婚初期要彼此適應和產生衝突摩擦的事最多，而且可能沒有小孩的羈絆和考量，會比較容易提出離婚。結婚十年到二十年離婚者，一方面是孩子已經較懂事和較能獨立，一方面是努力這麼長的時間，卻不見改善，覺得已經夠了，而決定離婚。

　　離婚的原因，從表 10-3 國外第一次婚姻失敗的主因和表 10-4 與離婚有關的背景因素（羅惠筠等譯，1992）這兩種經驗來看，被認為是婚姻中最常經驗到的溝通問題排行第十，不是婚姻失敗的主因，而婚姻失敗的直接導火線是婚外情，不過卻不能排除這十三項因素之間的相關性和相互作用性。相對於婚前的

表 10-3　國外第一次婚姻失敗的主因

	被列在首位的次數（N）	（次序）	總共提到的（次數）	（次序）
婚外情（通姦）	168	⑴	255	⑴
彼此不再相愛	103	⑵	188	⑵
情緒上的問題	53	⑶	185	⑶
財務上的問題	30	⑷	135	⑷
身體上的虐待	29	⑸	72	⑻
酗酒問題	25	⑹	47	⑼
性方面的問題	22	⑺	115	⑸
姻親問題	16	⑻	81	⑹
忽視孩子	11	⑼	74	⑺
溝通問題	10	⑽	18	⑾
太年輕結婚	9	⑾	14	⑿
工作衝突	7	⑿	20	⑽
其他	7		19	

資料來源：羅惠筠等譯（1992），C. G. Morrisy 原著，頁 361。

表 10-4　與離婚有關的背景因素

教育程度	教育程度愈低，離婚率愈高
職業地位	低社經階層的人較專業人士之離婚情形為普遍
家庭背景	在不愉快家庭及／或離婚的家庭下成長的人有較高的離婚率
種族背景	在所有教育及職業程度中，非白人的婚姻較白人的婚姻更有離婚的傾向
宗教	不上教堂的人有較高的離婚率
婚前交往的時間	婚前交往時間短的夫婦，離婚率較高
結婚時的年齡	在十多歲即結婚的人之離婚率非常高
與離婚率無關的因素	異族通婚、不同的信仰、婚前的性經驗、配偶間年齡的差距

資料來源：羅惠筠等譯（1992），C. G. Morrisy 原著，頁 361。

分手原因，離婚有更多社會經濟因素，例如姻親問題排行第八，孩子問題排行第九，經濟財務問題排行第四。美國學者 Norton 和 Miller（1992）研究美國社會高離婚率的主因有十項：

(一)年齡太輕，尤其以不滿二十歲即成婚者最明顯。

(二)從認識到結婚期間太短，以不到半年最明顯。

(三)父母的婚姻不快樂。

(四)親友明確表示不同意這段婚姻。

(五)家庭、社會、經濟、受教育背景明顯差異。

(六)宗教信仰不同。

(七)有輟學經驗的。

(八)未能建立良好的社會參與。

(九)對丈夫和妻子的角色認定有歧異。

(十)社會連結較差。

離婚的過程不僅僅是一個法律行動，並且涉及一連串的心理、經濟和社交上的過程。人類學家 Paul Bohannan（1971）將離婚的過程分為離婚六部曲（six stations of divorce）（Goodman, 1993; 陽琪、陽琬譯，1996；彭懷真，1996）：

(一)感情上的離婚：雙方在心理上已經不再投入於婚姻關係上了，缺乏互動，不再互相調笑，不再互相提供情感上的支援。

(二)法律上的離婚：採取法律程序以結束婚姻，採取法律程序的過程也會造成情緒的不悅和波動。

(三)經濟上的離婚：經濟財務上的處理和分配，除了財產本身的價值，還連帶有感情因素，共有財產的處理和是否能確實均分，都再度引起情緒上的波動。

(四)親職身分的離婚：在有子女的家庭中，至少需考慮到第一，離婚對孩子的心理、經濟和社會性的問題影響。第二是監護權的問題，誰獲得監護權，未獲監護權者有何會面權？

(五)社交生活上的離婚：離婚，也將改變當事人的對外關係，姻親關係都已

結束，但感情上的聯繫可能存在。雙方共同的朋友往往面臨不知應與哪一方繼續來往，或話怎麼說的窘境，尤其離婚雙方有嚴重衝突者為甚。

㈥心靈上的離婚：離婚使得彼此由依附改為獨立，雙方必須各自建立自信與自主的生活，這種轉變通常會造成心靈和情緒上的震驚、否認、憤怒、沮喪，到最後能自行承擔。

離婚後最常有的感受是什麼？Buehler和Langenbrunner（1987）對八十位離婚者調查他們離婚之後最常感受到的是什麼，其中有十一項是85%以上的受調查者共有的感受，依排序陳述如下：

㈠我覺得自己是一位有價值的人。

㈡我覺得自己成長及成熟了。

㈢我鬆了一口氣。

㈣我覺得與子女更親近些。

㈤我覺得更有自信。

㈥持家的負擔讓我感到困難。

㈦我對前配偶感到氣憤。

㈧我有不安全感。

㈨我的休閒活動增加。

㈩我感到憂鬱。

(十一)家務及日常生活規律改變了。

Colburn、Lin和Moore（1992）所做的離婚調查經驗中，曾以開放式問卷問離婚者：「你離婚之後，發生在你身上最好的事是什麼？」資料顯示有性別差異，男女有不同的感觸。

男性認為：

㈠發展另一關係。

㈡自由。

㈢改變自己。

女性認為：

㈠改變自己。

㈡穩定。

㈢發展另一關係。

㈣自由。

㈤獨立。

由以上研究結果發現，離婚經驗有正面感受，也有負面感受；離婚經驗的感觸男女有所不同。類似婚前的分手經驗，分手者可能同時在不同階段會有正面及負面感受；男性與女性對於親密關係的改變，體悟有所不同；「獨立」同時出現在分手後及離婚後女性的重要感受之中。

離婚後的調適期，平均而言，較分手後的調適期長，女性約三年到三年半，男性約二年到二年半（Wallerstein & Blakeslee, 1989）。對離婚者的一項研究調查發現，受調查者認為以下的活動對離婚後的適應有幫助（Colburn, Lin, and Moore, 1992）：

㈠與親友保持聯絡，維持有助益的社會資源網路。

㈡約會。

㈢投入更多的精力於工作。

㈣學習獨居。

㈤與子女分享感觸。

㈥旅行。

㈦改變髮型與衣著。

㈧安置新居。

㈨電影。

㈩找到工作或開始新的生涯。

(十一)作預算及學習財務管理。

離婚後較能成功適應者，有以下的特色（Wallerstein & Blakeslee, 1989）：

㈠增加對每日生活起居的管理能力。

㈡發展自我。

㈢認為離婚是成長的機會。

㈣不依附於傳統的角色定義。

三、再婚

以前再婚者多是喪偶的人，隨著時代的社會變遷、經濟發展和價值觀的多元化，現在離婚後再婚的比率愈來愈高，也日漸獲得認可。依美國國家健康統計中心的統計數字，約有四分之三的離婚者會選擇再婚。茲將再婚的相關現象，描述如下：

㈠多數離婚者在三年內再婚，再婚間隔平均數是七年。

㈡除了受過大學教育的女性之外，一般再婚前的戀愛期比第一次婚姻的戀愛期短。

㈢年輕的離婚者比年長的離婚者更容易再婚。

㈣離婚的男性比女性更易再婚。

㈤男性的社會階級愈高，再婚的可能性愈高；女性社會階級高者，再婚的比例卻低於社會階級低者。

㈥離婚女性若沒有工作，或是對自己工作不滿意者，較易再婚。

㈦再婚的穩定性低於第一次婚姻，尤其雙重再婚者（double remarriages），即雙方都曾有離婚經驗者，有較高的離婚率。

㈧一般初婚或再婚夫妻之間初期的快樂感覺並無太大差異（Goodman, 1993）。

如同離婚是一個漸進的過程，再婚也是，Goetting（1982）援用 Bohannan（1971）的離婚六部曲來闡述再婚的過程，大致把離婚的六階段反轉過來，次序上因個別案例的不同有所更動，即感情上的再婚，心靈上的再婚，社交生活上的再婚，親職角色上的再婚，經濟上的再婚和法律上的再婚（陽琪、陽琬譯，1996）。

再婚家庭除了有一般家庭生活週期各階段的壓力之外，比一般家庭有更多

特殊的壓力，例如，繼父母與繼子女之間的錯縱關係，繼父母與親生父母之間的錯綜立場，無血緣關係的手足之間所產生的緊張，家庭成員間以往經驗的分歧，角色的重行組合等等。

繼父母的確難為，但此類家庭的增多，加上人類追求幸福感的原動力，使發出著如何把再婚家庭複雜角色扮演好的需求聲音愈來愈大。專家（Goodman, 1993; 彭懷真，1996）有幾項原則作法上的建議：

㈠**團結**：但是要有心理準備，一般需要經過三年至五年，才能發展出原家庭所擁有的團結一致性。

㈡**付出時間**：這是建立良好親子關係的必要途徑，孩子們要有足夠的時間來調適發生在生活中的重大變化。也承認自己需要時間，有耐心的去面對新空間、新角色、新情緒。

㈢**溝通**：溝通是建立新關係與發展親密關係的關鍵過程，新的家庭型態需要更多的溝通，溝通的重點在於了解對方和接納個別差異。

㈣**維持疆界**：家庭成員間的責任義務有共同的認知與行動，家庭成員和前夫妻或外在的姻親之間的疆界要清楚。

㈤**感情與角色的困惑與重新定位**：再婚的新局面，角色換人，情感是否要去建立，使「忠誠」成為一個令人矛盾與困惑的感覺，大人小孩都需時間去學習找到新的積極舒適的定位。

㈥**公平對待所有子女**：父母須時時提醒自己，且須公開的與子女溝通。

㈦**同意尋求外來奧援**：如果有必要，承認自己需要幫助，藉助專家或團體的協助，因應再婚家庭的困難。

四、喪偶

配偶死亡的壓力在壓力表上是最強烈的程度（Kagan & Haveman, 1980）。這種強烈的壓力會影響到肉體與精神狀況，導致喪偶者極高的死亡率（Lynch, 1977）。年輕的喪偶者很可能再婚。年長的喪偶者中，男性再婚的比率高於女

性（Goodman, 1993）。鰥夫所遇到的困難是悲傷情緒表達的不易，還有無法照料自己，寡婦面臨的困境是經濟困難。喪偶使得喪偶者被迫回復到單身生活，對許多喪偶者而言，最主要的心理困擾就是寂寞，覺得自己被遺棄、沒人愛，也沒有愛的對象，有人因此消沉下去，有人變得脾氣比較大。要因應這種心理的變化和感受，最重要的就是重新調整日常生活活動和調整心理上的重心，表達自己的悲傷情緒之外，也擴展社交生活圈，建立有用的支援系統，及從事社會服務公益義務工作等，有研究指出從事公益服務工作，有效地提高老年人的生活意義感。

第五節　家庭暴力

一、家庭暴力

　　家庭暴力是嚴重的犯罪行為，「家庭暴力不再是家務事，而是國家大事。受到家庭暴力，不是丟臉的事，自己不需要躲在角落默默承受。如果自己繼續忍耐，結果只是繼續挨打，解決不了問題，自己無辜的孩子，在暴力威脅當中，不會有健康的身心，也不會有健康的成長。」這是一段內政部《家庭暴力宣導手冊》中的話，點出了家庭暴力對人身心傷害嚴重性和面對此問題的重要性。

　　家庭暴力可以廣泛的包含八大範圍（Gelles, 1995）：兒童虐待、兒童性虐待、殺害兒童、約會暴力、配偶虐待、殺害配偶、虐待老人以及隱藏暴力（hidden violence）。根據劉秀娟（1996）對暴力的定義可分為廣義與狹義兩個層面：所謂狹義的定義是指受虐者遭受刻意的身體性攻擊所造成的傷害；而廣義的暴力是指故意或刻意造成他人身體上的痛苦或是傷害的行為。家庭暴力是指發生在家庭成員的虐待，其對象可能是成人或是小孩。

　　根據「家庭暴力防治法」第二條的定義「本法所稱家庭暴力者，為家庭成

員間實施身體或精神上不法侵害之行為。」用較通俗的話說，家庭暴力法保護的對象涵蓋了兒童、手足、配偶（前夫妻、同居人、男女朋友、同性伴侶）、老人、父母親等家庭成員；暴力的方式包括口語、肢體、性、精神、經濟及財務等方面。因此，家庭成員間各種方式的暴力，都適用家庭暴力防治法，例如夫妻間的強暴是配偶間性暴力，是家庭暴力；家庭內的上對下的性虐待是俗稱的亂倫，是家庭暴力，也是性侵害的行為；對家中老人的精神虐待，也受家庭暴力防治法的規範和保護；婚姻暴力，包括身體、精神、語言和性的暴力，是家庭暴力，法律上皆被視為暴力事件來處理。

家庭暴力的產生與施暴者「權力」和「控制」的需求，有相當大的循環關係，如圖 10-5（財團法人現代婦女基金會，1997）。最內圈是權力與控制的心理需求，中圈是暴力的手法，用這些手法來滿足控制和權力的心理需求，最外圈是暴力的表現行為。

暴力也有其週而復始的循環現象，Walker（1978）提出「毆打事件的循環理論」，用以解釋婚姻暴力的動力學，他認為毆打事件的循環有三階段（黃迺毓等，1995）：

㈠緊張建立的階段，施虐者少量的毆打，而受虐者順從，以避免對方的憤怒，但毆打次數逐漸增加。

㈡激烈的、連續不斷的暴行階段，施虐者爆發激烈的暴行，有些受虐者有時引發暴力發生，以便快快結束它。

㈢激情的愛、溫柔和痛悔的階段，施虐者說將放棄酗酒，不再與別的女人約會，誠意動人，送花探病，受虐者相信施虐者已經變好了，但不久之後，愛的行為消失，少數的毆打事件又起，循環又再開始。

後來，擴充為四期 （黃迺毓等，1995），從衝突出現，關係緊張的壓力期，到雙方交戰的爭執期，再到一發不可收拾的虐待暴力期，最後施暴者會一再抱歉，竭盡所能示好，回到蜜月期，然後醞釀製造下一個暴力循環。如圖10-6。最能有效制止暴力發生的時期在第一階段的壓力期，一旦暴力發生一次，

推撞

咬

丟甩

強暴

摑

逼迫恐嚇：
恐嚇將傷害對方
或帶走小孩

運用威脅：
以行動、表情、
姿勢、擊爛東西、
破壞財物、虐
待動物等威
脅或亮出
武器

推
摔

經濟上的
虐待：
阻止受害者有工作，
來控制受害者的金錢

心理虐待：
貶低對方、侮辱、
叫罵，使受害者認
為自己有問題

勒喉

隔離：
控制受害者的行動，限
制外出活動。以妒
忌心來控制受
害者的行動

使用男性特權：
對待受害者像奴隸，
否認虐待，指控是
受害者引起暴力

打

運用兒
童：
企圖使受害
者 感 到 罪 惡
感。藉探視兒童
來侵犯受害者、
虐待兒童

性虐待：
強迫受害者
從事不願去做
的 性 行 為，咒
罵、貶損或強暴
受害者

扯
頭
髮

抓

使用武器

揍

踢

資料來源：財團法人現代婦女基金會（1997），頁 11。

圖 10-5　暴力的控制手法和循環現象

之後發生的頻率將逐漸增多增強，而暴力發生頻率漸增時，蜜月期將遞減；暴力循環的次數增加，爭執也增加，暴力虐待的嚴重性增強（財團法人現代婦女基金會，1997）。

　　根據周月清（1995）的研究提到家庭暴力中的施虐者有以下共同特質：是一個控制者：控制、支配伴侶；是一個防衛者：壯大自己；是一個尋求贊同者：缺乏自尊心，要伴侶認同他；缺乏安全感，要伴侶依附他；占有慾、嫉妒心極強，過度的依賴並要求過度的關注；強烈侵略性格；易被激怒；認為以毆打與性行為可以維持控制及使伴侶屈服。

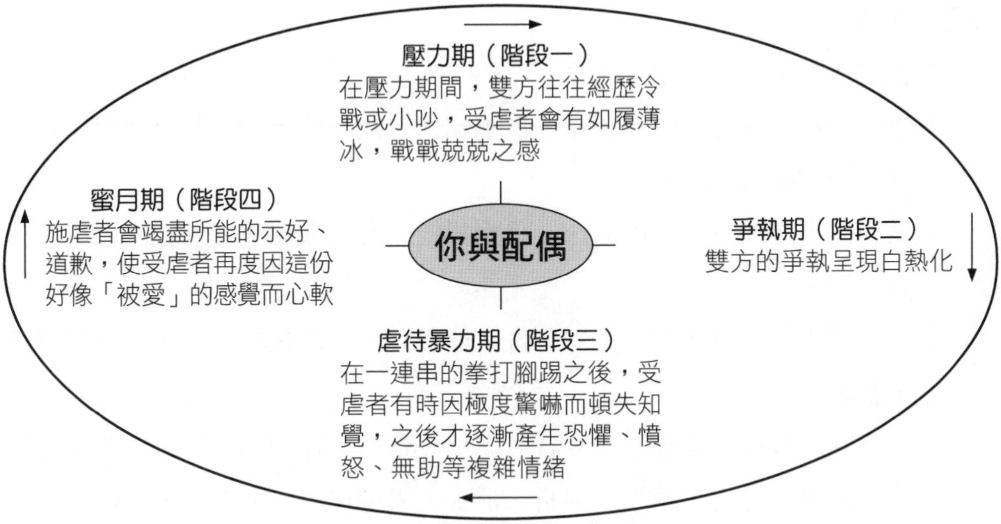

圖 10-6　婚姻暴力循環圖

壓力期（階段一）
在壓力期間，雙方往往經歷冷戰或小吵，受虐者會有如履薄冰，戰戰兢兢之感

蜜月期（階段四）
施虐者會竭盡所能的示好、道歉，使受虐者再度因這份好像「被愛」的感覺而心軟

你與配偶

爭執期（階段二）
雙方的爭執呈現白熱化

虐待暴力期（階段三）
在一連串的拳打腳踢之後，受虐者有時因極度驚嚇而頓失知覺，之後才逐漸產生恐懼、憤怒、無助等複雜情緒

資料來源：財團法人現代婦女基金會（1997），頁 12。

二、家庭暴力對婦女及兒童的影響

（一）家庭暴力對婦女的影響

　　家庭暴力對於女性受虐者通常不只身體的傷害，研究發現被打的女人常面臨沮喪與焦慮，其自殺企圖也會增加（Gelles, 1995），因此家庭暴力對婦女而言包含生理與心理的影響：明顯的外傷、身體機能的損害或是出現所謂的身心症狀，甚至更嚴重的結果是：死亡。許多受虐婦女在屢次受傷害後心理常呈現「學得無助感」（learned helplessness）（林佩瑾，1998）。這些受虐者認為自己無處可去、沒有工作技能、沒有希望，像顆消了氣的皮球缺乏信心，自我概念扭曲，無助與絕望變成了她看待生命的唯一選擇。

（二）家庭暴力對兒童的影響

　　根據美國學者的追蹤調查研究顯示，受虐兒童可能會有以下不良影響（郭

志通，2000）：

1. 低自尊、自責、憂鬱、人際關係不佳。

2. 不易與他人建立健全、親密的情感關係，缺乏同情心、甚至以殘暴手段虐待動物欺負弱小。

3. 表現出不成熟行為：如尿床、吸吮拇指，長大演變成性別認同障礙，貪食症等。

4. 到了青少年或成年期，犯罪率較其他正常家庭成長的兒童高，且易再度成為施暴者。

在家庭暴力長期的迫害下，受害者累積多重的心理創傷，常見的情緒包括感到孤立和無助、恐懼、憤怒、挫折、沮喪、責備自己、低自尊、想自殺、焦慮、憂鬱、酗酒、藥物濫用、煙癮等；且常出現身體上的不適和疼痛，如背痛、頭痛、全身無力、失眠或睡眠過多、沒胃口、注意力不集中、疲倦、不正常的胸痛、暈眩、對社交活動及工作提不起勁、婦科類疾病、性功能失調等，不只需要醫療的照顧、親友的支持，若能接受專業心理諮商或治療，更有助於走出暴力陰影，建立自信自足的生活（財團法人現代婦女基金會，1997）。暴力下成長的孩子，往往認為外在世界是不穩定的、父母的行為難以預料、暴力是解決問題的好方法、我是必須掌控所有的事才好、是我的錯造成父母失和、人們有時就該被揍、愛是痛苦的，他們往往呈現低自尊心、以破壞性的行為來得到注意，有的被動、退縮，有的高攻擊性、易怒、衝動、不良的社交技巧、自我封閉、呈現不良的自我約束、作惡夢、逃學、過早涉及性關係、害怕犯錯、完美主義、害怕嘗試、害怕作小孩等等（財團法人現代婦女基金會，1997）。

家庭暴力的施暴者很少人承認自己有錯，或自己需要改變，覺得自己很苦，是對方有理講不清，只好打。可是，從沒想過打他不是唯一的選擇，也不是解決歧異的好方法，打人的行為已經造成家庭永久的傷害，動手之後，留給對方的不只是皮肉之傷，心理破碎的裂痕與陰影，將很難縫補。家庭暴力施虐者有以下的特質：低自尊、無自信、易怒、抱持男尊女卑的觀念、重權威、將自己

的暴力行為責難於別人、強烈而病態的忌妒心、呈現雙重個性、喜怒無常、以吸毒、酗酒、暴力來解決壓力問題、以強迫性行為來作為增強自尊的手段、不相信自己的暴力行為會導致負面結果、無法表達自己的情緒、容易積壓在心並一觸即發、溝通技巧不良、喜愛控制別人但自我控制能力不佳、不依賴配偶、大多沒有親近的朋友。施暴者的諮商治療必須針對以上的特質加以改善，並教導學習正向的紓解壓力和人際關係尊重的態度與溝通的技巧。內政部《家庭暴力宣導手冊》，教導施暴者「口釋心非」溝通四部曲：

1. 口：「我先不開『口』，聽你慢慢說。」如果對方依然高分貝，請給自己來個深呼吸。
2. 釋：「我誠懇的希望你能聽聽我的解『釋』。」以比較平和的語氣，描述自己的行為事實。
3. 心：「聽到你對我的看法，我的『心』裡很難過。」以持續平和的語氣，描述對方的行為事實。
4. 非：「我『非』常感謝你為我所做的一切。」試著肯定對方，再次表達出善意。

三、發生家庭暴力的應對（王明仁、尤幸玲，1995；Gelles, 1999）

（一）被打時的應對

從過去婚姻暴力案件看來，先生打太太都是用手（拍、推、撞、勒）、用腳（踢、踹、踩），也有用東西摔、繩子綑、皮帶抽、棍棒敲、擊和刀子戳、毆的。因此，當先生失去理智動手打太太的時候，請千萬保持鎮靜，不要說刺激他的話，如「你打啊，我看你敢不敢？」「你打死我好了」，也不要動手和他對打，以免火上加油，把事情弄得更糟。要做的是：

1. 保護自己：尤其是你的頭、臉、頸、胸和腹部。
2. 大聲呼救：請家人鄰居來幫忙。

3. 快點避開：離開現場或到親戚鄰居、朋友家或處理婚姻暴力機構去。

4. 去找警察：請警察出面制止先生施暴或送你到醫院、庇護中心。

5. 請警察協助你填寫：「員警處理家庭暴力案件調查記錄表」或打警政申訴電話：113 婦幼保護專線反應。

（二）心理準備、自我調適及危機處理

由研究及在美國和台灣輔導的經驗，打過太太的先生通常還會打第二次、第三次，甚至到無數次，打的次數愈多，打的程度愈重，因此，不能全然相信先生說以後不再打的話，心理要有準備，想好萬一發生不幸時，建議方法如下：

1. 聯絡有關機構：如打 113 婦幼保護專線。

2. 準備好隨身包：把現金、換洗衣服、身分證、圖章、房契、結婚證書、保險證及存摺等重要文件和重要電話號碼，放在一個隨身可帶的小包裡，一旦發生不幸，可以馬上拿了就走。

3. 被打後要：

   ⑴馬上去醫院驗傷：取得診斷證書並且拍照存證。

   ⑵向警察報案：請警員幫你填寫「員警處理家庭暴力案件調查記錄表」，萬一要訴訟，可作為佐證。

   ⑶保留證物：如驗傷單、筆錄、破壞的衣、物及先生用的兇器。

（三）保護孩子的方法

1. 當暴力發生時如果孩子不在場，則盡量不動孩子。

2. 如果孩子恰好在場，則告訴孩子這是大人的事，媽媽會處理，請孩子回房或避開。

3. 若孩子也被打，宜帶孩子到別的房間或離開家中，以免孩子被嚴重毆傷。

性別教育帶領活動 10-1：鐵達尼號續集

　　鐵達尼號男主角 Jack 和女主角 Rose 在鐵達尼號上相識、互相吸引，到熱切地相愛。Rose 願意放棄富有的未婚夫，要和靠畫畫和偶爾賭博賺取生活費的 Jack 共度一生。假設 Jack、Rose 及其未婚夫三人都幸運地在船難中活了下來，那麼，Rose 和 Jack 之間的關係將會如何發展？

　　一、請四個人一小組，以故事接龍的遊戲方式，完成屬於雙方的鐵達尼號續集。

　　二、然後討論：戀愛之後該考慮的問題有哪些，是哪些因素影響故事劇情發展？

　　三、小組整理後，跟全班分享你們的看法。

性別教育帶領活動 10-2：婚姻中什麼最重要？

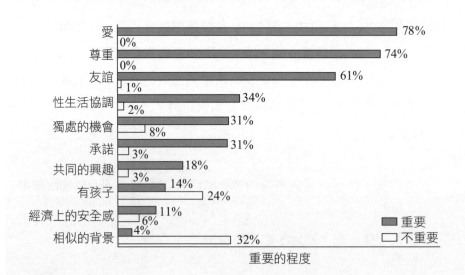

資料來源：羅惠筠等譯（1992），C. G. Morris 原著，頁 341。

討論問題

1. 你呢？你覺得婚姻中什麼最重要？為什麼它那麼重要？

2. 如果請你將以上十個選項排序，你會怎麼排？

3. 如果婚姻中少了你認為最重要的，會是什麼樣子？

本章重點

目前的婚姻樣態	離婚六部曲
配偶選擇過濾假說	再婚
同居（cohabitation）	喪偶
再定義式婚姻（renewable marriage）	家庭暴力
試婚（trial marriage）	家庭暴力的迷思
單身（single-hood）	暴力循環
婚姻生命波線	施暴者的特質
婚姻的危機與風險	權力（power）
婚姻的迷思	權力與作決策的關係
姻親關係	家事分工的理論
外遇	婚姻中的「性」三階段
分居	

 討論與分享

1. 你覺得自己未來會結婚、單身或是有其他的選擇和安排？請說一說你的想法和感受。

2. 你理想的婚姻是什麼樣子？婚姻的生命週期所出現的婚姻滿意度U型曲線圖，你有怎樣的看法？要做怎樣的心理準備和怎樣的調適方法？

3. 婚姻中有許多危機，不一定會碰到，也盡量做好危機的預防，但是萬一自己有了本章所列的婚姻危機，該帶著怎樣的心情又要如何處理？

4. 你曾看過怎樣的夫妻關係讓你覺得很羨慕？他們哪些互動情境讓你羨慕？你從他們身上學到了什麼？

5. 父母沒有十全十美，你感激父母為你做的什麼？你覺得如果你將來為人父

母，哪些是你要繼續傳承下去對待子女的？哪些是你要做改變的？要作這些改變之前，你需做怎樣的準備？

11
同性戀

　　同性戀已不是疾病的代名詞，同性戀只是戀愛的對象不是異性而是同性而已，同性戀者已獲得較多的尊重，然而世界上很多國家仍對同性戀者產生歧視，也使同性戀者倍感壓力。本章介紹同性戀、異性戀、雙性戀之不同，並為同性戀下一定義，闡述同性戀是正常的及青少年同性戀現象，此外，對同志的困擾及壓力，如恐同情節、面對文化壓力、傳宗接代壓力、同志婚姻壓力、愛滋病壓力等做介紹，冀望能對同志予以相對的尊重。

<h1 style="text-align: center;">第一節　同性戀情</h1>

一、同性戀、異性戀與雙性戀

　　過去由於人們對同性戀的不了解，而常將「同性戀」和「不正常、變態、恐懼、害怕、不對的」連結在一起。也因為社會文化主流較鼓勵異性戀，而強調「異性戀」才是「正常的、對的、被接受的、光明正大的」。不過，透過對性傾向問題的不斷研究、調查、了解，現在則認為同性戀、雙性戀與異性戀只是性取向或性傾向的不同或流動，是沒有本質上的「對和錯、正常和不正常」問題，需要的只是對自己性傾向的認同和彼此的了解、接納和尊重。

　　無論是在性傾向的什麼位置，都應該相互尊重與彼此友善對待。該在意的或許是一個人對感情的珍惜投入，而不是他的性傾向，更不應將一個人的性傾向污名化。無論對方是同性戀、雙性戀或異性戀，都有表達自己愛的權利和被尊重的權利，世界人權宣言中明確寫著「人人生而平等」，清楚說明人不分性別傾向，在各項社會權利上應享有平等的機會與空間，應打破對不同性傾向者的誤解與歧視，彼此了解，打開胸懷，接納不同性傾向族群。

　　台灣同性戀人口一直沒法確切的統計，Tseng（2002）估計台灣地區每 10 到 15 人就有一個是同性戀，如此看來，大約每三個家庭至少就有一個同性戀成員。也有類似的說法，有從大約是 1%到 10%，不過一般社會科學都相信，由於同性戀受到歧視與排斥，實際的同性戀人口可能會比統計所顯示的數目還要來的高。不管是 1%還是 10%，或者是更多，在社會上都已經是不能忽視的少數（林賢修，2000；劉明倫，2000）

　　當喜歡上或愛上同性別對象時，許多人心中馬上會有一個困擾「我會不會是同性戀？」但是當喜歡上異性時，心中就不會有「我會不會是異性戀？」這樣的擔心，會害怕自己是同性戀，而不會擔心害怕自己是異性戀，為什麼呢？

因為觀念上認為同性戀是不好的、是不正常的，其實這樣的觀念並不恰當。「身高不是距離、年齡不是問題、性別沒有關係」這樣的話雖沒有對感情問題有深度的了解和犯了將複雜問題概化的危險，不過，「尊重不同的性傾向，不將同性戀污名化」卻是沒有錯的，因為性傾向沒有對和不對的問題，只有認同和接納的問題。

二、同性戀

　　要為同性戀下一個嚴謹的定義是很困難的事情，因為不同的時代、不同立場的人、不同的學者有不同的說法，綜合國內外學者（Gadpaille, 1989; 劉明倫，2000；劉安真，2000）對同性戀的定義或判定是否為同性戀的標準，可綜合出以下六個指標：

　　㈠有一種無法抑制想要與同性有親密行為的想法。

　　㈡情感與慾望的對象只限於同性，對異性不感興趣。

　　㈢渴望與同性的互動，包括文字、書信、談話，並為之神魂顛倒。

　　㈣經常會感到孤獨、較強的抑鬱，部分人尚有罪惡感、羞恥感。

　　㈤是持續性而非情境性或偶發性的行為。

　　㈥年齡已滿二十或二十五歲。

　　其實這樣的標準是非常嚴格的判準，把同性戀縮小到非常小的範圍和人數，視同性戀為「少數、固定的一群人」，背後藏著一個「同性戀是不好的」迷思，試想把上述六個指標中「同性」的字眼改成「異性」，「異性」的字眼改成「同性」來作為判別個人是否為異性戀的標準嗎（劉安真，2000）？

　　根據 Alfred Kinsey 博士（1948, 1998）的分級制度，他將絕對異性戀到絕對同性戀分成表 11-1 七個等級。此七個等級，大致上可分為三種狀況：絕對的同性戀、絕對的異性戀，以及處於兩極端之中的中間狀態。

表 11-1　絕對異性戀到絕對同性戀的七個等級

等級	程度
0	完全異性戀,無任何同性戀成分。
1	大部分為異性戀,只有偶然同性戀。
2	大部分為異性戀,多於偶然同性戀。
3	異性戀與同性戀程度相等。
4	大部分為同性戀,多於偶然異性戀。
5	大部分為同性戀,只是偶然異性戀。
6	完全同性戀。

三、同性戀也是正常

回顧十九、二十世紀同性戀文獻、理論、調查及《精神疾病與診斷統計手冊》(*The Diagnostic and Statistical Manual of Mental Disorders, DSM*)對同性戀的看法,會發現對同性戀的界定和看法不斷在調整和改變。

Richardson(1983)文獻回顧中,發現早期的焦點放在「誰是同性戀、同性戀的定義、為何會形成同性戀,以及同性戀的成因」,但這樣的研究取向在 1970 年代左右開始受到批評,認為這樣的研究取向根本是「問錯了問題」,開始提出同性戀不是本質的問題而是社會建構來的,即在不同的時代和文化對同性戀有不同的定義和接納程度。

1950 年之前的同性戀理論,認為同性戀是「性別倒錯」(gender inversion),認為同性戀的男生本質上是女性,而同性戀女生的本質上是男性,所以他們情慾的對象是同性,成為同性戀。這樣的理論到了 1968 年 Mary McIntosh 提出「同性戀角色理論」而有突破的不同解釋,認為不同時空或不同社會文化脈絡對同性戀角色有著不同的詮釋,而不是跨時空的固定看法。

Kinsey 博士於 1948 至 1953 年的性學調查報告也為過去對同性戀的僵化看法解套,他發現同性戀不是少數固定的一群人,有人「性傾向」是異性戀者,但「性幻想」的對象不一定是異性,同性戀和異性戀間的界線不是那麼絕對。

精神科從 1869 年開始以「homosexual」這個醫學名詞來界定同性戀行為。
1952 年美國《精神疾病與診斷統計手冊》（DSM）第一版（DSM-I）將同性戀
列為社會病態人格中的性變態；1968 年第二版（DSM-II）將同性戀列為性格異
常中的性變態；1974 年經同性戀者不斷抗議與辯論，醫界終於不再視同性戀為
精神疾病，只是所謂的「性傾向偏差」；1980 年的第三版（DSM-III）更進一步
排除「性傾向偏差」的觀念，除非同性戀者本身無法接受和認同自己是同性戀
並且想要改變，才被歸類為心性障礙的「自厭性同性戀」；在 1994 年第四版
（DSM-IV），也是目前使用的《精神疾病與診斷統計手冊》中已經看不到同性
戀的字眼了，只有當患者對自己的性傾向感到持續而顯著的痛苦時，才列為性
疾患的分類下。從不同時期的《精神疾病與診斷統計手冊》可以反映出同性戀
診斷觀念的改變，以目前的醫學觀點來看，同性戀只是個人性傾向不同，若自
己能接納和認同就不是病態，同性戀者和一般人無異（劉明倫，2000）。

四、青少年時期的同性戀現象

判斷是否為同性戀的第六個標準寫著「年齡已滿二十或二十五歲」，這觀
點是認為青少年的「性傾向」尚在發展中尚未固定，所以不能冒然判定該青少
年是否為同性戀，而稱青少年時期的同性戀現象為「假性同性戀」。這樣的說
法，以 Block 的「性別角色分化階段」為理論基礎（表 11-2）。另外有一個名
詞「情境性同性戀」用來指稱在全是同性的環境中短暫的同性戀現象，如女校、
男校、軍中、監獄等等。保守嚴謹的看法認為這些都不是「真正的」同性戀，
而彈性開放的看法，認為沒有「真的、假的」之辯，重要的是其內涵、個人認
同、調適和人與人之間的相互尊重。

有的人會擔心「親密的同性友誼或和同性朋友太親近是不是比較容易轉變
成同性戀關係呢？」有人因為這樣的想法而不敢和同性朋友培養太親密的感情，
擔心會被認為是同性戀。這樣的想法，反映了對同性戀的不了解和歧視，同時，
如此的擔心和焦慮也是沒有必要的，因為是不是同性戀的主要因素還是在性傾

表 11-2　性別角色分化的階段

階段	性別角色概念
前社會期（出生-半歲）	尚缺
衝動期（半歲-3、4歲）	發展性別認定、自我肯定、自我表現、自我興趣
自我保護期（3歲-7歲）	自我擴展、性別角色內涵的擴充
規範（順從）期（7歲以後）	性別角色刻板印象
良知期（15歲以後）	測試自己、以自己為一性別角色之示範者
自主期（無法用年齡做標準）	調適自我男性化、女性化之間的衝突
圓融（統整）期	達成個人定義的性別角色、自我男性化與女性化方面的統整

資料來源：Block, 引自鄭玄藏（1993）。

向，不具同性戀的性傾向無法成為同性戀，因此，不必因為無謂的擔心而失去了接納或培養親密同性情誼的機會。

第二節　同志的困擾與壓力

一、恐同情節的壓力

　　Homophabia（1972）其著作 *Society and Healthy Homosexaul* 一書中，原本的含意中包含兩個層面：(1)異性戀者害怕與同性戀者為鄰。(2)以及同性戀者內化的恐懼（賴麟中，1998）。當非同性戀者對同性戀者認識不深，無法認同，甚至恐懼，且對同性戀長期抱持負面的態度，造成恐同的情節，也造成同性戀者自我認同的困擾。

二、面子文化壓力

　　中國傳統觀念非常重視面子文化，因此，在台灣保守的社會中，同性戀者

表 11-3　　一般人對同性戀的誤解

誤會	真實
外觀舉止上，大多數男同性戀者是女性化的，而女同性戀者則為男性化的。	有部分男同性戀、女同性戀的外觀行為舉止符合刻板印象，而且女性化的男生、男性化的女生不一定為同性戀。
如果有機會的話，大多數同性戀者都希望接受變性手術。	不一定，因為他們只是性向和大多數的人不同。
同性戀是自己選擇的。	同性戀大多為環境造成，部分為生理因素。
同性戀幾乎都不希望建立家庭。	同性戀和大多數的人一樣，會想要組成家庭。
同性戀等於愛滋病。	雖然同性戀易造成愛滋病，但並非所有的同性戀者均為愛滋病患者。
同性戀是病。	精神醫學學會已將同性戀從自我心理疾病手冊中刪除。
同性戀等於變異性症。	並非男同性戀都像女生一般嬌柔，而女同性戀都像男生一般剛強。
女同性戀是無性者。	女同性戀一樣會想和對方發生性行為，但他們的性行為以手淫為主。
同性戀違反自然和道德。	同性戀只是性向和大多數的人不同，但這並不違反自然和道德。
同性戀全部生活在社會黑暗角落。	以前的同性戀是不被社會所接受，但現在同性戀已漸漸被社會大眾所接納，故並非所有的同性戀都生活在黑暗角落，而是只有部分而已。
異性戀的伴侶關係比同性戀穩定。	因為同性戀和異性戀都是因喜歡對方而在一起，故無論同性戀或異性戀伴侶間都會有小口角，看雙方的處理方法，所以異性戀情不一定比同性戀情穩定。
同性戀家庭等於同性戀小孩。	同性戀的成因有環境因素，但這並不代表同性戀家庭其小孩便為同性戀，且科學上並未證實此觀點。
同性戀者是孤獨一生的。	同性戀也有找尋愛人的權利，且國內外也有同性戀結婚的例子。
同性戀是因為和異性交往失敗所造成。	也許這是成因之一，但同性戀的成因並非只有此一因素。

資料來源：周勵志（1993）；廖玉琴（2003）。

仍被多數人視為是「丟臉」，造成同性戀者壓力，如果承認自己是同性戀者，則會「沒面子」或「失面子」，也代表著人際關係的一種挫敗。而被指稱為娘娘腔的男同志，在社會中意味著一個男孩的無能，無能長成一個強壯威猛堅忍

剛毅的男人。在社會的評價中是男孩的污名，是個蹩腳的身分。

　　父母心中根深蒂固的的傳統觀念也會視同性戀的子女是丟自己家門的臉，最後視而不見，或不承認有同性戀的子女，在在造成同性戀子女很深的自卑感。

三、傳宗接代的壓力

　　父母親對同志青少年的拒絕通常是源自他們的同性戀恐懼症、害怕AIDS、及受傳統價值觀的影響（Waldner & Magruder, 1999）。廖國寶（1997）對男同志所做的研究也發現，不少適婚年齡的男同志在向父母現身之後，婚姻壓力並沒有因此消失，父母仍以傳宗接代、擔心兒子孤獨一生及責任，因為多數的父母將兒子的終身大事，當作自己一輩子的責任等理由，繼續支配婚姻壓力的程度與形式，有些父母還努力求神問卜或是找醫生診治，就是要兒子完成終身大事，為人父母者很可能永遠不會放棄兒子結婚的希望（鄭美里，1997），而造成男同志受婚姻壓力的迫害。

四、同志婚姻的壓力

　　目前，同性婚姻並不普遍被社會大眾所接納，也無社會制度的承認或保障，然而，還是有經過努力的同性戀者，透過公開的儀式，向世人宣布他們的婚姻關係，這對許多躲在暗處的同性戀者是一正向積極的力量，說出自己的需求，爭取屬於自己的權利。同性戀者沒有社會制度的保障（如婚姻制度，賦稅制度），同時作為少數族群，穩定親密關係較不易尋求或維持。

五、愛滋病的壓力

　　愛滋病的正式名稱為「後天免疫缺乏症候群」，是一種病毒引起的疾病，進入體內之後，會有一段很長的潛伏期，病毒在這段潛伏期間慢慢破壞人體的免疫系統，直到人的免疫系統完全失去抵抗力，於是靠近任何病毒，都可能發作為任何疾病。

許多人誤以為愛滋病患者等於同性戀者，其實愛滋病不是同性戀者的疾病，愛滋病和同性戀之間的關係不是等號，愛滋病是進行危險性行為的人比較容易感染的疾病，換句話說，沒有任何保護措施的性交行為，沒有全程正確使用保險套的人，都是愛滋病的高危險群。愛滋病的主要傳染途徑是體液，包括精液和血液，愛滋病有85%是由於不安全（危險）的性關係所感染的，不安全（危險）的性關係包括嫖妓、非相互單一性伴侶、多重性關係等，其他的15%包括打針共用針頭、輸血及胎兒與母體間的垂直感染等（中華台灣誼光愛滋防治協會網站，2006）。另外，平時和感染愛滋病者日常生活相處，一起吃飯、握手、淺吻是不會感染愛滋病的，並不需要害怕得不敢跟他說話，或拒感染愛滋病者於千里之外。也就是說，安全的性關係才是避免感染愛滋病的有效途徑。所謂安全的性關係，是雙方維持相互單一性伴侶，且雙方都未感染愛滋病。只要不與不熟的人發生性關係，戴保險套，不管是多次或一次，都是很安全的。

同性戀者之所以成為愛滋病的危險群之一，乃因為同性戀者在社會還無法坦然公開接納其性取向的心理壓力下，常用性來滿足親密的需求。但親密需求並不等於性需求，性滿足了不見得也有了親密的需求滿足。

愛滋病的另一些高危險群包括毒癮者、多重性伴侶者、嫖妓者。因為毒癮者他們常使用共同針頭，造成血液傳染；而多重性伴侶者、嫖妓者，無法肯定對方是否染有愛滋病，尤其許多性行為是在情境氣氛塑造下臨時起意或不預期下發生，並未全程使用保險套，造成性行為過程體液傳染。

一般判斷是否感染愛滋病有以下三步驟：(1)是否有危險性行為。(2)是否已過十二週的空窗期。(3)到醫院或指定機構檢查。同時建議同志半年到一年檢查一次。公娼則規定三個月檢查一次。

愛滋病的潛伏期和空窗期所指是不同的時期，所謂空窗期是指病毒進入到確定感染期間，約十二週或三個月左右可確定是否感染。所謂潛伏期是指確定感染之後到發病期間，潛伏期由數月到數年或十年不等，平均約五到十年。一般而言，生活規律，不酗酒、不熬夜的人，其潛伏期可延長，愈不會發病。

　　愛滋病空窗期最難度過的是心理上的擔心、焦慮和浮躁，此時可列出一張體力單，多做一些體力上的勞動來幫助自己宣洩情緒。

　　同性戀者對於自己的困擾與壓力，首先需誠實面對，承認壓力與困擾的存在，別當鴕鳥或隱藏。其次是多參加同志活動和團體，在過程中肯定自己，建立生活支持網路。第三，當有情緒或生活調適上的困擾，可尋求同志諮詢熱線或對同志有深刻了解的諮商醫療專業人員協助。在對同性戀了解愈多、愈接納的國家，同性戀者的困擾、壓力較小，在對同性戀愈不了解或誤解或不願了解的國家、地區，同性戀者的痛苦、壓力愈大。因為同性戀者生活在以異性戀為主的社會，從覺察自己的性傾向到接納認同自己的性傾向過程已經比異性戀者辛苦。如果在他對自我認同之後，還要面對社會大眾異樣的眼光、不友善的態度，以刻板印象來評價，是何等不公平和殘忍。

　　台灣在各方面愈來愈自由和多元，實在也應給予這 1%到 10%的同性戀人口實質的尊重與友善的態度。而非同性戀者對待同性戀者能以平常心，傾聽他們的聲音和友善，就是減低他們困擾和面對他們的好方法。

性別教育帶領活動 11-1：影片與問題討論（白秀玲，2006）

影片討論

影片名稱：斷背山（Brokeback Mountain）

導演：李安（因此片而獲得奧斯卡最佳導演獎）

片長：134 分鐘

主演：傑克葛倫霍、希斯萊傑、安海瑟薇、安娜法芮絲

簡介：艾尼斯戴爾瑪與傑克特斯到喬阿奎爾的農場應徵工作，兩人因此結識。兩人的世界立刻天旋地轉。阿奎爾派遣他們到壯麗的斷背山牧羊，艾尼斯與傑克因此發展出革命情誼，甚至更親密的關係。後來，艾尼斯與傑克因為需要下山而分開，也各自結婚生子。四年過後的某天，艾尼斯收到傑克的明信片，再度碰面的第一刻，兩人加深對彼此的神秘感情。

討論問題

1. 針對電影中四個男女主角，你覺得他們處於異性戀與同性戀的掙扎是什麼？

2. 兩位男主角已結婚生子，你覺得在現實生活中，又碰到舊日男情人，這時候該如何取捨與處理？

3. 同性戀者的家人應該如何面對與處理同性戀者？

4. 如家人反對同性戀者在一起，同性戀者該如何是好？

性別教育帶領活動 11-2：案例與問題討論（白秀玲，2006）

案例討論

　　某大學一名男同志學生向某報投訴，被父母下藥送進未就診過的醫院精神病房強制入院將近兩個月，出院後赴兩大型醫院就診，鑑定精神無異常後出院。與他同班多年的同學，也從不認為他精神異常。他日前按鈴控告父親家暴及此醫院妨害自由、違反精神衛生法。

　　此男同志說他從小就知道他喜歡的是男生，國中時曾嘗試與女生交往，但有一天卻在校園內跌撞在一名高壯學長的懷裡，當時心中有小鹿亂撞的感覺，是與女友相處時無法體會到的，因而確認自己喜歡男生。在大三時，向父母坦承同志身分，卻不被家人接受與諒解，且被父母下藥關進精神病院將近兩個月。

討論問題

1. 你如何確定自己是同志？
2. 當你確定自己是同志時，你會如何處理？
3. 身為同志子女的父母，當子女向你坦承時，你會如何處理？

本章重點

同性戀情	同志婚姻
同性戀的標準	愛滋病
對同性戀的誤會	後天免疫缺乏症候群
同性戀壓力	愛滋病空窗期
恐同情節	愛滋病的潛伏期
面子文化	

 討論與分享

1. 你所知周遭朋友是同性戀的，他們平常都是怎麼處理他們的感情？身為同性戀者的同學或朋友，你都是怎麼面對他（她）的？

2. 你有恐同情節嗎？你覺得目前社會對同性戀者的看法有較開放了嗎？

3. 你所知的愛滋病是什麼？該如何預防？

附錄 *1-1*

九年一貫性別平等教育
之目標與內涵

一、性別平等教育的核心能力及意義

我國教育部於 1998 年 9 月 30 日公布「國民教育階段九年一貫課程總綱綱要」，決議將資訊、環境、兩性、人權等重大議題融入七大學習領域中（教育部，1998）。並於 2000 年 9 月 30 日正式公布「兩性教育」為重大議題之一。其後基於社會需求與教育政策的推動，2004 年 6 月 23 日總統正式公布「性別平等教育法」通過實施。因此「兩性教育」正式更名為「性別平等教育」，而國內各級教育單位所設立的「兩性平等教育委員會」也正名為「性別平等教育委員會」。此次將性別平等教育的理念與內涵，在這一次課程改革中融入國民教育階段九年一貫課程綱要中，並發展適宜各階段的性別平等教育學習能力指標，其目的就是體現多元文化教育理念。

國民教育階段的「性別平等教育」的核心能力應包含「性別的自我了解」、「性別的人我關係」、「性別的自我突破」三項核心能力的基本意涵分別解釋如下：

性別的自我了解：了解性別在自我發展中的角色。

性別的人我關係：探討性別發展與社會文化互動的關係。

性別的自我突破：建立和諧、尊重、平等的性別關係。

性別平等教育的實施，除了將理念內涵與能力指標解讀並轉化為各學習領域的知識內涵外，希望各教科用書出版業者在編撰各學習領域教科用書與進行課程設計之際，能根據上述理念，均衡呈現多元性別文化、不同性別的活動與貢獻、性別均等分工等內容，消極方面希望能達成消除性別偏見、強調性別尊重態度，並能對性別角色抱持均等的社會期待，積極方面更希冀能廣泛落實性別平等教育的概念與內涵。

在學校方面，除了建構性別平等的學校文化與環境，持續不斷的推動性別平等教育的專業發展，以建立教師性別意識外，對於課程、教學與評量最重要的執行者──教師，宜培養無性別歧視觀，一方面能編選具有性別均等的教材，

另一方面更能澄清與修正教科書中的性別意識形態，並且在發展學校本位課程時，透過在各學習領域的基本教學時數與彈性學習時間的運用，將性別平等教育議題的能力指標融入並轉化於各學習領域的教學實踐中。

二、課程目標

　　性別平等教育的課程目標，主要著重於認知、情意、行動三層面，在認知面，藉由了解性別意義、性別角色的成長與發展，來探究性別的關係；在情意面，發展正確的性別觀念與價值評斷；在行動面，培養批判、省思與具體實踐的行動力。整合三個層面，可以推衍出以下六項課程目標：

⑴了解性別角色發展的多樣化與差異性。

⑵了解自己的成長與生涯規劃，可以突破不同性別的社會期待與限制。

⑶表現積極自我觀念，追求個人的興趣與長處。

⑷消除性別歧視與偏見，尊重社會多元化現象。

⑸主動尋求社會資源及支援系統，建構性別平等之社會。

⑹建構不同性別和諧、尊重、平等的互動模式。

　　上述意義及課程目標主要在透過人與自己、人與社會、人與自然等符合適性化、統整化、人性化、生活化與現代化的學習領域教育活動，來傳授學生兩性教育知識，養成終身學習能力、培養身心健全、活潑樂觀、合群互助、創造進取、尊重異性之國民與世界公民。其主要內涵如下圖所示：

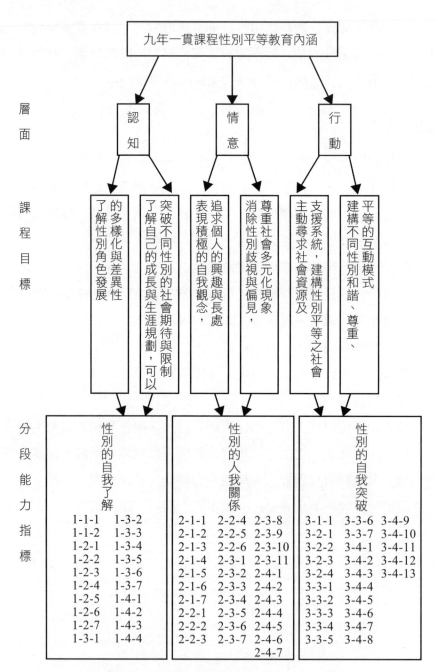

圖一　九年一貫課程性別平等教育內涵

三、分段能力指標

<編號說明>下列「a-b-c」的編號中，a代表核心能力序號，b代表學習階段序號，c 代表流水號。第一學習階段為小學一至二年級，第二學習階段為小學三至四年級，第三學習階段為小學五至六年級，第四學習階段為國中一至三年級。

（一）性別的自我了解

1-1-1　認識性別角色發展與性別角色刻板印象

1-1-2　了解自我身心狀況

1-2-1　學習表現自我特質

1-2-2　了解兩性在團體中均扮演重要的角色

1-2-3　重視團隊中不同性別的貢獻

1-2-4　了解並尊重不同族群文化中兩性互動的模式

1-2-5　尊重兩性皆具有做決定的自主權

1-2-6　學習規劃、組織的能力，不受性別的限制

1-2-7　了解家庭成員的角色分工，不受性別的限制

1-3-1　知悉自己的生涯發展可以突破性別的限制

1-3-2　了解兩性生涯發展歷程的異同

1-3-3　運用各種媒介表達兩性平等的概念

1-3-4　理解兩性均具有分析、判斷、整合與運用資訊的能力

1-3-5　運用科技與資訊，不受性別的限制

1-3-6　學習獨立思考，不受性別影響

1-3-7　去除性別刻板的情緒表達，謀求合宜的問題解決方式

1-4-1　檢視自我期望與傳統性別角色的衝突

1-4-2　悅納自己的性別角色，培養個人的價值觀

2-3-10　分析各類問題與性別角色的關係

2-3-11　認識處理衝突的方法，促進兩性和諧相處

2-4-1　尊重自我與他人青春期身心發展的差異

2-4-2　適當表達自己對他人的情感

2-4-3　認知兩性在家庭和職場中的角色，並共同擔負責任

2-4-4　協助與支持學校和社會中受到性別歧視或性侵害者

2-4-5　了解各國政治、經濟、法律及婦女運動對兩性發展的影響

2-4-6　辨析公共決策與資源分配上的性別歧視

2-4-7　探究現今社會中產生性別歧視和文化偏見的成因

（三）性別的自我突破

3-1-1　了解不同文化間的性別角色

3-2-1　學習尊重兩性的行為

3-2-2　欣賞兩性的創意表現

3-2-3　主動探索媒體中的性別角色偏見

3-2-4　了解兩性身心異同，培養性別敏感度

3-3-1　學習分享兩性的成長經驗

3-3-2　了解傳統性別角色的限制

3-3-3　破除家庭、學校與社會中的性別歧視及其造成的傷害

3-3-4　辨識社會文化中性別、階級與權力的關係

3-3-5　批判並分析資訊媒體中性別迷思概念

3-3-6　主動探索青少年文化和身體意象（例如：身材、體型、服飾等）的
　　　　關係

3-3-7　察覺不同文化間的歧異性與價值

3-4-1　展現自我而不受性別限制

3-4-2　規劃個人生涯發展不受性別、婚姻與家庭的限制

3-4-3 　追求終身學習與生涯規劃均等之機會

3-4-4 　建立兩性平等與尊重的互動模式

3-4-5 　思考傳統性別角色對個人學習與發展的影響

3-4-6 　規劃以兩性合作學習的方式來探索社會

3-4-7 　尋求突破社會文化中性別、階級與權力的結構關係

3-4-8 　積極投入科技資訊領域，不因性別而有差異

3-4-9 　熟悉與妥善運用兩性權益相關的資訊（例如：求助與申訴管道、資源與相關法令等）

3-4-10 　解析社會和歷史演變過程中的兩性關係

3-4-11 　主動探究兩性平等相關議題（例如：約會強暴、人身安全、性取向、安全性行為等）

3-4-12 　運用多元思考，解決性別的相關問題

3-4-13 　反省批判社會中性別刻板化印象和差別待遇，提出因應解決的方法

四、性別平等教育融入七大學習領域與十大基本能力之對應表

（一）了解自我與發展潛能

學習領域	各學習領域能力指標	可融入之性別平等教育能力指標
語文（國語文）	【C-1-1】1-1-1-2 能簡單介紹自己。 【B-2-2】2-2-1-1 能聽出重點。 【C-2-1】2-1-1-1 在討論問題或交換意見時，能清楚說出自己的意思。 【C-2-1】2-1-1-2 能和他人交換意見，口述見聞，或當眾做簡要演說。 【E-3-3】3-3-1-1 能了解並詮釋作者所欲傳達的訊息，進行對話。 【E-3-2】3-2-1-1 能應用不同的閱讀理解策略，發展出自己的讀書方法。	【1-1-1】【1-1-2】【2-1-2】 【2-1-3】【2-1-4】【3-1-1】 【3-2-1】
社會	5-1-1 覺察自己可以決定自我的發展。 5-1-2 描述自己身心的變化與成長。 5-1-4 了解自己在群體中可以同時扮演多種角色。 5-3-3 了解各種角色的特徵、變遷及角色間的互動關係。 5-3-2 了解自己可以決定自我的發展，並且突破傳統風俗或社會制度的期待與限制。 5-4-3 分析個體所扮演的角色，會受到人格特質、社會制度、風俗習慣與價值觀等影響。	【1-1-1】【1-1-2】【1-2-1】 【1-2-2】【1-4-1】【2-3-1】 【2-4-1】【3-3-2】
自然與生活科技	2-3-2-2 觀察動物形態及運動方式之特殊性及共通性。觀察動物如何保持體溫、覓食、生殖、傳遞訊息、從事社會性的行為及在棲息地調適生活等動物生態。 2-3-2-3 知道動物卵生、胎生、育幼等繁殖行為，發現動物、植物它們的子代與親代之間有相似性，但也有不同。 2-4-2-1 探討植物各部位的生理功能，動物各部位的生理功能，以及各部位如何協調成為一個生命有機體。 2-4-2-2 由植物生理、動物生理以及生殖、遺傳與基因，了解生命體的共同性及生物的多樣性。	【1-1-1】【1-1-2】【1-4-2】 【2-1-1】【2-1-2】【2-1-6】 【3-2-3】
藝術與人文	1-3-3 嘗試以藝術創作的技法、形式，表現個人的想法和情感。	【1-1-2】【1-2-1】【1-4-4】

學習領域	各學習領域能力指標	可融入之性別平等 教育能力指標
健康與體育	1-1-1 知道並描述對於出生、成長、老化及死亡的概念與感覺。 1-1-4 養成良好的健康態度和習慣，並能表現於生活中。 1-1-5 討論對於身體的感覺與態度，學習尊重身體的自主權與隱私權。 1-2-1 辨識影響個人成長與行為的因素。 1-2-4 探討各年齡層的生理變化，並有能力處理個體成長過程中的重要轉變。 1-2-5 檢視兩性固有的印象及其對兩性發展的影響。 1-2-6 解釋個人與群體對性方面之行為，表現出不同的信念與價值觀。 2-2-2 了解營養的需要量是由年齡、性別及身體活動所決定。 1-3-1 了解個體成長與動作發展的關係，藉以發展運動潛能。 1-3-3 運用性與性別概念，分析個人與群體在工作、娛樂、人際關係及家庭生活等方面的行為。 1-3-4 解釋社會對性與愛的行為之規範及其影響。	【1-1-1】【1-1-2】【1-2-1】 【1-4-2】【1-4-4】【2-1-1】 【2-1-2】【2-1-4】【2-1-6】 【2-1-7】【2-3-1】【3-2-4】
綜合活動	1-1-2 認識自己在家庭與班級中的角色。 1-2-2 參與各式各類的活動，探索自己的興趣與專長。 1-4-1 體會生命的起源與發展過程，並分享個人的經驗與感受。	【1-2-7】【2-3-2】【3-2-3】 【3-3-1】【3-4-2】【3-4-3】

（二）欣賞、表現與創新

學習領域	各學習領域能力指標	可融入之性別平等教育能力指標
語文（國語文）	【B-1-1】1-1-2-2 喜歡聆聽別人發表。 【C-1-1】1-1-1-2 能簡單介紹自己。 【B-2-2】2-2-2-2 能在聆聽過程中，系統歸納他人發表之內容。 【C-2-1】2-1-1-1 在討論問題或交換意見時，能清楚說出自己的意思。 【C-2-1】2-1-1-2 能和他人交換意見，口述見聞，或當眾做簡要演說。 【C-3-1】3-1-2-7 能因應不同說話目的與情境，適度表現自己。 【E-3-2】3-2-2-2 能具體陳述個人對文章的思維，表達不同意見。	【1-1-1】【1-1-2】【1-2-2】 【2-1-5】【2-2-5】【3-2-1】
社會	5-3-3 了解各種角色的特徵、變遷及角色間的互動關係。	【3-3-2】
藝術與人文	2-1-5 接觸各種自然物、人造物與藝術作品，建立初步的審美經驗。 1-2-5 嘗試與同學分工、規劃、合作，從事藝術創作活動。 2-2-7 相互欣賞同儕間視覺、聽覺、動覺的藝術作品，並能描述個人感受及對他人創作的見解。	【1-4-2】【3-2-1】【3-2-2】 【3-3-1】
健康與體育	6-1-1 描述自己的特色，並接受自己與他人之不同。 6-2-1 分析自我與他人的差異，從中學會關心自己，並建立個人價值感。	【2-4-1】【3-2-1】【3-2-4】
綜合活動	1-2-1 欣賞與表現自己的長處，並接納自己。 1-2-3 舉例說明兩性的異同，並欣賞其差異。	【2-1-4】

（三）生涯規劃與終身學習

學習領域	各學習領域能力指標	可融入之性別平等教育能力指標
語文（國語文）	【A-3-2】3-2-3-1 能應用注音符號，檢索資料，處理資料，解決疑難問題，增進學習效能。	【3-4-8】
社會	5-1-3 舉例說明自己的發展與成長會受到家庭與學校的影響。	【1-3-1】【3-3-2】【3-4-5】
藝術與人文	3-4-11 選擇適合自己的性向、興趣與能力的藝術活動，繼續學習。	【3-4-2】【3-4-3】
健康與體育	1-1-2 觀察並比較不同人生階段的異同。 1-2-4 探討各年齡層的生理變化，並有能力處理個體成長過程中的重要轉變。	【2-1-7】【2-3-3】【2-3-4】
綜合活動	1-3-3 在日常生活中，持續發展自己的興趣與專長。 2-4-3 規劃並準備自己升學或職業生涯，同時了解自己選擇的理由。	【3-4-2】【3-4-3】

（四）表達、溝通與分享

學習領域	各學習領域能力指標	可融入之性別平等教育能力指標
語文（國語文）	【B-1-2】1-2-4-3 能聽出別人所表達的意思，達成溝通的目的。 【B-2-2】2-2-4-5 能在聆聽過程中感受說話者的情緒。 【C-2-2】2-2-4-4 能運用合適的語言，與人理性溝通。 【C-3-2】3-2-4-2 能選擇良好的溝通方式，建立正面的人際關係。	【1-2-4】【1-2-5】【2-1-5】【2-2-1】【2-2-2】【3-3-1】
社會	5-3-5 舉例說明在民主社會中，與人相處所需的理性溝通、相互尊重與適當妥協等基本民主素養之重要性。 5-4-1 了解自己的身心變化，並分享自己追求身心健康與成長的體驗。	【2-1-3】【2-1-5】【2-2-2】【2-2-5】【2-3-11】【2-4-2】【3-3-1】
自然與生活科技	1-2-5-2 能傾聽別人的報告，並能清楚的表達自己的意思。 1-3-5-4 願意與同儕相互溝通，共享活動的樂趣。 1-3-5-5 傾聽別人的報告，並做適當的回應。	【1-2-1】【1-3-2】【1-3-3】【1-3-5】【2-1-3】【2-1-5】【2-2-5】【3-3-1】

學習領域	各學習領域能力指標	可融入之性別平等教育能力指標
自然與生活科技	1-4-5-5 傾聽別人的報告，並能提出意見或建議。 1-4-5-6 善用網路資源與人分享資訊。 4-2-2-1 體會個人生活與科技的互動關係。 8-4-0-2 利用口語、影像（如攝影、錄影）、文字與圖案、繪圖或實物表達創意與構想。	
藝術與人文	1-4-2 體察人群間各種情感的特質，設計關懷社會及自然環境的主題，運用適當的媒體與技法，傳達個人或團體情感與價值觀，發展獨特的表現。 2-1-6 體驗各種色彩、圖像、聲音、旋律、姿態、表情動作的美感，並表達出自己的感受。 3-3-11 以正確的觀念和態度，欣賞各類型的藝術展演活動。 2-3-8 使用適當的視覺、聽覺、動覺藝術用語，說明自己和他人作品的特徵和價值。	【1-3-3】【2-1-3】【2-1-5】 【1-4-2】【3-2-1】【3-2-2】
健康與體育	4-1-1 藉語言或動作，來表達參與身體活動的感覺。 6-1-2 學習如何與家人和睦相處。 6-2-4 學習有效的溝通技巧與理性的情緒表達，認識壓力。 6-3-4 應用溝通技巧與理性情緒管理方式以增進人際關係。	【2-1-3】【2-1-5】【2-2-1】 【2-2-2】【2-2-5】【3-3-1】
綜合活動	3-1-1 舉例說明自己參與的團體，並分享在團體中與他人相處的經驗。 3-2-2 參加團體活動，了解自己所屬團體的特色，並能表達自我以及與人溝通。	【1-2-2】【2-3-5】【2-4-3】

（五）尊重、關懷與團隊合作

學習領域	各學習領域能力指標	可融入之性別平等教育能力指標
語文（國語文）	【B-2-1】2-1-5-2 能讓對方充分表達意見。 【E-2-8】2-8-5-3 能在閱讀過程中，培養參與團體的精神，增進人際互動。 【E-2-8】2-8-5-2 能理解作品中對週遭人、事、物的尊重關懷。 【E-3-2】3-2-5-4 能培養以文會友的興趣，組成讀書會，共同討論，交換心得。 【F-3-4】3-4-5-4 能集體合作，設計宣傳海報或宣傳文案，傳遞對環境及人群的人文關懷。	【2-2-2】【2-2-4】【3-3-3】 【3-3-4】【3-3-5】
數學	C-C-8 能尊重他人解決數學問題的多元想法。	【2-2-2】【3-2-4】【2-3-6】
社會	5-2-1 舉例說明自己可以決定自我的發展並具有參與群體發展的權利。 6-2-2 舉例說明兒童權、學習權、隱私權及環境權與自己的關係，並知道維護自己的權利。 6-2-4 說明不同的個人、群體（如性別、種族、階層等）與文化為何應受到尊重與保護，以及如何避免偏見與歧視。	【1-2-2】【1-2-3】【2-1-2】 【2-4-3】【2-4-7】【3-4-4】
自然與生活科技	1-3-5-4 願意與同儕相互溝通，共享活動的樂趣。 1-4-5-5 傾聽別人的報告，並能提出意見或建議。 2-3-2-2 觀察動物形態及運動方式之特殊性及共通性。觀察動物如何保持體溫、覓食、生殖、傳遞訊息、從事社會性的行為及在棲息地調適生活等動物生態。 2-3-2-3 知道動物卵生、胎生、育幼等繁殖行為，發現動物、植物它們的子代與親代之間有相似性，但也有不同。	【1-2-5】【2-1-4】【2-2-2】 【2-2-4】【2-3-2】【2-3-5】
藝術與人文	3-4-10 透過有計劃的集體創作與展演活動，表現自動、合作、尊重、秩序、溝通、協調的團隊精神與態度。	【2-2-4】【2-3-7】【2-3-8】 【3-4-6】
健康與體育	6-1-3 展示能增進人際關係、團隊表現及社區意識的行為。 6-1-5 了解並認同團體規範，從中體會並學習快樂的生活態度。 6-3-4 應用溝通技巧與理性情緒管理方式以增進人際關係。 7-1-5 體認人類是自然環境中的一部分，並主動關心環境，以維護、促進人類的健康。	【1-2-7】【1-4-1】【2-2-4】 【2-3-5】【2-3-6】

學習領域	各學習領域能力指標	可融入之性別平等教育能力指標
綜合活動	1-3-2 尊重與關懷不同的族群。 3-1-2 體會團隊合作的意義，並能關懷團隊的成員。 3-4-2 關懷世人與照顧弱勢團體。	【1-2-3】【3-3-2】【3-3-3】 【3-3-4】【3-3-5】【3-4-9】

（六）文化學習與國際了解

學習領域	各學習領域能力指標	可融入之性別平等教育能力指標
語文（國語文）	【B-3-2】3-2-6-9 能透過各種媒體，認識中華文化，並擴充文化視野。 【C-3-3】3-3-6-4 能在交談中，用詞恰當表現語言之美。 【E-2-4】2-4-6-3 能主動閱讀古今中外及台灣文學作品。 【E-3-5】3-5-5-3 能喜愛閱讀古今中外及台灣文學中具代表性的作品。	【2-2-3】【3-1-1】【3-4-4】
社會	9-1-2 察覺並尊重不同文化間的歧異性。 9-3-4 列舉全球面臨與關心的課題（如環保、飢餓、犯罪、疫病、基本人權、經貿與科技研究等），並提出問題解決的途徑。	【2-4-5】【3-1-1】【3-3-4】 【3-3-7】【3-4-6】
自然與生活科技	1-4-5-6 善用網路資源與人分享資訊。 7-4-0-5 對於科學相關的社會議題，做科學性的理解與研判。	【1-2-4】【2-2-3】【2-3-2】 【2-3-5】【3-2-1】【3-3-7】 【3-4-7】
藝術與人文	2-1-7 參與社區藝術活動，認識自己生活環境的藝術文化，體會藝術與生活的關係。 1-4-1 了解藝術創作與社會文化的關係，表現獨立的思考能力，嘗試多元的藝術創作。 2-4-8 運用資訊科技，蒐集中外藝術資料，了解當代藝術生活趨勢，增廣對藝術文化的認知範圍。	【1-4-3】【3-3-2】【3-3-4】 【3-3-7】
健康與體育	6-3-5 理解道德、社會、文化、政策等因素如何影響價值或規範，並能加以認同、遵守或尊重。	【1-4-3】【2-2-3】
綜合活動	3-3-4 認識不同的文化，並分享自己對多元文化的體驗。	【3-4-12】

（七）規劃、組織與實踐

學習領域	各學習領域能力指標	可融入之性別平等教育能力指標
語文（國語文）	【B-1-2】1-2-7-4 能有條理的掌握聆聽到的內容。 【D-2-2】2-2-8-2 會使用電子字典。 【E-1-7】1-7-7-3 能從閱讀的材料中，培養分析歸納的能力。 【E-1-3】1-3-7-3 能安排自己的讀書計畫。 【E-3-2】3-2-7-5 在閱讀過程中，利用語文理解，發展系統思考。 【F-3-5】3-5-7-1 能將蒐集的材料，加以選擇，並做適當的運用。	【1-2-6】【1-3-5】【1-3-6】 【3-4-5】
社會	6-1-1 舉例說明個人或群體為實現其目的而影響他人或其他群體的歷程。 6-4-5 探索民主政府的合理性、正當性與合法性。	【1-2-4】【2-4-6】
自然與生活科技	7-3-0-3 能規劃、組織探討活動。	【1-2-6】【2-2-6】【2-3-2】 【2-3-7】【2-3-8】【3-4-6】 【3-4-12】
藝術與人文	1-4-2 體察人群間各種情感的特質，設計關懷社會及自然環境的主題，運用適當的媒體與技法，傳達個人或團體情感與價值觀，發展獨特的表現。 3-4-10 透過有計劃的集體創作與展演活動，表現自動、合作、尊重、秩序、溝通、協調的團隊精神與態度。 1-3-4 透過集體創作方式，完成與他人合作的藝術作品。	【1-2-6】【2-3-7】【2-3-8】
健康與體育	5-1-3 思考並演練處理危險和緊急情況的方法。 5-3-2 規劃並參與改善環境危機所需的預防策略和行動。	【2-3-7】
綜合活動	3-3-1 認識參與團體自治活動應具備的知能，並評估自己的能力。 2-3-3 規劃改善自己的生活所需要的策略與行動。	【3-4-1】【3-4-7】 【3-4-12】

（八）運用科技與資訊

學習領域	各學習領域能力指標	可融入之性別平等教育能力指標
語文（國語文）	【B-1-2】1-2-8-5 能結合科技資訊，提昇聆聽的能力，以提高學習興趣。 【B-3-2】3-2-8-11 能靈活應用科技資訊，增進聆聽能力，加速互動學習效果。 【C-2-3】2-3-8-9 能利用電子科技，統整訊息的內容，作詳細報告。 【E-1-6】1-6-8-1 認識並學會使用字典、百科全書等工具書，以輔助閱讀。 【E-2-9】2-9-8-1 能利用電腦和其他科技產品，提昇語文認知和應用能力。 【E-3-6】3-6-8-2 能靈活應用各類工具書及電腦網路，蒐集資訊、組織材料，廣泛閱讀。 【F-3-8】3-8-8-3 能練習利用電腦，編印班刊、校刊或自己的作品集。	【1-3-1】【1-3-3】【1-3-4】 【2-3-4】【2-3-9】【2-3-10】 【3-4-8】【3-4-9】
社會	7-4-8 解析資源分配如何受到權力結構的影響。	【3-4-7】
自然與生活科技	1-4-5-6 善用網路資源與人分享資訊。 7-2-0-1 利用科學知識處理問題（如由氣溫高低來考慮穿衣）。	【1-3-4】【1-3-5】【2-2-6】 【3-4-8】
藝術與人文	2-4-8 運用資訊科技，蒐集中外藝術資料，了解當代藝術生活趨勢，增廣對藝術文化的認知範圍。	【1-3-4】【1-3-5】【2-2-6】 【3-4-8】
健康與體育	1-3-2 蒐集生長、發展資料來提昇個人體能與健康。	【1-3-5】【2-2-6】【2-3-9】 【3-4-9】
綜合活動	1-2-2 參與各式各類的活動，探索自己的興趣與專長。 4-1-1 觀察住家和學校周遭環境，並知道保護自己的方法。	【1-1-1】【1-1-2】【2-1-1】 【2-1-2】

（九）主動探索與研究

學習領域	各學習領域能力指標	可融入之性別平等 教育能力指標
語文（國語文）	【B-2-1】2-1-9-4 能主動參與溝通與協調。 【C-3-4】3-4-9-3 能察覺問題，並討論歧見。 【C-3-4】3-4-9-5 能主動報告讀書心得。 【E-3-7】3-7-9-2 能統整閱讀的書籍或資料，並養成主動探索研究的能力。 【F-2-5】2-5-9-2 能經由共同討論作品的優缺點，以及刊物編輯等方式，主動交換寫作的經驗。 【F-3-9】3-9-9-2 能藉由擴充標題撰寫、表現技巧、圖文配合、字體安排等寫作經驗，使作品具有獨特的風格，並嘗試應用編輯學校刊物。	【2-2-5】【2-2-6】【2-4-2】 【3-3-7】【3-4-1】【3-4-2】 【3-4-3】【3-4-11】
社會	6-4-4 舉例說明各種權利（如兒童權、學習權、隱私權、財產權、生存權、自由權、機會均等權、環境權及公民權等）之間可能發生的衝突。 9-2-2 比較不同文化背景者闡釋經驗、事物和表達的方式，並能欣賞文化的多樣性。 9-4-5 舉出全球面臨與關心的課題（如環保、飢餓、犯罪、疫病、基本人權、經貿與科技研究等），分析其因果並建構問題解決方案。	【3-3-6】【3-4-1】【3-4-10】 【3-4-13】
自然與生活科技	5-1-1-1 喜歡探討，感受發現的樂趣。	【2-3-6】【2-4-7】【3-3-6】 【3-4-13】
藝術與人文	1-2-5 嘗試與同學分工、規劃、合作，從事藝術創作活動。	【3-3-3】【3-3-4】【3-4-13】
健康與體育	4-2-2 評估體適能活動的益處，並藉以提升個人體適能。	【3-4-7】【3-4-10】
綜合活動	4-1-2 整理自己的生活空間，成為安全的環境。	【1-3-6】

（十）獨立思考與解決問題

學習領域	各學習領域能力指標	可融入之性別平等 教育能力指標
語文（國語文）	【B-3-2】3-2-10-13 能從聆聽中，啟發解決問題的能力。 【C-2-4】2-4-10-3 能報告解決問題的方法。 【C-2-4】2-4-10-4 能與人討論問題，提出解決問題的方法。 【E-2-10】2-10-10-2 能夠思考和批判文章的內容。 【E-3-2】3-2-10-6 能依據文章內容，進行推測和下結論。 【E-3-7】3-7-10-3 能從閱讀中蒐集、整理及分析資料，並依循線索，解決問題。 【F-1-4】1-4-10-3 能應用文字來表達自己對日常生活的想法。	【1-3-7】【1-4-3】【2-3-11】 【2-4-4】【2-4-5】【2-4-6】 【2-4-7】【3-4-10】【3-4-13】
社會	8-4-2 分析人類的價值、信仰和態度如何影響科學技術的發展方向。	【3-4-5】
自然與生活科技	6-3-1-1 對他人的資訊或報告提出合理的求證和質疑。 6-3-2-3 面對問題時，能做多方思考，提出解決方法。 6-3-3-1 能規劃、組織探討活動。 8-4-0-4 設計解決問題的步驟。	【1-2-5】【1-3-6】【1-3-7】 【2-1-3】【2-1-5】【3-3-5】 【3-4-1】【3-4-12】
藝術與人文	2-3-9 透過討論、分析、判斷等方式，表達自己對藝術創作的審美經驗與見解。	【1-3-6】【1-3-7】【3-3-5】 【3-4-7】
健康與體育	2-3-6 分析個人對身體外觀的看法及其對個人飲食、運動趨勢的影響，並擬定適當的體重控制計畫。	【1-3-4】【1-3-6】【3-4-13】
綜合活動	3-3-3 熟悉各種社會資源及支援系統，並幫助自己及他人。	【2-4-4】【3-4-8】【3-4-9】

五、主要內容

核心內涵	學習目標	學習主題（概念）	建議整合之領域	學習內容說明
一、性別的成長與發展	認知面：了解不同性別身心的成長與發展 情意面：尊重自我與他人身心發展的差異 行動面：規劃適合個人的生涯發展	・自我身心發展 ・不同性別身心的異同 ・青春期的成長與保健 ・生涯規劃	・健康與體育、社會 ・健康與體育、社會 ・健康與體育 ・健康與體育、社會、藝術與人文、綜合活動	・了解自我身心發展 ・了解人我身心發展異同，能接納自我，尊重他人 ・了解青春期不同性別的成長與保健 ・培養終身學習能力與規劃生涯發展
二、性別的關係與互動	認知面：了解不同性別在團體中的關係與互動 情意面：培養不同性別良性互動的態度 行動面：設計促進不同性別合作的組織與活動	・分工與合作 ・不同性別的互動 ・理性的溝通與協調 ・責任與義務	・健康與體育、社會、綜合活動 ・健康與體育、社會、藝術與人文、綜合活動 ・健康與體育、語文、社會、藝術與人文、綜合活動 ・健康與體育、社會、綜合活動	・學習在家庭和學校中不同性別分工與合作的方式 ・學習不同性別共同合作以解決問題 ・運用理性的溝通和協調，以處理不同性別問題 ・不同性別在家庭、學校和職場中所擔負的責任和義務
三、性別角色的學習與突破	認知面：了解性別角色的多樣性與差異性 情意面：接納自我並尊重他人 行動面：破除性別刻板化印象對自我發展的限制	・認識性別角色 ・接納與尊重 ・性別偏見與刻板化印象 ・突破性別角色限制	・健康與體育、社會、綜合活動 ・語文、健康與體育、社會、藝術與人文、綜合活動 ・社會、綜合活動 ・數學、自然與生活科技、藝術與人文	・了解性別角色的差異性與多樣性 ・學習悅納自己、尊重他人的生活態度 ・檢視社會中性別偏見與刻板化現象 ・反省社會中性別偏見現象，並提出解決的方法
四、多元文化社會中的性別平等	認知面： 1. 了解性別平等的概念 2. 了解多元社會文化中不同性別發展的處境 情意面：肯定不同性別的成就與貢獻 行動面：運用各種媒介促進性別平等	・性別平等的概念 ・不同性別的成就與貢獻 ・促進性別平等的途徑 ・多元文化中的性別處境	・社會、自然與生活科技、藝術與人文、綜合活動 ・各領域 ・社會、綜合活動 ・數學、自然與生活科技、藝術與人文	・學習運用媒介，表達性別平等的概念 ・了解並肯定不同性別的成就與奉獻 ・設計促進性別平等的方案 ・批判歷史與社會事件中性別不平等情況

核心內涵	學習目標	學習主題（概念）	建議整合之領域	學習內容說明
五、性別權益相關議題	認知面：了解不同性別相關權益 情意面：尊重自我與他人的權益 行動面： 1. 活用各種資源，培養危機處理的技巧與能力。 2. 探究性別相關議題，並提出解決方案。	・身體自主權 ・保護自己避免傷害 ・危機處理 ・性別權益相關議題	・健康與體育、社會、藝術與人文、綜合活動 ・健康與體育、社會、綜合活動 ・健康與體育、社會、綜合活動 ・語文、社會、綜合活動	・尊重人我均有自主權 ・勇於拒絕不合理的性侵害或暴力 ・運用各種資源，培養危機處理的技巧與能力 ・了解性別權益及探究相關議題

說明：
1. 依據中華民國九十三年六月二十三日總統華總一義字第〇九三〇〇一一七六一一號令公布之「性別平等教育法」修訂。
2. 配合性別平等教育法之公布，先行修訂本課程綱要之基本理念、課程目標等內涵及配合法律調整部分用詞，至於有關能力指標實質內涵的修訂，則於國民中小學九年一貫課程綱要常態性修訂時才予以同時修訂。

參考文獻

教育部（1998a）：**國民教育階段九年一貫課程總綱綱要**。台北：教育部。

教育部（1998b）：**兩性平等教育實施方案**。台北：教育部。

蔡培村（1999）：中小學教師兩性平等教育素養之探析。**學生輔導**，**60**，頁125-145。

教育部性別平等教育全球資訊網（2006）。http://www.edu.tw/EDU_WEB/EDU_MGT/EJE/EDU5147002/9CC/gender.doc.。

附錄 *1-2*

性別教育教案設計範例 （18堂課）—— 性別教育萬花筒

　　自從 2004 年 6 月公布性別平等教育法後，性別教育又提升到另一新紀元，各級學校也將性別教育列入重點教育必須課程，而融入於正規課程中，本附錄提供作者白秀玲指導的研究生參看九年一貫課程中性別教育之目標與內涵所設計的 18 週性別教育教案範例，經徵詢並獲得學生的同意後，呈現於本書附錄中，作為教育界與輔導界的參考。

教案概念圖

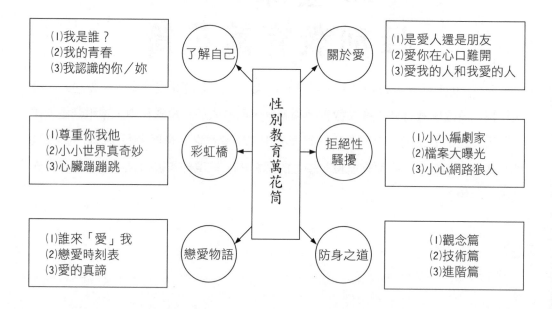

(1)我是誰？
(2)我的青春
(3)我認識的你／妳

了解自己

關於愛

(1)是愛人還是朋友
(2)愛你在心口難開
(3)愛我的人和我愛的人

(1)尊重你我他
(2)小小世界真奇妙
(3)心臟蹦蹦跳

彩虹橋

拒絕性騷擾

(1)小小編劇家
(2)檔案大曝光
(3)小心網路狼人

性別教育萬花筒

(1)誰來「愛」我
(2)戀愛時刻表
(3)愛的真諦

戀愛物語

防身之道

(1)觀念篇
(2)技術篇
(3)進階篇

技術篇

性別教育教案設計：性別教育萬花筒

科目	性別教育	教學時間	120 分鐘
教學主題	了解自己	教材來源	自編教材
教學年級	國小高年級、國中生	設計教學	陳玫禎
指導教授	白秀玲 教授		
設計理念	在中國人傳統觀念中，對於男女雙方都只能自己摸索或看書學習，課堂中並沒有教給學生正確的觀念來認識彼此，藉由本課程，體驗男女雙方在身體、心理方面之異同，並給予正確的知識，如何健康的對待異性。		

| 教學目標 | 能力指標 | 健康與體育學習領域
1-2-4 檢視兩性固有的印象及其對兩性發展的影響。
6-2-1 分析自我與他人的差異，從中學會關心自己，並建立個人價值感。
兩性教育
1-3-3 運用各種媒介表達兩性平等的概念。
2-3-1 認知青春期兩性的發展與保健。
2-3-2 學習兩性間的互動與合作。
3-3-1 學習分享兩性的成長經驗。
3-3-6 主動探索青少年文化和身體意象（例如：身材、體型、服飾等）的關係。
綜合活動學習領域
3-1-1 舉例說明自己參與的團體，並分享在團體中與他人相處的經驗。 | | |

教學目標	單元活動	單元目標	行為目標
	我是誰？	1.分享自己的成長歷程，並說出自己有什麼變化。	1-1 分享自己的成長歷程。 1-2 具體寫出自己的變化有哪些？
		2.比較男生和女生在外在上的差異。	2-1 具體寫出男生和女生的外在差異。 2-2 分享男女生的外在差異在哪裡？
	我的青春	3.體驗青春期帶來的變化。	3-1 能夠唱出流行歌曲。 3-2 說出變聲對自己的感受。
		4.認識男女生在青春期的變化。	4-1 說出男女生在青春期的變化。
	我認識的你/妳	5.比較男生和女生心理上的差異。	5-1 具體寫出男生和女生的內在差異。 5-2 分享男女生的內在差異在哪裡。

	行為目標代號	教學流程	教學資源	時間（分鐘）	評量方式
教學活動		第一堂 我是誰？ 壹、準備活動 　一、教師部分： 　　　男女生理圖片。 　二、學生部分： 　　　先準備自己從小到大的照片。			
		貳、發展活動			
	1-1	一、請學生拿出準備好的照片，與大家分享，並說明照片中當時所發生的狀況。	照片	10	老師檢查學生是否準備好照片。
	1-2	二、請學生觀察自己從小到大時，有什麼變化？學生可能回答：我變高了、變胖了、頭髮變長了……等等回答。		10	能具體寫出自己和小時候不同的地方
	2-1	三、老師引導學生發現男生與女生的不同，因為這個時期就是我們人類所謂的「青春期」，所以男女生都會有不一樣的變化，有些外在的特徵比較明顯；例如男生聲音會變低，有喉結，或是夢遺；而女生在這個年紀平均身高會比男生高，例如胸部變大，有腋毛。	男女生理圖片	7	具體寫出男女生的外在差異。
	2-2	四、老師介紹學生看生理圖片，就會發現男女生的性器官不一樣。		10	
		參、綜合活動 當學生認識這些變化之後，要讓他們以健康的角度看待這些變化，不要害羞，其他的同學也不能嘲笑。老師也調查現在班上學生，男生和女生喜歡的流行歌曲為何。		3	
		第二堂　我的青春 壹、準備活動 　請學生唱他們所喜歡的流行歌，以小組為單位，一起發表。		6	流暢的唱出流行歌。
		貳、發展活動 　一、在聽完大家所唱的流行歌後，老師覺得很棒喔，但是在唱的		5	

行為目標代號	教學流程	教學資源	時間（分鐘）	評量方式
教學活動	過程當中，大家是否有發現一些不一樣呢？是不是有些男生沒有辦法唱太高呢？或是女生不能唱太低的音域呢？這些都是我們人類身體的限制，就是先前所講的青春期變化，男生會變聲，所以沒有辦法唱太高，女生也是。 二、在體驗完我們外在的變化後，還有一些是潛藏在我們裡面的生理變化，有誰可以發表的嗎？例如：男女生都會有陰毛，在男生的部分會有夢遺、射精或是自慰的現象；女生會有月經，這些都是正常的狀況。 三、老師解釋夢遺發生的情形[1]。 四、老師解釋月經發生的情形及其保健的方式[2]。 參、綜合活動 在認識完青春期男女生有的變化，大家都要以很正常的態度面對，不要害羞，若有任何問題都可以告訴自己的父母，或是老師，請求幫助。		5 10 10 4	
	第三堂 我認識的你／妳 壹、準備活動 　　請學生填寫學習單——我認識的你／妳，說說自己對異性印象最深刻的事，及自己對這件事的感覺：喜歡或不喜歡，還有為什麼。 貳、發展活動	學習單一（附件一）	7	完整填寫學習單。

1 「夢遺」：睡夢中，夢到有關性的夢，因陰莖前端與棉被摩擦而使陰莖勃起、射精的現象，稱為夢遺。通常發生於青春期的男子，成年男子也會有此現象。

2 「月經」：當女性進入青春期時，卵巢便會開始運作，不久之後會孕育出一個卵，然後由卵巢經過輸卵管，送入子宮內，這時子宮內壁會逐漸變厚，以便卵子與精子結合成受精卵，受精卵就透過子宮內壁吸收養分孕育胎兒。若沒有受精，幾天後就會離開子宮，形成經血，流出體外。月經週期約為 28 天左右。「初經」是指初次月經青春期最大的特徵。初經的時間因人而異，大致是在 9 歲至 14 歲時開始。（中華兒童百科全書，1983）

	行為目標代號	教學流程	教學資源	時間（分鐘）	評量方式
教學活動	4-1	一、請學生分享各自剛剛所寫的學習單，藉此觀察在對方眼中的男生或女生有什麼不同？		10	具體說出男女生觀點不同。
	4-2	二、老師請學生比較男生和女生心理上的不同，例如女生容易表達情緒，哭；男生方面：會容易打架，但不輕易流淚……等等，請學生發表。		10	
		三、老師引導學生認識兩性在心理上的不同處，都需要平等的去看待。		8	
		參、綜合活動 老師將學生分為四組，作角色扮演，男扮女，女扮男，並分享體驗身為異性的甘苦談。		5	

學習單：我認識的你／妳

班級：　　年　　班

姓名：

Hello：

　　各位大朋友，你瞭解你身邊的異性同學嗎？他們是不是有些行為讓你覺得讚賞或是奇怪的呢？填一填下面的表格，在課堂上，我們可以當當小記者訪問他們以解決我們的困惑喔！

異性令我印象深刻的事	喜歡	不喜歡	為什麼？

科目	性別教育	教學時間	120 分鐘
教學主題	彩虹橋	教材來源	自編教材
教學年級	國小高年級、國中生	設計者	楊釗雯
指導教授	白秀玲 教授		

設計理念	架構如下： 尊重你我他 → 1. 學習互相尊重同學 2. 和同儕建立良好的互動關係 彩虹橋 心臟蹦蹦跳　小小世界真奇妙 心臟蹦蹦跳： 1. 認識發生尷尬的場面 2. 學習處理尷尬場面的方法 3. 促進兩性之間的和諧相處 小小世界真奇妙： 1. 發展其社會化經驗，學習相互尊重、和他人和諧相處之道。 2. 學習到同性或者異性同儕間，可以彼此尊重，不因彼此性格上的差異而相互傾軋。 以彩虹橋為主軸，設計出三個單元活動，分別是尊重你我他、小小世界真奇妙、心臟蹦蹦跳，主要帶領學生學習互相尊重與接納的心態，從認知男生與女生的生理發展與性格上有所不同，學習以平常心去看待；除了兩性的角色不同之外，也需學會了解兩性個性上的差異性與多樣性，雖然提倡破除性別角色的刻板印象但也需破除性別個性上的迷思，種種的因素造就了大家的不同，能夠尊重多元的發展，讓大家都有自己的生活空間，並進而形成互相尊重且和諧的社會。

328

教學目標	能力指標	兩性 2-3-1 認知青春期兩性的發展與保健 2-3-2 學習兩性間的互動與合作 2-3-7 設計兩性合作的組織與活動 3-3-1 學習分享兩性的成長經驗 藝術與人文 1-3-1 欣賞並接納他人 1-3-3 嘗試以藝術創作的技法、形式，表現個人的想法和情感 2-3-8 使用適當的視覺、聽覺、動覺藝術用語，說明自己和他人作品的特徵和價值 3-3-6 主動探索青少年文化和身體意象（例如：身材、體型、服飾等）的關係 3-3-11 以正確的觀念和態度，欣賞各類型的藝術展演活動綜合活動		
	單元 活動	單元目標		具體行為目標
	尊重 你我 他	1. 學習互相尊重同學		1-1 能以正常的心態看待兩性青春期的變化 1-2 能學習尊重與了解別人
		2. 和同儕建立良好的互動關係		2-1 以同理心去了解與關心別人
	小小 世界 真奇 妙	1. 發展其社會化經驗，學習相互尊重、和他人和諧相處之道。		1-1 能夠認識每個人的特性 1-2 能和諧與他人相處
		2. 學習到同性或者異性同儕間，可以彼此尊重，不因彼此性格上的差異而相互傾軋。		2-1 能夠互相尊重 2-2 能夠以正常眼光看待
	心臟 蹦蹦 跳	1. 認識發生尷尬的場面		1-1 了解尷尬的場面有哪些
		2. 學習處理尷尬場面的方法		2-1 能夠隨機反應 2-2 能夠化解尷尬場面的氣氛
		3. 促進兩性之間的和諧相處		3-1 能夠對彼此有所了解 3-2 能夠以平常心對待

行為目標代號	教學流程	教學資源	時間（分鐘）	評量重點
教學活動	**第一堂　尊重你我他** 一、準備活動 　歌曲欣賞 　男生女生真奇妙 　大家都有獨特性 　彼此尊重是重點 　和樂相處樂融融 　男生女生真奇妙 　大家一起創未來	歌詞 海報	5'	
1-1 1-2	二、發展活動 　1.討論 　先將班上以性別區分為兩大組別，男女生各數組。 　2.問題 　青春的我 　⑴請說出異性身、心理的構造到了青春期會有什麼不同？ 　　*注意事項：男生說女生，女生說男生 　⑵比較青春期後的我與之前的我，心理有何感受呢？是好或壞呢？是高興還是難過呢？ 　尊重我 　⑶如何尊重同學的成長呢？ 　⑷如何面對他人異樣的眼光呢？提出解決之道。 　⑸請同學一起想想如何面對他人異樣的眼光呢？ 短劇表演——如何面對別人異樣的眼光與解決之道？ 內容：兩大組別分別演出如何面對別人異樣的眼光與解決之道。		15'	能夠發表自我的意見，並能尊重同學意見發表。
	三、綜合活動 教師做綜合和說明。 教師會整理與歸納同學們的想法，並說明成長的過程要坦然的去面對，每個人都必經此過程，在這過程當中很重要的一件事就是要學會尊重別人，要用同理心去關懷別人。		5'	

行為目標代號	教學流程	教學資源	時間（分鐘）	評量重點
教學活動	**第二堂　小小世界真奇妙** **一、準備活動** 　請大家觀察周邊的異性同學，說出他們的特點，可能的回答。 **二、發展活動** 　1. 由教師述說威斯利王國的故事，威斯利王國的主角──威斯利，他是一位很特別的小孩，喜歡一個人閱讀感興趣的書籍，不愛玩足球，不剪很炫的龐克頭，對披薩、汽水絲毫不感興趣。威斯利就是這樣的男孩，不僅父母和學校裡的護士阿姨都以為他有毛病，而替他擔心著；同年齡的小朋友也認為他是個奇怪的傢伙，而喜歡捉弄、欺侮他。威斯利很孤單，他似乎成了文明世界的異類。然而，威斯利卻利用學校暑假作業，激發靈感和創造力，替自己打造了一個神奇的「威斯利王國」，也讓許多小朋友加入他的王國，讓他們分享他所發明的種種，因而開展了封閉的生活圈，獲得友誼。 　2. 問題 　　分組討論 　　⑴威斯利是怎樣的一個人呢，有什麼特性嗎？ 　　⑵之後威斯利如何結交到很多朋友呢？ 　　⑶同年齡的小朋友如何去對待他呢？並分享自己的意見，提出正面與負面的想法。 **三、總結活動** 　教師總結 在學習的歷程當中，總會有遇到一些想法與大家不同的同學，不能有排斥他們的心態，尊重每個人有獨特的一面，而不要使用大家的共同眼光去看待同學；要學習互相尊重，營造出和諧的相處之道，建立互相體恤、互相關愛的性別平等觀念。	故事書投影片	5' 15' 10' 10'	能集中注意專心聽講，並能聽出故事的重點。 能清楚表達自己的意見與想法。

行為目標代號：1-1、1-2、2-1、2-2

331

行為 目標 代號	教學流程	教學 資源	時間 （分 鐘）	評量重點
	第三堂　心臟蹦蹦跳			
1-1	一、準備活動 1. 引起動機：動動腦 　小朋友，老師的朋友昨天遇到一件很尷尬的事情，我覺得這樣的事很有可能發生在我們每個人身上，我想趁今天性別教育的課和每位小朋友分享，請小朋友一起幫老師解決。事情的源由是我的朋友在逛百貨公司時，正要走去洗手間，他看到一位年輕的小姐迎面走來，忽然覺得她的裙子後面怪怪的，從旁經過時，多看了一眼，原來……原來她的裙子被內褲夾住了，但是老師的朋友是位男性耶……小朋友，你們可以想辦法幫忙化解這個令人尷尬的場面嗎？		5'	
	2. 自由發言		2'	踴躍發言、參與討論。
	二、發展活動 1. 角色扮演 　主題：如何處理尷尬場面？ 　情境提供 　場景一：逛百貨公司時，阿強正要去洗手間，發覺迎面而來的小姐，裙子被內褲夾住了…… 　場景二：在走廊上，玩得正高興的小哲，手舞足蹈地跳著，不料一揮手，正巧摸著小芬的胸部…… 　場景三：下課時，小情正在收拾著桌上的文具用品，一不小心立可白掉到地上，她彎下腰去撿，抬頭時忽然看見迎面而來的阿誠石門水庫沒關……	學習單道具	7'	專心注意老師講解情境。
2-1	2. 每組上來表演成果。		8'	小組合作的默契及創意
2-2	3. 討論： 　⑴當發生尷尬的場面時，當事人的情緒如何？ 　⑵教師總結各組組員的表演，回顧每組的表演成果？ 　　師：希望從以上的表演，從中了解如何巧妙地化解尷尬的場面。 　⑶經驗分享：請同學發表自己所遇到的情況及如何解決的方法。 　4. 總結歸納重點。		8'	同學參與討論。 學習單的填答。
3-1 3-2	三、總結活動 教師歸納： ⑴能夠以平常的心態面對尷尬的場面，並尊重他人的身體發育。 ⑵在言語上不拿別人身體開玩笑，如此亦會造成別人不舒服的感受。		10'	

教學活動

學習單：大家一起動動腦

第＿＿＿＿組

主題：如何巧妙地處理尷尬場面呢?

情境一：逛百貨公司時，阿強正要去洗手間，發覺迎面而來的小姐，裙子被內褲夾住了……

情境二：在走廊上，玩得正高興的小哲，手舞足蹈地跳著，不料一揮手，正巧摸著小芬的胸部……

情境三：下課時，小倩正在收拾著桌上的文具用品，一不小心立可白掉到地上，她彎下腰去撿，抬頭時忽然看見迎面而來的阿誠石門水庫沒關……

問題一：當發生尷尬的場面時，你如何巧妙地化解呢？

　　　　1.＿＿＿＿＿＿＿＿＿＿＿＿＿＿＿＿＿＿＿＿＿＿＿＿＿＿

　　　　2.＿＿＿＿＿＿＿＿＿＿＿＿＿＿＿＿＿＿＿＿＿＿＿＿＿＿

問題二：經驗發享：請同學發表自己所遇到的情況及如何解決的方法。

　　　　1.＿＿＿＿＿＿＿＿＿＿＿＿＿＿＿＿＿＿＿＿＿＿＿＿＿＿

　　　　2.＿＿＿＿＿＿＿＿＿＿＿＿＿＿＿＿＿＿＿＿＿＿＿＿＿＿

科目	兩性教育	教學時間	120分鐘（3堂課）
教學主題	戀愛物語	教材來源	自編教材
教學年級	國小高年級、國中生	設計教學	張麗君
指導教授	白秀玲 教授		

設計理念	青春期的開始，除了身體發育上的驟變，許多青少年在心理上對於「愛情」產生好奇嚮往，甚至是憂慮、困惑，在同儕或媒體的影響下，可能導致偏差的想法，以為得到「異性的認同」才能肯定自己存在的價值。因此，本教案的設計為幫助青少年建立兩性相處的自信心及正確的價值觀；並與他們分享一些切題的愛情故事，了解兩性在愛的需求與滿足上，不同的成長需求；最後是探討「愛的真諦」，學習建立兩性溝通、共同成長的互動模式。本教案的3堂課從以下三個不同的問題出發： 1. 沒有人「喜歡」我怎麼辦？是不是很丟臉，代表我人緣差？ 2. 什麼時候適合談戀愛？ 3.「愛的真諦」為何？ 希望青少年從中獲得積極正面的自我觀念，導向健全的身心發展。

教學目標	能力指標	⑴「兩性的自我了解」方面 　　1-1-2 了解自我身心狀況。 　　1-2-1 學習表現自我特質。 　　1-3-2 了解兩性生涯發展歷程的異同。 ⑵「兩性的人我關係」方面 　　2-2-5 學習溝通協調的能力，促進兩性和諧的互動。 　　2-3-2 學習兩性間的互動與合作。 　　2-3-4 參與適合兩性共同成長的終身學習活動。 　　2-3-5 學習兩性團隊合作，積極參與活動。 ⑶「兩性的自我突破」方面 　　3-2-4 了解兩性身心異同，培養性別敏感度。 　　3-3-1 學習分享兩性的成長經驗。

教學目標	單元活動	單元目標	具體行為目標
	誰來愛我	1.表現積極自我觀念，追求個人的興趣與長處。	1-1 肯定每個獨特個體存在的價值，建立自信心。
			1-2 能說出兩性相處之道。
			1-3 學習表現出自我特質。
	戀愛時刻表	2.了解兩性在愛的需求與滿足上，不同的心靈成長歷程。	2-1 了解兩性身心發展的異同。
			2-2 能發表自己對兩性交往的看法。
			2-3 從心理學上檢視自己的發展任務及心靈成長歷程。
	愛的真諦	3.建構兩性和諧、溝通、共同成長的互動模式。	3-1 觀察兩性相處的互動模式。
			3-2 學習團隊合作，積極參與活動。
			3-3 學習溝通協調的能力。
			3-4 從歌唱中學習愛的真諦，並思考其中的意涵。

行為目標代號		教學流程	教學資源	時間（分鐘）	評量重點
教學活動		第一堂			
		壹、準備活動：			
		引起動機：針對本堂課的問題「沒有人『喜歡』我怎麼辦？是不是很丟臉，代表我人緣差？」自由發言。	教學圖片、題目、小獎品	5	同學踴躍發言。
	1-1	圖片教學：預告同學看完會有趣味有獎徵答！		5	專心觀賞。
		【活動一】《答案就在影片中》趣味徵答		5	同學踴躍回答。
	1-2	貳、發展活動：			
		問題討論：老師提問與分享			
		Q1：同學想一想，受歡迎的人格特質是什麼？一定是帥哥或美女嗎？		10	參與討論。
		Q2：小英了解自己的特質嗎？			
	1-3	Q3：沒有人追求小英，表示她人緣差嗎？			
		【活動二】《特點大公開》			完成學習單。
		a. 填答說明	學習單	2	
		b. 認識自己的特質		8	
		參、綜合活動：			
		總結活動：教師在閱畢學習單之後，張貼在公布欄上。		5	
		第二堂			
		壹、準備活動：			
		引起動機：針對本堂課的問題「什麼時候適合談戀愛？」自由發言。		4	同學踴躍發言。
	2-1	故事分享：			
		（故事一：化暗戀為努力的男孩）	故事兩則	8	專心聆聽。
		（故事二：在愛情中摸索的女孩）			
	2-2	貳、發展活動：			
		【活動一】共同討論上述的故事，有以下三個主題：		10	參與討論。
		a. 好奇 → 不一定要嘗試			
		b. 勇氣 → 拒絕不對的事			
		c. 能力 → 你的角色責任			
		→ 你所能承擔的能力			
		整理活動：回答本節課的問題「什麼時候適合談戀愛？」		3	

行為目標代號	教學流程	教學資源	時間（分鐘）	評量重點
2-2	參、綜合活動： 【活動二】從心理學的角度自我檢視，了解個體的「發展任務」及「愛與需求」的層次。 學生回應與教師總結	海報或影片	10 5	專心聆聽。 學生發表想法。
	第三堂			
3-1	壹、準備活動： 　　引起動機：針對本堂課的問題「『愛的真諦』為何？」自由發言。 　　影片教學：《火柴人的愛情故事》探索兩性相處的拿捏，兩人世界的心靈距離。	投影片	3 7	同學踴躍發言。 專心觀賞。
3-2 3-3	貳、發展活動： 【活動一】小組腦力激盪：各組抽一張剛才影片中的的故事圖片，思考解決或溝通的方法，教師可給予提示。 小組分享：a.兩性在相處時，什麼時候會發生類似圖片中的情境？ 　　　　　b.你會用什麼方法去解決呢？ 　　　　　c.你還有什麼其他的想法嗎？	圖片數張	8 7	參與小組討論。 學生發表小組討論的成果。
3-4	參、綜合活動： 【活動二】《愛的真諦》歌曲教唱，並分享其中幾句歌詞。 　愛是恆久忍耐又有恩慈 　愛是不忌妒 　愛是不自誇不張狂、不做害羞的事 　不求自己的益處、不輕易發怒 　不計算人家的惡 　不喜歡不義只喜歡真理 　凡事包容凡事相信、凡事盼望 　凡事忍耐、凡事要忍耐 　愛是永不止息	音響、音樂CD、歌詞	10	用心學習。 了解詞意，能背誦。
	教師總結		5	
	單元結束			

左側縱排：教學活動

學習單：故事分享與討論

【故事一】

　　承智是一個六年級的男生，在他小學四年級時班上轉來一位女同學，名叫佑娟，他們剛開始坐在隔壁，經常一起作功課、彼此關心，感情還不錯！三年來，承智漸漸發現他蠻喜歡和佑娟相處的感覺，但他不敢說出來，深怕逾越了友情關係，這個女孩就再也不理他了！於是他將這樣的心情偷偷寫信告訴導師。

　　導師給予承智的建議是：上了國中有許多的未知數，除了課業、升學的壓力，人際關係的建立與拓展也是需要學習的。想想看，你在電視節目或現實生活中看到的愛情、夫妻關係當中，有沒有發現除了「愛」，「能力」也是很重要的，如果沒有能力，如何成為家庭經濟的支柱、如何能保護你所愛的人？現階段能做的，是將這樣的心情化成讀書的動力，把你所努力的當作是為了帶給另一半幸福！將來即使沒能和佑娟在一起，至少友情、課業、能力你都兼顧了！

　　這段暗戀的秘密多年來一直珍藏在承智心中，直到有一天，他完成博士學位，也找到了一份好工作，當他回到故鄉時，又想起這位女孩……

【故事二】

　　美欣六年級，卻有個又高又帥、就讀國三的男朋友，許多人都很羨慕她！但有個秘密她不敢說出來……

　　美欣在網路上認識他，剛開始他們蠻聊得來的，每次見面或跟同學出去玩都很有成就感，但美欣和他獨處時卻覺得不自在，因為這位令人稱羨的男友經常有一些親密行為的要求，並聲稱這是彼此「愛」的表現，美欣不知如何拒絕，卻又深深地期望「愛情不應該只建立在這上面……」你如果是美欣的朋友，你會給她什麼建議呢？

共同討論上述的故事，有以下三個主題：

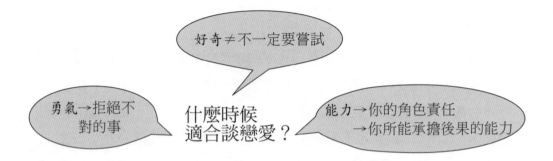

說明：

1. 好奇 ≠ 不一定要嘗試

　　能力→你的角色責任

　　男孩對愛情感到好奇，但他聽到老師告訴他「有能力的愛」才能保障他所愛的人或他的家庭，他最後選擇將這份情感放在心中，努力讀書，當他功名成就回來時，非常感謝這位女孩和老師。

2. 勇氣→拒絕不對的事

　　能力→你所能承擔後果的能力

　　美欣雖擁有一段令人稱羨的愛情，但終究只停留在表面，她的內心知道逾越肉體關係的尺度，是她所不能承擔的後果，但她卻沒有拒絕的勇氣，你覺得這段愛情會受到祝福嗎？

「關於愛……」教案架構圖

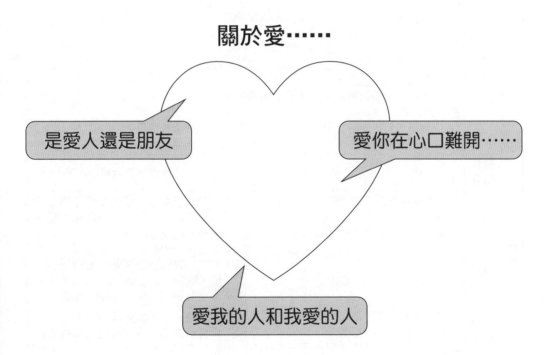

科目	性別教育	教學時間	120 分鐘
教學主題	關於愛……	教材來源	自編教材
教學年級	國小高年級、國中生	設計教學	葉巧倩
指導教授	白秀玲 教授		

設計理念	不久前兒童福利聯盟作了一份調查，結果發現有一成的小學學童正「為情所困」。學生認為這是個有趣的現象，但回想起自己的求學歷程，彷彿發現此現象並非在這個世代才發生，反而存在已久了。然而學校教育卻不曾跟學生敞開心胸的討論此課題，在這個人們常為愛情輕生的社會場景中，教師應在課程中教導「關於愛」的問題，並引導學生以健康正確的態度面對情感。

| 教學目標 | 能力指標 | 兩性教育
2-2-5 學習溝通協調的能力，促進兩性和諧的互動。
2-3-2 學習兩性間的互動與合作。
2-3-10 分析各類問題與性別角色的關係。
2-3-11 認識處理衝突的方法，促進兩性和諧相處。
2-4-2 適當表達自己對他人的情感。
3-2-4 了解兩性身心異同，培養性別敏感度。
藝術與人文
1-3-3 嘗試以藝術創作的技法、形式，表現個人的想法和情感。
1-3-4 透過集體創作方式，完成與他人合作的藝術作品。 | | |

	單元活動	單元目標	具體行為目標
教學目標	是愛人還是朋友	1. 學生能觀察兩性之間的相處情形。 2. 學生能了解喜歡與愛的差別。 3. 學生能舉出愛與喜歡的實例。	1-1 看完狀況劇後，學生能說出男生和女生相處間的重點，包括兩性相處時的表現及心情。 2-1 學生能說出喜歡與愛的差別。 3-1 學生能舉出至少兩種不同的愛的表現（例如父母之愛、男女之愛等）。 3-2 學生能舉出至少一個愛的實例。
	愛你在心口難開	1. 學生能利用創意的戲劇表演，表現各種情境及人物的感受。 2. 學生能了解兩性間，對於表白方式的好惡差異。	1-1 學生能認真參與討論及表演。 2-1 學生能說出至少兩種男生與女生喜歡的表白方式。 2-2 學生能說出至少兩種男生與女生不喜歡的表白方式。
	愛我的人和我愛的人	1. 學生能學會對於喜歡的或不喜歡的人的相處之道。 2. 學生能學會如何拒絕他人的邀約。 3. 學生能學會受到拒絕時應有的態度。	1-1 學生能說出對待不喜歡的同學的正確態度及方式。 1-2 學生能說出對待喜歡的同學的正確態度及方式。 2-1 學生能說出至少兩項拒絕他人邀約的適當方式。 3-1 學生能說出受到拒絕時的正確態度及行為。

	行為 目標 代號	教學流程	教學 資源	時間 （分 鐘）	評量重點
教學活動		第一堂　是愛人還是朋友 壹、準備活動 ㈠課前準備 　教師： 　1.準備教材內容。 　2.熟悉課程內容。 　3.準備欲使用的海報。 ㈡引起動機 　教師：今天我們要來分享一下小芬的故事！小芬是 　個國小六年級（國中）的女生，她有個很要好的朋 　友，名字叫做小揚，他們可是從小就一起長大的好 　朋友呢！可是最近不知怎麼搞的，小芬常常看見小 　揚跟其他女生玩，最奇怪的是，小芬的心裡竟然有 　種怪怪的感覺……，到底為什麼會這樣呢？這到底 　是什麼樣的情形啊？！ 貳、發展活動		 10'	
	1-1	1.教師發下狀況劇的劇情（劇本）及學習單給學 　生，帶大家一起讀過之後，徵求兩位同學實際嘗 　試扮演劇中的角色，男女不拘。 2.欣賞完狀況劇後，可與學生討論幾個問題： 　問題一：小芬對小揚的感覺如何？ 　問題二：小揚對小芬的感覺又是如何呢？ 　問題三：小芬會有怪怪的感覺，是因為她喜歡小 　　　　　揚嗎？還是另有原因呢？		5' 15'	視發言的情形
	2-1 2-2 2-3	3.教師說明喜歡與愛的定義（可採用美國心理學家 　斯坦伯格的愛情三因論），及喜歡與愛的特性。 參、綜合活動 　分組進行討論（一組約五人）	輔助 教學 的小 海報	7'	
	3-1 3-2	討論一：請同學舉出幾種愛的表現，例如父母之 　　　　　愛、手足之愛、朋友之愛等等。 　討論二：請同學舉例自己生活周遭經驗過的愛的 　　　　　表現。 　討論結束後分組發表感想。			學習單之填答

教學活動	行為目標代號	教學流程	教學資源	時間（分鐘）	評量重點
		第二堂　愛你在心口難開……			
		壹、準備活動			
		㈠課前準備			
		教師：			
		1. 準備教材內容。			
		2. 熟悉課程內容。			
		3. 設計學習單。			
		貳、發展活動			
	1-1	1. 同上一堂課，教師發下狀況劇的劇本及學習單，徵求同學扮演劇中的角色。	學習單	2'	
		2. 此堂課有兩個狀況劇，內容分別是男孩想向女孩表白的心情，以及女孩想向男孩表白的心情。			
		3. 欣賞完狀況劇後，教師分別由兩個性別的角度，帶領學生思考不同性別對於情感表達的態度及接受的方式。		10'	
		4. 徵求學生聽過或經歷過的表白方式。（課前先分好組，分組發表意見）			
		參、綜合活動			
		問題討論：			學習單之填答、各組發表之討論結果、參與討論時的秩序。
	2-1 2-2	㈠請列出至少三項男生喜歡（容易接受）的表白方式。		5'	
		㈡請列出至少三項女生喜歡（容易接受）的表白方式。		5'	
		㈢請列出至少三項男生不喜歡（容易接受）的表白方式。		15'	
		㈣請列出至少三項男生喜歡（容易接受）的表白方式。	輔助教學的小海報	18'	
		各組發表討論結果，教師講評。			

行為目標代號		教學流程	教學資源	時間（分鐘）	評量重點
教學活動		第三堂　愛我的人和我愛的人 壹、準備活動 　　教師複習上週所上的內容，說明本堂課的課程主題及內容。首先教師和學生分享一首流行歌曲「愛我的人和我愛的人」，雖然也許同學們可能沒聽過這首歌，但其實老師認為它的歌詞寫的好，所以跟同學分享，並且討論歌詞的意境。 貳、發展活動 　1.教師發下狀況劇的劇本及學習單，徵求同學扮演劇中的角色。 　2.狀況劇的女主角為美美，她面臨了一個難題，即她喜歡的人不喜歡她，但喜歡她的人她又不喜歡，她該如何是好呢？ 　3.分組討論──如果你是美美…… 參、綜合活動 　　問題討論： ㈠每個人都會有自己喜歡的和不喜歡的人，對於我們不喜歡的人，要如何與他（她）相處呢？ ㈡對於我們喜歡或是欣賞的人，我們能為他作些什麼呢？對方喜歡我們這樣做嗎？ ㈢遇到自己不喜歡的人，對方又非常主動邀約，該如何拒絕呢？ ㈣若是表白受到拒絕，你（妳）心裡會有什麼感受呢？該用什麼態度去面對才好呢？ 　　各組發表討論結果，教師講評。教學重點除了引導學生思考，對於兩性之間的相處之道更是重點，尤應著重於學生之年齡，在扮演好學生的角色為前提之下，亦能享受「純純的愛」！		播放歌曲之CD（及播放機）、歌詞、學習單	10' 5' 5' 10'	學習單之填答、各組發表之討論結果、參與討論時的秩序。

行為目標代號：1-1、1-2、2-1、3-1

學習單一：是愛人還是朋友

姓名＿＿＿＿＿　　座號＿＿＿＿

小芬的故事

　　小芬是個國小六年級（國中）的女生，她有個很要好的朋友，名字叫做小揚，他們可是從小就一起長大的好朋友呢！可是最近不知怎麼搞的，小芬常常看見小揚跟其他女生玩，最奇怪的是，小芬的心裡竟然有種怪怪的感覺……，到底為什麼會這樣呢？這到底是什麼樣的情形阿？！

同學們～看完了小芬的故事，你們覺得小芬發生了什麼事呢？

首先，我們先來想一想～

我覺得喜歡是＿＿＿＿＿＿＿＿＿＿＿＿，

　　　　　　　　　　我覺得愛是＿＿＿＿＿＿＿＿＿＿＿＿，

老師說：喜歡是＿＿＿＿＿＿＿＿＿＿，而愛是＿＿＿＿＿＿＿＿＿＿＿

那麼，喜歡與愛的差別在於＿＿＿＿＿＿＿＿＿＿＿＿＿＿＿＿。

★問題一：請舉出至少三種愛的表現。

＿＿＿＿＿＿＿＿＿＿＿＿＿＿＿＿＿＿＿＿＿＿＿＿＿＿＿＿＿＿＿＿＿＿＿

★問題二：請舉例自己生活周遭經驗過的愛的表現。

＿＿＿＿＿＿＿＿＿＿＿＿＿＿＿＿＿＿＿＿＿＿＿＿＿＿＿＿＿＿＿＿＿＿＿

上完了這堂課，要繼續用心感受真正的愛唷！！

學習單二：愛你（妳）在心口難開⋯⋯

姓名＿＿＿＿＿　座號＿＿＿＿

暗戀的心情⋯⋯

阿民已經暗戀小雲很久了。

每天看見小雲的笑臉，就覺得世界真美好，只要小雲跟自己說話，就開心地快要飛起來了！！

雖然年紀還小，但是阿民還真的好希望小雲能作自己的女朋友呢，呵呵！阿民也好希望自己能當小雲最好的朋友，時常在她身邊陪伴她，照顧她，保護她呢！可是，該不該對她說呢？

會不會對她說了之後，小雲就再也不理我了呢？

請各組模擬此情境（亦可將主角改為女生），待討論完後實際演出。

問題討論

㈠請列出至少三項男生喜歡（容易接受）的表白方式。

＿＿＿＿＿＿＿＿＿＿＿＿＿＿＿＿＿＿＿＿＿＿＿＿＿＿＿＿＿＿＿＿

㈡請列出至少三項女生喜歡（容易接受）的表白方式。

＿＿＿＿＿＿＿＿＿＿＿＿＿＿＿＿＿＿＿＿＿＿＿＿＿＿＿＿＿＿＿＿

㈢請列出至少三項男生不喜歡（不容易接受）的表白方式。

＿＿＿＿＿＿＿＿＿＿＿＿＿＿＿＿＿＿＿＿＿＿＿＿＿＿＿＿＿＿＿＿

㈣請列出至少三項男生不喜歡（不容易接受）的表白方式。

＿＿＿＿＿＿＿＿＿＿＿＿＿＿＿＿＿＿＿＿＿＿＿＿＿＿＿＿＿＿＿＿

別忘了用最適當的方式表白唷～^_^

學習單三：愛我的人和我愛的人……

姓名＿＿＿＿＿　座號＿＿＿＿＿

美美的故事

　　美美總是喜歡在下課時，偷偷看著正專心唸書的阿誠，她總覺得，自己實在好喜歡阿誠這種斯斯文文又聰明的男生了！此時，大雄又拿著美美最愛喝的 Pinky 來請美美喝了，大雄知道美美最喜歡喝這種飲料，因此時常會買來給她喝，因為他好希望美美能因此感受到他對她的好，因而對他也有好感……。然而，美美根本一點兒也不喜歡大雄，卻又不好意思拒絕他的好意，真怕他一直這樣，要是以為自己也喜歡他該怎麼辦?!望著前排的阿誠，美美只能呆呆的看著他，唉！為什麼喜歡我的人不是阿誠呢？

如果你是美美……

我的感覺是＿＿＿＿＿＿＿＿＿＿＿＿＿＿＿＿＿＿＿＿＿＿＿＿＿＿＿

我會拒絕大雄的好意嗎？＿＿＿＿＿＿＿＿＿＿＿＿＿＿＿＿＿＿＿＿＿

如果會的話，我會如何拒絕呢？＿＿＿＿＿＿＿＿＿＿＿＿＿＿＿＿＿＿

分組討論

1. 每個人都會有自己喜歡的和不喜歡的人，對於我們不喜歡的人，要如何與他（她）相處呢？＿＿＿＿＿＿＿＿＿＿＿＿＿＿＿＿＿＿＿＿＿＿＿

2. 對於我們喜歡或是欣賞的人，我們能為他作些什麼呢？對方喜歡我們這樣做嗎？＿＿＿＿＿＿＿＿＿＿＿＿＿＿＿＿＿＿＿＿＿＿＿＿＿＿＿

3. 遇到自己不喜歡的人，對方又非常主動邀約，該拒絕嗎？該如何拒絕呢？

4. 若是表白受到拒絕，你（妳）心裡會有什麼感受呢？該用什麼態度去面
　　對才好呢？＿＿＿＿＿＿＿＿＿＿＿＿＿＿＿＿＿＿＿＿＿＿＿＿＿＿

同學們～老師期勉大家用最健康的心態去面對兩性間的相處，但是用功唸書還
是最重要的唷！^_^

附錄──歌曲欣賞

　　愛我的人和我愛的人　　作詞：許常德　作曲：游鴻明

　　　　（由於歌詞較深，故不打算放在學習單中，只於課堂上稍加說明）

兩性關係與性別教育
理論與實務

科目	性別教育	教學時間	120 分鐘
教學主題	拒絕性騷擾	教材來源	自編教材
教學年級	國小高年級、國中生	設計教學	林嘉琪
指導教授	白秀玲 教授		
設計理念	現今人與人接觸的方式愈來愈多,相對的,淺在的危機也跟著增加。本教學理念便是教導學生認識性騷擾與性侵害的相關知識及支援系統,保護自己避免受傷害。		

<table>
<tr><td rowspan="9">教學目標</td><td colspan="3">能力指標</td><td colspan="2">兩性教育:
2-3-2 學習兩性間的互動與合作
2-3-6 關懷受到性別歧視或性侵害的同儕
2-3-10 分析各類問題與性別角色的關係
2-3-11 認識處理衝突的方法,促進兩性和諧相處
藝術與人文:
1-3-3 嘗試以藝術創作的技法、形式,表現個人的想法和情感
1-3-4 透過集體創作方式,完成與他人合作的藝術作品
綜合活動:
3-3-3 熟悉各種社會資源及支援系統,並幫助自己及他人
4-3-1 認識各種災害及危險情境,並實際演練如何應對</td></tr>
</table>

教學目標	單元活動	單元目標	具體行為目標
	小小編劇家	1.能參與討論與表演	1-1 積極參與,充分表達自己的意見
		2.能學會在危急時適當處理的方式	2-1 學會各種不同的危機處理方式 2-2 適當表達出自己的危機處理方式,讓自己脫離險境
	檔案大曝光	1.分辨日常生活中不安全的人、事、物	1-1 能了解哪些事情是對自己不安全的
		2.認識問題發生後的求助管道	2-1 知道各種求助管道,而且知道如何運用
	小心網路狼人	1.認識多元的交友管道	1-1 了解現今各種交友的方式
		2.認識網路交友	2-1 了解網路交友的優缺點及潛在危機
		3.探討如何防範網路交友危機的發生	3-1 如何將危機發生的機率降至最低 3-2 了解危機發生時的應變方法

行為目標代號	教學流程	教學資源	時間（分鐘）	評量重點
教學活動	第一堂「小小編劇家」 壹、準備活動 　一、教師事先準備兩個不同且未完成的劇情版本，讓學生自我發揮應變能力去完成劇情。 　二、教師大致說明各組的故事內容。 　　故事A：小盼今天如同往常放學一樣，搭公車回家，車上人太多已經沒有位子可以坐了，所以小盼只好拉著扶手站著。突然，小盼覺得有人一直在擠她，起初小盼還不以為意，認為應該是人多造成的推擠。但是，她發覺有人將手放在她屁股上！這時小盼心裡覺得很不舒服，於是她…… 　　故事B：住在小君家附近的叔叔是個好好先生，時常都笑容滿面。這一天小君從那位叔叔家門前經過，這位叔叔突然叫住小君說有東西要小君幫他拿給小君的爸爸，要小君跟他一起進到屋子裡拿。進門後，叔叔並沒有拿東西給她的意思，反而拉著小君要她坐下來聊天。小君心裡想：叔叔應該待會就會拿東西給我了吧！不過，叔叔突然將手放在小君的大腿上撫摸，小君覺得很不舒服，於是她…… 　三、請同學可以將上一堂課所教的「防身術」應用進去。 貳、發展活動 　一、將學生分成 6 組。 　二、分組討論以及編寫未完成的劇本。（至少包括三種應變方法） 　三、各組角色分配及道具準備。 　四、各組依序上台表演。 參、綜合活動 　一、教師歸納學生在表演中所呈現的自我保護的方法。 　二、填寫學習單。 　　　　～第一堂　結束～	劇本兩份	5' 25' 5' 5'	 討論與發表 能專心聆聽別人的故事 討論與發表

	行為目標代號	教學流程	教學資源	時間（分鐘）	評量重點
教學活動	2-1	第二堂 「檔案大曝光」 壹、準備活動 　一、課前準備 　　1. 教師準備： 　　　準備性侵害相關報導之簡報。 　　2. 學生準備： 　　　從報章雜誌或網路上找有關性侵害的文章或報導。 　二、引起動機 　　教師述說一則與性侵害相關的時事。 貳、發展活動 　一、時事探討 　　1. 請幾位同學述說自己找到的文章或報導。 　　2. 請幾位同學發表聽完後的想法。 　二、深入探討 　　1. 請同學述說是否聽過自己身邊的親戚或朋友發生遭性侵害的情形。 　　2. 當身邊的親戚、朋友遭性侵害後，我們該如何幫助他們。 　　3. 相關法律常識 　　⑴如果不幸遭受性侵害，該如何報案？ 　　　馬上打 110 電話向警察機關報案，警察、醫務、社工人員即時給予救援。 　　⑵如果不幸遭受性侵害時，可以向哪裡投訴，並得到協助？ 　　　只要撥全國「保護您」諮詢專線 113 即可得到各直轄市、縣（市）政府性侵害防治中心之社工人員 24 小時之協助，並陪同至相關醫療院所驗傷及報案等相關救助。 　　⑶如果不幸遭受性侵害時，應如何處理才能立即蒐集證據及接受診斷？ 　　　保持現場，以利警方採證。切勿沐浴、盥洗、更衣或自行醫護。向警察機關或性侵害防治中心報案，同時由女警或社工員陪同即刻至醫院驗傷，蒐集證據，並做好醫療處理。	簡報及投影片	3' 5' 5' 5' 5' 10'	討論與發表

行為目標代號	教學流程	教學資源	時間（分鐘）	評量重點
	參、綜合活動 　一、教師統整歸納 　　1.根據調查，許多加害者通常是自己熟識的人，因此學生必須建立危機意識，熟悉各種資源，平時做好自我防衛，保障自身安全。 　　2.每個人都有身體自主權，自主的意思並不是「只要我喜歡，有甚麼不可以」，而是「只要傷害別人，就是不可以」，學習尊重對方，也要勇敢說不！ 　二、填寫學習單 　　　　〜第二堂　結束〜		8'	討論與發表
1-1	第三堂 「小心網路狼人」 **壹、準備活動** 　一、詢問同學所知道的交友管道有哪些？ 　　舉例：學校同學、聯誼、網路上認識…… 　二、讓學生分享自己上網的目的及樂趣為何？ 　　舉例：玩網路遊戲、無聊…… 　三、詢問學生是否曾利用網路交友？		10'	
2-1	**貳、發展活動** 　一、將學生分成 6 組 　二、分組討論 　　1.說明網路交友有何優缺點？ 　　舉例：優點：方便、迅速…… 　　　　　缺點：不知道對方是怎樣的人…… 　　2.說出網路交友最怕遇到什麼樣的網友？ 　　舉例：一直要約出來見面的……		20'	討論與發表 參與度
3-1	3.會見網友事前應該需要有什麼防範措施？ 　　舉例：找同學陪……			
3-2	4.討論當遇到網路之狼性騷擾時有什麼應變方法？ 　三、請學生發表討論的結果。			
	參、綜合活動 　一、教師歸納學生分組討論時所呈現的方法。 　二、教師釐清運用網路時應有的正確觀念。 　三、填寫學習單。 　　　　〜第三堂　結束〜		10'	

左側直排：教學活動

學習單一：小小編劇家

⑴如果我是小盼，當我在公車上遇到騷擾者時，我會用哪些方式讓對方停下騷擾的行為？

_____

_____

_____

_____

_____

⑵如果我是小君，當我遇到別人侵犯我的身體時，我會用什麼方式告知他請他停止？

_____

_____

_____

_____

_____

學習單二：檔案大曝光

(1)由老師跟同學所講述的新聞時事中，讓你印象最深刻的是哪一件新聞？為什麼？

_____

_____

_____

_____

_____

_____

(2)如果你是上述新聞時事中的被害者，當下，你會如何處理？有哪些法律管道可以幫助你？

_____

_____

_____

_____

_____

學習單三：小心網路狼人

(1)你平常是否有上網的習慣？最熱衷的網路遊戲或網站有哪些？會不會利用
網路來交朋友？

_____

_____

_____

_____

_____

(2)當我會見網友前，我會做好哪些事前的準備讓我在會見網友時能最安全？

_____

_____

_____

_____

(3)當我遇到纏人或心懷不軌的網友時，我會如何處理？

_____

_____

_____

_____

科目	性別教育	教學時間	共 120 分鐘
教學主題	防身之道（觀念篇）（技術篇）（進階篇）	教學來源	自編教材
教學年級	國小高年級、國中生	設計教學	陳明哲
指導教授	白秀玲 教授		

設計理念	教材分析： 1. 教師引導學生了解自己在陌生與不安的環境應以何種態度面對之。 2. 介紹各種的危機處理與突發狀態，教導學生用身邊最簡單的工具與技巧解決困難。 3. 經由錄影帶的觀賞與實際的技術練習，讓學生從經驗中，體會出臨危不變的態度與求生技能。 教學重點 （一）防身之道（觀念篇）： 討論個人在生活周遭遇面對色狼或不良份子最常使用的應變措施與改進的方法。 關心話題：針對生活中讓人困擾的問題，分享共同關心的議題，以討論分享的方式進行分組討論。 （二）心理防衛： 教師教導學生性騷擾的定義以及面對突發狀態的警覺性、抗暴性、策略性。 學生經驗 1. 學生分組討論與上台發表過去面對色狼或不良份子的經驗。 2. 學生將自己面對突發狀態的經驗與處理的方式表演出來。
能力指標	2-1-1　保護自己的身體，避免受到性侵害 2-1-2　尊重自己與別人的身體自主權 2-1-3　適當表達自己的意見和感受，不受性別的限制 2-2-3　認知當今社會文化中兩性角色地位與處境 2-3-6　關懷受到性別歧視或性侵害的同儕 2-3-10 分析各類問題與性別角色的關係 2-3-11 認識處理衝突的方法，促進兩性和諧相處 3-4-11 主動探究兩性平等相關議題（例如：約會強暴、人身安全、性取向、安全性行為等）
教學目標	主題目標 ⑴探究兩性相關議題，並提出解決方案。 　　1-1 探究性侵害相關議題。 　　1-2 提出解決方案。 ⑵活用各種資源，培養危機處理的技巧與能力。 　　2-1 能活用各種資源。 　　2-2 能培養危機處理的技巧與能力。
教學活動	1. 準備活動（前置活動） 2. 引起動機（討論分享） 3. 發展活動（突發狀況與心理防衛三步驟）

目標	教學流程	教學資源	時間	評量項目
	【準備活動】			
	㈠前置作業 　教師事先告知學生將進行的活動，鼓勵他們利用網站、圖書或各種方法收集相關資料。			
	㈡引起動機 　教師以「如何預防性侵害」的錄影帶引導學生思考一個六年級的學生在生活周遭可能面臨的性侵害等突發狀況，如色狼、不良份子的侵擾等等因應措施。			
	【發展活動】 第一節　開始			
	㈠教師準備一捲「如何預防性侵害」的錄影帶讓同學觀賞，看完之後，詢問同學：同學們是否也有發生和錄影帶中的劇情類似的情形，當時是如何處理的？		20分鐘	能和其他組員討論內容大意與說出類似狀況與處理方法。
	分組討論			
1-1	㈠教師要求學生以小組討論的方式，分組討論問題的單子，並將答案寫入學習單。	教學錄影帶，學習單，習作		
	㈡發表與表演學習單內容。		10分鐘	能正確填寫學習單問題與發表看法。
	㈢教師整理歸納及進入正題。			
	教師歸納與整理並講評			
1-2	指導學生預防突發事件的正確心態與方法。			
	㈠講解何為突發狀態的警覺性 　問：同學在日常生活中應該以何種心態面對這治安日漸敗壞的社會？		10分鐘	能了解上課內容。
	㈡講解面對突發狀態的抗暴性 　問：假設同學晚上補習回家，一個人走在暗巷裡，且四下無人，忽然有一個歹徒衝出來抓住自己，當我們已經確定歹徒要對自己不利時，請問同學要如何保護自己？			
	㈢講解面對突發狀態的策略性 　問：許多女同學面臨色狼或不良份子時，多半採用的方式是妥協、閉上眼睛、腿軟、尖叫等方式，除此之外，我們還有什麼辦法擊退他們且全身而退呢？			

目標	教學流程	教學資源	時間	評量項目
2-1 2-2	第一節結束 　　　　第二節　開始 　　　如何預防色狼（技術篇） ㈠前置作業： 　延續上一節課的話題，教師進階討論防狼的小技巧。 1. 何謂一膽、二力、三功夫？ 2. 何謂踢毽子、打蚊子、剝橘子？ 【發展活動】 問：當歹徒已經從後面抱住你了，且當時四下無人，呼救無用之下，唯有靠自己時，我們又有什麼技巧照顧自己呢？ ⑴講解何謂踢毽子： 　教師示範，學生模仿動作，教師請學生上台演練動作，教師抽點學生上台練習。 ⑵講解何謂打蚊子： 　教師示範，學生模仿動作，教師請學生上台演練動作，教師抽點學生上台練習。 ⑶講解何謂剝橘子： 　教師示範，學生模仿動作，教師請學生上台演練動作，教師抽點學生上台練習。 　　學生練習與教師糾正動作 第二節結束 　　　　第三節　開始 　　　如何預防色狼（進階篇） ㈠前置作業： 　延續上一節課的話題，教師進階討論防狼的小技巧。 　教師溫習上次上課練習的防狼三技巧：踢毽子、打蚊子、剝橘子，反覆練習，並再三告誡學生非不得以不能亂使用，並且不能當遊戲來玩，且須將其告誡寫在回家聯絡簿，由家長簽名蓋章。 ㈡引起動機： 　⑴何謂一狼、二毒、三功夫？ 　⑵如何活用身邊垂手可得的用具禦敵？	學習單，習作 學習單，習作	20 分鐘 20 分鐘 10 分鐘 10 分鐘 5 分鐘	能和其他組員討論內容大意與說出類似狀況與處理方法。 能熟練上課教師示範的技巧與應用。 能和其他組員相互練習與熟練動作。

目標	教學流程	教學資源	時間	評量項目
	【發展活動】 **教師教導進階動作** 問：許多女同學面臨色狼或不良份子時，多半採用的方式是妥協、閉上眼睛、腿軟、尖叫等方式，除此之外，我們還有什麼辦法擊退他們且全身而退呢？ ㈠講解身邊任何可用的防狼工具。 ㈡講解原子筆的使用法。 ㈢講解雨傘的使用法。 ㈣講解平底鞋與高跟鞋的使用法。 ㈤講解錢幣的使用法。 ㈥講解手指與指甲的使用法。 **學生練習與教師糾正動作** **第三節結束**		15分鐘	能熟練上課教師示範的技巧與應用。

目標欄：2-1　2-2

附錄 2

與兩性關係、性別教育相關法律一覽表

法律名稱	網址
大學法	http://law.moj.gov.tw/Scripts/SimpleQ.asp? rb=lname&K1=大學法
少年事件處理法（與兩性平等教育相關法條）	http://law.moj.gov.tw/Scripts/SimpleQ.asp? rb=lname&K1=少年事件處理法
民法（與兩性平等教育相關法條）	http://law.moj.gov.tw/Scripts/SimpleQ.asp? rb=lname&K1=民法
刑法（與兩性平等教育相關法條）	http://law.moj.gov.tw/Scripts/SimpleQ.asp? rb=lname&K1=刑法
兒童及少年性交易防制條例	http://law.moj.gov.tw/Scripts/SimpleQ.asp? rb=lname&K1=兒童及少年性交易防制條例
兒童及少年保護通報及處理辦法	http://law.moj.gov.tw/Scripts/SimpleQ.asp? rb=lname&K1=兒童及少年保護通報及處理辦法
兒童及少年福利法	http://law.moj.gov.tw/Scripts/SimpleQ.asp? rb=lname&K1=兒童及少年福利法
兒童及少年福利法施行細則	http://law.moj.gov.tw/Scripts/SimpleQ.asp? rb=lname&K1=兒童及少年福利法施行細則
性別平等教育法	http://law.moj.gov.tw/Scripts/SimpleQ.asp? rb=lname&K1=性別平等教育法
性別平等教育法施行細則	http://law.moj.gov.tw/Scripts/SimpleQ.asp? rb=lname&K1=性別平等教育法施行細則
性侵害犯罪防治法	http://law.moj.gov.tw/Scripts/SimpleQ.asp? rb=lname&K1=性侵害犯罪防治法
性騷擾防治法	http://law.moj.gov.tw/Scripts/NewsDetail.asp? no=1D0050074
性騷擾防治法施行細則	http://law.moj.gov.tw/Scripts/SimpleQ.asp? rb=lname&K1=性騷擾防治法施行細則
性騷擾防治準則	http://law.moj.gov.tw/Scripts/SimpleQ.asp? rb=lname&K1=性騷擾防治準則
性騷擾事件調解辦法	http://law.moj.gov.tw/Scripts/SimpleQ.asp? rb=lname&K1=性騷擾事件調解辦法
社會秩序維護法	http://law.moj.gov.tw/Scripts/SimpleQ.asp? rb=lname&K1=社會秩序維護法
家庭教育法	http://law.moj.gov.tw/Scripts/SimpleQ.asp? rb=lname&K1=家庭教育法
家庭暴力防治法	http://law.moj.gov.tw/Scripts/SimpleQ.asp? rb=lname&K1=家庭暴力防治法
家庭暴力防治法施行細則	http://law.moj.gov.tw/Scripts/SimpleQ.asp? rb=lname&K1=家庭暴力防治法施行細則
校園性侵害或性騷擾防治準則	http://law.moj.gov.tw/Scripts/SimpleQ.asp? rb=lname&K1=校園性侵害或性騷擾防治準則

性別平等教育法（民國 93 年 6 月 23 日公布）

第一章　總則

第 1 條　為促進性別地位之實質平等，消除性別歧視，維護人格尊嚴，厚植並建立性別平等
　　　　　為之教育資源與環境，特制定本法。本法未規定者，適用其他法律之規定。

第 2 條　本法用詞定義如下：

　　　　　一、性別平等教育：指以教育方式消除性別歧視，促進性別地位之實質平等。

　　　　　二、學校：指公私立各級學校。

　　　　　三、性侵害：指性侵害犯罪防治法所稱性侵害犯罪之行為。

　　　　　四、性騷擾：指符合下列情形之一，且未達性侵害之程度者：

　　　　　　　㈠以明示或暗示之方式，從事不受歡迎且具有性意味或性別歧視之言詞或行為，
　　　　　　　　致影響他人之人格尊嚴、學習、或工作之機會或表現者。

　　　　　　　㈡以性或性別有關之行為，作為自己或他人獲得、喪失或減損其學習或工作有
　　　　　　　　關權益之條件者。

　　　　　五、校園性侵害或性騷擾事件：指性侵害或性騷擾事件之一方為學校校長、教師、
　　　　　　　職員、工友或學生，他方為學生者。

第 3 條　本法所稱主管機關：在中央為教育部；在直轄市為直轄市政府；在縣（市）為縣
　　　　　（市）政府。

第 4 條　中央主管機關應設性別平等教育委員會，其任務如下：

　　　　　一、研擬全國性之性別平等教育相關法規、政策及年度實施計畫。

　　　　　二、協調及整合相關資源，協助並補助地方主管機關及所主管學校、社教機構落實
　　　　　　　性別平等教育之實施與發展。

　　　　　三、督導考核地方主管機關及所主管學校、社教機構性別平等教育相關工作之實施。

　　　　　四、推動性別平等教育之課程、教學、評量與相關問題之研究與發展。

　　　　　五、規劃及辦理性別平等教育人員之培訓。

　　　　　六、提供性別平等教育相關事項之諮詢服務及調查、處理與本法有關之案件。

　　　　　七、推動全國性有關性別平等之家庭教育及社會教育。

　　　　　八、其他關於全國性之性別平等教育事務。

第 5 條　直轄市、縣（市）主管機關應設性別平等教育委員會，其任務如下：

　　　　　一、研擬地方之性別平等教育相關法規、政策及年度實施計畫。

二、協調及整合相關資源，並協助所主管學校、社教機構落實性別平等教育之實施與發展。

三、督導考核所主管學校、社教機構性別平等教育相關工作之實施。

四、推動性別平等教育之課程、教學、評量及相關問題之研究發展。

五、提供所主管學校、社教機構性別平等教育相關事項之諮詢服務及調查、處理與本法有關之案件。

六、辦理所主管學校教育人員及相關人員之在職進修。

七、推動地方有關性別平等之家庭教育及社會教育。

八、其他關於地方之性別平等教育事務。

第 6 條　學校應設性別平等教育委員會，其任務如下：

一、統整學校各單位相關資源，擬訂性別平等教育實施計畫，落實並檢視其實施成果。

二、規劃或辦理學生、教職員工及家長性別平等教育相關活動。

三、研發並推廣性別平等教育之課程、教學及評量。

四、研擬性別平等教育實施與校園性侵害及性騷擾之防治規定，建立機制，並協調及整合相關資源。

五、調查及處理與本法有關之案件。

六、規劃及建立性別平等之安全校園空間。

七、推動社區有關性別平等之家庭教育與社會教育。

八、其他關於學校或社區之性別平等教育事務。

第 7 條　中央主管機關之性別平等教育委員會，置委員十七人至二十三人，採任期制，以教育部部長為主任委員，其中女性委員應占委員總數二分之一以上；性別平等教育相關領域之專家學者、民間團體代表及實務工作者之委員合計，應占委員總數三分之二以上。前項性別平等教育委員會每三個月應至少開會一次，並應由專人處理有關業務；其組織、會議及其他相關事項，由中央主管機關定之。

第 8 條　直轄市、縣（市）主管機關之性別平等教育委員會，置委員九人至二十三人，採任期制，以直轄市、縣（市）首長為主任委員，其中女性委員應占委員總數二分之一以上；性別平等教育相關領域之專家學者、民間團體代表及實務工作者之委員合計，應占委員總數三分之一以上。前項性別平等教育委員會每三個月應至少開會一次，並應由專人處理有關業務；其組織、會議及其他相關事項，由直轄市、縣（市）主管機關定之。

第 9 條　學校之性別平等教育委員會，置委員五人至二十一人，採任期制，以校長為主任委員，其中女性委員應占委員總數二分之一以上，並得聘具性別平等意識之教師代表、

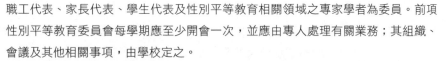

職工代表、家長代表、學生代表及性別平等教育相關領域之專家學者為委員。前項性別平等教育委員會每學期應至少開會一次，並應由專人處理有關業務；其組織、會議及其他相關事項，由學校定之。

第 10 條　中央、直轄市、縣（市）主管機關及學校每年應參考所設之性別平等教育委員會所擬各項實施方案編列經費預算。

第 11 條　主管機關應督導考核所主管學校、社教機構或下級機關辦理性別平等教育相關工作，並提供必要之協助；其績效優良者，應給與獎勵，績效不良者，應予糾正並輔導改進。

第二章　學習環境與資源

第 12 條　學校應提供性別平等之學習環境，建立安全之校園空間。學校應尊重學生與教職員工之性別特質及性傾向。學校應訂定性別平等教育實施規定，並公告周知。

第 13 條　學校之招生及就學許可不得有性別或性傾向之差別待遇。但基於歷史傳統、特定教育目標或其他非因性別因素之正當理由，經該管主管機關核准而設置之學校、班級、課程者，不在此限。

第 14 條　學校不得因學生之性別或性傾向而給與教學、活動、評量、獎懲、福利及服務上之差別待遇。但性質僅適合特定性別者，不在此限。學校對因性別或性傾向而處於不利處境之學生應積極提供協助，以改善其處境。學校應積極維護懷孕學生之受教權，並提供必要之協助。

第 15 條　教職員工之職前教育、新進人員培訓、在職進修及教育行政主管人員之儲訓課程，應納入性別平等教育之內容；其中師資培育之大學之教育專業課程，應有性別平等教育相關課程。

第 16 條　學校之考績委員會、申訴評議委員會、教師評審委員會及中央與直轄市、縣（市）主管機關之教師申訴評議委員會之組成，任一性別委員應占委員總數三分之一以上。但學校之考績委員會及教師評審委員會因該校任一性別教師人數少於委員總數三分之一者，不在此限。學校或主管機關相關組織未符合前項規定者，應自本法施行之日起一年內完成改組。

第三章　課程、教材與教學

第 17 條　學校之課程設置及活動設計，應鼓勵學生發揮潛能，不得因性別而有差別待遇。國民中小學除應將性別平等教育融入課程外，每學期應實施性別平等教育相關課程或活動至少四小時。高級中等學校及專科學校五年制前三年應將性別平等教育融入課程。大專校院應廣開性別研究相關課程。學校應發展符合性別平等之課程規劃與評

量方式。

第 18 條　學校教材之編寫、審查及選用，應符合性別平等教育原則；教材內容應平衡反映不同性別之歷史貢獻及生活經驗，並呈現多元之性別觀點。

第 19 條　教師使用教材及從事教育活動時，應具備性別平等意識，破除性別刻板印象，避免性別偏見及性別歧視。教師應鼓勵學生修習非傳統性別之學科領域。

第四章　校園性侵害或性騷擾之防治

第 20 條　為預防與處理校園性侵害或性騷擾事件，中央主管機關應訂定校園性侵害或性騷擾之防治準則；其內容應包括學校安全規劃、校內外教學與人際互動注意事項、校園性侵害或性騷擾之處理機制、程序及救濟方法。學校應依前項準則訂定防治規定，並公告周知。

第 21 條　學校或主管機關處理校園性侵害或性騷擾事件，除依相關法律或法規規定通報外，並應將該事件交由所設之性別平等教育委員會調查處理。

第 22 條　學校或主管機關調查處理校園性侵害或性騷擾事件時，應秉持客觀、公正、專業之原則，給與雙方當事人充分陳述意見及答辯之機會。但應避免重複詢問。當事人及檢舉人之姓名或其他足以辨識身分之資料，除有調查之必要或基於公共安全之考量者外，應予保密。

第 23 條　學校或主管機關於調查處理校園性侵害或性騷擾事件期間，得採取必要之處置，以保障當事人之受教權或工作權。

第 24 條　學校或主管機關處理校園性侵害或性騷擾事件，應告知被害人或其法定代理人其得主張之權益及各種救濟途徑，或轉介至相關機構處理，必要時，應提供心理輔導、保護措施或其他協助。

第 25 條　校園性侵害或性騷擾事件經學校或主管機關調查屬實後，應依相關法律或法規規定自行或將加害人移送其他權責機關懲處。學校、主管機關或其他權責機關為性騷擾事件之懲處時，並得命加害人為下列一款或數款之處置：
一、經被害人或其法定代理人之同意，向被害人道歉。
二、接受八小時之性別平等教育相關課程。
三、接受心理輔導。
四、其他符合教育目的之措施。
第一項懲處涉及加害人身分之改變時，應給與其書面陳述意見之機會。

第 26 條　學校或主管機關調查校園性侵害或性騷擾事件過程中，得視情況就相關事項、處理方式及原則予以說明，並得於事件處理完成後，經被害人或其法定代理人之同意，

將事件之有無、樣態及處理方式予以公布。但不得揭露當事人之姓名或其他足以識別其身分之資料。

第 27 條　學校或主管機關應建立校園性侵害或性騷擾事件及加害人之檔案資料。前項加害人轉至其他學校就讀或服務時，主管機關及原就讀或服務之學校應於知悉後一個月內，通報加害人現就讀或服務之學校。接獲前項通報之學校，應對加害人實施必要之追蹤輔導，非有正當理由，並不得公布加害人之姓名或其他足以識別其身分之資料。

第五章　申請調查及救濟

第 28 條　學校違反本法規定時，被害人或其法定代理人得向學校所屬主管機關申請調查。校園性侵害或性騷擾事件之被害人或其法定代理人得以書面向行為人所屬學校申請調查。但學校之首長為加害人時，應向學校所屬主管機關申請調查。任何人知悉前二項之事件時，得依其規定程序向學校或主管機關檢舉之。

第 29 條　學校或主管機關於接獲調查申請或檢舉時，應於二十日內以書面通知申請人或檢舉人是否受理。學校或主管機關於接獲調查申請或檢舉時，有下列情形之一者，應不予受理：

一、非屬本法所規定之事項者。

二、申請人或檢舉人未具真實姓名。

三、同一事件已處理完畢者。

前項不受理之書面通知，應敘明理由。申請人或檢舉人於第一項之期限內未收到通知或接獲不受理通知之次日起二十日內，得以書面具明理由，向學校或主管機關申復。

第 30 條　學校或主管機關接獲前條第一項之申請或檢舉後，除有前條第二項所定事由外，應於三日內交由所設之性別平等教育委員會調查處理。學校或主管機關之性別平等教育委員會處理前項事件時，得成立調查小組調查之。前項小組成員應具性別平等意識，女性人數比例，應占成員總數二分之一以上，必要時，部分小組成員得外聘。處理校園性侵害或性騷擾事件所成立之調查小組，其成員中具性侵害或性騷擾事件調查專業素養之專家學者之人數比例於學校應占成員總數三分之一以上，於主管機關應占成員總數二分之一以上；雙方當事人分屬不同學校時，並應有申請人學校代表。性別平等教育委員會或調查小組依本法規定進行調查時，行為人、申請人及受邀協助調查之人或單位，應予配合，並提供相關資料。行政程序法有關管轄、移送、迴避、送達、補正等相關規定，於本法適用或準用之。性別平等教育委員會之調查處理，不受該事件司法程序進行之影響。性別平等教育委員會為調查處理時，應衡酌雙方當事人之權力差距。

第 31 條　學校或主管機關性別平等教育委員會應於受理申請或檢舉後二個月內完成調查。必
　　　　　要時，得延長之，延長以二次為限，每次不得逾一個月，並應通知申請人、檢舉人
　　　　　及行為人。性別平等教育委員會調查完成後，應將調查報告及處理建議，以書面向
　　　　　其所屬學校或主管機關提出報告。學校或主管機關應於接獲前項調查報告後二個月
　　　　　內，自行或移送相關權責機關依本法或相關法律或法規規定議處，並將處理之結果，
　　　　　以書面載明事實及理由通知申請人、檢舉人及行為人。學校或主管機關為前項議處
　　　　　前，得要求性別平等教育委員會之代表列席說明。

第 32 條　申請人及行為人對於前條第三項處理之結果有不服者，得於收到書面通知次日起二
　　　　　十日內，以書面具明理由向學校或主管機關申復。前項申復以一次為限。學校或主
　　　　　管機關發現調查程序有重大瑕疵或有足以影響原調查認定之新事實、新證據時，得
　　　　　要求性別平等教育委員會重新調查。

第 33 條　性別平等教育委員會於接獲前條學校或主管機關重新調查之要求時，應另組調查小
　　　　　組；其調查處理程序，依本法之相關規定。

第 34 條　申請人或行為人對學校或主管機關之申復結果不服，得於接獲書面通知書之次日起
　　　　　三十日內，依下列規定提起救濟：
　　　　　一、公私立學校校長、教師：依教師法之規定。
　　　　　二、公立學校依公務人員任用法任用之職員及中華民國七十四年五月三日教育人員
　　　　　　　任用條例施行前未納入銓敘之職員：依公務人員保障法之規定。
　　　　　三、私立學校職員：依兩性工作平等法之規定。
　　　　　四、公私立學校工友：依兩性工作平等法之規定。
　　　　　五、公私立學校學生：依規定向所屬學校提起申訴。

第 35 條　學校及主管機關對於與本法事件有關之事實認定，應依據其所設性別平等教育委員
　　　　　會之調查報告。法院對於前項事實之認定，應審酌各級性別平等教育委員會之調查
　　　　　報告。

第六章　罰則

第 36 條　學校違反第十三條、第十四條、第二十條第二項、第二十二條第二項或第二十七條
　　　　　第三項規定者，應處新台幣一萬元以上十萬元以下罰鍰。行為人違反第三十條第四
　　　　　項規定而無正當理由者，由學校報請主管機關處新台幣一萬元以上五萬元以下罰鍰，
　　　　　並得連續處罰至其配合或提供相關資料為止。

第七章　附則

第 37 條　本法施行細則，由中央主管機關定之。

第 38 條　本法自公布日施行。

性別平等教育法施行細則（民國 94 年 6 月 13 日發布）

第 1 條 本細則依性別平等教育法（以下簡稱本法）第三十七條規定訂定之。

第 2 條 本法第一條第一項及第二條第一款所稱性別地位之實質平等，指任何人不因其生理性別、性傾向、性別特質或性別認同等不同，而受到差別之待遇。

第 3 條 性別平等教育委員會依本法第四條第一款、第五條第一款及第六條第一款規定研擬實施計畫時，其內容應包括下列事項：

　　一、目標：評估前一年實施成效，擬定年度主題並確定未來發展方向。

　　二、策略：內部各單位計畫或事務之統整，與相關機關（構）之合作聯繫及資源整合。

　　三、項目：明列年度具體工作項目。

　　四、資源：研擬經費及人力需求。

第 4 條 性別平等教育委員會依本法第四條第三款與第五條第三款及主管機關依本法第十一條規定進行督導考核時，得以統合視導方式為之，並得邀請性別平等教育相關專家學者及民間團體代表參加。督導考核應定期為之，於半年前公告考核基準及細目，其結果並應作為統合視導評比及校務評鑑之參據。

第 5 條 本法第四條第四款、第五條第四款及第六條第三款所定課程、教學、評量之研究發展，其內容包括下列事項：

　　一、課程部分：

　　　　㈠本法第十五條之教職員工之職前教育、新進人員培訓、在職進修及教育行政主管人員之儲訓課程。

　　　　㈡學生依第十七條第一項所受之課程及活動。

　　二、教學部分：

　　　　㈠創新及開發性別平等教育相關之教學法。

　　　　㈡提升教師運用性別平等教育相關教學法之能力。

　　三、評量部分：

　　　　㈠性別平等之認知、情意及實踐。

　　　　㈡觀察、實作、表演、口試、筆試、作業、學習歷程檔案、研究報告等多元適性評量方式。

第 6 條 本法第四條第六款及第五條第五款所定諮詢服務事項如下：

　　一、協助提供性別平等教育相關書籍、期刊、論文、人才檔案、學術及民間團體等資料。

二、協助其他性別平等教育委員會之組成及運作。

三、協助成立性別平等教育相關研究及教學單位。

四、提供其他有關落實本法之諮詢服務。

第 7 條　本法第七條第一項、第八條第一項及第九條第一項所稱性別平等教育相關領域，指從事性別、性教育、多元文化議題等有關之研究、教學或實務工作。

第 8 條　本法第九條第一項、第十九條第一項及第三十條第三項所稱性別平等意識，指個人認同性別平等之價值，瞭解性別不平等之現象及其成因，並具有協助改善現況之意願。

第 9 條　學校依本法第十二條第一項規定建立安全之校園空間時，應就下列事項，考量其無性別偏見、安全、友善及公平分配等原則：

一、空間配置。

二、管理及保全。

三、標示系統、求救系統及安全路線。

四、盥洗設施及運動設施。

五、照明及空間視覺穿透性。

六、其他相關事項。

第 10 條　本法第十二條第三項所定公告方式，除應張貼於學校公告欄外，並得以書面、口頭、網際網路或其他適當方式為之。

第 11 條　本法第十四條第三項所定必要之協助，應包含善用校內外資源，提供懷孕或生產學生之適性教育，並採彈性措施，協助其完成學業及提供相關輔導。

第 12 條　本法第十六條第一項所稱學校之考績委員會，指為辦理學校教職員工成績考核而組成之委員會。但公立學校，指以教師為考核範圍之委員會為限。本法第十六條第一項所稱學校之教師評審委員會，指校級之委員會。

第 13 條　本法第十七條第二項所定性別平等教育相關課程，應涵蓋情感教育、性教育、同志教育等課程，以提昇學生之性別平等意識。

第 14 條　為執行本法第十八條規定，高級中等以下學校教材之編寫、審查及選用，應由有性別平等意識之教師參與；教材內容並應破除性別偏見及尊卑觀念，呈現性別平等及多元之價值。

第 15 條　教師為執行本法第十九條第二項鼓勵學生修習非傳統性別之學科領域，應於輔導學生修習課程、選擇科系或探索生涯發展時，鼓勵學生適性多元發展，避免將特定學科性別化。

第 16 條　本法第三十條第七項所稱雙方當事人之權力差距，指當事人雙方間存在之地位、知識、年齡、體力、身分、族群或資源之不對等狀況。

第 17 條　性別平等教育委員會依本法第三十一條第二項規定提出報告，其內容應包括下列事項：

一、申請調查事件之案由，包括當事人或檢舉之敘述。

二、調查訪談過程紀錄，包括日期及對象。

三、被申請調查人、申請調查人、證人與相關人士之陳述及答辯。

四、相關物證之查驗。

五、事實認定及理由。

六、處理建議。

第 18 條　本細則自發布日施行。

家庭暴力防治法（民國 87 年 6 月 24 日公布）

第一章　通則

第 1 條　為促進家庭和諧，防治家庭暴力行為及保護被害人權益，特制定本法。

第 2 條　本法所稱家庭暴力者，謂家庭成員間實施身體或精神上不法侵害之行為。本法所稱家庭暴力罪者，謂家庭成員間故意實施家庭暴力行為而成立其他法律所規定之犯罪。本法所稱騷擾者，謂任何打擾、警告、嘲弄或辱罵他人之言語、動作或製造使人心生畏怖情境之行為。

第 3 條　本法所稱家庭成員，包括下列各員及其未成年子女：

一、配偶或前配偶。

二、現有或曾有事實上之夫妻關係、家長家屬或家屬間關係者。

三、現為或曾為直系血親或直系姻親。

四、現為或曾為四親等以內之旁系血親或旁系姻親。

第 4 條　本法所稱主管機關：在中央為內政部家庭暴力防治委員會；在省（市）為省（市）政府；在縣（市）為縣（市）政府。

第 5 條　內政部應設立家庭暴力防治委員會，其職掌如下：

一、研擬家庭暴力防治法規及政策。

二、協調、督導及考核有關機關家庭暴力防治事項之執行。

三、提高家庭暴力防治有關機構之服務效能。

四、提供大眾家庭暴力防治教育。

五、協調被害人保護計畫與加害人處遇計畫。

六、協助公、私立機構建立家庭暴力處理程序及推展家庭暴力防治教育。

七、統籌家庭暴力之整體資料，供法官、檢察官、警察人員、醫護人員及其他政府機關相互參酌並對被害人之身分予以保密。

八、協助地方政府推動家庭暴力防治業務並提供輔導及補助。前項第七款資料之建立、管理及使用辦法，由中央主管機關另定之。

第 6 條　家庭暴力防治委員會，以內政部長為主任委員，民間團體代表、學者及專家之比例不得少於委員總數二分之一。家庭暴力防治委員會應配置專人分組處理有關業務；其組織規程由中央主管機關定之。

第 7 條　各級地方政府得設立家庭暴力防治委員會，其職掌如下：

一、研擬家庭暴力防治法規及政策。

二、協調、督導及考核有關機關家庭暴力防治事項之執行。

三、提高家庭暴力防治有關機構之服務效能。

四、提供大眾家庭暴力防治教育。

五、協調被害人保護計畫與加害人處遇計畫。

六、協助公、私立機構建立家庭暴力處理程序及推展家庭暴力防治教育。

七、統籌家庭暴力之整體資料，供法官、檢察官、警察人員、醫護人員及其他政府機關相互參酌並對被害人之身分予以保密。前項家庭暴力防治委員會之組織規程由地方政府定之。

第 8 條 各級地方政府應各設立家庭暴力防治中心，並結合警政、教育、衛生、社政、戶政、司法等相關單位，辦理下列措施，以保護被害人之權益並防止家庭暴力事件之發生：

一、二十四小時電話專線。

二、被害人之心理輔導、職業輔導、住宅輔導、緊急安置與法律扶助。

三、給予被害人二十四小時緊急救援、協助診療、驗傷及取得證據。

四、加害人之追蹤輔導之轉介。

五、被害人與加害人身心治療之轉介。

六、推廣各種教育、訓練與宣傳。

七、其他與家庭暴力有關之措施。

前項中心得單獨設立或與性侵害防治中心合併設立，並應配置社工、警察、醫療及其他相關專業人員；其組織規程由地方主管機關定之。

第二章　民事保護令

第 9 條 保護令分為通常保護令及暫時保護令。

被害人、檢察官、警察機關或直轄市、縣（市）主管機關得向法院聲請保護令。被害人為未成年人、身心障礙者或因故難以委任代理人者，其法定代理人、三親等以內之血親或姻親，得為其向法院聲請保護令。

第 10 條 保護令之聲請，由被害人之住居所地、相對人之住居所地或家庭暴力發生地之法院管轄。

第 11 條 保護令之聲請，應以書面為之。但被害人有受家庭暴力之急迫危險者，檢察官、警察機關、或直轄市、縣（市）主管機關，得以言詞、電信傳真或其他科技設備傳送之方式聲請，並得於夜間或休息日為之。前項聲請得不記載聲請人或被害人之住居所，僅記載其送達處所。法院為定管轄權，得調查被害人之住居所。如聲請人或被

害人要求保密被害人之住居所，法院應以秘密方式訊問，將該筆錄及相關資料密封，並禁止閱覽。

第 12 條　保護令事件之審理不公開。法院得依職權調查證據，必要時得個別訊問。法院於審理終結前，得聽取直轄市、縣（市）主管機關或社會福利機構之意見。保護令事件不得進行調解或和解。法院不得以當事人間有其他案件偵查或訴訟繫屬為由，延緩核發保護令。

第 13 條　法院受理通常保護令之聲請後，除有不合法之情形逕以裁定駁回者外，應即行審理程序。法院於審理終結後，認有家庭暴力之事實且有必要者，應依聲請或依職權核發包括下列一款或數款之通常保護令：

一、禁止相對人對於被害人或其特定家庭成員實施家庭暴力。

二、禁止相對人直接或間接對於被害人為騷擾、通話、通信或其他非必要之聯絡行為。

三、命相對人遷出被害人之住居所，必要時並得禁止相對人就該不動產為處分行為或為其他假處分。

四、命相對人遠離下列場所特定距離：被害人之住居所、學校、工作場所或其他被害人或其特定家庭成員經常出入之特定場所。

五、定汽、機車及其他個人生活上、職業上或教育上必需品之使用權，必要時並得命交付之。

六、定暫時對未成年子女權利義務之行使或負擔由當事人之一方或雙方共同任之、行使或負擔之內容及方法，必要時並得命交付子女。

七、定相對人對未成年子女會面交往之方式，必要時並得禁止會面交往。

八、命相對人給付被害人住居所之租金或被害人及其未成年子女之扶養費。

九、命相對人交付被害人或特定家庭成員之醫療、輔導、庇護所或財物損害等費用。

一〇、命相對人完成加害人處遇計畫：戒癮治療、精神治療、心理輔導或其他治療、輔導。

一一、命相對人負擔相當之律師費。

一二、命其他保護被害人及其特定家庭成員之必要命令。

第 14 條　通常保護令之有效期間為一年以下，自核發時起生效。通常保護令失效前，當事人及被害人得聲請法院撤銷、變更或延長之。延長之期間為一年以下，並以一次為限。通常保護令所定之命令，於期間屆滿前經法院另為裁判確定者，該命令失其效力。

第 15 條　法院為保護被害人，得不經審理程序或於審理終結前，依聲請核發暫時保護令。法院核發暫時保護令時，得依聲請或依職權核發第十三條第二項第一款至第六款及第十二款之命令。法院於受理第十一條第一項但書之暫時保護令聲請後，依警察人員

到庭或電話陳述家庭暴力之事實，有正當理由足認被害人有受家庭暴力之急迫危險者，除有正當事由外，應於四小時內以書面核發暫時保護令，並得以電信傳真或其他科技設備傳送暫時保護令予警察機關。聲請人於聲請通常保護令前聲請暫時保護令，其經法院准許核發者，視為已有通常保護令之聲請。暫時保護令自核發時起生效，於法院審理終結核發通常保護令或駁回聲請時失其效力。暫時保護令失效前，法院得依當事人及被害人之聲請或依職權撤銷或變更之。

第 16 條　命相對人遷出被害人住居所或遠離被害人之保護令，不因被害人同意相對人不遷出或不遠離而失其效力。

第 17 條　保護令除第十五條第三項情形外，應於核發後二十四小時內發送當事人、被害人、警察機關及直轄市、縣（市）主管機關。直轄市、縣（市）主管機關應登錄各法院所核發之保護令，並隨時供法院、警察機關及其他政府機關查閱。

第 18 條　法院應提供被害人或證人安全出庭之環境與措施。

第 19 條　關於保護令之裁定，除有特別規定者外，得為抗告。保護令之程序，除本章別有規定外，準用非訟事件法有關規定。非訟事件法未規定者，準用民事訴訟法有關規定。

第 20 條　保護令之執行，由警察機關為之。但關於金錢給付之保護令，得為執行名義，向法院聲請強制執行。警察機關應依保護令，保護被害人至被害人或相對人之住居所，確保其安全占有住居所、汽、機車或其他個人生活上、職業上或教育上必需品。當事人或利害關係人對於警察機關執行保護令之內容有異議時，得於保護令失效前，向原核發保護令之法院聲明異議。關於聲明異議之程序，準用強制執行法之規定。

第 21 條　外國法院關於家庭暴力之保護令，經聲請中華民國法院裁定承認後，得執行之。當事人聲請法院承認之外國法院關於家庭暴力之保護令，有民事訴訟法第四百零二條第一款至第三款所列情形之一者，法院應駁回其聲請。外國法院關於家庭暴力之保護令，其核發地國對於中華民國法院之保護令不予承認者，法院得駁回其聲請。

第三章　刑事程序

第 22 條　警察人員發現家庭暴力罪或違反保護令罪之現行犯時，應逕行逮捕之，並依刑事訴訟法第九十二條規定處理。雖非現行犯，但警察人員認其犯家庭暴力罪嫌疑重大，且有繼續侵害家庭成員生命、身體或自由之危險，而符合刑事訴訟法所定之逕行拘提要件者，應逕行拘提之。並即報請檢察官簽發拘票。如檢察官不簽發拘票時，應即將被拘提人釋放。

第 23 條　家庭暴力罪或違反保護令罪之被告經檢察官或法院訊問後，認無羈押之必要，而逕命具保、責付、限制住居或釋放者，得附下列一款或數款條件命被告遵守：

　　一、禁止實施家庭暴力行為。

　　二、命遷出被害人之住居所。

　　三、禁止對被害人為直接或間接之騷擾、接觸、通話或其他聯絡行為。

　　四、其他保護被害人安全之事項。

　　檢察官或法院得依當事人之聲請或依職權撤銷或變更依前項規定所附之條件。

第 24 條　被告違反檢察官或法院依前條第一項規定所附之條件者，檢察官或法院得命撤銷原處分，另為適當之處分；如有繳納保證金者，並得沒入其保證金。前項情形，偵查中檢察官得聲請法院羈押之；審判中法院得命羈押之。

第 25 條　第二十三條、第二十四條第一項之規定，於羈押中之被告，經法院裁定停止羈押者，準用之。停止羈押中之被告違反法院依前項規定所附之釋放條件者，法院於認有羈押必要時，得命再執行羈押。

第 26 條　檢察官或法院為第二十三條第一項及前條第一項之附條件處分或裁定時，應以書面為之，並送達於被告及被害人。

第 27 條　警察人員發現被告違反檢察官或法院依第二十三條第一項、第二十五條第一項規定所附之條件者，應即報告檢察官或法院。第二十二條之規定於本條情形準用之。

第 28 條　家庭暴力罪及違反保護令罪之告訴人得委任代理人到場。但檢察官或法院認為必要時，得命本人到場。對智障被害人或十六歲以下被害人之訊問或詰問，得依聲請或依職權在法庭外為之，或採取適當隔離措施。被害人於本項情形所為之陳述，得為證據。

第 29 條　對於家庭暴力罪或違反保護令罪案件所為之起訴書、不起訴處分書、裁定書或判決書，應送達於被害人。

第 30 條　犯家庭暴力罪或違反保護令罪而受緩刑之宣告者，在緩刑期內應付保護管束。法院為前項緩刑宣告時，得命被告於緩刑付保護管束期間內，遵守下列一款或數款事項：

　　一、禁止實施家庭暴力行為。

　　二、命遷出被害人之住居所。

　　三、禁止對被害人為直接或間接之騷擾、接觸、通話或其他聯絡行為。

　　四、命接受加害人處遇計畫：戒癮治療、精神治療、心理輔導或其他治療、輔導。

　　五、其他保護被害人或其特定家庭成員安全或更生保護之事項。法院為第一項之緩刑宣告時，應即通知被害人及其住居所所在地之警察機關。受保護管束人違反第二項保護管束事項情節重大者，撤銷其緩刑之宣告。

第 31 條　前條之規定，於受刑人經假釋出獄付保護管束者，準用之。

第 32 條　檢察官或法院依第二十三條第一項、第二十五條第一項、第三十條第二項或前條規

定所附之條件，得指揮司法警察執行之。

第 33 條　有關政府機關應訂定並執行家庭暴力罪或違反保護令罪受刑人之處遇計畫。前項計畫之訂定及執行之相關人員應接受家庭暴力防治教育及訓練。

第 34 條　監獄長官應將家庭暴力罪或違反保護令罪受刑人預定出獄之日期或脫逃之事實通知被害人。但被害人之所在不明者，不在此限。

第四章　父母子女與和解調解程序

第 35 條　法院依法為未成年子女酌定或改定權利義務之行使或負擔之人時，對已發生家庭暴力者，推定由加害人行使或負擔權利義務不利於該子女。

第 36 條　法院依法為未成年子女酌定或改定權利義務之行使或負擔之人或會面交往之裁判後，發生家庭暴力者，法院得依被害人、未成年子女、主管機關、社會福利機構或其他利害關係人之請求為子女之最佳利益改定之。

第 37 條　法院依法准許家庭暴力加害人會面交往其未成年子女時，應審酌子女及被害人之安全，並得為下列一款或數款命令：

一、命於特定安全場所交付子女。

二、命由第三人或機關團體監督會面交往，並得定會面交往時應遵守之事項。

三、以加害人完成加害人處遇計畫或其他特定輔導為會面交往條件。

四、命加害人負擔監督會面交往費用。

五、禁止過夜會面交往。

六、命加害人出具準時、安全交還子女之保證金。

七、其他保護子女、被害人或其他家庭成員安全之條件。

法院如認有違背前項命令之情形，或准許會面交往無法確保被害人或其子女之安全者，得依聲請或依職權禁止之。如違背前項第六款命令，並得沒入保證金。法院於必要時，得命有關機關或有關人員保密被害人或子女住居所。

第 38 條　各直轄市及縣（市）政府應設未成年子女會面交往處所或委託辦理。前項會面交往處所應有受過家庭暴力安全及防制訓練之人員，其設置辦法及監督會面交往與交付子女之程序由各直轄市及縣（市）主管機關另訂之。

第 39 條　法院於訴訟或調解程序中如認為有家庭暴力之情事時，不得進行和解或調解，但有下列情形之一者，不在此限：

一、行和解或調解之人曾受家庭暴力防治之訓練並以確保被害人安全之方式進行和解或調解。

二、准許被害人選定輔助人參與和解或調解。

三、其他行和解或調解之人認為能使被害人免受加害人脅迫之程序。

第五章　預防與治療

第 40 條　警察人員處理家庭暴力案件，必要時應採取下列方法保護被害人及防止家庭暴力之發生：

一、於法院核發第十五條第三項之暫時保護令前，在被害人住居所守護或採取其他保護被害人及其家庭成員之必要安全措施。

二、保護被害人及其子女至庇護所或醫療處所。

三、保護被害人至被害人或相對人之住居所，確保其安全占有保護令所定個人生活上、職業上或教育上之必需品。

四、告知被害人其得行使之權利、救濟途徑及服務措施。

警察人員處理家庭暴力案件，應製作書面紀錄，其格式由中央警政主管機關訂之。

第 41 條　醫事人員、社工人員、臨床心理人員、教育人員、保育人員、警察人員及其他執行家庭暴力防治人員，在執行職務時知有家庭暴力之犯罪嫌疑者，應通報當地主管機關。前項通報人之身分資料應予保密。主管機關接獲通報後，必要時得自行或委託其他機關或防治家庭暴力有關機構、團體進行訪視、調查。主管機關或受其委託之機關、機構或團體進行訪視、調查時，得請求警察、醫療、學校或其他相關機關或機構協助，被請求之機關或機構應予配合。

第 42 條　醫院、診所對於家庭暴力之被害人，不得無故拒絕診療及開立驗傷診斷書。

第 43 條　衛生主管機關應擬訂及推廣有關家庭暴力防治之衛生教育宣導計畫。

第 44 條　直轄市及縣（市）政府應製作家庭暴力被害人權益、救濟及服務之書面資料，以供被害人取閱，並提供執業醫師、醫療機構及警察機關使用。醫師在執行業務時，知悉其病人為家庭暴力被害人時，應將前項資料交付病人。第一項資料不得記明庇護所之住址。

第 45 條　中央衛生主管機關應訂定家庭暴力加害人處遇計畫規範，其內容包括下列各款：

一、處遇計畫之評估標準。

二、司法機關、家庭暴力被害人保護計畫之執行機關（構）、加害人處遇計畫之執行機關（構）間之連繫及評估制度。

三、執行機關（構）之資格。

第 46 條　加害人處遇計畫之執行機關（構）得為下列事項：

一、將加害人接受處遇情事告知被害人及其辯護人。

二、調查加害人在其他機構之處遇資料。

三、將加害人之資料告知司法機關、監獄監務委員會、家庭暴力防治中心及其他有
　　關機構。加害人處遇計畫之執行機關（構）應將加害人之恐嚇、施暴、不遵守
　　計畫等行為告知相關機關。

第 47 條　直轄市、縣（市）政府應提供醫療機構及戶政機關家庭暴力防治之相關資料，俾醫
　　療機構及戶政機關將該相關資料提供新生兒之父母、住院未成年人之父母、辦理結
　　婚登記之新婚夫妻及辦理出生登記之人。前項資料內容應包括家庭暴力對於子女及
　　家庭之影響及家庭暴力之防治服務。

第 48 條　社會行政主管機關應辦理社工人員及保育人員防治家庭暴力之在職教育。警政主管
　　機關應辦理警察人員防治家庭暴力之在職教育。司法院及法務部應辦理相關司法人
　　員防治家庭暴力之在職教育。衛生主管機關應辦理或督促相關醫療團體辦理醫護人
　　員防治家庭暴力之在職教育。教育主管機關應辦理學校之輔導人員、行政人員、教
　　師及學生防治家庭暴力之在職教育及學校教育。

第 49 條　各級中小學每學年應有家庭暴力防治課程。

第六章　罰則

第 50 條　違反法院依第十三條、第十五條所為之下列裁定者，為本法所稱之違反保護令罪，
　　處三年以下有期徒刑、拘役或科或併科新台幣十萬元以下罰金：
　　一、禁止實施家庭暴力行為。
　　二、禁止直接或間接騷擾、接觸、通話或其他連絡行為。
　　三、命遷出住居所。
　　四、遠離住居所、工作場所、學校或其他特定場所。
　　五、命完成加害人處遇計畫：戒癮治療、精神治療、心理輔導或其他治療、輔導。

第 51 條　違反第四十一條第一項規定者，處新台幣六千元以上三萬元以下罰鍰。但醫事人員
　　為避免被害人身體緊急危難而違反者，不罰。違反第四十二條規定者，處新台幣六
　　千元以上三萬元以下之罰鍰。

第七章　附則

第 52 條　警察機關執行保護令及處理家庭暴力案件辦法，由中央主管機關定之。

第 53 條　本法施行細則，由中央主管機關定之。

第 54 條　本法自公布日施行。
　　第二章至第四章、第五章第四十條、第四十一條、第六章自公布後一年施行。

家庭暴力防治法施行細則（民國 88 年 6 月 22 日發布）

第 1 條　本細則依家庭暴力防治法（以下簡稱本法）第五十三條規定訂定之。

第 2 條　本法所稱各級地方政府，指直轄市政府及縣（市）政府。

第 3 條　各級地方政府依本法處理被害人保護相關事務，應以被害人之最佳利益為優先考量。

第 4 條　各級地方政府家庭暴力防治中心對於需要職業輔導之被害人，得將其轉介至當地公立職業訓練或就業服務機構，參加職業訓練或輔導就業。

第 5 條　各級地方政府家庭暴力防治中心每半年應邀集當地警政、教育、衛生、社政、戶政、司法、勞政等相關單位舉行業務協調會報，研議辦理本法第八條第一項各款措施相關事宜，必要時得召開臨時會議。

第 6 條　檢察官、警察機關或直轄市、縣（市）主管機關依本法第十一條第一項但書規定聲請暫時保護令時，應考量被害人有無遭受相對人虐待、威嚇、傷害或其他身體上、精神上不法侵害之現時危險，或如不核發暫時保護令，將導致無法回復之損害等情形。

第 7 條　本法第九條第一項所稱通常保護令，指由法院以終局裁定所核發之保護令；所稱暫時保護令，指於通常保護令聲請前或法院審理終結前，法院依本法第十一條第一項但書或第十五條第一項之聲請而核發之保護令。

第 8 條　依本法第十一條第一項前段規定以書面聲請保護令者，應記載下列事項：

　　　　一、聲請人非被害人者，其姓名、住居所、送達處所、公務所或事務所及與被害人之關係。

　　　　二、被害人之姓名、性別、出生年月日、住居所或送達處所。

　　　　三、相對人之姓名、性別、出生年月日、住居所或送達處所及與被害人之關係。

　　　　四、有代理人者，其姓名、性別、職業、住居所或事務所、營業所。

　　　　五、聲請之意旨及其原因、事實。

　　　　六、供證明之或釋明之證據。

　　　　七、附件及其件數。

　　　　八、法院。

　　　　九、年、月、日。

第 9 條　檢察官、警察機關或直轄市、縣（市）主管機關依本法第十一條第一項但書規定以言詞、電信傳真或其他科技設備傳送之方式聲請暫時保護令時，應表明前條各款事項，除有特殊情形外，並應以法院之專線為之。

第 10 條　本法第十一條第一項但書規定所稱夜間，為日出前，日沒後；所稱休息日，為星期

例假日、應放假之紀念日及其他由中央人事主管機關規定應放假之日。

第 11 條　法院受理本法第十一條第一項但書規定暫時保護令聲請之事件，如認現有資料無法審認被害人有受家庭暴力之急迫危險者，得請警察人員協助調查。

第 12 條　法院受理本法第十一條第一項但書規定暫時保護令聲請之事件，得請警察人員電話或到庭陳述家庭暴力之事實，警察人員不得拒絕。

第 13 條　警察人員依本法第二十七條規定報告檢察官及法院時，應以書面為之，並檢具事證及其他相關資料。但情況急迫者，得以言詞、電信傳真或其他科技設備傳送之方式報告。

第 14 條　家庭暴力罪及違反保護令罪之告訴人依本法第二十八條第一項規定委任代理人到場者，應提出委任書狀。

第 15 條　警察人員發現受保護管束人違反本法第三十條第二項於保護管束期間應遵守之事項時，應檢具事證，報告受保護管束人所在地或其最後住所地之地方法院檢察署檢察官。

第 16 條　本法第三十三條第一項家庭暴力罪或違反保護令罪受刑人之處遇計畫，由法務部會商行政院衛生署定之。

第 17 條　本法第四十一條第一項規定之通報，其方式及內容，由中央主管機關定之。

第 18 條　本法所定之罰鍰，由直轄市、縣（市）主管機關處罰之。

第 19 條　本細則自發布日施行。

性侵害犯罪防治法（民國 94 年 2 月 5 日修正）

第 1 條　為防治性侵害犯罪及保護被害人權益，特制定本法。

第 2 條　本法所稱性侵害犯罪，係指觸犯刑法第二百二十一條至第二百二十七條、第二百二十八條、第二百二十九條、第三百三十二條第二項第二款、第三百三十四條第二款、第三百四十八條第二項第一款及其特別法之罪。本法所稱加害人，係指觸犯前項各罪經判決有罪確定之人。

第 3 條　本法所稱主管機關：在中央為內政部；在直轄市為直轄市政府；在縣（市）為縣（市）政府。

第 4 條　內政部應設性侵害防治委員會，掌理下列事項：

一、研擬性侵害防治政策及法規。

二、協調及監督有關性侵害防治事項之執行。

三、監督各級政府建立性侵害事件處理程序、防治及醫療網絡。

四、督導及推展性侵害防治教育。

五、性侵害事件各項資料之建立、彙整、統計及管理。

六、性侵害防治有關問題之研議。

七、其他性侵害防治有關事項。

第 5 條　內政部性侵害防治委員會，以內政部部長為主任委員，民間團體代表、學者及專家之比例不得少於委員總數二分之一。性侵害防治委員會應配置專人分科處理有關業務；其組織規程，由中央主管機關定之。

第 6 條　直轄市、縣（市）主管機關應設性侵害防治中心，辦理下列事項：

一、提供二十四小時電話專線服務。

二、提供被害人二十四小時緊急救援。

三、協助被害人就醫診療、驗傷及取得證據。

四、協助被害人心理治療、輔導、緊急安置及提供法律服務。

五、協調醫院成立專門處理性侵害事件之醫療小組。

六、加害人之追蹤輔導及身心治療。

七、推廣性侵害防治教育、訓練及宣導。

八、其他有關性侵害防治及保護事項。

前項中心應配置社工、警察、醫療及其他相關專業人員；其組織由直轄市、縣（市）主管機關定之。地方政府應編列預算辦理前二項事宜，不足由中央主管機關編列專

款補助。

第 7 條　各級中小學每學年應至少有四小時以上之性侵害防治教育課程。前項所稱性侵害防治教育課程應包括：

一、兩性性器官構造與功能。

二、安全性行為與自我保護性知識。

三、兩性平等之教育。

四、正確性心理之建立。

五、對他人性自由之尊重。

六、性侵害犯罪之認識。

七、性侵害危機之處理。

八、性侵害防範之技巧。

九、其他與性侵害有關之教育。

第 8 條　醫事人員、社工人員、教育人員、保育人員、警察人員、勞政人員，於執行職務知有疑似性侵害犯罪情事者，應立即向當地直轄市、縣（市）主管機關通報，至遲不得超過二十四小時。通報之方式及內容，由中央主管機關定之。前項通報內容、通報人之姓名、住居所及其他足資識別其身分之資訊，除法律另有規定外，應予保密。

第 9 條　中央主管機關應建立全國性侵害加害人之檔案資料；其內容，應包含指紋、去氧核醣核酸紀錄。前項檔案資料應予保密，非依法律規定，不得提供；其管理及使用等事項之辦法，由中央主管機關定之。

第 10 條　醫院、診所對於被害人，不得無故拒絕診療及開立驗傷診斷書。醫院、診所對被害人診療時，應有護理人員陪同，並應保護被害人之隱私，提供安全及合適之就醫環境。第一項驗傷診斷書之格式，由中央衛生主管機關會商有關機關定之。違反第一項規定者，由衛生主管機關處新台幣一萬元以上五萬元以下罰鍰。

第 11 條　對於被害人之驗傷及取證，除依刑事訴訟法、軍事審判法之規定或被害人無意識或無法表意者外，應經被害人之同意。被害人為禁治產或未滿十二歲之人時，應經其監護人或法定代理人之同意。但監護人或法定代理人之有無不明、通知顯有困難或為該性侵害犯罪之嫌疑人時，得逕行驗傷及取證。取得證據後，應保全證物於證物袋內，司法、軍法警察並應即送請內政部警政署鑑驗，證物鑑驗報告並應依法保存。性侵害犯罪案件屬告訴乃論者，尚未提出告訴或自訴時，內政部警政署應將證物移送犯罪發生地之直轄市、縣（市）主管機關保管，除未能知悉犯罪嫌疑人外，證物保管六個月後得逕行銷毀。

第 12 條　因職務或業務知悉或持有性侵害被害人姓名、出生年月日、住居所及其他足資識別

　　其身分之資料者，除法律另有規定外，應予保密。行政機關、司法機關及軍法機關所製作必須公示之文書，不得揭露被害人之姓名、出生年月日、住居所及其他足資識別被害人身分之資訊。

第 13 條　廣告物、出版品、廣播、電視、電子訊號、電腦網路或其他媒體，不得報導或記載被害人之姓名或其他足資識別被害人身分之資訊。但經有行為能力之被害人同意或犯罪偵查機關依法認為有必要者，不在此限。違反前項規定者，由各該目的事業主管機關處新台幣六萬元以上六十萬元以下罰鍰，並得沒入前項物品或採行其他必要之處置；其經通知限期改正，屆期不改正者，得按次連續處罰。但被害人死亡，經目的事業主管機關權衡社會公益，認有報導必要者，不罰。

第 14 條　法院、檢察署、軍事法院、軍事法院檢察署、司法、軍法警察機關及醫療機構，應由經專業訓練之專人處理性侵害事件。前項醫療機構，係指由中央衛生主管機關指定設置處理性侵害事件醫療小組之醫療機構。

第 15 條　被害人之法定代理人、配偶、直系或三親等內旁系血親、家長、家屬、醫師、心理師、輔導人員或社工人員得於偵查或審判中，陪同被害人在場，並得陳述意見。前項規定，於得陪同在場之人為性侵害犯罪嫌疑人或被告時，不適用之。被害人為兒童或少年時，除顯無必要者外，直轄市、縣（市）主管機關應指派社工人員於偵查或審判中陪同在場，並得陳述意見。

第 16 條　對被害人之訊問或詰問，得依聲請或依職權在法庭外為之，或利用聲音、影像傳送之科技設備或其他適當隔離措施，將被害人與被告或法官隔離。被害人經傳喚到庭作證時，如因心智障礙或身心創傷，認當庭詰問有致其不能自由陳述或完全陳述之虞者，法官、軍事審判官應採取前項隔離詰問之措施。審判長因當事人或辯護人詰問被害人不當而禁止其詰問者，得以訊問代之。性侵害犯罪之被告或其辯護人不得詰問或提出有關被害人與被告以外之人之性經驗證據。但法官、軍事審判官認有必要者，不在此限。

第 17 條　被害人於審判中有下列情形之一，其於檢察事務官、司法警察官或司法警察調查中所為之陳述，經證明具有可信之特別情況，且為證明犯罪事實之存否所必要者，得為證據：

一、因性侵害致身心創傷無法陳述者。

二、到庭後因身心壓力於訊問或詰問時無法為完全之陳述或拒絕陳述者。

第 18 條　性侵害犯罪之案件，審判不得公開。但有下列情形之一，經法官或軍事審判官認有必要者，不在此限：

一、被害人同意。

二、被害人為無行為能力或限制行為能力者，經本人及其法定代理人同意。

第 19 條　直轄市、縣（市）主管機關得依被害人之申請，核發下列補助：

一、非屬全民健康保險給付範圍之醫療費用及心理復健費用。

二、訴訟費用及律師費用。

三、其他費用。

前項補助對象、條件及金額等事項之規定，由直轄市、縣（市）主管機關定之。

第 20 條　加害人有下列情形之一，經評估認有施以治療輔導之必要者，直轄市、縣（市）主管機關應命其接受身心治療或輔導教育：

一、有期徒刑或保安處分執行完畢。

二、假釋。

三、緩刑。

四、免刑。

五、赦免。

六、緩起訴處分。

觀護人對於前項第二款、第三款付保護管束之加害人，得採取下列一款或數款之處遇方式：

一、對於受保護管束之加害人實施約談、訪視，並得進行團體活動或問卷等輔助行為。

二、對於有事實足認其有再犯罪之虞或需加強輔導及管束之受保護管束加害人，得密集實施約談、訪視；必要時，並得請警察機關派員定期或不定期查訪之。

三、對於受保護管束之加害人有事實可疑為施用毒品時，得命其接受採驗尿液。

四、受保護管束之加害人無一定之居住處所，或其居住處所不利保護管束之執行者，觀護人得報請檢察官、軍事檢察官許可，命其居住於指定之處所。

五、受保護管束之加害人有於夜間犯罪之習性，或有事實足認其有再犯罪之虞時，觀護人得報請檢察官、軍事檢察官許可，施以宵禁。

六、受保護管束之加害人經評估應接受身心治療或輔導教育者，觀護人得報經檢察官、軍事檢察官之許可，對其實施測謊。

七、受保護管束之加害人有固定犯罪模式，或有事實足認其有再犯罪之虞時，觀護人得報請檢察官、軍事檢察官許可，禁止其接近特定場所或對象。

八、轉介適當機構或團體。

九、其他必要處遇。

觀護人對於實施前項第四款、第五款之受保護管束加害人，得報請檢察官、軍事檢察官許可後，輔以科技設備監控。第一項之執行期間為三年以下。但經評估認無繼

續執行之必要者，直轄市、縣（市）主管機關得免其處分之執行。第一項之評估，除徒刑之受刑人由監獄或軍事監獄辦理外，由直轄市、縣（市）主管機關辦理。第一項評估之內容、基準、程序與身心治療或輔導教育及登記之內容、程序、成效評估等事項之辦法，由中央主管機關會同法務部、國防部及行政院衛生署定之。第二項第三款採驗尿液之執行方式、程序、期間次數、檢驗機構及項目等，由法務部會商相關機關定之。第二項第六款測謊之機關（構）、人員、執行程序、方式等及第三項科技設備之監控方法、執行程序、機關（構）、人員等，由法務部會商相關機關定之。

第 21 條　前條加害人有下列情形之一者，得處新台幣一萬元以上五萬元以下罰鍰，並限期命其履行：

一、經直轄市、縣（市）主管機關通知，無正當理由不到場或拒絕接受評估、身心治療或輔導教育者。

二、經直轄市、縣（市）主管機關通知，無正當理由不按時到場接受身心治療或輔導教育或接受之時數不足者。

三、未依第二十三條第一項規定定期辦理登記或報到。前項加害人屆期仍不履行者，處一年以下有期徒刑、拘役或科或併科新台幣五萬元以下罰金。直轄市、縣（市）主管機關對於假釋、緩刑或受緩起訴處分之加害人為第一項之處分後，應即通知該管地方法院檢察署檢察官或軍事法院檢察署檢察官。

地方法院檢察署檢察官、軍事法院檢察署檢察官接獲前項通知後，得通知原執行監獄典獄長報請法務部、國防部撤銷假釋或向法院、軍事法院聲請撤銷緩刑或依職權撤銷緩起訴處分。

第 22 條　加害人依第二十條第一項規定接受身心治療或輔導教育，經鑑定、評估其自我控制再犯預防仍無成效者，直轄市、縣（市）主管機關得檢具相關評估報告，送請該管地方法院檢察署檢察官、軍事檢察署檢察官依法聲請強制治療。

第 23 條　犯刑法第二百二十一條、第二百二十二條、第二百二十四條之一、第二百二十五條第一項、第二百二十六條、第二百二十六條之一、第三百三十二條第二項第二款、第三百三十四條第二款、第三百四十八條第二項第一款或其特別法之罪之加害人，有第二十條第一項各款情形之一者，應定期向警察機關辦理身分、就學、工作、車籍及其異動等資料之登記及報到。其登記、報到之期間為七年。前項規定於犯罪時未滿十八歲者，不適用之。第一項登記期間之事項，為維護公共利益及社會安全之目的，於登記期間得供特定人員查閱。第一項登記、報到之程序及前項供查閱事項之範圍、內容、執行機關、查閱人員之資格、條件、查閱程序及其他應遵行事項之

　　　　　　　辦法，由中央主管機關定之。

第 24 條　本法施行細則，由中央主管機關定之。

第 25 條　本法自公布後六個月施行。

性騷擾防治法（民國 95 年 1 月 18 日修正）

第一章　總則

第　1　條　為防治性騷擾及保護被害人之權益，特制定本法。有關性騷擾之定義及性騷擾事件之處理及防治，依本法之規定，本法未規定者，適用其他法律。但適用兩性工作平等法及性別平等教育法者，除第十二條、第二十四條及第二十五條外，不適用本法之規定。

第　2　條　本法所稱性騷擾，係指性侵害犯罪以外，對他人實施違反其意願而與性或性別有關之行為，且有下列情形之一者：

一、以該他人順服或拒絕該行為，作為其獲得、喪失或減損與工作、教育、訓練、服務、計畫、活動有關權益之條件。

二、以展示或播送文字、圖畫、聲音、影像或其他物品之方式，或以歧視、侮辱之言行，或以他法，而有損害他人人格尊嚴，或造成使人心生畏怖、感受敵意或冒犯之情境，或不當影響其工作、教育、訓練、服務、計畫、活動或正常生活之進行。

第　3　條　本法所稱公務員者，指依法令從事於公務之人員。本法所稱機關者，指政府機關。本法所稱部隊者，指國防部所屬軍隊及學校。本法所稱學校者，指公私立各級學校。本法所稱機構者，指法人、合夥、設有代表人或管理人之非法人團體及其他組織。

第　4　條　本法所稱主管機關：在中央為內政部；在直轄市為直轄市政府；在縣（市）為縣（市）政府。

第　5　條　中央主管機關辦理下列事項。但涉及各中央目的事業主管機關職掌者，由各中央目的事業主管機關辦理：

一、關於性騷擾防治政策、法規之研擬及審議事項。

二、關於協調、督導及考核各級政府性騷擾防治之執行事項。

三、關於地方主管機關設立性騷擾事件處理程序、諮詢、醫療及服務網絡之督導事項。

四、關於推展性騷擾防治教育及宣導事項。

五、關於性騷擾防治績效優良之機關、學校、機構、僱用人、團體或個人之獎勵事項。

六、關於性騷擾事件各項資料之彙整及統計事項。

七、關於性騷擾防治趨勢及有關問題研究之事項。

八、關於性騷擾防治之其他事項。

第 6 條　直轄市、縣（市）政府應設性騷擾防治委員會，辦理下列事項。但涉及各直轄市、縣（市）目的事業主管機關職掌者，由各直轄市、縣（市）目的事業主管機關辦理：

一、關於性騷擾防治政策及法規之擬定事項。

二、關於協調、督導及執行性騷擾防治事項。

三、關於性騷擾爭議案件之調查、調解及移送有關機關事項。

四、關於推展性騷擾防治教育訓練及宣導事項。

五、關於性騷擾事件各項資料之彙整及統計事項。

六、關於性騷擾防治之其他事項。

前項性騷擾防治委員會置主任委員一人，由直轄市市長、縣（市）長或副首長兼任；有關機關高級職員、社會公正人士、民間團體代表、學者、專家為委員；其中社會公正人士、民間團體代表、學者、專家人數不得少於二分之一；其中女性代表不得少於二分之一；其組織由地方主管機關定之。

第二章　性騷擾之防治與責任

第 7 條　機關、部隊、學校、機構或僱用人，應防治性騷擾行為之發生。於知悉有性騷擾之情形時，應採取立即有效之糾正及補救措施。前項組織成員、受僱人或受服務人員人數達十人以上者，應設立申訴管道協調處理；其人數達三十人以上者，應訂定性騷擾防治措施，並公開揭示之。為預防與處理性騷擾事件，中央主管機關應訂定性騷擾防治之準則；其內容應包括性騷擾防治原則、申訴管道、懲處辦法、教育訓練方案及其他相關措施。

第 8 條　前條所定機關、部隊、學校、機構或僱用人應定期舉辦或鼓勵所屬人員參與防治性騷擾之相關教育訓練。

第 9 條　對他人為性騷擾者，負損害賠償責任。前項情形，雖非財產上之損害，亦得請求賠償相當之金額，其名譽被侵害者，並得請求回復名譽之適當處分。

第 10 條　機關、部隊、學校、機構、僱用人對於在性騷擾事件申訴、調查、偵查或審理程序中，為申訴、告訴、告發、提起訴訟、作證、提供協助或其他參與行為之人，不得為不當之差別待遇。違反前項規定者，負損害賠償責任。

第 11 條　受僱人、機構負責人利用執行職務之便，對他人為性騷擾，依第九條第二項對被害人為回復名譽之適當處分時，雇主、機構應提供適當之協助。學生、接受教育或訓練之人員於學校、教育或訓練機構接受教育或訓練時，對他人為性騷擾，依第九條第二項對被害人為回復名譽之適當處分時，學校或教育訓練機構應提供適當之協助。前二項之規定於機關不適用之。

第 12 條　廣告物、出版品、廣播、電視、電子訊號、電腦網路或其他媒體，不得報導或記載被害人之姓名或其他足資識別被害人身分之資訊。但經有行為能力之被害人同意或犯罪偵查機關依法認為有必要者，不在此限。

第三章　申訴及調查程序

第 13 條　性騷擾事件被害人除可依相關法律請求協助外，並得於事件發生後一年內，向加害人所屬機關、部隊、學校、機構、僱用人或直轄市、縣（市）主管機關提出申訴。前項直轄市、縣（市）主管機關受理申訴後，應即將該案件移送加害人所屬機關、部隊、學校、機構或僱用人調查，並予錄案列管；加害人不明或不知有無所屬機關、部隊、學校、機構或僱用人時，應移請事件發生地警察機關調查。機關、部隊、學校、機構或僱用人，應於申訴或移送到達之日起七日內開始調查，並應於二個月內調查完成；必要時，得延長一個月，並應通知當事人。前項調查結果應以書面通知當事人及直轄市、縣（市）主管機關。機關、部隊、學校、機構或僱用人逾期未完成調查或當事人不服其調查結果者，當事人得於期限屆滿或調查結果通知到達之次日起三十日內，向直轄市、縣（市）主管機關提出再申訴。當事人逾期提出申訴或再申訴時，直轄市、縣（市）主管機關得不予受理。

第 14 條　直轄市、縣（市）主管機關受理性騷擾再申訴案件後，性騷擾防治委員會主任委員應於七日內指派委員三人至五人組成調查小組，並推選一人為小組召集人，進行調查。並依前條第三項及第四項規定辦理。

第 15 條　性騷擾事件已進入偵查或審判程序者，直轄市或縣（市）性騷擾防治委員會認有必要時，得議決於該程序終結前，停止該事件之處理。

第四章　調解程序

第 16 條　性騷擾事件雙方當事人得以書面或言詞向直轄市、縣（市）主管機關申請調解；其以言詞申請者，應製作筆錄。前項申請應表明調解事由及爭議情形。有關第一項調解案件之管轄、調解案件保密、規定期日不到場之效力、請求有關機關協助等事項，由中央主管機關另以辦法定之。

第 17 條　調解除勘驗費，應由當事人核實支付外，不得收取任何費用或報酬。

第 18 條　調解成立者，應作成調解書。前項調解書之作成及效力，準用鄉鎮市調解條例第二十五條至第二十九條之規定。

第 19 條　調解不成立者，當事人得向該管地方政府性騷擾防治委員會申請將調解事件移送該管司法機關；其第一審裁判費暫免徵收。

第五章　罰則

第 20 條　對他人為性騷擾者，由直轄市、縣（市）主管機關處新台幣一萬元以上十萬元以下罰鍰。

第 21 條　對於因教育、訓練、醫療、公務、業務、求職或其他相類關係受自己監督、照護之人，利用權勢或機會為性騷擾者，得加重科處罰鍰至二分之一。

第 22 條　違反第七條第一項後段、第二項規定者，由直轄市、縣（市）主管機關處新台幣一萬元以上十萬元以下罰鍰。經通知限期改正仍不改正者，得按次連續處罰。

第 23 條　機關、部隊、學校、機構或僱用人為第十條第一項規定者，由直轄市、縣（市）主管機關處新台幣一萬元以上十萬元以下罰鍰。經通知限期改正仍不改正者，得按次連續處罰。

第 24 條　違反第十二條規定者，由各該目的事業主管機關處新台幣六萬元以上三十萬元以下罰鍰，並得沒入第十二條之物品或採行其他必要之處置。其經通知限期改正，屆期不改正者，得按次連續處罰。

第 25 條　意圖性騷擾，乘人不及抗拒而為親吻、擁抱或觸摸其臀部、胸部或其他身體隱私處之行為者，處二年以下有期徒刑、拘役或科或併科新台幣十萬元以下罰金。前項之罪，須告訴乃論。

第六章　附則

第 26 條　第七條至第十一條、第二十二條及第二十三條之規定，於性侵害犯罪準用之。前項行政罰鍰之科處，由性侵害犯罪防治主管機關為之。

第 27 條　本法施行細則，由中央主管機關定之。

第 28 條　本法自公布後一年施行。

性騷擾防治法施行細則（民國 95 年 1 月 25 日發布）

第 1 條　本細則依性騷擾防治法（以下簡稱本法）第二十七條規定訂定之。

第 2 條　性騷擾之認定，應就個案審酌事件發生之背景、環境、當事人之關係、行為人之言詞、行為及相對人之認知等具體事實為之。

第 3 條　本法第二條所稱性侵害犯罪，指性侵害犯罪防治法第二條所定之犯罪。

第 4 條　機關、部隊、學校、機構或僱用人依本法第七條第一項規定採取有效之糾正及補救措施時，應注意下列事項：

　　　　一、保護被害人權益及隱私。

　　　　二、對所屬場域空間安全之維護或改善。

　　　　三、其他防治及改善措施。

第 5 條　本法第七條第二項所定組織成員、受僱人或受服務人員之計算，包括分支機構及附屬單位，並依被害人申訴當月第一個工作日之總人數計算。前項受服務人員，指到達該機關、部隊、學校、機構或僱用人之處所受服務，且非組織成員或受僱人者。

第 6 條　機關、部隊、學校、機構、僱用人或直轄市、縣（市）主管機關調查性騷擾申訴、再申訴案件，必要時，得請求警察機關協助。

第 7 條　本法所定直轄市、縣（市）主管機關，除第二項規定外，為性騷擾事件被害人提出申訴時，加害人所屬機關、部隊、學校、機構或僱用人所在地直轄市、縣（市）主管機關；加害人不明或無所屬機關、部隊、學校、機構、僱用人者，為性騷擾事件發生地直轄市、縣（市）主管機關。本法第二十二條所定直轄市、縣（市）主管機關，為該機關、部隊、學校、機構或僱用人所在地直轄市、縣（市）主管機關。

第 8 條　本細則自中華民國九十五年二月五日施行。

校園性侵害或性騷擾防治準則（民國 94 年 3 月 30 日發布）

第一章　總則

第 1 條　本準則依性別平等教育法（以下簡稱本法）第二十條第一項規定訂定之。

第 2 條　學校應積極推動校園性侵害及性騷擾防治教育，以提昇教職員工生尊重他人與自己性或身體自主之知能，並採取下列措施：

一、針對教職員工生，每年定期舉辦校園性侵害或性騷擾防治之教育宣導活動，並評鑑其實施成效。

二、針對性別平等教育委員會及負責校園性侵害或性騷擾事件處置相關單位之人員，每年定期辦理相關之在職進修活動。

三、鼓勵前款人員參加校內外校園性侵害或性騷擾事件處置研習活動，並予以公差登記及經費補助。

四、利用多元管道，公告周知本準則所規範之事項，並納入教職員工聘約及學生手冊。

五、鼓勵校園性侵害或性騷擾事件被害人或檢舉人儘早申請調查或檢舉，以利蒐證及調查處理。

第 3 條　學校或主管機關應蒐集校園性侵害或性騷擾防治及救濟等資訊，並於處理事件時主動提供予相關人員。前項資訊應包括下列事項：

一、校園性騷擾或性侵害事件之界定、類型及相關法規。

二、被害人之權益保障及學校所提供之必要協助。

三、申請調查、申復及救濟之機制。

四、相關之主管機關及權責單位。

五、提供資源協助之團體及網絡。

六、其他該校性別平等教育委員會認為必要之事項。

第二章　校園安全規劃

第 4 條　為防治校園性侵害或性騷擾，學校應定期檢視校園整體安全，依空間配置、管理與保全、標示系統、求救系統與安全路線、照明與空間穿透性及其他空間安全要素，定期檢討校園空間及設施之使用情形，並應記錄校園內曾經發生性侵害或性騷擾事件之空間、製作校園空間檢視報告及依據實際需要繪製校園危險地圖，以利校園空間改善。

第　5　條　學校應定期舉行校園空間安全檢視說明會，邀集專業空間設計者、師生職員及其他校園使用者參與，公告前條檢視成果、檢視報告及相關紀錄，並檢視校園危險空間改善進度。

第三章　校內外教學與人際互動注意事項

第　6　條　學校教職員工生於進行校內外教學與人際互動時，應尊重性別多元與個別差異。

第　7　條　教師於執行教學、指導、訓練、評鑑、管理、輔導或提供學生工作機會時，在與性或性別有關之人際互動上，不得發展有違專業倫理之關係。教師發現其與學生間之關係有違反前項專業倫理之虞時，應主動迴避教學、指導、訓練、評鑑、管理、輔導或提供學生工作機會。

第　8　條　學生應尊重他人與自己之性或身體之自主，不得有下列行為：
一、不受歡迎之追求行為。
二、以強制或暴力手段處理與性或性別有關之衝突。
三、其他有違善良風俗之行為。

第四章　校園性侵害或性騷擾之處理機制、程序及救濟方法

第　9　條　本法第二條第五款所定之校園性侵害或性騷擾事件，包括不同學校間所發生者。
本法第二條第五款之名詞定義如下：
一、教師：指專任教師、兼任教師、代理教師、代課教師、護理教師、教官及其他執行教學、研究或教育實習之人員。
二、職員：指前款教師以外，於學校執行行政事務或庶務之人員。
三、學生：指在學或接受進修推廣教育者。

第　10　條　校園性騷擾或性侵害事件之被害人或其法定代理人（以下簡稱申請人）、檢舉人得以書面向行為人於行為發生時所屬學校申請調查。但學校之首長為加害人時，應向學校所屬主管機關申請調查。接獲申請或檢舉之學校或主管機關無管轄權者，應將該案件於七日內移送其他有管轄權者。

第　11　條　學校、直轄市或縣（市）管機關知悉校園性侵害或性騷擾事件時，應向所屬主管或上級機關通報。學校或主管機關處理校園性侵害或性騷擾事件時，應依性侵害犯罪防治法第八條、兒童及少年福利法第三十四條、身心障礙者保護法第十四條、家庭暴力防治法第四十一條、兒童及少年性交易防制條例第九條及其他相關法律規定通報。依本條規定為通報時，除有調查必要、基於公共安全之考量或法規另有特別規定者外，對於當事人及檢舉人之姓名或其他足以辨識其身分之資料，應予以保密。

第 12 條　校園性侵害或性騷擾事件之申請人或檢舉人得以書面申請調查；其以言詞為之者，學校或主管機關應作成紀錄，經向申請人或檢舉人朗讀或使閱覽，確認其內容無誤後，由其簽名或蓋章。前項書面或言詞作成之紀錄，應載明下列事項：

一、申請人或檢舉人姓名、身分證明文件字號、服務或就學之單位及職稱、住居所、聯絡電話及申請調查日期。

二、申請人委任代理人代為申請調查者，應檢附委任書，並載明其姓名、身分證明文件字號、住居所、聯絡電話。

三、申請調查之事實內容及其相關證據。

第 13 條　學校接獲校園性侵害或性騷擾事件時，以學生事務處或訓導處為收件單位，除有本法第二十九條第二項所定事由外，應於三個工作日內將該事件交由所設之性別平等教育委員會調查處理。學生事務處或訓導處於收件後，應指派專人處理相關行政事宜，學校相關單位並應配合協助。

第 14 條　學校或主管機關應於接獲申請調查或檢舉後二十日內，以書面通知申請人或檢舉人是否受理。不受理之書面通知應依本法第二十九條第三項規定敘明理由，並告知申請人或檢舉人申復之期限及受理單位。申請人或檢舉人於前項之期限內未收到通知或接獲不受理通知之次日起二十日內，得以書面具明理由，向學校或主管機關提出申復；其以言詞為之者，學校或主管機關應作成紀錄，經向申請人或檢舉人朗讀或使閱覽，確認其內容無誤後，由其簽名或蓋章。前項不受理之申復以一次為限。學校或主管機關接獲申復後，應於二十日內以書面通知申復人申復結果。申復有理由者，學校或主管機關並應將申請調查或檢舉案交付性別平等教育委員會處理。

第 15 條　學校或主管機關之性別平等教育委員會處理校園性侵害或性騷擾事件時，得成立調查小組調查之。調查小組以三人或五人為原則，其成員之組成，依本法第三十條第三項之規定。校園性侵害或性騷擾事件當事人之輔導人員，應迴避該事件之調查工作；參與校園性侵害或性騷擾事件之調查及處理人員，亦應迴避對該當事人之輔導工作。學校或主管機關針對擔任調查小組之成員，應予公差登記，並依法令或學校規定支給交通費或相關費用。

第 16 條　本法第三十條第三項所定具性侵害或性騷擾事件調查專業素養之專家學者，應符合下列資格之一：

一、持有中央或直轄市、縣（市）主管機關校園性侵害或性騷擾調查知能培訓結業證書，且經中央或直轄市、縣（市）主管機關所設性別平等教育委員會核可並納入調查專業人才庫者。

二、曾調查處理校園性侵害或性騷擾事件有具體績效，且經中央或直轄市、縣（市）

　　　　主管機關所設性別平等教育委員會核可並納入調查專業人才庫者。

前項第一款之校園性侵害或性騷擾調查知能培訓，應由中央或直轄市、縣（市）主管機關所設性別平等教育委員會負責規劃，其內容應包括下列課程：

一、性侵害或性騷擾基本概念及相關法規。

二、校園性侵害或性騷擾事件調查知能。

三、校園性侵害或性騷擾事件處置程序。

四、其他由性別平等教育委員會建議之課程。

中央或直轄市、縣（市）主管機關應定期培訓校園性侵害或性騷擾調查專業人員，並建立人才庫，提供各級學校或主管機關為延聘之參考。

第 17 條　學校或主管機關調查處理校園性侵害或性騷擾事件時，應依下列方式辦理：

一、當事人為未成年者，接受調查時得由法定代理人陪同。

二、行為人與被害人、檢舉人或證人有權力不對等之情形者，應避免其對質。必要時，得於不違反保密義務之範圍內另作成書面資料，交由行為人閱覽或告以要旨。

三、申請人撤回申請調查時，學校或主管機關得繼續調查處理。

第 18 條　校園性侵害或性騷擾事件之當事人、檢舉人及證人之姓名及其他足以辨識身分之資料，學校或主管機關除有調查之必要或基於公共安全之考量者外，應予保密。

依前項規定負有保密義務者，包括學校或主管機關內負責處理校園性侵害或性騷擾事件之所有人員。依前二項規定負保密義務者洩密時，應依刑法或其他相關法規處罰。學校或主管機關就記載有當事人、檢舉人、證人姓名之原始文書應予封存，不得供閱覽或提供予偵查、審判機關以外之人。但法律另有規定者不在此限。除原始文書外，調查處理校園性侵害或性騷擾事件人員對外所另行製作之文書，應將當事人、檢舉人、證人之真實姓名及其他足以辨識身分之資料刪除，並以代號為之。

第 19 條　為保障校園性侵害或性騷擾事件當事人之受教權或工作權，學校或主管機關於必要時得為下列處置：

一、彈性處理當事人之出缺勤紀錄或成績考核，並積極協助其課業或職務。

二、尊重被害人之意願，減低當事人雙方互動之機會。

三、採取必要處置，以避免報復情事。

四、減低行為人再度加害之可能。

五、其他性別平等教育委員會認為必要之處置。

第 20 條　學校或主管機關應視當事人之身心狀況，主動轉介至各相關機構，以提供必要之協助。但學校或主管機關就該事件仍應依本法為調查處理。

第 21 條　學校或主管機關於必要時應對於當事人提供下列協助：

　　一、心理諮商輔導。

　　二、法律諮詢管道。

　　三、課業協助。

　　四、經濟協助。

　　五、其他性別平等教育委員會認為必要之協助。

　　前項協助所需費用，學校或主管機關應編列預算支應之。

第 22 條　性別平等教育委員會之調查處理，不受該事件司法程序是否進行及處理結果之影響。前項之調查程序，不因行為人喪失原身分而中止。

第 23 條　對於與校園性侵害或性騷擾事件有關之事實認定，應依據性別平等教育委員會之調查報告。性別平等教育委員會調查報告建議之懲處涉及改變加害人身分時，依本法第二十五條第三項之規定，應給予其書面陳述意見之機會。前項書面意見經學校或主管機關查證，除有本法第三十二條第三項所定之情形外，不得要求性別平等教育委員會重新調查。

第 24 條　校園性侵害或性騷擾事件經學校或主管機關所設性別平等教育委員會調查屬實後，學校或主管機關應自行依相關法律或法規規定懲處。若其他機關依相關法律或法規有懲處權限時，學校或主管機關應將該事件移送其他權責機關懲處；其經證實有誣告之事實者，並應依法對申請人為適當之懲處。校園性侵害或性騷擾事件情節重大者，學校、主管機關或其他權責機關除依相關法律或法規懲處外，並得依本法第二十五條第二項規定為必要之處置。校園性騷擾事件情節輕微者，學校、主管機關或其他權責機關得僅依本法第二十五條第二項規定為必要之處置。本法第二十五條第二項第一款、第三款、第四款之處置，應由該懲處之學校或主管機關執行，執行時並應採取必要之措施，以確保加害人之配合遵守。本法第二十五條第二項第二款之處置，應由學校所屬主管機關規劃，學校或主管機關並應督導加害人配合遵守。

第 25 條　學校或主管機關將處理結果，以書面通知申請人及行為人時，應告知申復之期限及受理單位。申請人及行為人對學校或主管機關處理之結果不服者，得於收到書面通知次日起二十日內，以書面具明理由向學校或主管機關申復；其以言詞為之者，受理之學校或主管機關應作成紀錄，經向申請人或行為人朗讀或使閱覽，確認其內容無誤後，由其簽名或蓋章。學校或主管機關接獲申復後，應於二十日內以書面通知申復人申復結果。

第 26 條　學校或主管機關依本法第二十七條第一項規定建立之檔案資料，應指定專責單位保管。依前項規定所建立之檔案資料，分為原始檔案與報告檔案。前項原始檔案應予保密，其內容包括下列資料：

一、事件發生之時間、樣態。

二、事件相關當事人（包括檢舉人、被害人、加害人）。

三、事件處理人員、流程及紀錄。

四、事件處理所製作之文書、取得之證據及其他相關資料。

五、加害人之姓名、職稱或學籍資料、家庭背景等。

第二項報告檔案，應包括下列資料：

一、事件發生之時間、樣態以及以代號呈現之各該當事人。

二、事件處理過程及結論。

第 27 條　學校或主管機關依本法第二十七條第二項規定為通報時，其通報內容應限於加害人經查證屬實之校園性侵害或性騷擾事件時間、樣態、加害人姓名及職稱或學籍資料。

第五章　附則

第 28 條　學校應依本準則內容，訂定校園性侵害或性騷擾防治規定。前項規定之內容，應包括下列事項：

一、校園安全規劃。

二、校內外教學及人際互動注意事項。

三、禁止校園性侵害或性騷擾之政策宣示。

四、校園性侵害或性騷擾之界定及樣態。

五、校園性侵害或性騷擾之申請調查程序。

六、校園性侵害或性騷擾之調查及處理程序。

七、校園性侵害或性騷擾之申復及救濟程序。

八、禁止報復之警示。

九、隱私之保密。

十、其他校園性侵害或性騷擾防治相關事項。

第 29 條　本準則自發布日施行。

性騷擾防治準則（民國 95 年 1 月 27 日發布）

第 1 條　本準則依性騷擾防治法（以下簡稱本法）第七條第三項規定訂定之。

第 2 條　機關、部隊、學校、機構或僱用人，為防治性騷擾行為之發生，應採取適當之預防、糾正、懲處及其他措施，並確實維護當事人之隱私。

第 3 條　機關、部隊、學校、機構或僱用人，每年應定期舉辦或鼓勵所屬人員參與性騷擾防治相關教育訓練，並予以公差登記及經費補助。

第 4 條　機關、部隊、學校、機構或僱用人應建立受理性騷擾事件申訴窗口。前項組織成員、受僱人或受服務人員人數達十人以上者，應設立受理性騷擾申訴之專線電話、傳真、專用信箱或電子信箱，並規定處理程序及專責處理人員或單位。第一項組織成員、受僱人或受服務人員人數達三十人以上者，應訂定並公開揭示性騷擾防治措施，其內容應包括下列事項：

一、防治性騷擾之政策宣示。

二、性騷擾之申訴、調查及處理機制。

三、加害人懲處規定。

四、當事人隱私之保密。

五、其他性騷擾防治措施。

第 5 條　性騷擾之申訴應向申訴時加害人所屬機關、部隊、學校、機構、僱用人或直轄市、縣（市）主管機關提出。加害人為前項機關首長、部隊主官（管）、學校校長、機構之最高負責人、僱用人時，應向該機關、部隊、學校、機構或僱用人所在地直轄市、縣（市）主管機關提出，經受理後即應進行調查。

第 6 條　非加害人所屬之機關、部隊、學校、機構或僱用人接獲性騷擾之申訴時，仍應採取適當之緊急處理，並應於七日內將申訴書及相關資料移送其所在地直轄市、縣（市）主管機關。

第 7 條　性騷擾事件被害人向警察機關報案者，警察機關應依職權處理並詳予記錄。知悉加害人所屬機關、部隊、學校、機構或僱用人者，應移請該所屬機關、部隊、學校、機構或僱用人續為調查，並副知該管直轄市、縣（市）主管機關及申訴人；加害人不明或不知有無所屬機關、部隊、學校、機構或僱用人者，應即行調查。前項性騷擾事件涉及本法第二十五條第一項所定情事者，警察機關應即行調查，並依被害人意願移送司法機關。

第 8 條　第六條直轄市、縣（市）主管機關應於七日內將所接獲之性騷擾申訴書及相關資料，

移送加害人所屬機關、部隊、學校、機構或僱用人處理；加害人不明或不知有無所屬機關、部隊、學校、機構或僱用人者，應移送性騷擾事件發生地警察機關處理。直轄市、縣（市）主管機關為前項移送時，加害人所屬機關、部隊、學校、機構、僱用人或性騷擾事件發生地警察機關非位於其轄區內者，並應副知該機關、部隊、學校、機構、僱用人或警察機關所在地直轄市、縣（市）主管機關。直轄市、縣（市）主管機關接獲前項通知，應即函知該加害人所屬機關、部隊、學校、機構、僱用人或性騷擾事件發生地警察機關依限處理性騷擾申訴，並將申訴處理結果函復。

第　9　條　加害人所屬機關、部隊、學校、機構、僱用人或性騷擾事件發生地警察機關不受理性騷擾申訴時，應於申訴或移送到達之日起二十日內，以書面通知當事人，並副知所在地直轄市、縣（市）主管機關。前項通知應敘明理由，並載明再申訴之期間及機關。直轄市、縣（市）主管機關不受理性騷擾再申訴時，應於再申訴之日起二十日內，以書面通知當事人，並應敘明理由。

第　10　條　性騷擾之申訴經依本法第十三條移由警察機關調查者，警察機關應於申訴或移送到達之日起七日內查明加害人之身分；未能查明加害人之身分者，應即就性騷擾之申訴逕為調查，並於二個月內調查完成；必要時，得延長一個月，並通知當事人。前項調查結果應通知當事人及直轄市、縣（市）主管機關。警察機關經查明加害人有所屬機關、部隊、學校、機構或僱用人者，應即移送該加害人所屬機關、部隊、學校、機構或僱用人處理，並副知加害人所屬機關、部隊、學校、機構或僱用人所在地直轄市、縣（市）主管機關。

第　11　條　性騷擾之申訴及再申訴得以書面或言詞提出。其以言詞為之者，受理之人員或單位應作成紀錄，經向申訴人、再申訴人朗讀或使閱覽，確認其內容無誤後，由其簽名或蓋章。申訴書、再申訴書或言詞作成之紀錄，應載明下列事項：

一、申訴人、再申訴人之姓名、性別、出生年月日、國民身分證統一編號或護照號碼、服務或就學之單位與職稱、住所或居所及聯絡電話。

二、有法定代理人者，其姓名、性別、出生年月日、國民身分證統一編號或護照號碼、職業、住所或居所及聯絡電話。

三、有委任代理人者，其姓名、性別、出生年月日、國民身分證統一編號或護照號碼、職業、住所或居所及聯絡電話，並應檢附委任書。

四、申訴或再申訴之事實內容及相關證據。

五、年月日。

申訴書、再申訴書或言詞作成之紀錄不合前項規定，而其情形可補正者，應通知申訴人、再申訴人於十四日內補正。

第 12 條　性騷擾之申訴、再申訴有下列情形之一，應不予受理：

一、申訴書、再申訴書或言詞作成之紀錄，未於前條第三項所定期限內補正者。

二、同一事件已調查完畢，並將調查結果函復當事人者。

第 13 條　性騷擾事件之調查應秉持客觀、公正、專業原則，給予當事人充分陳述意見及答辯機會。被害人之陳述明確，已無詢問必要者，應避免重複詢問。

第 14 條　組織成員或受僱人達三十人以上之機關、部隊、學校、機構或僱用人，處理性騷擾事件之申訴時，應組成申訴處理調查單位（以下簡稱調查單位），並進行調查。前項調查單位成員有二人以上者，其成員之女性代表比例不得低於二分之一，並得視需要聘請專家學者擔任調查單位成員。

第 15 條　性騷擾事件申訴及再申訴之調查人員在調查過程中，有下列各款情形之一，應自行迴避：

一、本人或其配偶、前配偶、四親等內之血親或三親等內之姻親或曾有此關係者為事件之當事人時。

二、本人或其配偶、前配偶，就該事件與當事人有共同權利人或共同義務人之關係者。

三、現為或曾為該事件當事人之代理人、輔佐人者。

四、於該事件，曾為證人、鑑定人者。

性騷擾事件申訴及再申訴之調查人員有下列各款情形之一者，當事人得申請迴避：

一、有前項所定之情形而不自行迴避者。

二、有具體事實，足認其執行調查有偏頗之虞者。

前項申請，應舉其原因及事實，向該性騷擾申訴或再申訴之調查單位為之，並應為適當之釋明；被申請迴避之調查人員，對於該申請得提出意見書。被申請迴避之調查人員在調查單位就該申請事件為准駁前，應停止調查工作。但有急迫情形，仍應為必要處置。調查人員有第一項所定情形不自行迴避，而未經當事人申請迴避者，應由該調查單位命其迴避。

第 16 條　性騷擾事件之調查，應以不公開方式為之，並保護當事人之隱私及其他人格法益。

第 17 條　性騷擾事件之調查，得通知當事人及關係人到場說明，並得邀請具相關學識經驗者協助。

第 18 條　性騷擾事件之當事人或證人有權力不對等之情形時，應避免其對質。調查人員因調查之必要，得於不違反保密義務範圍內另作成書面資料，交由當事人閱覽或告以要旨。

第 19 條　處理性騷擾事件之所有人員，對於當事人之姓名或其他足以辨識身分之資料，除有調查之必要或基於公共安全之考量者外，應予保密。依前項規定負有保密義務者洩密時，應依刑法及其他相關法規處罰。

第 20 條　機關、部隊、學校、機構或僱用人就性騷擾事件調查及處理結果應以書面通知當事人及直轄市、縣（市）主管機關。前項書面通知內容應包括處理結果之理由、再申訴之期限及受理機關。

第 21 條　機關、部隊、學校、機構、僱用人或直轄市、縣（市）主管機關，於性騷擾事件調查過程中，得視當事人之身心狀況，主動轉介或提供心理輔導及法律協助。

第 22 條　性騷擾行為經調查屬實，加害人所屬機關、部隊、學校、機構或僱用人，應視情節輕重，對加害人為適當之懲處，並予以追蹤、考核及監督，避免再度性騷擾或報復情事發生。

第 23 條　第二條、第三條、第四條第三項第一款及第三款至第五款規定，於性侵害犯罪事件準用之。

第 24 條　本準則自中華民國九十五年二月五日施行。

兒童及少年保護通報及處理辦法（民國 94 年 3 月 28 日修正）

第 1 條　本辦法依兒童及少年福利法（以下簡稱本法）第三十四條第四項規定訂定之。

第 2 條　醫事人員、社會工作人員、教育人員、保育人員、警察、司法人員及其他執行兒童及少年福利業務人員，知悉有應保護之兒童及少年時，應於二十四小時內填具通報表，以電信傳真或其他科技設備傳送等方式通報直轄市、縣（市）主管機關；情況緊急時，得先以言詞、電話通訊方式通報，並於二十四小時內填具通報表，送直轄市、縣（市）主管機關。

第 3 條　前條以外之任何人知悉有應保護之兒童及少年時，得以前條規定方式或其他任何方式通報直轄市、縣（市）主管機關。

第 4 條　直轄市、縣（市）主管機關於知悉或接獲前二條通報，應立即指派社會工作人員進行調查處理，至遲不得超過二十四小時，並應於受理案件後上班日四日內提出調查報告。前項調查處理應進行安全性評估，並以當面訪視到兒童及少年為原則。兒童及少年需緊急安置者，應依本法第三十七條第二項及本法施行細則第十二條規定，於七十二小時內提出調查報告。

第 5 條　直轄市、縣（市）主管機關於知悉或接獲本法第三十四條第一項第一款及第二款情事之通報，應立即會同當地警察機關進行調查，並視案情需要，提供必要處理及協助。前項通報屬警察機關查獲之案件者，由直轄市、縣（市）主管機關逕依本法第三十五條、第四十八條、第五十五條、第五十七條及第六十五條規定辦理。

第 6 條　兒童及少年有本法第三十四條第一項情形者，於直轄市、縣（市）主管機關處理前，警察機關、兒童及少年福利機構、醫療院所或學校，應提供兒童及少年適當保護及照顧；其有接受診治之必要者，應立即送醫；其有觸犯刑罰法律之行為或觸犯之虞，或有被害情形者，應通報警察機關，警察機關經查處將案件移送司法機關者，並應通知直轄市、縣（市）主管機關。

第 7 條　直轄市、縣（市）主管機關依第四條及第五條規定辦理調查處理，經評估有本法第三十六條第一項規定需緊急安置者，應以書面通報當地地方法院及警察機關勤務指揮中心，並通知兒童及少年之父母、監護人。兒童及少年經法院裁定繼續安置期間，依法執行監護事務之人應定期作成兒童及少年照顧輔導報告，送由直轄市、縣（市）主管機關按個案進展作成報告，送交地方法院備查。

第 8 條　緊急安置之保護個案於七十二小時期限屆滿前，直轄市、縣（市）主管機關應評估繼續安置之必要性；其安置原因未消滅暫不適重返家庭者，得聲請法院裁定繼續安

置；安置原因消滅時，應將兒童及少年交付其父母或監護人。

第 9 條　保護個案在法院裁定繼續安置期間，直轄市、縣（市）主管機關最遲應於安置期間期滿前十五日完成延長安置必要性之評估，其有延長安置之必要者，並應於期間屆滿前七日向法院提出聲請。聲請再延長安置者，亦同。

第 10 條　直轄市、縣（市）主管機關對於安置期間期滿或撤銷安置之兒童及少年，應續予追蹤輔導一年，並定期作成追蹤輔導報告。

第 11 條　直轄市、縣（市）主管機關依本法第四十三條第一項規定提出之兒童及少年家庭處遇計畫，應由社會工作人員實施個案管理，結合相關資源，提供兒童及少年及其家庭相關處遇服務。

第 12 條　本辦法所定書、表格式，由中央主管機關定之。

第 13 條　本辦法自發布日施行。

家庭教育法（民國 92 年 2 月 6 日公布）

第 1 條　為增進國民家庭生活知能，健全國民身心發展，營造幸福家庭，以建立祥和社會，特制定本法；本法未規定者，適用其他有關法律之規定。

第 2 條　本法所稱家庭教育，係指具有增進家人關係與家庭功能之各種教育活動，其範圍如下：

一、親職教育。

二、子職教育。

三、兩性教育。

四、婚姻教育。

五、倫理教育。

六、家庭資源與管理教育。

七、其他家庭教育事項。

第 3 條　本法所稱主管機關：在中央為教育部；在直轄市為直轄市政府；在縣（市）為縣（市）政府。本法涉及各目的事業主管機關職掌時，各該機關應配合辦理。

第 4 條　中央主管機關掌理下列事項：

一、家庭教育法規及政策之研訂事項。

二、推展家庭教育工作之研究及發展事項。

三、推展全國性家庭教育工作之策劃、委辦及督導事項。

四、推展全國性家庭教育工作之獎助及評鑑事項。

五、家庭教育專業人員之職前及在職訓練事項。

六、家庭教育之宣導及推展事項。

七、推展國際家庭教育業務之交流及合作事項。

八、其他全國性家庭教育之推展事項。

第 5 條　直轄市、縣（市）主管機關掌理下列事項：

一、推展地方性家庭教育之策劃、辦理及督導事項。

二、所屬學校、機構等辦理家庭教育工作之獎助及評鑑事項。

三、家庭教育志願工作人員之在職訓練事項。

四、推展地方與國際家庭教育業務之交流及合作事項。

五、其他地方性家庭教育之推展事項。

第 6 條　各級主管機關應遴聘（派）學者專家、機關、團體代表組成家庭教育諮詢委員會，其任務如下：

一、提供有關家庭教育政策及法規興革之意見。

二、協調、督導及考核有關機關、團體推展家庭教育之事項。

三、研訂實施家庭教育措施之發展方向。

四、提供家庭教育推展策略、方案、計畫等事項之意見。

五、提供家庭教育課程、教材、活動之規劃、研發等事項之意見。

六、提供推展家庭教育機構提高服務效能事項之意見。

七、其他有關推展家庭教育之諮詢事項。

前項家庭教育諮詢委員會之委員遴選、組織及運作方式，由各級主管機關定之。

第　7　條　直轄市、縣（市）主管機關應遴聘家庭教育專業人員，設置家庭教育中心，並結合教育、文化、衛生、社政、戶政、勞工、新聞等相關機關或單位、學校及大眾傳播媒體辦理下列事項：

一、各項家庭教育推廣活動。

二、志願工作人員人力資源之開發、培訓、考核等事項。

三、國民之家庭教育諮詢及輔導事項。

四、其他有關家庭教育推展事項。

前項家庭教育專業人員之資格、遴聘及培訓辦法，由中央主管機關定之。第一項家庭教育中心之組織規程，由各級主管機關定之。本法公布施行前，各直轄市、縣（市）政府依規定已進用之家庭教育中心專業人員，經主管機關認定為績優並符合第二項專業人員資格者，得依業務需要優先聘用之。

第　8　條　推展家庭教育之機構、團體如下：

一、家庭教育中心。

二、各級社會教育機構。

三、各級學校。

四、各類型大眾傳播機構。

五、其他與家庭教育有關之公私立機構或團體。

第　9　條　推展家庭教育機構、團體得徵訓志願工作人員，協助家庭教育之推展。

第　10　條　各級主管機關應對推展家庭教育之專業人員、行政人員及志願工作人員，提供各種進修課程或訓練；其課程或訓練內容，由各該主管機關定之。

第　11　條　家庭教育之推展，以多元、彈性、符合終身學習為原則，依其對象及實際需要，得採演講、座談、遠距教學、個案輔導、自學、參加成長團體及其他方式為之。

第　12　條　高級中等以下學校每學年應在正式課程外實施四小時以上家庭教育課程及活動，並應會同家長會辦理親職教育。各級主管機關應積極鼓勵師資培育機構，將家庭教育

相關課程列為必修科目或通識教育課程。

第 13 條　中央主管機關得視需要研訂優先接受家庭教育服務之對象及措施並推動之；必要時，得委託直轄市、縣（市）主管機關或推展家庭教育機構、團體辦理。

前項優先對象及推動措施之方式，由中央主管機關定之。

第 14 條　直轄市、縣（市）主管教育行政機關應針對適婚男女，提供至少四小時婚前家庭教育課程，以培養正確之婚姻觀念，促進家庭美滿；必要時，得研訂獎勵措施，鼓勵適婚男女參加。

第 15 條　各級學校於學生有重大違規事件或特殊行為時，應即通知其家長或監護人；並提供相關家庭教育諮商或輔導之課程，其辦法，由該管主管機關定之。前項各級學校為家長或監護人提供家庭教育諮商或輔導之課程內容、時數、家長參與、家庭訪問及其他相關事項之辦法，由該管主管機關定之。

第 16 條　中央主管機關得委託相關機構、學校，進行各類家庭教育課程、教材之研發。

第 17 條　各級主管機關應寬籌家庭教育經費，並於教育經費預算內編列專款，積極推展家庭教育。

第 18 條　各級主管機關應研訂獎助事項，鼓勵公私立學校及機構、團體、私人辦理推展家庭教育之工作。

第 19 條　本法施行細則，由中央主管機關定之。

第 20 條　本法自公布日施行。

參考文獻

一、中文部分

丁興祥、李美枝、陳皎眉（1988）。**社會心理學**。台北：空中大學。

弓木譯（1992）。Ken Keyes, Jr.原著。**創造親密關係 23 原則**。台北：方智。

中央警官學校犯罪防治系（1995）。**約會強暴預防手冊**。台北：財團法人現代婦女基金會。

中國時報（1996 年 6 月 12 日）。桃園縣 XY 世代行為調查。

中國時報（1996 年 10 月 20 日）。全球青少年性事調查，10 版。

中國時報（1998 年 8 月 26 日）。家庭計劃研究所變異調查。

中國時報（1999 年 9 月 2 日）。如何避免約會強暴，家庭副刊版。

中華台灣誼光愛滋防治協會網站（2006）。http://hospital.kingnet.com.tw/sex/sex-3-12.html。

中華兒童百科全書（1983）。台北：台灣書店。

內政部性侵害防治委員會（1999）。**兒童性侵害防治教師手冊**。

內政部家庭暴力防治委員會（1999）。**性侵害防治工作人員服務手冊**。

內政部家庭暴力防治委員會（1999）。**家庭暴力 100 問**。

內政部家庭暴力防治委員會（2000）。**家庭暴力防治法規彙編**。

內政部家庭暴力防治委員會（2002）。**家庭暴力加害人處遇模式認知教育輔導**。

內政部家庭暴力防治委員會（2004）。**家庭暴力防治工作人員服務手冊**。

內政部家庭暴力防治委員會（2004）。**家庭暴力相對人裁定前鑑定專業人員陪訓手冊**。

內政部統計處（2003）。內政部九十二年第十九次部務會報。

內政部統計處（2004）。九十三年第二十四週內政統計通報——九十二年新婚與再婚者年齡統計。

內政部統計處（2006）。九十五年第二十一週內政統計通報——九十四年離婚者按結婚年數統計。

內政部統計資訊服務網（2006）。http://www.moi.gov.tw/stat/index.asp。

文榮光（1993）。**婚姻與生活**。家庭教育系列叢書，教育部社教司指導，高雄：高雄市

家庭教育服務中心。

王明仁、尤幸玲（1995）。兒童虐待問題及有效防治之道——二十一世紀兒童福利政策。台北：中華兒童福利基金會印行。

王玥好（2003）。學生性騷擾／性侵害問題之處遇。**兩性平等教育季刊**，**25**，頁 65-78。

王雅各（1997）。**愛情學分 all pass**。台北：張老師文化。

王雅各（1998）。學校氛圍中的性別現象。**兩性平等季刊**，**3**，頁 49-58。

王溢嘉（1988）。**愛情新詮**。台北：自立報系。

王瑞琪、江漢聲主編（1997）。**青春解性不留白——高中職性教育**。台北：杏林文化。

王慶幅、王郁茗（2003）。性別、性別角色取向、愛情觀與愛情關係的分析研究。**中山醫學雜誌**，**14**，頁 71-82。

王慶福（1995）。**大學生愛情徑路模式之分析研究**。國立彰化師範大學輔導研究所博士論文。彰化：未出版。

王慶福（2000）。當男孩愛上女孩——人際依附風格類型搭配、愛情關係與關係適應之研究。**中華輔導學報**，**8**，頁 177-201。

王燦槐（2000）。強暴迷思。**內政部與中國輔導學會全國巡迴工作坊講義**，2000.1.08。

台北市婦女救援基金會（1993）。**目睹暴力兒童國際食物交流工作坊手冊**。

白秀玲（2000）。青少年憂鬱症的探討與治療。**國教新知**，**47**（2），頁 33-38。

白秀玲（2006）。**性別教育帶領活動**。未出版。

白秀玲（2006）。**愛情與喜歡量表之編製**。未出版。

白秀玲、柯淑敏（2006）。**大學生男女兩性之吸引特質調查研究（未出版）**。

白裕承譯（1998）。**最後十四堂星期二的課**。台北：大塊文化。

自由時報（1997 年 6 月 1 日）。夏日約會強暴肆虐。10 版。

自由時報（2004 年 10 月 10 日）。13 歲女生遭母推入火坑；15 次騷擾捷運之狼落網，頁 17。

行政院主計處（2002）。取自社會發展趨勢調查網頁：http://www.dgbas.gov.tw/ct.asp? xItem=3254&ctNode=3288。

行政院主計處（2002）。社會發展趨勢調查報告。

行政院主計處（2003）。國情統計通報。http://www.dgbas.gov.tw/fp.asp? xItem=60 50& CtNode=3233（92 年 4 月 29 日）。

何穎怡（1998）。淺談女人之歌與女性生命史。**兩性平等季刊**，**4**，頁 28-36。

余德慧（1993）。愛情贏家的性格和策略。**中國人的愛情觀**。台北：張老師文化。

余嬪（1998）。從「仰臥起坐 VS.伏地挺身」談平等的兩性休閒。**兩性平等季刊**，**4**，頁 17-23。

吳秀碧主講（1993）。許仁榮整理。做一個健康的亞當和夏娃。**輔導通訊**，**19**，頁 5-9。

吳彥慧（2006）。取自常見的避孕方法概論網頁：http://www.ptph.gov.tw/dep/dep5/%E9%81%BF%E5%AD%95%E6%A6%82%E8%AB%96.htm。

吳靜吉（1984）。**害羞、寂寞與愛**。台北：遠流。

呂秀蓮主講（1998）。跨世紀婦女的省思。**桃園縣政府婦幼安全中心成立週年研討會**。

李美枝（1987）。**性別角色面面觀**。台北：聯經。

李美枝（1994）。**社會心理學──理論研究與應用**。台北：大洋。

李惠芬譯（1995）。Paul Coleman 原著。**親密愛人 30 秘訣**。台北：方智。

沈慧聲譯（1998）。Joseph A. Deviot 原著。**人際傳播**。台北：揚智。

周勵志（1993）。正視同性戀。**台灣醫界**，**36**（11），頁 51-58。

林佩瑾（1998）。女性主義社會工作的實施與婚姻暴力防治。**社區發展季刊**，**84**，頁 86-93。

林孟平（1988）。**輔導與心理治療**。台北：五南。

林明傑等譯（2000）。**家庭暴力者輔導手冊**。台北：張老師文化。

林彥好、郭利百加譯（1991）。Derlega, V.J.和 Janda, L.H.原著。**心理衛生──現代生活的心理適應**。台北：桂冠。

林政宏、葉正賢（1999）。**網路情色報告**。台北：探索文化。

林惠雅（1992）。鍾思嘉主編。婚外戀情。**婚姻溫度計**。台北：桂冠。

林翠湄（1989）。**父母的性別角色態度對兒童性別角色態度的影響：父母家務分工模式對兒童家務指派的效應分析**。國立台灣師範大學家政教育研究所碩士論文。台北：未出版。

林賢修（2000）。我看見也知道同性戀。**自立早報**，男男女女版。

林燕卿（1994）。認識性騷擾。**杏林天地**，三卷，**11**，頁 2-5。

邱獻輝（2002）。認識與協助性侵害的受害者。**諮商與輔導**，**203**，頁 8-12。

柯淑敏（1994）。**分手經驗的個人意義──一種故事的觀點**。輔仁大學碩士論文。台

北：未出版。

柯淑敏（1996）。親密關係分手的研究。**學生輔導通訊，43**，頁 108-115。

柯淑敏（1997）。思念總在分手後——為感情話下完美的句點。**青春解性不留白——高中職性教育**。台北：杏林文化。

洪素珍（1996）。避開約會強暴。**浪漫新主義**。台北：東吳大學。

孫丕琳譯（1994）。**心理學導論**。台北：桂冠。

孫蒨如（1997）。你到底想說什麼——淺談兩性溝通。**學生輔導雙月刊，48**，頁 82-87。

家庭暴力暨性侵害防治委員會（2004）。取自**家庭暴力暨性侵害防治委員會網頁**：http://www.moi.gov.tw/violence/。

徐富珍（1999）。職場——男女兩性的另一個「競技場」？**兩性平等教育季刊，6**，頁 30-32。

晏涵文（1992）。**生命與心理的結合**。台北：張老師文化。

桃園縣政府婦幼安全中心（1996）。**婦女安全手冊**。桃園縣政府編印。

財團法人現代婦女基金會（1995）。**反性侵害安全須知**。

財團法人現代婦女基金會（1997）。**工作場所性騷擾預防手冊**。

財團法人現代婦女基金會（1997）。**保護每一個愛家的人——家庭暴力預防自助手冊**。

財團法人現代婦女基金會及台北市政府（1999）。**性侵害完全保護手冊**。

高雄市政府警察局女警隊（2004）。取自**高雄市政府警察局女警隊簡易防身術網頁**：http://girls.nyc.gov.tw/lady/elearning/files/92/10%E7%B0%A1%E6%98% 93% E9%98%B2%E8%BA%AB%E8%A1%93.doc。

國立清大性別歧視與性侵犯防治與處理小組（2002）。**大學校園性騷擾及性侵害防治手冊**。

張老師月刊編輯部（1987）。愛的方程式。**張老師月刊，110**，頁 81-87。

張老師月刊編輯部（1998）。「情人再見」問卷調查分析報告。**張老師月刊，251**，頁 61-65。

張玨（1999）。性教育／兩性教育／性別教育／兩性平等教育。**兩性平等教育季刊，7**，頁 17-23。

張湘君（1998）。童書的女性角色需要現代化。**兩性平等教育季刊，3**，頁 119-122。

張資寧、曾惠花譯（1993）。Liontos 和 Liontos 原著。**好牽手**（*The Good Couple Life*）。

台北：天恩出版社。

張德聰（1992）。誰來伴我？——談適婚者的生活與調適。**情繫一生**。教育部社教司台灣地區家庭教育服務中心。

教育部（1998a）。**國民教育階段九年一貫課程總綱綱要**。台北：教育部。

教育部（1998b）。**兩性平等教育實施方案**。台北：教育部。

曹又方（1996）。**愛情 EQ：分手與離異是新成年禮**。台北：圓神。

清大小紅帽工作群（1993）。**校園反性騷擾行動手冊**。台北：張老師文化。

莊雅婷（2003）。擺脫家中的魔爪——兒童性侵害之遊戲治療。**學生輔導通訊**，**86**，頁162-175。

許春金、陳玉書（2003）。性侵害犯罪被害情境與要素之分析。**警政論叢**，**3**，頁101-128。

許維素（1991）。相識滿天下，知心無幾人——淺談寂寞。**測驗與輔導**，**103**，頁2062-2065。

郭志通（2000）。學校兒童虐待事件之處理及預防策略。**國教世紀**，**191**，頁91-96。

郭修庭（2004）。性侵害倖存者在創傷事件後的應對策略。**諮商與輔導**，**218**，頁32-36。

郭麗安（1998）。心理學家眼中的男人友誼，**學生輔導通訊**，**28**，頁4-9。

陳秉華（1996）。 **心理諮商中分離個體化衝突改變歷程研究 II**。行政院國家科學委員會專題研究計畫成果報告。

陳金燕（1995）。從生命中孤單的本質看生活中獨處的意義。**諮商與輔導**，**112**，頁17-19。

陳若璋（2000）。**兒少性侵害全方位防治與輔導手冊**。台北：張老師文化。

陳淑惠（1999）。精神疾病與平權意識的聯想。**兩性平等季刊**，**6**，頁45-49。

陳皎眉（1992）。**女性的心理特質與婦女教育**（頁21-41）。台北：師大書苑。

陳皎眉（1995）。**人際關係與人際溝通**。教育部編印：光啟社。

陳皎眉（1997）。兩性教育與輔導。**諮商實務二，有聲圖書**。台北：心理。

陳皎眉（1997）。玻璃圈內的世界。**學生輔導雙月刊**，**48**，頁18-25。

陳皎眉（1999）。婚姻中的兩性關係。**兩性平等教育季刊**，**6**，頁17-23。

陳雅雲譯（1999）。Christopher Reeve 原著。**依然是我**。台北：天下文化。

陳億貞（2005）。**普通心理學**。台北：雙葉。

彭懷真（1996）。**婚姻與家庭**。台北：巨流。

曾瑞真、曾玲民譯（1996）。R. F. Verderber 和 K. S. Verderber 原著。**人際關係與溝通**。台北：揚智。

游美惠（1999）。性別平權教育與女性主義的社會學分析。**兩性平等教育季刊**，7，頁32-51。

陽琪、陽琬譯（1996）。Norman Goodman（1993）原著。**婚姻與家庭**。台北：桂冠。

黃于娟（1994）。**性別、依附風格與自我坦露、幽默、撒嬌之關係**。國立政治大學教育研究所碩士論文。台北：未出版。

黃少華、陳文江（2002）。**重塑自我的遊戲：網路空間的人際交往**。嘉義縣：南華大學社會所。

黃正鵠、楊瑞珠（1998）。青少年對性騷擾的態度與看法。**教育部輔導工作計畫研究報告**。

黃厚銘（1999）。**網路人際關係的親疏遠近**。1999 第三屆資訊科技與社會轉型研討會論文。台北：中研院社會所。

黃政傑、張嘉育（1998）。消除性別偏見的課程與教學。**兩性平等季刊**，3，頁25-38。

黃素菲（1992）。感情三部曲——追逐、抉擇、交往。**學生輔導通訊**，19，頁31-35。

黃素菲（1992）。談伴侶情感的維繫與增進。**情繫一生**。教育部社教司台灣地區家庭教育服務中心。

黃迺毓、林如萍、唐先梅、陳芳茹（1995）。**家庭概論**。台北：國立空中大學。

黃淑珍（2004）。 沙戲治療及其在兒童性侵害輔導上的應用。**諮商與輔導**，218，頁14-23。

黃富源（1995a）。婦女人身安全政策。**婦女政策白皮書**。中國國民黨中央婦女工作會。

黃富源（1995b）。工作場所性騷擾與其預防之研究。**師說**，82，頁28-36。

黃富源、伊慶春、張錦麗、李化愚、周幼娥、紀惠容、王燦槐等人（1998）。**中小學生人身安全教育手冊**。台灣省政府教育廳主編。台北：台灣書局。

黃惠惠（1998）。**邁向成熟**。台北：張老師文化。

黃慧真譯（1989）。S. W. Olds 和 D. E. Papalia 原著。**發展心理學**。台北：桂冠。

黃德祥（1995）。**諮商與心理治療（理論與實施）**（第五版）。台北：心理。

楊長苓（1998）。性、性別、權力。**兩性平等教育季刊**，1，頁47-50。

楊茜如（2000）。**大學生愛情觀、性別角色與兩性關係及相關因素之研究**。國立台灣師範大學教育學研究所碩士論文。台北：未出版。

葉高芳（1980）。**婚前準備與輔導**。台北：道聲。

鄔佩麗（1999）。校園性侵害事件之現況了解與因應。內政部與中國輔導學會全國巡迴工作坊講義，2000.1.08。

鄔佩麗（1999）。讓她重展笑顏。**兩性平等教育季刊**，**6**，頁 55-63。

廖玉琴（2003）。對同性戀者的謬誤印象。**網路社會學通訊期刊**，**28**。

廖國寶（1997）。**台灣男同性的家庭與婚姻**。國立台灣大學新聞研究所碩士論文。台北：未出版。

廖翊君（2002）。**不准狼過來——遠離性侵害**。台北：泛亞國際。

輔英技術學院主編（1998）。**兩性關係輔導手冊**。台北：教育部訓委會發行。

劉仲冬（1999）。性別教育之我見。**兩性平等教育季刊**，**7**，頁 24-27。

劉安真（2000）。對同性戀輔導的反思。**諮商與輔導**，**171**，頁 23-27。

劉秀娟（1997）。**兩性教育**。台北：揚智。

劉秀娟（1997）。**兩性關係與教育**。台北：揚智。

劉秀娟譯（1996）。**家庭暴力**。台北：揚智。

劉明倫（2000）。認識同性戀。**兩性對待手冊**。新竹：新竹師院學生輔導中心。

劉青雷編譯（2002）。Dennis Le Boeuf 等審定。**讀 Love 學英語**。台北：寂天。

劉家儀（2002）。**以人際關係論與計畫行為論探討網路交友之現象**。國立中山大學資訊管理研究所碩士論文。高雄：未出版。

劉惠琴（1991）。**從心理學看女人**。台北：張老師文化。

劉惠琴（1994）。分手經驗的捨與得。**撥開浮雲見皓空**。台北：東吳大學學生輔導中心。

蔣韜譯（2000）。**導讀容格**。台北：立緒。

蔡培村（1993）。如何建立美滿婚姻生活。**婚姻與生活系列講座集**。高雄：高雄市家庭教育服務中心。

蔡培村（1999）。中小學教師兩性平等教育素養之探析。**學生輔導**，**60**，頁 125-145。

蔡詩萍（1996 年 10 月 15 日）。愛情只為投緣的人溫柔。**中國時報**，10 版。

蔡詩萍（1999 年 9 月 3 日）。你戀愛你猜忌你歇斯底里。**中國時報**，10 版。

蔡詩萍（1999 年 10 月 1 日）。情書當然是一種挑逗。**中國時報**，10 版。

鄭玄藏（1994）。**性教育主題輔導工作坊手冊**。教育部輔導計畫叢書 17。

鄭玄藏主編（1993）。**性教育**。台北：教育部。

鄭美里（1997）。**女兒圈：台灣女同志的性別、家庭與圈內生活**。台北：女書文化。

賴瑞馨等（1997）。**牽手一輩子**。台北：張老師文化。

賴麒中（1998）。**性傾向與就業歧視**。國立政治大學勞工研究所碩士論文。台北：未出版。

鮑佳欣（2000）。**愛戀英文**。台北：英文小魔女。

勵馨基金會（1997）。**我是自己的好主人──勵馨兒童保護教材**。

嶺東商專主編（1999）。**愛的路上起步走**。台北：教育部訓委會。

謝小芩（1993）。要尊嚴，不要性騷擾。**校園反性騷擾行動手冊**。台北：張老師文化。

謝小芩（1999）。釐清觀念，起而行動。**兩性平等教育季刊，7**，頁 14-16。

鍾思嘉編著（1996）。**親職教育**。台北：國立空中大學。

簡春安（1991）。**外遇的分析與處置**。台北：張老師文化。

藍采風（1996）。**婚姻與家庭**。台北：幼獅。

藍茜如（1994）。**雙生涯夫妻重要生活角色及其相關因素之研究**。國立台灣師範大學教育心理輔導研究所碩士論文。台北：未出版。

魏慧娟（1998）。兩性平教育的教材教法與情境策略。**兩性平等教育季刊，3**，頁 39-48。

羅惠筠、陳秀珍譯（1992）。C. G. Morris 原著。**現代心理學**。台北：美亞書版。

羅燦煐（1996）。強暴迷思與兩性平等。載於謝臥龍主編，**兩性、文化與社會**，頁 269-286。台北：心理。

羅燦煐（1999）。性別暴力與性別歧視，載於王雅各主編，**性屬關係（上）：性別與社會、建構**，頁 57-100。台北：心理。

蘇芊玲（1998）。家庭──兩性平等教育的基石。**兩性平等教育季刊，2**，頁 105-118。

蘇宜芬（1991）。談孤單。**測驗與輔導，103**，頁 2060-2062。

二、英文部分

Aboud, F. & Mendelson, M. (1996). Determinants of friendship selection and quality: Developmental perspectives. In W. Bukowski, A. Newcomb, & W. Hartup, (Eds.), *The company they keep: Friendship in childhood and adolescence* (pp. 87-112). Cambridge, UK: Cam-

bridge University Press.

Acitelli, L. K., Kenny, D. A., & Weiner, D. (2001). The importance of the similarity and under-standing of partners' marital ideals to relationship satisfaction. *Personal Relationships, 8,* 167-186.

Ainsworth, M. D. S. (1968). Object relation, dependence, and attachment: A theory review of the infant mother relationships. *Child Development, 40,* 969-1025.

Altman, I. & Taylor, D. (1973). *Social penetration: The development of interpersonal relation-ships*. New York: Holt, Rinehart and Winston.

Anisworth, M. D. S. (1989). Attachment beyond infancy. *American Psychologists, 44,* 709-716.

Aries, E. J. & Johnson, F. L. (1983). Close friendship in adulthood: Conversational content be-tween same-sex friends. *Sexual Roles*, 1189.

Arkoff, A.(1980). *Psychology of adjustment*. New Jersey: Prentice Hall.

Aronson, E., Wilson, T. D., & Akert, B. (2004). *Social psychology* (5th Ed.). N.Y. :Prentice Hall.

Asch, S. (1946). Forming impressions of personality. *Journal of Abnormal and Social Psychol-ogy, 41,* 258-290.

Askew, S. & Ross, C. (1989). *Boys don't cry: Boys and sexism in education.* Philadelphia: Taylor & Francis.

Bass, E. & David, L. (1988). *The courage to heal :A guide for women survivors of child sexual abuse*. New York: Harper & Row.

Baxter, L. A. & Bullis, C. (1986). Turning points in developing romantic relationships. *Human Communication Research, 12*(4), 469-493.

Beninger, J. R. (1987). Personalization of mass media and the growth of pseudo-community. *Communication Research, 14,* 352-371.

Berscheid, E. (1985). Interpersonal attraction. In G. Lindzey & E. Aronson (Eds.). *Handbook of social psychology* (3rd Ed., pp. 413- 484). New York: Random House.

Berscheid., E. & Walster, E.(1978). *Interpersonal attraction* (2nd Ed.). MA: Addison-Wesley.

Beutel, A. M. & Marini, M. (1995). Gender and Values. *American Sociological Review, 60*(3), 436-48.

Blizard, R. A. & Bluhm, A. M. (1994). Attachment to the abuser: Integrating object-relations and

truma theories in treatment of abuse survivors. *Psycho Therapy, 31*, 383-390.

Blumstein, P. & Schwartz, P. (1983). *American couples: Money, work, sex*. NY: William Morrow.

Bohannan, P. (1971). Six situations of divorce. In Bohannan, (Ed.). *Divorce and after* (pp.33-62). NY: Doubleday Anchor.

Boles, J. S., Johnston, M. W., & Hair, J. F. (1997). Role stress, work-family conflict and emotional exhaustion: Inter-relationships and effects on some work-related consequences. *Journal of Personal Selling and Sales Management, 17*, 17-28.

Bowlby, J. (1969). *Attachment and loss. Vol. 1: attchment*. New York: Basic Books.

Bowlby, J. (1973). *Attachment and loss. Vol. 2: separation*. New York: Basic Books.

Bowlby, J. (1982). *Attachment and loss. Vol. 3:loss, sadness and depression*. New York: Basic Books.

Bowlby, J. (1988). *A secure base: Parent-child attachment and human health development*. New York: Basic Books.

Bravo, E. & Cassedy, E. (1992). *Sexual harassment in the workplace. The 9 to 5 guide to combating sexual harassment*. N.Y.: John Wiley & Sons.

Brennan, T. & Auslander, N. (1979). *Adolescent loneliness: An exploratory study of social and psychological pre-dispositions and theory (Vol. 1)*. Rockville, MD: National Institute of Mental Health, Juvenile Problems Division.

Bruner, J. (1986). *Actual minds, possible worlds*. Cambridge, MA: Harvard University Press.

Buehler, C. & Langenbrunner, M. (1987). Divorce-related stressors: Occurrence, disruptiveness and area of life change. *Journal of Divorce, 11,* 25-50.

Burgess, E. W. & Wallin, P. (1953). *Engagement and Marriage*. New York: J. B. Lippincott Co.

Burke, R. J. (2002). Work stress and women's health: Occupational status effects. *Journal of Business Ethics, 37*, 91-102.

Cassidy, J. & Shaver, P. R. (1999). *Handbook of attachment: Theory, research, and clinical applications*. New York: The Gilford Press.

Cate, R. M. & Lloyd, S. A. (1992). *The history of courtship*. In Courtship (pp.13-32). Newbury Park, CA: Sage Publications, Inc.

Clayton, R. R. (1979). *The family, marriage, and social change* (2nd Ed). Lexington, MA: Heath.

Colburn, K., Lin, Jr., & Moore, M. C. (1992). Gender and the divorce experience. *Journal of Divorce and Marriage, 17*(3/4), 87-108.

Collins, N. L. (1996). Working model of attachment: Implications for explanation, emotion and behavior. *Journal of Personality and Social Psychology, 71*(4), 810-832.

Collins, N. L.& Reads, S. J. (1990). Adult attachment, working models, and relationship quality in dating couples. *Journal of Personality and Social Psychology, 58*, 644-663.

Courtois, C. A.(1991). Theory, seqencing, and strategy in treating adult survivors. In J. Briere (Ed.). *Treating victims of child sexual abuse: New direction for mental health services. Vol. 51.*San Francisco: Jossey-Bass.

Cowan, C. & Kinder(1985). *Smart women foolish choices.* New York: Pengwin Books.

Davis, M. (1973). *Intimate relations.* New York: The Free Press.

Devito, J. A. (2001). *The interpersonal communication book* (9th Ed.). N.Y.: Longman.

Dion, K. L. & Dion, K. K. (1988). Romantic love: Individual and cultural perspectives. In Debra J. Mashek, Arthur Aron, (Ed.). *Handbook of closeness and intimacy.* Lawrence Erlbaum Associates.

Duck, S. (1992). *Human relationships* (2nd Edition). London GB: Sage.

Duvall, E. M. (1977). *Marriage and family development* (5th Ed). Philadelphia: J. B. Lippincott.

Ellenson , G. S. (1986). Disturbances of perceptions in adult female incest survivors. *Social Casework, 67*, 147-159.

Erikson, E. H.(1950). *Childhood and society.* New York: Norton.

Erikson, E. H.(1968). *Identity, youth, and crisis.* New York: Norton.

Feeney, J. A. & Noller, P. (1996). Attachment style as predictor of adult romantic relationships. *Journal of Personality and Social Psychology, 58*, 281-291.

Ferraro, S.(1995). *Sweet talk: The language of love.* New York: Simon & Schuster.

Fischer, C. S. & Oliker, S. J. (1983). A research note on friendship, gender, and the life cycle. *Social Forces, 62,* 124-133.

Fitzgerald, L. F.(1990). Sexual harassment: The definition and measurement of a construct. In M. Paludi, (Ed.). *Ivory power: Victimization of women in the academy.* (pp. 21- 44). Albany, N. J.: SUNY.

417

Fleming, J., Mullen, P., & Bammer, G. (1997). A study of potential risk factors for sexual abuse in childhood. *Child Abuse & Neglect, 21*(1), 49-58.

Fletcher, G. J. O. (2002). *The new science of intimate relationships*. Malden, MA, US: Blackwell Publishers.

Frank, E. & Anderson, C. (1980). The sexual stages of marriage. *Family circle, 1,* 64.

Freud, S. (1963). *Introductory lectures on psychoanalysis*. In standard edition of the complete psychological works of Sigmund Freud (vols.15 & 16). London: Hogarth.

Freud, S. (1964). An online of psycho-analysis. *In standard edition of the complete psychological works of Sigmund Freud* (*vols.23*, pp.141-207). London: Hogarth.

Fromm, E. (1963). *The art of loving*. N.Y.: Harper & Row.

Gadpaille, W. J. (1989). Homosexuality. In Teoksessa Kaplan, Harold, I. & Sadock, Benjamin J. (Eds.). *Comprehensive textbook of psychiatry, Volume 2* (5th Ed.). Baltimore, MD: William & Wilkins.

Gelles, R. J. (1995). Violence toward men: Fact or fiction? A report prepared for the American Medical Association, Council on Scientific Affairs. Kingston, RI: Family Violence Research Program, University of Rhode Island.

Gilligan, C. (1993). *In a different voice: Psycholgical theory and women's development* (2nd Ed.). Cambridge: Harvard University Press.

Glick, P. C., & Spanier, G. B. (1980). Married and unmarried cohabitation in the United States. *Journal of Marriage and the Family, 42,* 19-30.

Goetting, A. (1982). The sexual stages of remarriage: Development tasks of remarriage after divorce. *Family Relations, 31,* 213-222.

Goodman, N. (1993). *Marriage and the family.* Harper Collins Publishers, Inc.

Gordon, T. (2000). *Parent effectiveness training: The proven program for raising responsible children.* N.Y.: Three Rivers Press.

Gottman, J. (1994). *Why marriages succeed or fail.* New York: Simon & Schuster.

Happner, M. (1999). *Rape prevention intervention.* 中國輔導學會 1999 年輔導學術年會。

Harris, T. A. (1973). *I'm ok, you're ok: A practical guide to transactional analysis*. N.Y.: Harper & Row, Publishers.

Hays, R. B. (1989). The day to day functioning of closse versus casual friendships. *Journal of Social and Personal Relationships, 6,* 21-37.

Hazan, C., Zeifman, D., & Middleton, K. (1994). *Adult romantic attachment, affection, and sex.* Paper presented at the 7th International Conference on Personal Relationships, Groningen, The Netherlands.

Hazen, C. & Shaver, P. R.(1987). Romantic love conceptualized as an attachment process. *Journal of Personality and Social Psychology*, *52*, 511-524.

Hazen, C. & Shaver, P. R.(1990). Love and work: An attachment-theoretical perspective. *Journal of Personality and Social Psychology, 59*, 270-280.

Heider, F. (1958). *The psychology of interpersonal relations*. New York: Wiley.

Hendrick, C. & Hendrick, S. S. (2000). *Close relationships: A sourcebook*. Thousand Oaks, CA: Sage.

Hill, C. T., Peplau, L. A., & Rubin, Z. (1983). Use of contraceptives by college dating couples. *Population and Environment: Behavioral and Social Issues*, *6*(1), 60-69.

Hill, C. T., Rubin, Z., & Peplau, L. A. (1976). Breakups before marriage: The end of 103 affairs. *Journal of Social Issues*, *32*(1), 147-168.

Hochschild, A. R. (1989). Emotion work, felling rule, and social structure. *American Journal of Sociology, 85,* 551-575.

Holman, T. B. (1981). The Influence of community involvement on marital quality. *Journal of Marriage and the Family, 43,*143-149.

Jung, C. (1969). *The archetypes and the collective unconscious* (2nd Ed.). Hull, Princeton: Princeton University Press.

Kagan, J. & Haveman, E. (1980). *Psychology: An introduction* (4th Ed.). N.Y.: Harcourt Brace Jovanovich.

Karp, C. L., Butler, T. L., & Berstrom (1998). *Treatment strategies for abused adolesecents: From victim to survivor*. Thousand Oaks, CA: Sage.

Kay & Hagan (1995). *Gender in practice: A study of lawyers' lives.* New York: Oxford University Press.

Kenny, M. E. & Rice, K. G. (1995). Attachment to parents and adjustment in late adolesent col-

lege students: Current status, applications, and future considerations. *The Counseling Psychologist, 23*(3), 433-456.

Kerckhoff, A. C. & Davis, K. E. (1962). Value Consensus and Need Complementarity in Mate Selection. *American Sociological Review, 27*, 295-303.

Kinsey, A. (1948/1998). *Sexual behavior in the human male*. IN: Indiana U. Press.

Kinsey, A. (1953/1998). *Sexual behavior in the human female*. IN: Indiana U. Press.

Knox, D. H. (1975). *Marriage: who? when? why?* Englewood Cliffs, N. J.: Prentice Hall.

Kobat, R. G. & Sceery, A. (1988). Attachment in late adolescence: Working models, affect regulation, and representations of self and others. *Child Development, 59*, 135-146.

Kurdek, L. A. (1989). Marital satisfaction in remarriage: A meta-analysis. *Journal of Marriage and the Family, 51*(3), 713-725.

Lee, J. (1988). Love styles. In Sternberg and Barnes (Eds.), *The psychology of love*. N.Y.: Yale University Press.

Lester, D., Banta, B., Barton, J., Elian, N., Mackiewicz, L., & Winkelreid, J. (1986). Judgment about sexual harassment: Effects of the power of the harasser. *Perceptual and Motor Skills, 63*, 9-19.

Levinson, D. J. (1978). *The seasons of A man's life*. N.Y.: Ballantin Books.

Levy, B.(Ed.). (1998). *Dating violence: Young women in danger* (2nd Ed.). Seattle: Seal Press.

Levy, M. B. & Davis K. E.(1988). Love styles and attachment stlyles compared: Their relations to each other and to various relationship characteristics. *Journal of Social and Personal Relationships, 5*, 439-471.

Lewis, R. A. (1978). A longitudinal test of a developmental framework for premarital dyadic formation. *Journal of Marriage and the Family, 35*,16-25.

Lynch, J. J. (1977). *The broken heart: Medical consequences of loneliness*. N.Y.: Basic Book.

Macoby, E. & Jacklin, C. (1974). *The psychology of sex differences*. N.Y.: The Stanford Press.

Main, Kaplan, & Cassidy (1985). *Treating attachment abuse*. N.Y.: Springer Publishing.

Mary, A. L. (2001). Networked seduction: A test-bed for the study of strategic communication on the internet. *Cyber Psychology and Behavior, 4*(1), 75-99.

McDonald, G. W. (1980). Family power: The assessment of a decade of theory and research,

1970-1979. *Journal of Marriage and the Family, 42,* 841-854.

Measor, L. & Sikes, P. J. (1992). *Gender and schools.* London: Cassell.

Mennen, F. E. & Meadow, D.(1992). Process to recovery: In support of long-term groups for sexual abuse survivors. *International Journal of Group Psychotherapy, 42*(4), 29-44.

Meyers, D. (1987). Anonymity is part of magic: Individual manipulation of computer-mediated communication contexts. *Qualitative Sociology, 10*, 251-266.

Mills, R. S. L. & Duck, S. (Eds.)(2000). *The developmental psychology of personal relationships.* New York: John Wiley.

Mordock, J. B.(1996). Treatment of sexually abused children: Interview techniques, disclosure, and progress in therapy. *Journal of Child Sexual Affuse, 5,* 105-121.

Morgan, G. (1986). *Images of organization.* Newbury Park, CA: Sage Publications.

Morris, C. G.(1990). *Contemporary psychology and effective behavior.* New York: Harper Collins Publishers.

Nettles, E. J. & Loevinger, J. (1983). Sex role expectations and ego level in relation to problem marriages. *Journal of Personality and Social Psychology, 45,* 676-687.

Neville, H. A. & Heppner, M. J. (1999). Contextualizing rape: Reviewing sequelae and proposing a culturally in clusive ecological model of sexual assault recovery. *Applied & Preventive Psychology, 8,* 41-62.

Norton, A. J. & Miller, L. F. (1992). *U.S. Bureau of Census: Marriage, divorce and remarriage in the 1990's* (Current Population Reports, Series P-23, No. 180). Washington, DC: US. Government Printing Office.

Parks, M. R. & Floyd, K. (1996). Making friends in cyberspace. *Journal of Computer-Mediated Communication, 46*(1), 80-97.

Peplau, L. A. & Cochrane, S. L. (1980). The intimate relationships of lesbians and gay man. In Elizabeth Rice Allgeier, and Naomi B. McCormick,(Eds.). *Changing boundaries: Gender roles and sexual behavior* (pp.226-244). Palo Alto, CA: Mayfield.

Peters, D. K. & Range, L. M.(1996). Self-blame and self-destruction in women sexually abused as children. *Journal of Child Sexual Abuse, 5*(4), 19-33.

Petrocelli & Repa (1992). *Sexual harassment on the job.* Berkeley: Nolo Press.

Pilkington, N. W. & Lydon, J. E.(1997). The relative effect of attitude similarity and attitude dissimilarity on interpersonal attraction: Investigating the moderating roles of prejudice and group membership. *Personality & Social Psychology Bulletin, 23*(2), 107-122.

Ratican, K. (1997). Sexual abuse survivor: Identifying symptoms and special treatment considerations. *Journal of Counseling and Development, 71*, 33-38.

Reilly, T., Carpenter, S., Dull, V., & Bartlett, K. (1982). The factorial survey: An approach to defining sexual harassment on campus. *Journal of Social Issues, 38*(4), 99-110.

Reskin, B. F. & Roos, P. A. (1990). *Job queues, gender queues: Explaining women's inroads into male occupations*. Philadelphia: Temple University Press.

Rice, D. G. (1979). *Dual career marriage conflict and treatment*. New York: The Free Press, Collier Macmillan Publishers.

Rice, F. P. (1990). *Intimate relationships, marriage, and family*. CA: Mountaion View Mayfield.

Richardson, D. (1983). The dilemma of essentiality in homosexual theory. *Journal of Homosexuality, 9,* 79-90.

Rosenthal, R. & DePaulo, B. M. (1979). Sex differences in eavesdropping on nonverbal cues. *Journal of Personality and Social Psychology*, *37*, 273-285.

Rosenthal, R. (1976) . *Experimental effects in behavioral research* (enlarged Ed.). New York: Irvington.

Rubin, Z. (1975). *Liking and loving*. N.Y.: Holt, Rinehart and Winston, Inc.

Rusbult, C. E. (1987). Responses to dissatisfaction in close relationship. In D. Perlman & S. Duck (Eds.). Intimate relationships: Development, dynamics, and deterioration (pp. 207-237). Newbury Park, CA: Sage.

Sadler, W. A. & Johnson, T. B. (1986). From loneliness to anomia. In R. Audy, J. Hartog, & Y. A. Cohen (Eds.). *The anatomy of loneliness*. New York: International University Press.

Sadler, W. A. (1987). Dimensions in the problem of loneliness: A Phenomenological approach, in social psychology. *Journal of Phenomenological Psychology, 9,* 157-187.

Scherer, K. R., Scherer, U., Hall, J. A., & Rosenthal, R. (1977). Differential attribution of personality based on multi-channel presentation of verbal and nonverbal cues. *Psychological Research, 39*, 221-247.

Schutz, W. C. (1966). *The interpersonal under world*. Palo Alto, CA: Science & Behavior Books.

Scroufe, L. A., & Waters, E. (1977). Attachment as an organizational perspective. *Child Development, 48,* 1184-1199.

Shaffer (1996). *Developmental psychology: Childhood and adolescence* (4th Ed.). New York: Brooks/Cole, and ITP.

Shaver, P. R. & Hazan, C. (1988). A biased overview of the study of love. *Journal of Personality and Social Psychology, 55,* 473-501.

Silverstein, S. (1981). *The missing piece meets the big O (25th anniversary edition)*. N.Y.: Harper Collins Publishers.

Simpson, J. A. (1987). The dissolution of romantic relationships: Factors involved in relationship, stability and emotional distress. *Journal of Personality and Social Psychology, 53,* 683-692.

Sprecher, S. (1999). "I love you more today than yesterday": Romantic partners' perceptions of changes in love and related affect over time. *Journal of Personality and Social Psychology, 76,* 46-53.

Sprecher, S. & Metts, S. (1989). *Development of the Romantic Beliefs Scale and examination of the effects of gender and gender role orientation.*

Sproull, L. & Kiesler, S. (1991). *Connections: New ways of working in the networked organization.* Cambridge, MA: MIT Press.

Steckler, N. A. & Rosenthal, R. (1985). Sex differences in nonverbal and verbal communication with bosses, peers, and subordinates. *Journal of Applied Psychology, 70,* 157-163.

Sternberg, R. J. (1986). A triangular theory of love. *Psychological Review, 93,* 119-135.

Thomas J. O. (2004). *Science of love: the wisdom of well-being*. Philadelphia: Templeton Foundation Press.

Treiman & Hartmann (1981). *Women, work, and wages: Equal pay for jobs of equal value*. United States National Research Council: Committee on Occupational Classification and Analysis.

Vaughan, D. (1986). *Uncoupling: Turning points in intimate relationships*. N.Y.: Oxford University Press.

兩性關係與性別教育
理論與實務

Verderber, R. F. & Verderbe, K. S. (1995). *Interact using interpersonal communication skills.* Wadsworth,Thomson Publishing.

Waldner, C. K. & Magruder, B.(1999). Coming out to parents: Perceptions of family relations, perceived resources, and identity expression as predictors of identity disclosure for gay and lesbian adolescents. *Journal of Homosexualty, 37,* 83-100.

Walker, A. J. (1978). Reconceptualizing family stress. *Journal of Marriage and the Family, 47* (4), 828-837.

Wallerstein, J. S. & Blakeslee, S. (1989). *Second chance: Man, women, and children a decade after divorce.* N.Y.: Ticknor and fields.

Walster, E., Walster, G. W., & Berscheid, E. (1978). *Equity: Theory and research.* Boston: Allyn & Bacon.

Wickwire, K. & Kruper, J. (1996). The glass ceiling effect: An approach to assessment. *Consulting Psychology Journal: Practice and Research, 49* (1), 32-39.

Winder, J. H. (1996).Counseling adult male survivors of childhood sexual abuse: A review of treatment techniques. *Journal of Mental Health Counseling, 18*(2), 123-133.

Wood, J. T. & Inman, C. C. (1993). In a different mode: Masculine styles of communciating closeness. *Journal of Applied Communication Research, 21,* 291-300.

Yogev, S. (1983). Dual career couples: Conflicts and treatment. *American Journal of Family Therapy, 11,* 38-44.

Yogev, S. & Brett, J. (1985). Principles of the division of housework and child care marital satisfaction. *Journal of Marriage and the Family, 47*(3), 609-618.

Zimpardo, P. G. (1992). *Psychology.* Berlin, Heidelberg: Springer.

國家圖書館出版品預行編目資料

兩性關係與性別教育：理論與實務／白秀玲、柯淑敏著.
-- 初版. -- 臺北市：心理, 2006（民 95）
面 ； 公分. -- （通識教育系列；33022）

ISBN 978-957-702-955-3（平裝）

1. 兩性關係　　　　2. 性別—教育

544.7　　　　　　　　　　　　　　　　　95018930

通識教育系列 33022

兩性關係與性別教育：理論與實務

作　　者：白秀玲、柯淑敏
責任編輯：羅珮毓
執行編輯：陳文玲
總　編　輯：林敬堯
發　行　人：洪有義
出　版　者：心理出版社股份有限公司
地　　址：231 新北市新店區光明街 288 號 7 樓
電　　話：(02) 29150566
傳　　真：(02) 29152928
郵撥帳號：19293172　心理出版社股份有限公司
網　　址：http://www.psy.com.tw
電子信箱：psychoco@ms15.hinet.net
駐美代表：Lisa Wu（lisawu99@optonline.net）
排　版　者：辰皓國際出版製作有限公司
印　刷　者：辰皓國際出版製作有限公司
初版一刷：2006 年 8 月
初版八刷：2016 年 9 月
I S B N：978-957-702-955-3
定　　價：新台幣 450 元